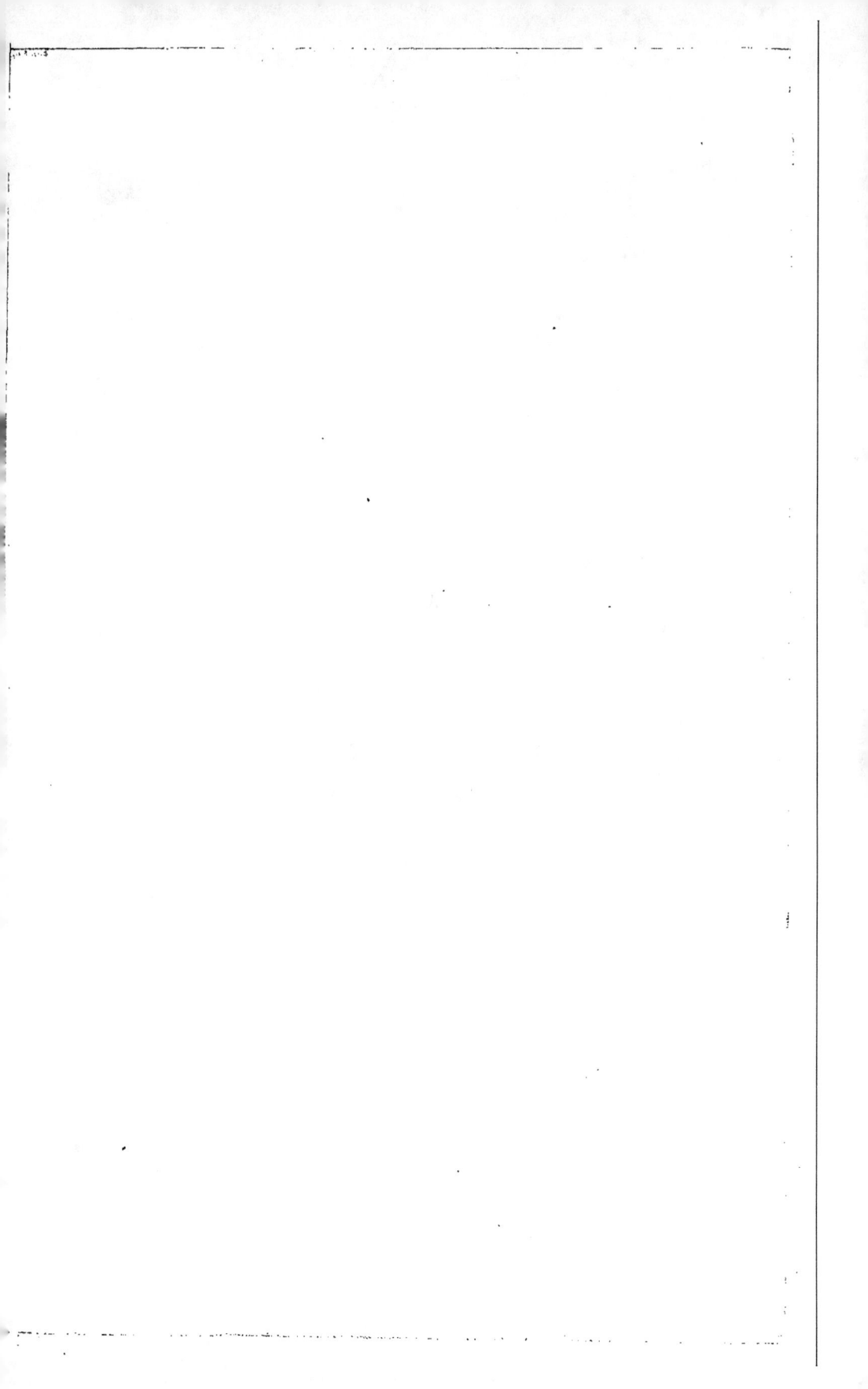

ÉTUDE SUR LA LÉGISLATION.

C.

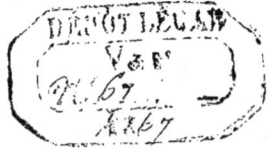

ANALYSE CRITIQUE

ET

RÉDACTION NOUVELLE

DU

CODE NAPOLÉON

PAR

Gustave ROUSSET

JUGE D'INSTRUCTION A TOULON, ANCIEN RÉDACTEUR AU 1er BUREAU DE LA DIRECTION
CRIMINELLE DU MINISTÈRE DE LA JUSTICE.

———o·o✦o·o———

TOULON

IMPRIMERIE ET LITHOGRAPHIE E. AUREL, RUE DE L'ARSENAL. 13

——

1867

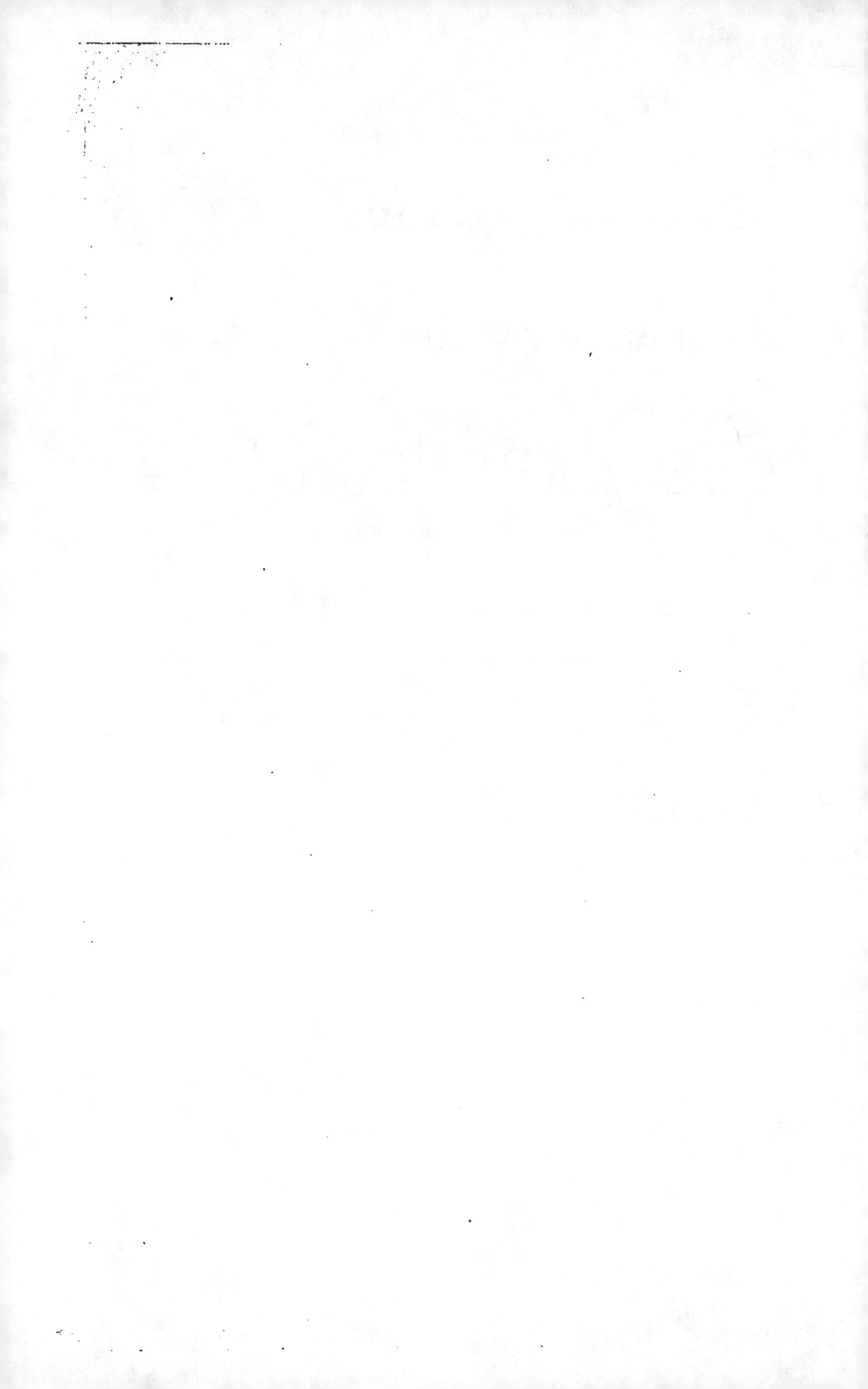

De 1856 à 1859, *la Revue Critique de législation* a publié une série d'articles dans lesquels j'ai exposé les règles théoriques et *les procédés pratiques*, d'un nouveau système de rédaction législative (1).

Tel qu'il avait été conçu dans le principe, ce travail devait avoir trois parties ; — je les indiquais de la manière suivante à la fin du chapitre qui lui servit d'introduction :

« **Cette étude se divisera en trois parties :**

« 1° Dans *la Partie Critique*, nous examinerons les carac-
« tères et les causes du désordre et des embarras de la légis-
« lation et de la jurisprudence, ainsi que l'insuffisance des
« mesures prises pour y remédier ;

« 2° *La partie démonstrative* sera consacrée à la recher-
« che et à l'exposition des règles rationnelles d'après les-
« quelles les lois devraient être rédigées et codifiées ;

« 3° Enfin nous appliquerons au CODE NAPOLÉON, dans *la*
« *partie expérimentale*, la méthode et les formules de rédac-
« tion qui auront fait l'objet de la seconde partie. »

Cette application expérimentale du système me semblait en effet devoir être la meilleure justification de ses procédés.

Pourquoi me suis-je arrêté après la publication des deux premières parties ? Ai-je trop tard compris l'impossibilité de réaliser dans la pratique les promesses de la séduisante théorie ? Loin de là, car l'expérience que je n'ai, depuis lors, cessé de faire de mes *formules*, n'a fait que m'en démontrer, de plus en plus, l'excellence et l'utilité.... Mais c'est que la désespérance, qui plus d'une fois, dans le cours de mon travail, en avait interrompu et troublé l'exécution, avait fini par l'emporter

(1) Voir : *Revue Critique*. tom IX, 351 — X, p. 319 — XI. p. 159 — XII. . 235-252-439, — XIII. p. 180, — 229.

sur l'énergie de mes convictions. — Lorsque les savants me disaient : à quoi bon ? — que devaient penser les autres et moi-même de mon but et de mes efforts ?

Heureusement que des voix moins sceptiques et moins indifférentes sont venues relever mon courage. — Monsieur LAFFERRIÈRE, que je n'ai eu le temps ni de connaître, ni de remercier, avait bien voulu, dans sa remarquable *introduction historique*, aux tables analytiques des Revues de législation publiées en 1860, signaler mes *études sur la rédaction des lois* comme « *une application de la philosophie du droit conforme à* « *l'esprit de* la Revue Critique de législation *et rendre jus-* « *tice à la coordination du système, ainsi qu'à la fermeté ar-* « *rêtée des principes.* (1) » D'autres m'ont ensuite vivement pressé de « *justifier ce système* par l'application expérimentale que j'avais promise d'en faire à la Révision du CODE NAPOLÉON. »

J'ai cédé à leurs instances ; — je prie les lecteurs de vouloir bien accueillir, avec indulgence, la nouvelle étude que je viens soumettre à leur appréciation ; je n'ai d'autre but aujourd'hui que de leur montrer le jeu *des formules* et des *procédés techniques de rédaction* que j'ai proposés, pour proscrire de la pratique législative les vices qui compromettent si souvent la pensée et l'efficacité des lois. — Le reste est tout à fait secondaire : — Ceci avait, je crois, besoin d'être dit pour prévenir les critiques de ceux qui, m'attribuant d'autres intentions, seraient tentés de ne porter leur attention que sur les modifications ou les réformes que la théorie démontrerait être possibles pour combler les lacunes que l'analyse viendrait à découvrir dans l'œuvre du législateur.

Cela bien compris, nous ouvrons le titre préliminaire du CODE NAPOLÉON, consacré à régler *la publication, les effets et l'application des lois en général.*

---

(1) Voir cette introduction historique. p. LIV et LV. M. Lafferrière mourut quelques jours après la publication de cette introduction.

ANALYSE CRITIQUE ET RÉDACTION NOUVELLE

DU

CODE NAPOLÉON

DE LA PUBLICATION

Des effets, et de l'application des lois en général.

ARTICLE PREMIER

Les lois sont exécutoires dans tout le territoire français, en vertu de la promulgation qui en est faite par l'Empereur.

Elles seront exécutées dans chaque partie de l'empire du moment où la promulgation en pourra être connue.

La promulgation sera réputée connue un jour... après celui de la promulgation.... *(Voir plus loin le texte entier de ce troisième et dernier paragraphe).*

I

1. — Une des plus importantes prérogatives que nos Constitutions aient attaché à la dignité du chef de l'État, est celle de *sanctionner* et *de promulguer* les *lois.*

Un de ses premiers devoirs est de les rendre *obligatoires* par la *publication.*

Les lois n'obligent et ne peuvent obliger que ceux qui les connaissent, *lex non obligat nisi rite promulgata.* — La *publication* est le moyen légal d'en imposer à tous la connaissance.

2. — *Sanctionner une loi* est de la part de chef de l'Etat un *acte* de *souveraineté législative* (1) qui consiste à mettre, au bas du texte de la loi, sa signature comme un vote législatif.

---

1 Le chef de l'État participe à la confection des lois, non seulement par l'initiative, mais encore par la sanction qui les complète et leur confère l'existence constitutionnelle. — La sanction est un acte de *souveraineté législative* par opposition à la promulgation qui, étant le premier acte de l'exécution des lois, émane du *Pouvoir exécutif.*

Il la promulgue en attestant son existence et en donnant des ordres pour la faire observer et publier.

Voici quelle est aujourd'hui, à cet effet, la formule en usage :

NAPOLEON, par la grâce de Dieu et la volonté nationale, Empereur des Français, à tous présents et à venir, SALUT.

Avons *sanctionné et sanctionnons, promulgué et promulguons* ce qui suit :

(Vient ici le texte de la loi, après lequel on ajoute :)

Mandons et Ordonnons que les présentes, revêtues du sceau de l'État et insérées au bulletin des lois, soient adressées aux cours, tribunaux et aux autorités administratives, pour qu'ils les inscrivent sur leurs registres, les observent et les fassent observer et notre Ministre de la justice est chargé d'en surveiller la publication. -- (Décret des 2-9 décembre 1852.)

3. — La sanction et la promulgation sont des actes essentiellement *distincts :* l'un complète la loi, l'autre la rend exécutoire ; — en plaçant entre eux *la déclaration du Sénat sur la question de la promulgation*, la constitution de 1852 (art. 26), semble avoir voulu les séparer plus encor (1); le *sanctionnons et promulguons* de la formule qui précède, les réalise cependant par *un seul et même acte ;* — nous nous bornons à signaler ici l'anomalie, notre rédaction la corrigera :

4. — La publication des lois s'effectue ensuite, conformément à ce que prescrit le *Mandons* et *Ordonnons* de l'acte de promulgation :

1° Par *l'impression de leurs dispositions* dans le *format du bulletin des lois*, que l'ordonnance du 27 novembre 1816 a bien à tort considéré comme un fait de promulgation (2);

1 Les lois sur la promulgation desquelles le Sénat est consulté, doivent être préalablement revêtues de la sanction du Souverain. — Les lois non sanctionnées sont des lois incomplètes, des *projets de lois*, et le Sénat n'a pas à statuer sur des projets de lois ; l'art. 25 porte « qu'*aucune loi ne peut être promulguée* « *avant de lui avoir été soumise : » aucune loi* et non projets de lois. Or, une loi n'est telle qu'après avoir été sanctionnée.

2 « A l'avenir, porte l'art. 1 de cette ordonnance, « la promulgation des « lois résultera de leur insertion au bulletin officiel » —l'impression qui effectue

2° Par *l'envoi* d'un *exemplaire des lois ainsi imprimées aux autorités judiciaires et administratives;* — c'est M. le garde des sceaux, ministre de la justice qui est chargé de faire cet envoi ;

3°—Et par *le fait de l'expiration du délai d'un jour* à partir du jour de leur promulgation : — Pour les départements, autres que celui de la Seine, ce délai s'accroît successivement d'un autre délai, à raison de la distance.

L'*affichage des lois* qui, sous l'empire de la législation intermédiaire, fut, avec leur lecture en public, un des modes les plus usuels de publication et de tous le plus efficace, sans contredit, n'est plus aujourd'hui prescrit aux Préfets qu'en cas d'urgence, et pour hâter l'exécution des lois (ainsi le déclare, par son art. 1, l'ordonnance des 18-25 janvier 1817).

5.—Tel est le système du Code en cette matière.—Quel sera le caractère des dispositions légales qui pourront le mieux en imposer l'application ? — C'est là un point dont les législateurs de 1804 ne paraissent pas s'être préoccupés, et sur lequel il importe cependant de se fixer avant d'aller plus loin dans l'analyse de leur premier article.

La sanction, la promulgation et la publication des lois, nous venons de le constater, sont essentiellement *des actes de l'Autorité publique* chargée d'en procurer et assurer l'exécution.

Actes de l'Autorité, c'est donc à l'Autorité publique, c'est-à-dire *aux fonctionnaires* qui en sont les dépositaires et les

cette insertion constituerait donc la promulgation? « Cette promulgation sera « réputée connue, ajoute l'ordonnance, conformément à l'art. 1 du Code civil « un jour après que le bulletin aura été reçu de l'Imprimerie Royale, par le « Ministre de la justice, lequel constatera, sur un registre, la date de cette « réception. »—Ce n'est plus ici *l'impression, c'est la réception de la loi,* imprimée dans le bulletin officiel, au ministère de la justice, qui constitue ce fait de la promulgation après lequel commencent à courir les délais prescrits par l'art. 1 du Code Napoléon; c'est ainsi que cet article a été modifié et comme abrogé par une simple ordonnance et le Souverain dépossédé ! — Cette ordonnance est toujours cependant en vigueur.

agents, que le législateur devra s'adresser (1) pour leur *commander* (2) l'accomplissement des formalités destinées à donner
aux lois l'authenticité et la publicité qui sont les conditions de
leur application.

Ses dispositions, ayant forcément pour objet de *leur commander* le mode de *procéder*, sont, les mots mêmes le disent,
des lois impératives de *procédure* pour la rédaction desquelles
il conviendra d'employer les *formules impératives* que nous
avons démontré, dans notre 2me partie (n° 89), être les mieux
appropriées au caractère de ces sortes de lois.

Ce sont là, disons-nous, *des lois de procédure*, ajoutons et de
procédure administrative ou *judiciaire*, suivant le caractère
judiciaire ou administratif du fonctionnaire qu'elles mettront
en mouvement.

Nous pouvons en dire autant des autres dispositions du titre
préliminaire du Code qui tracent les règles à suivre pour *l'application des lois*, ce sont aussi des lois de procédure, des lois
impératives dont la rédaction exigera les mêmes formules.

Outre qu'elles manifesteront le vrai caractère de la disposition légale, ces formules auront encore cet avantage d'en
déterminer la place dans le corps des lois ; — cette place se
trouvera par suite, non point dans le livre des *lois civiles*, lesquelles ne concernent que *les citoyens* comme *simples particuliers*, mais dans le *livre des lois de procédure*, au *Code spécial* auquel les rattachera le *nom du fonctionnaire* que
la formule de ces sortes de loi posera en tête de chaque disposition.

1 La question de savoir à qui des simples particuliers ou des fonctionnaires
doit s'adresser le législateur est une des plus importantes dans la confection des
lois ; c'est la première qui doit se poser et se résoudre, lorsqu'on vient à les
rédiger ; la plupart des difficultés que rencontre l'application des lois de procédure viennent de l'ignorance où leurs dispositions laissent la pratique au
sujet de l'agent ou de la juridiction qu'elles concernent ; quelle controverse ne
soulève pas alors le silence de la loi, entre ceux qui veulent profiter de ses
lacunes et ceux qui prétendent les combler? (V. 2e partie, n° 23 bis, 3° ;)

2 On n'a pas oublié que c'est par voie de *commandement* que la loi régit *les
fonctionnaires*. (V. n° 47, 2e partie :)

II

6. — Un mot maintenant au sujet du système du Code en ce qui concerne *la publication légale des lois*.

Ce système, qui a été l'objet de très judicieuses critiques, à raison surtout de *l'arbitraire* qu'il laisse sur ce point au Pouvoir exécutif, consiste à faire résulter *la publicité des lois de l'expiration d'un certain laps de temps* à partir du jour de leur promulgation ; — lisons l'art. 1 § 3 qui l'a ainsi décidé :

Art. 1 § 3. — La promulgation sera réputée connue *(en d'autres termes la publication sera réputée faite)* **dans le département de la résidence impériale, un jour après celui de la promulgation ; et dans chacun des autres départements, après l'expiration du même délai augmenté d'autant de jours qu'il y aura de fois 10 myriamètres. entre la ville où la promulgation aura été faite et le chef-lieu de chaque département.**

Nous ne voulons pas relever ce qu'a d'étrange la pensée de faire sortir de la circonstance d'un jour qui expire, ce qui ne saurait être que le résultat d'un acte positif et légal de publication réelle, car notre but est moins de toucher au fond même de la loi que d'en proposer une rédaction plus exacte ; nous nous bornerons simplement à signaler l'insuffisance de notre article 1, à faire connaître, ce qu'il devait faire surtout connaître, c'est-à-dire le moment précis où les lois viennent à exécution.

Après le jour de leur promulgation commence *le jour* qui en opère *la publication* ; — tout cela est fort bien ; mais pour déterminer celui-ci, ne faut-il pas préfixer l'autre ? qui connaît ce dernier ? le Souverain peut-être, et encore,... quant au Législateur, silence et lacune, il n'en sait rien ; le § 3 de son article 1 n'est qu'une amphibologie qui revient à dire ceci : « *L'acte occulte de la promulgation sera réputé connu un jour après celui de cette promulgation qui ne sera cependant connu de personne.* — » Comment calculer d'avance avec ce système le moment précis et toujours important où les lois votées par le corps législatif acquerront force obligatoire ?

Sous l'empire de la Constitution de l'an VIII, ce moment n'était jamais douteux pour les lois dont un recours au Sénat, pour cause d'inconstitutionnalité, n'arrêtait pas la publication ; — à partir de l'adoption du projet de loi par le Corps législatif, on pouvait très exactement déterminer le jour de sa mise à exécution ; — Il n'y avait, après le vote de ses dispositions, aucun intervalle arbitraire ; — l'art. 37 de cette Constitution en prescrivait la promulgation dix jours après.

> ART. 37. — Tout décret du Corps législatif est, le dixième jour de son émission, promulgué par le premier consul, à moins que dans ce délai, il n'y ait eu recours au Sénat pour cause d'inconstitutionnalité.

En l'absence de tout recours, l'expiration du délai de dix jours opérait promulgation ; — et un jour après, aux termes du § 3 de notre art. 1 qui s'ajustait alors avec le système de l'art. 37 de la constitution, commençait à courir le *délai des distances* qui effectuait la publication dans les départements.

Il n'en est plus ainsi aujourd'hui ; avec l'Empire a disparu sa Constitution, et les Constitutions postérieures n'ayant ni conservé, ni repris la disposition de son art. 37 (1) le système du Code, art. 1, a perdu sa base première.

Donc, aucun délai n'est actuellement imparti au Pouvoir exécutif pour la sanction et la promulgation des lois ; leur mise à exécution est laissée au bon plaisir de ses ministres qui peuvent à leur gré, l'accélérer, la retarder, même la suspendre (2). Au lieu de dépendre, comme cela devrait être, de la propre force de la loi, son avénement est ainsi subordonné à la volonté et au plus ou moins de zèle de ceux qu'elle régit les premiers.

---

1 La constitution éphémère de 1848, avait, sans reprendre la disposition de l'art. 37, fixé un délai pour la promulgation. « Art. 57. Les lois d'urgence sont promulguées dans le délai de 3 jours et les autres lois dans le délai d'un mois à partir du jour de leur adoption. » — La marge était large.

2 Comme cas de suspension, au moyen du retard dans la publication, on peut citer celui qui a arrêté la mise à exécution de la loi relative à la poursuite des délits et des crimes commis à l'Étranger, modification des art. 5, 6 et 7 du Code d'instruction criminelle. — Cette loi votée par le Corps législatif le 4 juin 1852, n'est pas encore promulguée et ne le sera jamais.

C'est là une dépendance regrettable et humiliante pour l'autorité des lois; — je sais bien que, souverain appréciateur de ce qu'exige la raison d'Etat, l'Empereur, dans la sphère de son pouvoir gouvernemental, doit rester investi du droit d'arrêter la mise à exécution d'une loi votée (1); — est-ce que la faculté qu'il a déjà de lui refuser sa sanction, n'est pas à cet effet plus que suffisante? — Pourquoi y avoir ajouté le droit d'en suspendre indéfiniment la promulgation? — Avant la sanction, la loi n'existe qu'à demi, il en est le maître, mais après la sanction elle est complète, elle est la loi, et vis-à-vis d'elle le chef de l'État n'est plus alors que son agent, son Pouvoir d'exécution et son premier devoir, nous l'avons déjà dit, est de la rendre exécutoire (2).

Il serait en conséquence plus avantageux, plus rationnel et plus digne d'affranchir, à ce moment, la loi de l'action des hommes, et de ne faire dépendre que d'elle-même l'investiture et le développement de sa souveraineté; — il suffirait pour cela de fixer, à chacun des agents qui ont à concourir à sa publication, un délai pour l'accomplissement des formalités qui leur sont imposées, et d'enchaîner ces délais de telle sorte que leur expiration successive préfixât le jour où serait également formée cette présomption de publicité qui exclut jusqu'à la possibilité d'ignorer la loi; — alors, mais seulement alors, la maxime que *nul n'est censé ignorer ses prescriptions*, perdrait ce caractère excessif contre lequel ont plus d'une fois protesté le bon sens et la bonne foi publique.

Ce moyen, qui rendrait à l'article 1 du Code la base qui lui manque depuis 1815, et que les ordonnances précitées du 27 novembre 1816 et du 25 janvier 1817, ont été impuissantes à lui restituer, ne troublerait en rien d'ailleurs l'économie des

1 Il faut prendre garde de ne pas trop donner ici à la raison d'État; il n'y aurait pas à cet effet à lui résister, si après avoir conquis l'arbitraire de la promulgation, elle prétendait au droit que Charles X s'était arrogé en 1830, en vertu de l'ancien art. 14 de la charte de 1814, de *suspendre l'exécution des lois* même promulguées. — A s'arrêter dans la voie des concessions en cette matière, le plus tôt est encore le meilleur; — Car à tout il faut des limites.

2 Quand, bien entendu, le Sénat a déclaré ne pas s'opposer à la promulgation.

dispositions qui régissent la matière; — leur rédaction à nouveau, avec l'addition des délais préfixes enchaînant chacun des actes qu'elles prescrivent, en sera plus loin la meilleure démonstration.

III

7. — Envisagés dans leur rédaction, les deux premiers paragraphes de l'article 1 ne sont pas mieux à l'abri de la critique.

« *Les lois sont exécutoires...* » porte le § 1 ; — c'est là une affirmation de qualité qui serait parfaitement superflue, si la phrase qui suit n'en précisait la portée dans ce sens que c'est la promulgation qui leur confère cette qualité ; — mais en regard même de cette idée, la rédaction ne serait ni plus juste ni plus complète, car dire que « *les lois ne sont exécutoires qu'en vertu de la promulgation,* » c'est fort inutilement proclamer que le premier sujet des lois, que le premier agent de leur exécution , le Pouvoir exécutif en est le maître avant leur promulgation (1). C'est ensuite ne rien dire de ce qu'il nous importait surtout d'apprendre ; savoir : par qui et comment *devait* se réaliser leur *force obligatoire.* — Mais l'Autorité en 1804 aimait mieux voir la loi consacrer ses prérogatives que lui préciser ses devoirs.

Les règles que le législateur avait à formuler ici pour assurer l'exécution de ses prescriptions se fussent bien mieux manifestées, si au lieu de déclarer que *les lois sont exécutoires* et *doivent* par suite *être exécutées,* ce que tout le monde sait, il avait, dans l'art. 1, très explicitement désigné les agents qui, à tous les degrés de la hiérarchie gouvernementale, avaient à coopérer à leur exécution, pour leur faire ensuite, et non moins explicitement, connaître les *actes* et les *devoirs généraux de cette coopération.*

8. — Une étude attentive de la situation les lui aurait révélés , en ce qui concerne *les fonctionnaires,* seuls agents possibles de l'exécution dans les trois séries d'opérations suivantes :

---

1 La promulgation est autant un devoir pour le chef de l'État qu'une prérogative; l'art. 1 du Code Napoléon, manifeste uniquement ce dernier caractère ; notre rédaction les manifestera également l'un et l'autre. (V. ci-dessus, n° 6.)

1° La surveillance de cette exécution ;

2° L'accomplissement, dans les conditions de la loi, des actes qui devront être réalisés par eux pour assurer cette exécution ;

3° L'emploi des moyens légaux de coaction, pour contraindre les citoyens et les étrangers à respecter et observer les lois qui leur sont imposées.

L'application de notre système de rédaction à la révision de la disposition, si incomplète sous ce rapport, de notre article 1, mettra très nettement en relief les règles d'action qui se dégagent ainsi pour nous de sa pensée génératrice ; elles sont, il est vrai, aujourd'hui dans la pratique, comme des principes traditionnels ; mais, il serait mieux, pour proscrire le doute et l'arbitraire, qu'elles fussent inscrites dans le premier article du Code.

IV

9. — Voici maintenant, enchâssées dans nos formules les prescriptions encore en vigueur des divers décrets et ordonnances réglementaires de la *sanction* et de la *promulgation* des lois ; leur rédaction à nouveau doit nécessairement précéder celle de l'art. 1, qui n'a trait qu'à leur *publication* et à leur *exécution.*

à placer dans le Code administratif à la section-Code des Présidents du Corps législatif.

Art. a (1). — (*Art. 7 du décret du 5 février 1867.*) Le Président du Corps législatif devra,

Le lendemain du jour où le Corps législatif aura adopté une loi,

Porter au Chef de l'État une expédition de ladite loi revêtue de sa signature et de celle des Secrétaires du Corps législatif.

au Code administratif ; — Section-Code du chef de l'État.

Art. b. — (*Art. 10 de la constitution de 1852.*) Le chef de l'État devra, cinq jours après celui où lui aura été remis l'expédition d'une loi adoptée par le Corps législatif,

---

1 Ces articles n'étant pas tirés du Code, nous leur donnons des lettres pour numéros d'ordre, afin de ne rien changer à la série numérique des articles qui seront tirés du Code.

1° Sanctionner, s'il y a lieu (1), ladite loi en apposant, au bas de ladite expédition, son approbation revêtue de sa signature ;

2° (*Art. 8 du décret du 5 février 1867 et art. 25, Constitution de 1852*). La transmettre ensuite au Ministre d'État, avec ordre de la soumettre à l'examen du Sénat.

au Code administratif ; — Section-Code du Sénat.

Art. c. — (*Art. 8 du décret du 5 février 1867.*) Le Ministre d'État devra,

Le jour même où le chef de l'État lui aura transmis une loi sanctionnée, avec ordre de la soumettre à l'examen du Sénat :

1° Porter lui-même au Président du Sénat l'expédition de la loi sanctionnée,

2° Informer les conseillers d'État désignés par l'Empereur, pour soutenir la discussion devant le Sénat, du décret qui les charge de cette mission.

au Code administratif ; — Section-Code des ministres.

Art. d. — (*Art. 21 de la constitution et art. 11-15 du décret précité.*) Le Président du Sénat devra,

Lorsqu'une loi sanctionnée lui aura été remise pour être soumise au Sénat :

1° En donner lecture au Sénat, lors de sa première réunion générale ;

2° En faire en même temps distribuer une copie imprimée à chaque Sénateur ;

3° Mettre aux voix, après discussion, dans la 15ᵐᵉ qui suit, la question de savoir s'il y a lieu ou non de s'opposer à la promulgation de ladite loi (2) ;

4° Et transmettre au Ministre d'Etat, le lendemain du jour où le Sénat aura statué,

    a) — l'expédition de loi sanctionnée,

    b) — un extrait certifié du procès-verbal de la séance du Sénat portant le résultat des votes du Sénat sur la question de promulgation.

---

1 Si l'expression *devra*, qui domine la disposition, manifeste le côté *obligatoire* de la sanction, les mots, *s'il y a lieu*, en manifestent le côté *facultatif*; la sanction n'est ainsi *un devoir* que lorsque la raison d'État ne s'oppose pas à l'exécution des lois votées. — S'il n'y a pas lieu à sanctionner et si elle n'est pas sanctionnée, la loi n'existe pas.

1 Si, comme nous l'avons proposé, la promulgation cessait d'être facultative pour le Pouvoir exécutif, le Sénat pourvoirait à tout dans sa sagesse, et pourrait s'opposer à la promulgation, au cas où, après la sanction d'une loi il serait reconnu que son exécution peut ne pas être sans danger.— V. l'art. 26 de la constitution modifié par le S. Consulte du 13 mars 1867.

au Code administratif : — Section-Code des Ministres.

Art. *e.* — Le Ministre d'Etat devra,

Le lendemain du jour où il aura reçu du Président du Sénat l'expédition de la loi sur la promulgation de laquelle le Sénat se sera prononcé :

1° Faire connaître au chef du Pouvoir exécutif les motifs et le résultat de la décision du Sénat ;

2' Et lui remettre les pièces qu'il aura reçues du Président du Sénat.

au Code administratif ; — Section-Code des Ministres.

Art. *f.* — *(Art 7 et 10 de la constitution et art. 1 du Code Napoléon.)* Le chef du Pouvoir exécutif devra,

Dans les trois jours à partir de celui où lui aura été communiquée la décision du Sénat sur la promulgation d'une loi sanctionnée :

1° SI LE SÉNAT A DÉCLARÉ NE PAS S'OPPOSER A LA PROMULGATION, signer la formule de promulgation [si son intention toutefois est de promulguer la loi, et dans le cas où telle ne serait pas sa volonté, mettre au bas de la loi : *non lieu à promulgation* (1), *où l'Empereur s'avisera* (2)]

2° SI LE SÉNAT A DÉCLARÉ S'OPPOSER A LA PROMULGATION, mettre au bas de la loi : *non lieu à promulgation ;*

3° Dans tous les cas, transmettre le dossier au Ministre d'État, pour être, soit classé dans les archives de l'Empire, soit transmis au garde des sceaux.

au Code administratif ; — Section-Code des ministres.

Art. *g.* — Le Ministre d'État devra,

Le jour même où il aura reçu du chef du Pouvoir exécutif,

---

1 Nous avons, par ce paragraphe, maintenu le système du § 1 de l'art. 1 du Code Napoléon, qui place à ce moment la loi dans la dépendance du Pouvoir, lequel cependant, aux termes de l'art. 7 de la constitution et suivant la théorie constitutionnelle, n'aurait qu'à *pourvoir alors à son exécution* ; — si comme nous en avons exprimé le vœu, on voulait sur ce point donner une plus entière satisfaction aux principes, il suffirait de supprimer la partie de ce paragraphe placée entre deux crochets, et la promulgation deviendrait *obligatoire* pour l'Empereur, trois jours après que le Sénat aurait déclaré qu'il y avait lieu à promulgation.

2 C'était la formule de refus de sanction consacrée par un règlement du 13 août 1814, non inséré au bulletin : « Art 1, le Roi refuse la sanction par « cette formule : *le Roi s'avisera.* — Art. 3, le Roi sanctionne la loi en faisant « insérer sur la minute que la loi discutée, délibérée et adoptée, sera publiée « comme loi de l'État. (V. décret du 2 décembre 1852.)

expédition d'une loi portant, au bas, ordonnance signée de promulgation :

1° Inscrire sur un registre spécial la date de la réception des pièces ;

2° Et les transmettre le jour même au garde des sceaux pour la mise à exécution de la loi par sa publication.

au Code administratif; — Section-Code des Ministres.

Art. h.—(*Décret des 2-5 novembre 1790 et art. 4 du décret du 2 décembre 1852.* Le garde des sceaux devra,

Le jour même où il aura reçu une loi portant ordonnance signée de promulgation :

1° Faire inscrire sur un registre spécial la date de la réception;

2° Faire apposer le sceau de l'État en bas du texte de la loi, au-dessous de l'ordonnance de promulgation ;

3° (*Art. 1, 2 et suivants du décret du 12 vendémiaire an IV*) et en transmettre une copie certifiée au Directeur de l'Imprimerie Nationale, avec ordre de faire d'urgence et toute autre affaire cessante, procéder à l'impression de ladite loi et à son envoi aux fonctionnaires désignés sur la liste qui sera jointe à l'ordre d'imprimer ;

4° En transmettre une copie au gérant du *Moniteur*, pour y être insérée dans le plus prochain numéro.

au Code administratif ; — Section-Code de l'Imprimerie Nationale.

Art. i. — (*Décrets du 14 frimaire an II, du 8 pluviose an III et du 25 pluviose an IV.*) Le Directeur de l'Imprimerie Nationale devra,

Dans les trois jours à partir de celui où il aura reçu, du garde des sceaux, la copie certifiée d'une loi, d'un décret ou de tout autre acte du Gouvernement, lequel délai pourra être augmenté d'un jour par chaque feuille d'impression, lorsque l'impression de la loi excédera cinq feuilles du format du bulletin des lois :

1° Transmettre au garde des sceaux et à chacun des Ministres, 20 exemplaires de ladite loi ou dudit décret imprimé dans le format du bulletin des lois;

2° En transmettre, par la voie de la poste, aux fonctionnaires désignés par le garde des sceaux, le nombre d'exemplaires qu'il aura déterminé, et sur la dernière page desquels sera imprimée la date du jour où les exemplaires du garde des sceaux auront été reçus à la Chancellerie. (*Art. 1 et 3 de l'ordonnance du 27 novembre 1816*) ;

3° Et certifier au garde des sceaux que cet envoi a été effectué, au moyen du bulletin visé par les Directeurs de l'Imprimerie et des Postes, certifiant que l'envoi a eu lieu ;

4° Quand aux autres actes du Gouvernement, exécuter les ordres qu'il recevra des Ministres.

au Code administratif ; — Section Code des Préfets.

Art. j. — (*Art. 4 de l'ordonnance du 27 novembre* 1816 *et art.* 1 *de l'ordonnance du* 18 *janvier* 1817.) Les Préfets, dans leurs départements respectifs, devront,

Lorsque, sur l'ordre du Pouvoir exécutif prescrivant de faire procéder d'urgence à la publication d'une loi ou d'un décret, le garde des sceaux leur aura transmis une copie certifiée exacte desdites loi ou décret pour être publiés :

1° Rendre un arrêté ordonnant leur impression et affiche où besoin sera ;

2° Faire faire sans délai la copie ou l'impression desdites loi ou décret ;

3° En transmettre 20 exemplaires à chacun des Maires de leur département, avec injonction de les faire afficher dès leur réception, sur les principaux monuments publics et dans les lieux les plus exposés aux regards du public, après avoir fait publier à haute voix, par le crieur de la municipalité, le texte desdits lois ou décrets ;

4° Faire du tout dresser procès-verbal et le transmettre au garde des sceaux.

10. — Si les dispositions qui précèdent étaient converties en lois, il adviendrait forcément de l'accomplissement successif des actes qu'elles prescrivent :

1° Que *dix jours après* que le Sénat aurait déclaré ne pas s'opposer à la promulgation d'une loi (art. *d* et *f*) — laquelle déclaration toujours rendue publique par le *Moniteur*, formerait un point de départ fixe et connu de tous, — ladite loi serait insérée au bullein officiel et transmis à la Chancellerie et à tous les fonctionnaires de l'Empire ; — Dans l'hypothèse, toutefois, où le chef de l'État, comme d'ailleurs le droit lui en est conservé, par l'art. *f*, ne se serait pas refusé à la promulgation ;

2° Qu'après l'expiration de ce *délai de* 10 *jours*, il serait *à peu près certain* que la loi n'a pas été promulguée, si les fonctionnaires du département de la Seine n'avaient pas reçu le bulletin qui en contiendrait le texte ; — je dis *à peu près certain*, car il faut tenir compte du délai exceptionnel qu'aurait pu, aux termes de l'art. *i*, exiger l'impression, si la loi était extraordinairement volumineuse.

Non promulguée dans les délais, la loi serait alors comme

n'ayant pas encore été adoptée par le Corps législatif (1) ; ses dispositions, *inexécutoires*, ne pourraient en conséquence surprendre personne par une publication tardive et imprévue, attendu que, faite hors les conditions prescrites, cette publication serait *illégale* et partant sans effet ;

3° Que la disposition de l'art. 1 du Code Napoléon, ainsi précédée par des formalités dont l'accomplissement aboutirait à un jour déterminé et facile à préfixer à l'avance, cesserait de nous cacher, comme aujourd'hui, le moment précis où les lois acquièrent force exécutoire.

Sur ce, nous passons à la rédaction de l'art. 1 du Code qui, par son caractère, nous l'avons déjà démontré (v. n° 4) est une loi *de procédure* : — il s'agit de réaliser *l'application des lois*, la rubrique du titre le dit ; — or, les lois ne peuvent être *appliquées* que par ses agents, ses organes, ses ministres ; — la règle d'action que sa disposition doit ici formuler ne peut en conséquence concerner que ces agents, ces organes, ces ministres, en un mot, *les fonctionnaires ;* — ce sont eux qui seuls doivent concourir à l'exécution des lois, ce sont eux aussi que notre système de rédaction désignera en tête de sa disposition revisée pour leur faire ensuite connaître *par le dispositif*, les actes généraux que le législateur est en droit d'attendre de leur activité subordonnée ; — cet article s'adressant ainsi *aux fonctionnaires* de tout rang, de tout ordre et de tous les degrés, aura sa place marquée en tête de tous les Codes.

...... à placer en tête de tous les Codes des fonctionnaires.

Art. Ier. — Le chef du Pouvoir exécutif, ses Ministres et les membres des grands corps de l'État ;

Les magistrats de l'ordre judiciaire et ceux de l'ordre administratif,

1 Le chef de l'État concourt par la sanction à la confection des lois (V. n° 2 et note), — quand il ne promulgue pas une loi, on peut supposer que c'est parce qu'il a refusé de la sanctionner ; non sanctionnées, les lois ne sont pas des lois ; ne peut-on pas conclure du refus ou défaut de promulgation dans les délais, que leurs dispositions n'étant point passées en force de lois, ont perdu, après ces délais, leurs qualités législatives et doivent être de nouveau votées par le Corps législatif pour être exécutées?

Les fonctionnaires de tout ordre, ainsi que leurs auxiliaires, agents, subordonnés, etc.

Et tous les citoyens qui se trouvent, même accidentellement investis d'un emploi, d'une charge, d'un office, ou d'une administration publics, ou qui remplissent un service public avec un caractère ou une autorité publics, etc.

Devront, chacun dans la limite de leur pouvoir respectif et de leur circonscription :

1° — Surveiller et réaliser la force obligatoire des lois et des décrets à partir de leur promulgation : -- en observer et appliquer les dispositions sans y ajouter, ni retrancher; — contraindre les citoyens à les respecter, observer et exécuter et ce dans toutes les parties de l'Empire où leur promulgation en pourra être connu (V. n° 7,)

2° — Et tenir cette promulgation pour connue (1) :

a) — Dans le département de la résidence impériale, un jour après que le bulletin qui en contiendra le texte aura été reçu de l'Imprimerie Nationale par le garde des sceaux. (*Art.* 1 *et* 2, *ordonnance du* 27 *novembre* 1816.)

b) -- Dans les autres départements, après le même délai, augmenté d'autant de jours qu'il y aura de dizaines entières (2) de myriamètres entre la ville où la promulgation aura été faite et le chef-lieu de chaque département.

3° — Et tenir également cette promulgation pour connue dans les localités où la loi aura été publiée d'urgence, conformément à l'art. J.. et ce à partir du jour où cette publication aura été effectuée (ordon. du 27 novembre 1816 et ordon. du 18 janvier 1817).

Les dispositions de cet article se retourneront plus loin en *prohibitions* du côté des citoyens, — quand nous en rédigerons pour eux la pensée en lois civiles.

---

1 En imposant aux fonctionnaires la connaissance de la promulgation après un certain délai, nous échappons au reproche de faire résulter, même à leur égard, la publicité des lois du fait seul de l'expiration de ce délai, attendu que les lois leur seront envoyées. (Art. i, 3′), et que cet envoi prescrit alors par la loi est un moyen matériel très efficace de leur en donner connaissance, mais nous ne comblons pas la lacune qui se trouve dans le Code relativement aux non fonctionnaires. -- L'affichage des lois, comme mode ordinaire de publication, pourrait seul y remédier, et remplacer, quand à eux, l'envoi du texte qui n'est transmis qu'aux fonctionnaires.

2 L'addition du mot *entière* tranchera la question de savoir si les fractions des dizaines de myriamètres doivent compter pour une dizaine complète et entraîner un délai de 1 jour.

V. Lacunes de la loi. — Dispositions complémentaires.

---

11. — Ce n'est pas seulement *des lois proprement dites* que le législateur doit commander aux agents de son pouvoir de réaliser *la force obligatoire :* — sous la suzeraineté et la protection des *lois publiques*, il est des lois d'un ordre inférieur dont il n'importe pas moins à tous de voir assurer l'exécution contre ceux qui les ont consenties et acceptées : je veux parler DES LOIS PRIVÉES, *des contrats, des donations*...., et de tous actes qui, formant un lien de droit par la commune volonté des parties, ne peuvent cependant, en cas de contestations, *sortir à effet* que par la force du MANDONS et ORDONNONS de l'autorité publique (1); — je ne trouverais pas, en conséquence, déplacée, dans le titre consacré à faire connaître aux fonctionnaires les devoirs généraux de leur coopération à l'exécution des lois, une disposition qui, venant après l'art. 1, leur prescrirait relativement *aux lois privées*, ce que cet art. 1 leur commande relativement *aux lois publiques*, et sanctionnerait ainsi la force et l'autorité de leur formule exécutoire (2).

Ajoutons, que de même que ces dernières lois ne sont obligatoires, pour leurs agents, qu'après l'accomplissement des formalités de la *publication*, de même les lois privées ne seront, pour eux, exécutoires qu'après les formalités destinées à donner à ces sortes de lois *l'authenticité et l'autorité*; et après encore qu'une réquisition régulière d'avoir à en réaliser les effets, les leur aura fait connaître — ce qui, pour elles, équivaudra à une *publication* : la formule exécutoire ainsi le prescrit (2).

---

1 V. sur la nature et le caractère des lois privées, n° 45, 2ᵉ partie.

2 « Le Décret des 2 et 9 décembre 1852 a fixé, comme suit, la formule exécutoire « des arrêts, jugements, mandats de justice, contrats et autres actes : Napoléon, « par la grâce de Dieu et la volonté nationale, Empereur des Français, à tous « présents et à venir, salut : (copie de l'acte) terminé ainsi : mandons et ordon- « nons à tous huissiers sur ce requis de mettre ledit acte à exécution, à nos « procureurs généraux et à nos procureurs impériaux d'y tenir la main, à « tous commandants et officiers de la force publique d'y prêter main forte « lorsqu'ils en seront légalement requis. »

Je proposerais en conséquence la disposition suivante, après l'art. 1, avec l'indication *art. 1 a,* afin de ne rien changer à l'ordre numérique des autres articles du Code. (V. la 2ᵉ partie, n° 107, au sujet des sous-séries.)

à placer en tête de tous les Codes des fonctionnaires après l'art. 1.

Art. 1 *a.* Les fonctionnaires dénommés en l'art. 1,
Devront,
Chacun dans la limite de leurs attributions respectives,
Surveiller et réaliser la force exécutoire des jugements passés en force de chose jugée ou exécutoires d'urgence, et des contrats ou autres actes portant formule exécutoire,
Et ce, du moment où ils en auront été légalement requis, après l'accomplissement de toutes les formalités exigées par les lois, pour la mise à exécution desdits jugements, contrats ou autres actes privés ou publics. (*Décret du* 8 *décembre* 1852.)

12. — En théorie législative, les lois ne sont obligatoires que pour ceux qui les connaissent, c'est pour cela qu'elles sont publiées ; — en faudra-t-il conclure qu'elles n'obligent pas ceux qui les ignorent ; — quelle loi serait obligatoire si, pour se soustraire à son application, il suffisait de dire : je ne la connais pas ?

Pour parer à l'échec qu'aurait pu éprouver sur ce point sa souveraineté, la Loi a dû admettre l'efficacité de sa publication ·et en déduire cette présomption, consacrée par le § 3 de l'art. 1 du Code, que du moment où les lois *sont réputées connues,* nul n'est plus *alors censé les ignorer; — nemo censetur ignorare leges rite promulgatas.*

Légalement publiée, la loi oblige ainsi ceux-là même qui se doutaient le moins de son existence; — ils ne pourraient, par suite, être reçus à se prévaloir de leur très réelle ignorance pour en justifier la violation; — à ce point de vue, il ne serait pas vrai de dire : *non nocet ignorantia juris.*

L'ignorance des lois n'affranchit donc pas de leur empire.

Voilà la règle : — elle est absolue sur le territoire des lois répressives pénales, la sûreté publique l'exigeait impérieusement (1) ; — elle l'est et devait l'être moins sur le domaine

(1) Les lois de police et de sûreté obligent tous ceux qui habitent le territoire ; l'ignorance des lois pénales ne pourrait motiver l'acquittement, en

de la *législation civile :* — son application trop rigoureuse pourrait, en effet, y porter quelquefois atteinte à des actes et à des situations très respectables, et en faire maintenir d'autres qui préjudicieraient aux intérêts que le législateur doit particulièrement protéger et sauvegarder. — Voici des exemples :

Une convention s'est formée, les parties y violent la loi, croyant s'y conformer; — l'une y renonce à un bénéfice que des dispositions qu'elle ignore lui assurent ou néglige d'en profiter ; — une autre y accepte, en dehors de toute obligation naturelle, des conditions qu'elle s'imagine lui être imposées par la loi, quand au contraire sa faveur l'en exonère ; — un mariage est contracté au mépris d'empêchements dont nul ne se doutait: — *les Parties sont de bonne foi,* leur faudra-t-il, néanmoins, subir les rigueurs de la règle *nemo censetur ignorare leges?* Non, car son application, plus préjudiciable alors qu'utile, méconnaîtrait cet autre principe d'équité et de législation qui veut que tout effet soit refusé *aux contrats entachés d'erreur* (2)

---

matière *de crimes* ou *de délits;* — la règle serait moins absolue en ce qui concerne les *contraventions ?* — Il est des auteurs qui feraient à cet égard des concessions : l'ignorance d'un règlement général ou local de police serait à leurs yeux une excuse péremptoire, dans le cas où elle serait le résultat d'une impossibilité *matérielle* de le connaître ; cette ignorance pourrait alors être assimilée à la force majeure : — c'est dans ce sens que se prononce M. Demolombe pour excuser les étrangers qui violent un règlement de police en entrant en France : — « à l'impossible, dit-il, nul n'est tenu, nul n'est en conséquence tenu par une « loi qu'il lui était impossible de connaître. » T. 1, n° 73, p. 90.

(2) L'erreur de droit est une cause de nullité des obligations aussi bien que l'erreur de fait. Pothier, Pandectes, liv. 22, titre 6, n° 2. — Merlin, rép., v° testament, sect. 2, § 5. — Toullier, t. 6, n° 58. Zacharia, t. 1, § 28. — Ainsi l'héritier qui ratifie, ignorant les droits qu'il tient de la loi, un testament qui le dépouille est restituable contre sa ratification — Netz, 28 novembre 1817. S. 19.2.142 — de même un copartageant s'est présenté comme successible seulement et a négligé, par erreur de droit, de faire valoir sa qualité de donataire. Cette erreur est une cause de rescision du partage. Toulouse, 19 janvier 1824. S. 24.2.115. — *Id.* est nul le partage d'une communauté dans lequel ont été compris des biens acquis par le mari, depuis le décès de la femme, dans la croyance que la loi maintenait l'état de communauté jusqu'au partage lorsqu'il n'avait pas été fait inventaire. Cass., 12 mars 1845. S. 27.1.350. Mais l'erreur fondée sur une jurisprudence plus tard reconnue fausse n'est pas une cause de nullité. Cass., 12 germinal an XII. S. 4.2.67. — 3 février 1813. S. 13.1.322.

et toute protection accordée *à la bonne foi* qui, *pour répéter le sien*, réclame contre les conséquences de son erreur : *suum petentibus non nocet ignorantia juris* (1). C'est par cet ordre de pensées que se justifie la jurisprudence, sur les art. 201, 549, 1109, 1110 et 2265 du Code Napoléon, qui, plaçant l'erreur de droit sur la même ligne que l'erreur de fait (2), admet, par exception, la preuve de l'ignorance de la loi, lorsqu'elle peut être un moyen de démontrer *l'erreur* qui invalide certains actes, ou d'établir cette *bonne foi* que la loi favorise en certains cas.

Ses décisions me semblent, à ce point de vue spécial, procéder d'une règle unique qu'il serait sage encore de formuler, à la suite de l'art. 1, pour ne pas l'éloigner du principe dont elle serait à la fois le complément et la limite.

13. — Après les *lois publiques*, les *lois privées ;* — ici comme là, force obligatoire ;—ici comme là, mêmes restrictions.

Qu'elle résulte de l'ignorance d'une loi qui définit le droit, ou d'un acte qui le constate ou le confère, l'erreur est toujours l'erreur ; — les contrats qu'elle engendre seront aussi l'erreur ; et l'erreur ne saurait former la loi des parties, (3) *non consentit qui errat.*

Pour acquérir l'autorité de la chose consentie, il faut que les contrats, comme les jugements, soient fondés sur la vérité, c'est pour cela qu'on a dit des derniers : *res judicata pro*

---

(1) L. 7. De *juris facti ignorantia* xxii. 6. Dig. — *error juris in damnis amittendæ rei suæ non nocet.* L. 8 eod. tit.

(2-3) « Tout consentement qui ne repose que sur une erreur est nul, tel est « le principe général posé par le législateur art. 1109, mais le mot erreur, « tel qu'il est employé par le législateur, comprend *l'ignorance* en tant que « cette ignorance peut influer sur la validité des conventions. — Or, on peut « ignorer un fait, c'est *l'ignorantia facti* des Romains, ou bien on peut ignorer « le droit, c'est *l'ignorantia juris* des mêmes jurisconsultes ; — l'ignorance a « pour conséquence l'erreur et l'erreur vicie le consentement. — La loi ne « distingue pas entre l'erreur de fait et l'erreur de droit ; ne pas reproduire la « distinction, c'est la proscrire. — Que je me sois déterminé par l'ignorance d'un « fait ou *l'ignorance de la loi*, mon consentement n'en a pas moins pour cause « déterminante une erreur. » Dalloz, répertoire alphabet. V° Obligation, « n° 142.

véritate habetur. — La vérité est la condition de la justice ; — elle doit être aussi celle des contrats.

Mais si l'erreur est un effet de l'ignorance, l'ignorance peut être un effet de la simulation ou le résultat d'une négligence calculée ; — qui ferme les yeux ignore la lumière ; — il y a là un péril, j'en conviens, mais serait-ce une raison de refuser à la bonne foi la protection qui lui est due, parce que la mauvaise foi pourrait quelquefois en abuser ? non, il serait plus juste et plus sage de prévenir l'abus en n'accordant la preuve de l'erreur et de la bonne foi que dans des cas *nettement spécifiés*, et quand il apparaîtrait des circonstances que cette ignorance, réellement exclusive de négligence et de mauvaise foi, est de nature à vicier le consentement.

Pour déterminer à cet effet les règles que pourraient réclamer, en cette matière, les principes du droit et les tendances équitables de la jurisprudence, la première chose à faire est de distinguer entre,

1° *les actes* (conventions, donations, jugements ou autres actes privés ou publics) *auxquels on a concouru personnellement ou par mandataire ;*

2° *et ceux auxquels on est resté complètement étranger ou auxquels ont seuls concouru ceux dont on est devenu postérieurement l'ayant-droit ou le représentant.*

Si l'on ne peut ignorer les premiers, car on n'ignore pas la loi que l'on a soi-même faite, à moins d'être trompé sur son contenu par des manœuvres frauduleuses (1), il en est autrement des seconds. — On peut de très bonne foi n'en connaître ni le texte, ni l'existence ; — ce ne serait, en conséquence, qu'à l'égard de ces derniers actes que seraient admissibles la preuve et l'excuse de l'ignorance, lorsqu'il résulterait des circonstances qu'il a été impossible à celui à qui on les opposerait de se douter de leur existence, d'en connaître et d'en apprécier les dispositions.

C'est dans ces sages limites que les législateurs de 1804 ont admis l'exception de l'ignorance en présence du principe de l'autorité de la chose jugée et des contrats, lorsqu'ils ont rangé :

(1) Car la fraude vicie tout, *fraus omnia corrumpit.*

I. Parmi les causes de rétractation des jugements et arrêts en dernier ressort :

1° — *La non-communication des pièces* au Procureur Impérial dans les causes communicables. (Art. 480, 8° du C. de Proc. civ.) — Ce magistrat et le tribunal ont pu alors ne pas connaître les pièces, les titres qui constatent la situation juridique toute entière des parties, et ne pas juger en toute connaissance de la cause : — de là, présomption d'ignorance, le jugement entaché n'est plus la *res judicata quæ pro veritate habetur.*

2° — *La fausseté des pièces* sur les quelles le jugement a été rendu. (Art. 480, 9° du C. de Proc. civ.) — La vérité, ici non plus, n'est pas avec lui. — Les juges ont *ignoré les pièces vraies.*

3° — *L'ignorance des pièces décisives* retenues par l'une des parties et qui n'ont été recouvrées qu'après le jugement. (Art. 480, 10° même code.)

II. Et parmi les causes de nullité ou de rescision des contrats :

1° — *L'erreur,* erreur de fait ou de droit qui suppose l'*ignorance,* soit d'un acte ou de ses dispositions, soit d'un jugement (Art. 1109, 1110 et 1116 du C. Nap.)

2° — *La fausse cause* qui peut aussi bien résulter de l'ignorance d'un fait, que de l'ignorance d'un droit préconstitué par un titre égaré, dissimulé ou non connu des parties. (Art. 1131 du C. Nap.)

3° — *L'erreur dans un paiement;* — cette erreur peut résulter de l'ignorance d'un titre libératoire antérieur. (Art. 1235 et 1377 du C. Nap.)

4° — *L'ignorance d'un jugement passé en force de chose jugée,* relativement à la transaction sur le procès que ce jugement termine, bien que, par exception, l'erreur de droit ne soit pas une cause de nullité en matière de transaction. (Art. 2052 et 2056 du C. Nap.)

5° — *L'ignorance de certaines charges du contrat :* — faute de déclaration par le vendeur, l'acheteur a ignoré l'existence d'actes constitutifs de servitudes non apparentes. L'ignorance où il a été laissé à cet égard peut, dans certains cas, être une cause de résiliation de la vente. (Art. 1638 du C. Nap.)

C'est dans ces mêmes conditions que nous voudrions voir se formuler, d'une manière générale, la règle d'action qui se laisse entrevoir dans les articles précités et dont ces articles ne sont que l'application à des cas particuliers ; — comme elle serait une exception à la double règle consacrée par les art. 1 et 1 *a*, concernant, l'un, l'exécution et la souveraineté des *lois publiques*, l'autre, l'autorité légale des *contrats et des jugements*, — elle donnera lieu à deux dispositions correspondantes, régissant les fonctionnaires chargés de dire le droit de chacun et de qui relève l'exécution forcée des jugements et des contrats, à savoir : Les présidents et juges des Cours et Tribunaux : — la formule *impérative* s'impose donc à la rédaction de cette double règle, dont l'objet sera de déterminer les cas où les juges *devront admettre la preuve de l'ignorance des lois, des jugements et des contrats*.

° Voici ces deux dispositions : — On excusera leur longueur : il vaut mieux qu'une loi dise tout elle-même, que de laisser à la jurisprudence le soin d'y suppléer parce qu'elle n'en dit pas assez, il faut se méfier des législateurs qui font des lois de six mots et d'une ligne : l'arbitraire seul s'accommode des lois trop brèves (1).

au Code de Procédure. — Section-Code des juges. — Tit. des preuves.

Art. 1 *a*, **1.** — Les présidents et juges régulièrement saisis devront,

Lorsqu'une partie demandera à prouver son ignorance d'une loi, ou d'un décret régulièrement publiés, pour se faire relever des conséquences, préjudiciables contre elle, de son ignorance de leurs dispositions,

I. — Admettre cette preuve dans les cas suivants, savoir :

a) — Si, à raison d'actes, conditions ou dispositions qui, en dehors de toute transaction, n'auraient eu pour cause que l'erreur, (*Art.* 1110 *C. Nap.*) la preuve de cette ignorance doit faire preuve de l'erreur ; — lorsque, toutefois, cette ignorance ne peut être imputée à calcul ou à faute à celui qui s'en prévaut ;

b) — Si, pour répéter ce qui a été indûment payé en dehors de toute obligation naturelle et de toute transaction,

(1) « Depuis que j'entends discuter le Code civil, disait le premier Consul, « je me suis souvent aperçu que la trop grande simplicité dans la législation, « est l'ennemie de la propriété. — On ne peut rendre les lois extrêmement « simples sans livrer beaucoup à l'incertitude de l'arbitraire. »

(*art.* 1377 *C. Nap.*) la preuve demandée a pour but d'établir que le payement de l'indû n'a eu pour cause que l'ignorance desdits loi ou décret.

c) — Si la preuve de cette ignorance a pour but de prouver la bonne foi du demandeur, dans les cas où la loi subordonne, à la preuve de cette bonne foi, le bénéfice de certaines de ses dispositions.

II. — Dans tous les autres cas déclarer que nul n'est censé ignorer les lois et les décrets régulièrement publiés, et rejeter la demande en preuve.

au Code de Procédure. Section-Code des juges. — Titre des preuves.

Art. 1 *a,* 2. — Les présidents et juges régulièrement saisis devront,

Lorsqu'une partie demandera à prouver son ignorance d'un jugement, passé en force de chose jugée, d'une convention , ou de tout autre acte privé ou public. pour se faire relever des conséquences d'un acte ou d'une situation qu'il n'aurait ni consentie, ni acceptée, s'il avait eu connaissance préalable desdits contrat, acte ou jugement.

I. — *Si le demandeur en preuve a été partie ou a figuré à un titre quelconque dans l'acte ou le jugement* dont il prétend ignorer les dispositions,

1° Admettre la preuve dans les cas suivants :

a). — S'il apparaît que le demandeur en preuve ait été trompé sur la nature, l'objet ou le contenu desdits actes par les manœuvres de celui qui s'en prévaut ou de ses ayant-cause, et,

b). — S'il est, en outre, reconnu que l'ignorance de leurs dispositions a pu être, en dehors de toute obligation naturelle et de toute transaction, une des causes déterminantes de l'acte attaqué ou du consentement par lequel s'est formé le lien de droit dont la validité est contestée.

2° Dans tous autres cas, déclarer que nul ne peut être admis à prouver son ignorance des actes qu'il a consentis, faits ou passés, ou auxquels il a concouru. et rejeter la demande en preuve.

II. — Si le demandeur en preuve *n'a pas été partie et n'a pas figuré dans l'acte ou jugement qu'il prétend ignorer,*

1° Admettre la preuve dans les cas suivants :

a). — S'il apparaît des circonstances que l'ignorance desdits actes ou jugements a été, en dehors de toute obligation naturelle et de toute transaction, la cause déterminante de l'acte attaqué ou du consentement par lequel s'est formé le lien de droit dont la validité est contestée ;

— à moins toutefois que cette ignorance ne puisse être imputée à faute ou à calcul à celui qui s'en prévaut.

b). — Si lesdits actes ou jugements ont été cachés au demandeur en preuve, — ou ne lui ont pas été communiqués, par celui qui les lui oppose, — ou s'ils n'ont été découverts qu'après la passation de l'acte dont la validité est contestée. (Art. 480 C. de proc. Civ.)

2₀ Dans tous les autres cas, déclarer la demande en preuve, non recevable, et la rejeter.

Il ne suffit pas que les juges connaissent leurs devoirs, il faut encore faire connaître aux citoyens les droits que la bonne foi peut leur conserver lorsqu'ils ont agi ou négligé d'agir sous l'empire de l'erreur ou de l'ignorance ; — je proposerais en conséquence les prohibitions qui suivent pour fortifier et compléter les dispositions qui précèdent.

au Code civil. — Titre de l'application des lois.

Art. 1, a, 3. — Nul ne peut, pour se soustraire à l'application ou justifier la violation d'une loi ou d'un décret promulgués, se prévaloir de son ignorance de leurs dispositions après les délais ou les publications voulus pour leur mise à exécution.

On ne peut, après ces délais et publications, demander à faire preuve de cette ignorance que dans les cas où, aux termes des lois en vigueur, les juges doivent l'admettre pour protéger la bonne foi contre les conséquences d'une erreur.

Art. 1 a, 4. — Nul ne peut demander à faire preuve de son ignorance d'un jugement, d'un contrat ou de tout autre acte privé ou public, que dans les cas ou les juges doivent admettre cette preuve aux termes des lois en vigueur.

Art. 1 a, 5. — Nul ne doit ni abuser, ni profiter de l'ignorance d'autrui, de ses droits ou de ses obligations, pour lui faire consentir une renonciation ou une acceptation ou tout autre acte qu'il n'aurait point consenti s'il avait eu préalablement connaissance de ses droits et de ses obligations.

C'en est assez sur l'article premier du *Code Napoléon* et sur ses conséquences. — L'article 2 va nous fournir un bien plus important sujet d'observations et de critiques.

ARTICLE II.

La loi ne dispose que pour l'avenir;
Elle n'a point d'effet rétroactif.

I

14. — Trois principes gouvernent ici la matière et serviront de base à notre argumentation.

I. *L'intérêt général* étant la loi suprème du législateur, la satisfaction de cet intérêt doit prédominer, en tout et pour tout, la satisfaction des intérêts privés. — C'est là un point hors de controverse.

II. *La satisfaction de l'intérêt général*, ne pouvant se réaliser que par le plus grand bien du plus grand nombre, il s'en suit que *toute loi nouvelle est nécessairement*, ou mieux, est censée être le plus grand bien du plus grand nombre, *l'expression d'un progrès, une amélioration sociale*, et toute *loi abrogée*, nécessairement aussi, *vicieuse* ou *insuffisante*.

Présomption *juris* et *de jure* indiscutable en théorie.

D'où cette conséquence que

III. *La Société,* dont la satisfaction doit tout prédominer, A DROIT A L'APPLICATION IMMÉDIATE et ABSOLUE DE TOUTE LOI NOUVELLE A PARTIR DE SA PROMULGATION. — Les intérêts privés eussent-ils à en souffrir. — C'est un progrès.

15. — Telles sont les idées fondamentales, les principes éprouvés sur lesquels repose LA SOUVERAINETÉ DES LOIS que les Rédacteurs du Code Napoléon ont affirmée, dès le premier article, en y déclarant, nous venons de le voir, que *les lois étaient obligatoires à partir de leur publication.* — C'était en même temps reconnaître la limite de cette souveraineté, n'était-ce pas en effet dire, par là, que les lois n'obligeaient pas avant leur publication et *ne disposaient que pour les jours à venir après?*

Il n'en pouvait être autrement.

La loi est la règle de l'activité humaine. — L'activité humaine c'est la vie : — ce qui est et ce qui doit être ; — elle est le présent, elle fait l'avenir ; — la loi qui la régit ne peut, en conséquence, la régir que dans le présent et l'avenir ; — ce qui n'est plus ne saurait être réglé, — le passé échappait donc à son empire (1). — Cette impuissance de la loi à régir *les faits du passé, les faits accomplis* était donc trop dans la force même des choses, pour qu'il fût nécessaire de la constater législativement par l'art. 2.

La première proposition de cet article : « **la loi ne dispose que pour l'avenir** », ne me paraît pas être, en conséquence, une de ces dispositions dont l'omission, dans le Code, eût compromis l'autorité des lois ; — elles n'en eussent pas moins été, sans elle, ce qu'elles sont et doivent être : — Les règles du présent et de l'avenir jusqu'à leur abrogation. L'article premier suffisait de reste.

Quant à la pensée qui fait l'objet du second paragraphe : « **la loi n'a pas d'effet rétroactif** », elle rappelle plus les excès d'une époque tourmentée qu'elle ne proclame un véritable principe.

II

16. — Dans sa réaction contre un passé qu'il aurait voulu rayer de l'histoire, l'Esprit révolutionnaire de 1792 poussa quelquefois le législateur dans la voie inique des mesures qui revenaient *sur les faits accomplis* (2), mais leur application entraîna de telles réclamations et de tels déchirements que, pour en prévenir le retour, la Constitution de l'an III décida, par l'art. 14 de la déclaration des droits, « que *les lois à l'avenir ne pourraient avoir des effets rétroactifs.* »

C'était là pour le législateur moins une règle obligatoire

---

(1) En ce qui concerne les faits accomplis : — quant aux actes du passé dont les effets se prolongent dans l'avenir, les lois de l'avenir s'en emparent et les régissent, nous nous expliquerons plus loin à ce sujet.

(2) Voir notamment la fameuse loi du 17 nivose an II qui fesait remonter au 14 juillet 1789, l'égalité absolue des partages.

qu'une maxime ; — maxime fort sage, mais qui ne pouvait en
rien enchaîner sa puissance législative : — quelle en eût été sa
force si l'intérêt général en eût commandé la violation ? — Il
pouvait en effet se présenter des cas où la rétroactivité des lois
devint une nécessité sociale (1) ; — l'intérêt général n'eût-il
pas été comme toujours la suprême loi ? — On le comprit ainsi
après la Constitution de l'an III ; les Constitutions qui suivirent
n'en ont pas reproduit l'art. 14.

En 1804, et sous l'empire encore du souvenir odieux des
lois rétroactives, on crut voir dans la pensée de cet article,
tout au moins un précepte utile pour les juges et une garantie pour les citoyens. Pourquoi ne pas le placer, se dit-on,
en tête du Code des lois destinées à les régir ? — C'est ainsi que,
rejeté de la Constitution de l'an VIII, l'art. 2 fut incorporé dans
le titre préliminaire du Code civil ; et voici comment le Grand
Portalis en justifia l'utilité contre ceux qui en pressentaient les
embarras.

« Là liberté civile consiste dans le droit de faire ce que la
« loi ne prohibe pas ; — on regarde comme permis ce qui
« n'est pas défendu. — Que deviendrait la liberté civile, si les
« citoyens pouvaient craindre d'être, après coup, recherchés
« dans leurs actions ou troublés dans leurs droits acquis par
« une loi postérieure ? ne confondons pas les jugements avec
« les lois ?.. Pourquoi dira-t-on, laisser *impunis* les abus qui
« existaient avant la loi que l'on promulgue pour les *répri-
« mer* ? — Parce qu'il ne faut pas que le remède soit pire que
« le mal. — Toute loi naît d'un abus, il n'y aurait donc point
« de loi qui ne dût être rétroactive. »

17 Il faut se garder des éloquents lorsqu'on veut rester logique. Le brillant orateur a trop ici généralisé le côté vrai de ses

---

(1) Leges certum est futuris dare formam négotiis, non ad facta præterita
revocari, *nisi nominatim et de præterito tempore et adhuc pendentibus negotiis,
cautum sit.* L. 7 au Code *de legibus.* — Comme exemple de lois rétroactives en
droit romain, on cite, mais à tort, la loi 27, au Code, *de usuris,* qui soumit, au
taux fixé par les lois nouvelles, l'intérêt des prêts d'argent faits antérieurement et
ce nonobstant les stipulations des parties. (V. n° 41.)

pensées, il a confondu *les lois pénales* avec *les lois civiles*, en
ne distinguant pas entre ces « *faits impunis* » avant la loi promulguée pour les *réprimer,* (*impunis, réprimer*) ce qui ne
peut s'entendre que des *faits punissables* de la nature de ceux
qualifiés crimes, *délits* ou *contraventions* et les *actes de la
capacité civile*, tels que les *contrats*, les *donations*, les *testaments* (1), entre la passation et l'exécution desquels peut se
placer une loi nouvelle qui les interdise.

À des actes aussi différents, pas ne convient la même règle.

Que l'on ne puisse, à raison des premiers, être exposé aux
coups d'une loi postérieure, cela doit être ; — le remède serait
en effet pire que le mal : — les lois n'ont droit que sur les actes
qui les violent et leurs dispositions, après coup promulguées,
n'en ont reçu aucune atteinte ; — avant la loi, pas de délit,
après la loi, pas de coupable.

Mais il n'en saurait être de même pour *les conventions, les
donations* et *tous ces actes à effets indirects* (2; que nous ran-
geons dans la catégorie des lois privées. — Nous sommes ici
sur un tout autre terrain ; — comme ces sortes d'actes ne peuvent, en cas de contestations, *sortir à effets* que par la force
des *lois publiques* et de ses agents, la loi ne se doit qu'à ceux
d'entre eux qui sont suivant ses dispositions au moment où il
est fait appel à son autorité. — A la différence des crimes, des
délits, des contraventions et des quasi-délits qui violent la loi
par le fait même de leur perpétration, les *actes à effets indirects*
ne la violent et ne peuvent la violer que par leur *exécution judiciaire* ; c'est donc au moment où ils se produisent en justice
qu'il faut les considérer pour voir si la protection de la justice
leur est due. — Sont-ils contraires à la loi, la loi se retirera
d'eux, elle se violerait elle-même en se prêtant à leur exécution,
elle leur refusera donc force exécutoire ou, s'il y a lieu, pro-
noncera leur annulation (2;. Serait-ce là rétroagir ? — Ne

(1) et 2 Voir au sujet de l'importante distinction à faire entre les actes à *effets
directs* et *les actes à effets indirects*, ce que nous avons dit dans notre deuxième
partie, n° 53.

(2) Lorsqu'un acte à effet indirect est soumis à l'appréciation des tribunaux
pour son exécution, il peut se produire deux situations qu'il faut soigneu-

serait-ce pas plutôt refuser d'agir, et de réagir contre elle-même.

18. — Mais, dira-t-on, *la loi du contrat* est celle sous l'empire de laquelle il s'est formé ; — elle est abrogée par la loi nouvelle : — n'importe, — Le contrat a été *légalement formé*, les parties ont dû compter sur la protection de la loi qui l'a vu

sement distinguer pour se bien rendre compte de ce que les juges ont rigoureusement à faire.

Ou l'acte a violé la loi au moment où il s'est formé et cette loi est encore en vigueur,

Ou cette loi ayant été depuis abrogée ; l'exécution de l'acte violerait, cependant encore par quelques points, les lois nouvelles en vigueur.

Dans le premier cas, son annulation peut être demandée et prononcée;—les lois n'ont droit que sur les actes qui les violent et dans la mesure de la violation. — Or, l'acte, dont il s'agit, a violé la loi en se *formant*; son *exécution* et ses *effets* la violeraient encore. — La loi a donc droit sur sa *formation* illégale et sur son *exécution* ; la question de validité étant ainsi nécessairement liée à la question d'exécution, — on peut comprendre, jusqu'à un certain point, la théorie de l'annulation par ce motif, que les parties, ayant alors saisi les juges de la question complexe de *validité* et d'*exécution*, leur ont implicitement conféré pouvoir de délier la loi du contrat qu'elles avaient formé par leur accord et qu'il n'appartenait qu'à elles de défaire : *ejus est tollere legem cujus est condere.*

Dans le 2e cas, la situation est bien différente : — la question de validité est ici séparée de la question d'exécution, par cette circonstance que la loi sous l'empire de laquelle le contrat s'est formé, est abrogée, que les juges n'ont plus, par conséquent, à venger sa puissance méconnue : ils n'ont plus qu'à se préoccuper des lois en vigueur et à en empêcher la violation. — Ces lois seraient en partie violées par certains effets ou conséquences de l'acte dont il s'agit ; son exécution est donc légalement impossible. — Faudra-t-il prononcer l'annulation ? Ce serait aller, ce me semble, au delà de ce qu'exigerait la situation judiciaire : que veut le demandeur ? *l'exécution forcée judiciaire;* le défendeur s'y oppose : — pourquoi le juge prononcerait-il l'annulation ? en vertu de quel texte méconnu en vigueur ? — Le texte méconnu est celui de la loi abrogée, les juges ne peuvent appliquer les lois qui ne sont plus ; — ne serait-il pas suffisant de s'en tenir aux termes restreints de la situation judiciaire et de refuser purement et simplement *force exécutoire* à ceux des effets de l'acte qui violeraient la loi, — à fortiori, s'il s'agissait d'un acte non prohibé par les lois antérieures. (V. n.º 43 et note, — on trouvera, sous ce numéro, la réfutation des objections qui pourraient ici se produire).

naître et le législateur ne pourrait la leur refuser sans tromper leur confiance et méconnaître la *légalité*, originairement indiscutable, de leurs conventions.

A cette objection plusieurs réponses :

Que reproche-t-on au législateur ? d'avoir abrogé la loi du jour du contrat : mais c'était son devoir et son devoir le plus impérieux du moment où il en avait reconnu les périls, les abus ou l'insuffisance ; — (V. n° 14, III.)

L'abrogation de la loi ancienne frappe de mort les actes venus avec elle ? — Si l'on veut bien ne pas oublier que toute loi abrogée est légalement réputée mauvaise, on conviendra qu'il n'y a rien d'excessif, quand un principe est condamné, à rejeter ses conséquences.

Les parties ont contracté sur la foi de la perpétuité de la loi. — C'est un tort : — La perpétuité des lois est une impossibilité, une chimère, en présence des progrès de la vie et de la mobilité des événements ; — plus prudentes, elles se fussent, par des réserves, prémunies contre leurs changements, car le Législateur n'a jamais pris, envers personne, l'engagement de ne pas perfectionner son œuvre pour respecter les contrats produits sous ses vicieuses dispositions.

19. A qui demanderait maintenant, après le Grand Portalis, ce que deviendrait la liberté civile, si elle pouvait être ainsi troublée dans ses *droits acquis*, il serait facile de répondre qu'il n'existe pas de *droits acquis* à l'immobilité législative, contre le *droit acquis* de la Société à l'amélioration ; — que les lois privées ne sauraient prévaloir contre les lois publiques, et que, quand une loi nouvelle a été promulguée pour prévenir des stipulations souverainement jugées funestes par le législateur, ce n'est pas un remède pire que le mal que de refuser force exécutoire à celles qui se sont antérieurement formées, car il y aurait plus de scandale à tolérer leur prolongement sous la loi qui les condamne, qu'il n'y aurait d'injustice à empêcher leur réalisation.

Le passé ne saurait en rien enchaîner l'avenir : — entre les particuliers qui bénéficiaient des lacunes ou des vices de l'ancienne loi et l'intérêt général impatient des bienfaits de la loi nouvelle, le législateur n'a pas à hésiter ; — s'il doit éviter de donner, même aux meilleures lois, des effets rétroactifs, il ne doit pas moins éviter de conserver des effets posthumes aux lois vicieuses que son omnipotence a abrogées.

Je serais en conséquence assez porté à rejeter, du livre des lois, la disposition de l'article 2. — Je n'en saisis pas la règle utile, après l'article 1 qui prescrit l'application des lois POUR L'AVENIR *à partir de leur promulgation connue* : — Le principe de *la souveraineté des lois* s'accommoderait mal d'ailleurs, nous venons de le voir, de la restriction qu'il permettrait d'y apporter.

III

20. Ce n'est pas seulement au point de vue du principe de la *souveraineté des lois* que cet article 2 est discutable, c'est encore et surtout au point de vue *du pouvoir des juges* dont il méconnaît et excède le caractère.

21. Il est aujourd'hui unanimement reconnu que sa disposition n'est plus, comme dans la Constitution de l'an III, une restriction de l'omnipotence législative, ce n'est plus au législateur qu'elle s'adresse, mais *aux juges* auxquels elle semble prescrire de refuser tout effet rétroactif aux lois nouvelles.

Est-ce à dire pour cela que si le législateur, comme il en a le droit, faisait des lois rétroactives, les juges seraient ainsi, d'avance, autorisés à en restreindre la portée ? Aucunement, car il n'est pas moins reconnu que ces lois, si odieuses qu'elles fussent, n'en seraient pas moins obligatoires pour ses ministres qui devraient les appliquer, telles quelles, sans y *ajouter*, ni *retrancher* ; — ils ne sauraient, sans prévariquer ou excéder leur pouvoir, corriger leurs dispositions, car ils sont institués pour juger suivant la loi et non pour s'en faire les juges : — *dura lex sed lex* : — qu'on me pardonne ces redites de palais.

La prescription de l'article 2 est alors inutile, sinon contradictoire : — de deux choses l'une, en effet :

Ou le législateur a donné à sa loi une action rétroactive, ou non.

Dans le premier cas, les juges, obligés par le texte, devront en réaliser les effets légaux même les plus rétroactifs, au mépris de l'article 2 dont la disposition impuissante sera alors forcément violée ;

Dans le second, qu'ont-ils à faire de sa règle ; — le texte de la loi, ne comportant pas une application rétroactive, avertira suffisamment les juges de ne pas lui donner des effets rétroactifs.

Mais c'est dans le doute, dira-t-on, c'est lorsque le texte de la loi n'en précise pas nettement la véritable portée, que la prescription de l'article 2 est utile ; — c'est pour ce cas qu'elle a été édictée ; elle n'a pas d'autre but que de dire aux juges, ceci : — « Si la portée de la loi est indécise, ne lui supposez jamais « une pensée rétroactive. »

Voilà donc où on en est réduit pour justifier notre article 2 : — à convenir que sa disposition serait inutile si le législateur n'ignorait pas — ce qu'il devrait surtout connaître — l'art de faire des lois *dont la portée ne fût jamais douteuse.*

22. Je puis ici donner cette assurance que tel serait le résultat de l'application de notre système de rédaction législative ; — nous n'avons plus dès lors à nous préoccuper d'une maxime que nos formules rendront complètement superflue. — Elle ne contient pas d'ailleurs, pour nous, cet *animus legis*, l'ordre législatif, duquel on puisse extraire une véritable *règle d'action* pour les juges ; — cela ne veut pas dire cependant qu'il ne puisse pas s'en rencontrer dans la ligne des idées qu'elle confine ; — car il est sur ce point des lacunes que nous essaierons, par elle, de combler.

Quoi qu'il en soit, je crois avoir suffisamment démontré, ce que j'ai avancé plus haut, que l'article 2 du Code Napoléon se justifiait mieux par les précédents de notre histoire, que par les principes supérieurs de la législation ; — il nous reste à l'étudier dans sa construction et dans ses termes, ce qui nous donnera lieu de remarquer que la forme aphoristique n'est pas toujours le signe de la perfection dans les lois.

IV

23. Il ne suffit pas d'inscrire deux lignes dans un Code et de dire : voilà la loi, pour que la loi soit ; il faut surtout que la disposition contienne une pensée et que cette pensée soit une loi, c'est-à-dire *une règle d'action* (1), sans quoi, et quel qu'en soit le tour pittoresque ou souverain, la phrase risque fort de n'être qu'une lettre impuissante sur laquelle la jurisprudence s'épuisera en vains efforts pour y découvrir le *vouloir législatif.*

> Belle tête, il est vrai, mais de cervelle point.
> Combien de belles lois sont vides en ce point !

Le trop séduisant article 2 de notre titre préliminaire, me paraît être de ce nombre; — il est en effet peu d'articles qui réunissent mieux que lui les qualités extérieures d'une loi supérieurement rédigée : — *simplicité, précision, brièveté,* tout y est, excepté le *vouloir législatif, la règle* qui constitue *la loi,* aussi a-t-il fait autant l'admiration que le désespoir de ceux qui ont tenté d'en préciser la portée et la force pratique.

Pesons en bien les expressions.

La loi ne dispose que pour l'avenir.

Quoi de plus simple ? Quoi de plus net? Oui, mais où voit-on ici *une règle d'action?* Quelle est l'action que ce paragraphe prévoit, commande ou défend ?.. Sous sa majesté d'aphorisme, je ne découvre, quant à moi, qu'une affirmation de cette vérité assez banale : que les lois régissent l'avenir et l'avenir seulement, ce qui est le propre des lois, ainsi que nous l'avons précédemment fait remarquer (V. ci-dessus, n° 15) et ce qu'il n'était pas nécessaire de dire, après l'article premier, pour que cela fût.

Mais le plus difficile n'est pas encore là ; — les six mots qui suivent ont donné aux commentateurs bien d'autres tortures.

La loi n'a pas d'effet rétroactif.

Affirmation encore d'une vérité.. qui n'est pourtant qu'à

---

(1) V. ce que nous avons dit du caractère des lois sous le rapport de leur disposition et de leur sanction dans notre deuxième partie et *infra,* n° **28.**

moitié vraie. — Car il faut ici distinguer : — la loi n'a point d'effet rétroactif, lorsque le législateur le lui a refusé ; — elle en a, dans le cas contraire.

Quoi qu'il en soit, c'est sur la portée juridique de ces dernières expressions que s'est donné champ l'esprit de controverse: *Effets rétroactifs!* que faut-il entendre par là ? en quoi peut consister l'effet rétroactif d'une loi ? contre quelle situation juridique, contre quels rapports, contre quels actes antérieurement formés doit-elle réagir pour être accusée d'agir en arrière ?

La *loi rétroagit*, dit-on, lorsqu'elle porte atteinte à un *droit acquis*... Voilà deux mots qui, pour l'obscurité, valent amplement les deux autres.

Qu'est-ce qu'*un droit acquis?* — Depuis soixante ans que la question est posée, on est encore à chercher une réponse, ce n'est pas que nos docteurs soient restés coi, au contraire, plus de vingt volumes ont été publiés sur ce sujet, mais c'est que chacun a donné sa définition, en démontrant si bien l'inexactitude de celle des autres, qu'on ne sait encore aujourd'hui laquelle est vraiment la vraie.

24. Le droit acquis est, pour l'un, *celui qui est entré dans notre patrimoine, dont nous sommes investis et qui ne peut nous être enlevé par un tiers.*

Vérifions.

La *liberté naturelle*, le *droit d'aller et de venir*, sont bien *des droits acquis*, nos constitutions ont même pris soin de nous les garantir; — le *droit de propriété* en est bien un autre, il n'en est pas dont on puisse être mieux *investi*. — Croit-on cependant qu'une loi qui viendrait y porter atteinte serait une loi rétroactive? — ce serait une grave erreur.

Exemples : — J'ai très légalement acheté un immeuble rural ; — une rivière le traverse, un bois l'embellit, et je confine une forêt de l'Etat ; — mon contrat m'assure la jouissance de tous les droits de mon vendeur, nous sommes en 1788, et il avait des droits superbes; mais voilà que, dix, vingt ou trente ans après, une loi est promulguée qui m'interdit ou réduit mon *droit acquis* de pêcher dans *ma rivière*, de chasser dans *mon bois*, une autre m'interdit en outre d'y conduire et faire paître mon troupeau, une troisième enfin soumet mon fonds à une servitude légale d'irrigation ou de hallage, et me défend d'y construire une usine et des fours, à cause du voisinage de la forêt de l'Etat. — Si des lois portent atteinte à mes *droits acquis* de *liberté* et de *propriété*, ce sont bien ces lois-là, elles se justifient, je le sais, par de très bons motifs ; en suis-je, pour cela, moins dépouillé, moins diminué dans *mes droits acquis*? Pourrais-je accuser le législateur d'avoir ainsi fait *des lois rétroactives?* — nullement: — ces lois sont purement et simplement des lois restrictives de mes droits, comme d'ailleurs toutes les lois qui en réglementent l'exercice : — si de « *porter atteinte à un droit dont nous sommes investis et qui ne peut nous être enlevé par un tiers*, » comme le dit la définition, constituait la *rétroactivité*, il est bien peu de lois qui ne fussent rétroactives (1).

Une autre loi, supposons-la émanée d'une crise socialiste, porte expropriation sans indemnité, au profit de l'Etat, d'un cinquième de toutes les propriétés boisées de plus de 100 hec-tares, à l'effet de constituer un nouveau domaine national de garantie, et ordonne en outre, à l'imitation du jubilé judaïque, qu'il soit fait entre les différents membres de chaque famille un partage égal de toutes leurs propriétés, pour rétablir entre eux l'égalité de fortune. — Tous les actes antérieurs de partage sont annulés... Ce sera là certainement une loi inique et spoliatrice, mais non une loi rétroactive, bien qu'elle porte atteinte à des droits antérieurement acquis en vertu de partages et de conventions très légalement formés, — car elle n'annule pas ces partages et ces conventions *dans le passé* à partir du jour de leur confection, — mais seulement *pour l'avenir* et à partir de la promulgation de la loi. — En respectant la jouissance antérieure des possesseurs des biens remis en partage (2), la loi ne réagit pas en arrière.

(1) V. Dalloz, répertoire alphabétique. V° lois, n° 192.

(2) Pour que cette loi pût être avec raison taxée d'être rétroactive, il faudrait que, remontant au principe de chaque possession, elle en annulât le titre, et

Qu'une autre loi réduise la durée de *l'usufruit légal* des pères sur les biens de leurs enfants mineurs, ou le leur retire, elle ne sera pas davantage une loi rétroactive (1), bien que, de l'aveu de tous, cet usufruit légal, une fois ouvert, constitue un droit acquis.

25. — Passons à une autre définition.

Le droit acquis, enseignent d'autres auteurs, *est celui qui est transmissible aux héritiers et qui est dans le commerce.* — Si cette définition était la vérité, il faudrait rayer de la liste des droits acquis, *le droit d'usage,* — *le droit d'habitation,* — *le droit de la femme mariée de demander la séparation de biens;* — *celui de faire révoquer une donation pour cause d'ingratitude,* etc., etc., attendu qu'ils ne sont pas transmissibles aux héritiers et ne sont pas dans le commerce ; et cependant bon nombre de docteurs les considèrent comme des droits acquis parce que « *nous en sommes investis, appropriés,* ainsi que l'exige la définition précédente, et qu'ils sont *dans notre patrimoine* ».

Et *la majorité, la puissance paternelle, la filiation?* y a-t-il des droits acquis sous ces expressions dont la portée est elle-même peu définie? — Grandes controverses sur toute la ligne : — on discute sans s'entendre, on se réfute sans se comprendre ;— une théorie en repousse une autre, laquelle succombe sous le choc d'une troisième et ainsi de suite : — ici *la majorité, la nationalité, la qualité de père et de fils,* sortent de la classe des droits pour se ranger dans la subtile catégorie des *états, des aptitudes, des capacités et des concessions de la loi,* que le législateur peut à son gré étendre ou restreindre sans pour cela rétroagir. Puis apparaissent *les faibles* et *les fortes attentes* et *les expectatives* plus ou moins réductibles, qui s'en viennent rompre des lances dans le champ non clos de la discussion, sans

---

obligeàt, par suite, les possesseurs des biens soumis à un nouveau partage, à restituer les fruits des biens que ce nouveau partage ne leur attribuerait pas.

(1) *Sic* MM. Aubry et Rau, sur Zachariæ, édit. 1850, p. 61. Demolombe 1, nº 45. Voir *infra*, nº 55 et note.

y faire mieux la lumière; — que de mauvais arguments, d'arbitraires distinctions et de fines subtilités sont restés dans cette mêlée soulevée par l'article 2.

L'expérience a prononcé, n'insistons pas davantage, et concluons qu'une disposition aussi difficile à appliquer qu'à entendre, n'est pas une *loi française*, mais une maxime romaine, un précepte dont la place est partout ailleurs que dans un Code, une proposition enfin qu'il serait sage d'écarter afin de ne pas contraindre plus longtemps la jurisprudence à l'incubation d'un texte qui ne contient aucune *règle pratique d'action*.

V. Lacunes. — Dispositions complémentaires.

26. — Mais si l'article 2 du Code Napoléon n'est pas, à proprement parler, une *loi*, ne pourrait-il se dégager, des idées qu'elle confine, une règle d'action dont on pourrait faire une loi ?

Du domaine de l'interprétation et du droit, cette question nous transporte sur celui de la législation. — C'est donc par la *pensée* et *le but* qui ont, en cette matière, dirigé le législateur, qu'il faut l'examiner et la résoudre.

Quels sont ce but et cette pensée ?

Le but, la rubrique du titre le fait assez connaître, est de tracer aux juges des règles pour *l'application des lois nouvelles*.

La pensée qui a inspiré notre article 2 est évidemment une pensée de ménagement et presque de faveur pour les situations ou rapports juridiques qui se sont formés sous le régime législatif antérieur.

27. — C'est dans le sens de ce but et de cette pensée qu'il nous faut, en conséquence, rechercher les règles utiles que, dans l'intérêt général, pourraient comporter *la souveraineté des lois* et le caractère de ceux qui ont à en réaliser l'exécution, et déterminer les concessions à faire *aux attentes juridiques* nées du passé, dans leur conflit avec les lois nouvelles.

Il est indispensable, pour ne pas nous égarer dans cette recherche, de se faire une idée exacte de la nature intime des lois et du caractère des activités qu'elles ont à diriger ; — ce qui nous oblige ici à reproduire, comme base d'opération, les points suivants de la théorie législative exposée dans notre deuxième partie.

28. — Résumé de la théorie fondamentale de notre système de rédaction législative.

I. La loi est une *règle d'actions* (d'actions extérieures et physiques), dont le but est de diriger les *activités juridiques* qui constituent l'état social.

II. — Les activités juridiques que réunit l'état social peuvent se distribuer en deux groupes parfaitement distincts ; — d'un côté, *les citoyens fonctionnaires*, de l'autre, les *citoyens non fonctionnaires ou simples particuliers*. — Ce sont là les seules réalités vivantes qui soient capables de *droits*, *de devoirs et de lois*.

III. — Les *fonctionnaires* n'existent point de par la nature, ils ne sont que par la force de la loi et ne peuvent, en cette qualité, rien que par elle. Comme le principe et la fin de leur pouvoir sont dans la loi, dans la loi aussi en sont les conditions et les limites : — où ses prescriptions cessent de les diriger, leur puissance expire. Hors la loi, hors le devoir, commencent pour eux l'excès de pouvoir et l'arbitraire. — **Ce qui ne leur est pas, en conséquence, très expressément prescrit, leur est très expressément défendu** (1).

IV. — Le caractère propre et distinctif de *l'activité fonctionnelle* est ainsi *la subordination* et *la dépendance* ; — celui du *Pouvoir législatif*, dans la direction des fonctionnaires est par contre la *souveraineté* et *l'empire*.

---

(1) Cette règle serait difficilement acceptable dans la pratique de nos jours : notre législation est encore trop remplie de lacunes et d'incorrections, pour ne pas laisser au zèle plus ou moins éclairé des fonctionnaires le soin de suppléer à l'insuffisance des prescriptions qui les concernent : — il en sera ainsi jusqu'au jour où le législateur suivra, pour la rédaction de ses préceptes, le système rationnel dont nous résumons ici les principes et les procédés... On ne mettra pas plus en doute alors la règle ci-dessus qu'on ne met aujourd'hui en doute

V. — Pour être rationnellement rédigées, les lois veulent des formules appropriées à leur caractère ; — *la souveraineté et l'empire* caractérisant les lois des fonctions, c'est par des *impérations souveraines* que le législateur devra en diriger l'activité subordonnée.... Les lois qui les régiront seront ainsi nécessairement *impératives*.

VI. — A la différence des *fonctionnaires* qui ne tiennent leur *pouvoir d'agir* que de la loi, les *citoyens* (1) tiennent le leur de la nature, — son caractère est la *liberté* ; — la raison le conçoit comme un *droit*, un *droit supérieur ;* elle en découvre *les devoirs* et les limites dans cet autre droit, non moins incontestable, de la société d'assurer contre lui sa conservation et sa défense.

VII. — Le Pouvoir législatif, chargé de l'assurer, ne pourra réaliser *cette défense* qui conserve qu'au moyen de *lois, de lois de défense... de lois prohibitives* portant *défense* des actes jugés contraires à l'ordre public, ou au bien-être matériel ou moral de la société.

Le législateur ne devra point, en conséquence, procéder à l'égard *des citoyens* comme à l'égard *des fonctionnaires*, par voie *d'impérations*, — la différence de nature commande une différence dans les moyens, — mais par voie *de prohibitions*, de restrictions, de retranchements sur le domaine de la *liberté naturelle*, en leur interdisant les actes dont l'intérêt général exige l'abstention, et **tout ce que la loi n'aura pas expressément défendu, restera permis à leur puissance.**

VIII. — La loi, par sa nature, son double but, et le caractère des activités qu'elle régit, se définit en dernière analyse comme UNE RÈGLE D'ACTION ÉMANÉE DU POUVOIR LÉGISLATIF QUI COMMANDE AUX FONCTIONNAIRES LES ACTES UTILES ET DÉFEND AUX CITOYENS LES ACTES CONTRAIRES AU BUT SOCIAL.

---

sa contre-partie, que ce qui n'est pas *défendu aux citoyens leur est permis*. — Ce sont là, en théorie, des propositions inattaquables ; — telle est du moins notre ferme conviction.

(1) Considérés comme simples particuliers au point de vue unique de leur activité individuelle.

IX. — Mais la protection sociale exige plus que des *impérations* et *des défenses* ; il ne suffit pas toujours de dire à la liberté, tu n'iras pas plus loin, pour la contenir dans ses limites, il faut opposer à ses excès une force coactive qui en prévienne le retour et en réprime les méfaits.

Cette force prépondérante, dont le législateur doit armer ses lois pour en assurer l'inviolabilité, est ce qu'en langage juridique on nomme la *sanction*, par opposition à la *règle d'action* qui en constitue *la disposition*.

X. — Les excès de la puissance individuelle ne sont réellement à redouter que par leurs *effets*, c'est en conséquence dans leurs *effets* qu'il faut les considérer et les prendre pour déterminer le mode le plus efficace de sanction que la loi réclame ou comporte.

Les actes contre lesquels le législateur doit protéger ses prescriptions peuvent, à ce point de vue, se distribuer tous, comme suit, en deux classes, savoir :

1° *Les actes ayant par eux-mêmes des effets immédiats et directs*, c'est-à-dire ceux qui, tels que les vols, la diffamation, un coup de poignard, portent, par eux-mêmes, une lésion de droit, causent un préjudice matériel ou moral et que l'on désigne communément sous le nom de crimes, délits, contraventions, quasi-délits, suivant la gravité du fait ou la perversité de l'intention ;

2° Et *les actes n'ayant par eux-mêmes que des effets indirects ;* nous comprenons dans cette classe ces déterminations de volonté qui ne peuvent, en cas de contestations, réaliser leurs *effets juridiques* que par la force du *mandons* et *ordonnons* de l'autorité publique et l'intervention de ses agents, pour en assurer l'exécution forcée ; — tels sont les contrats, les donations, les testaments et autres actes privés ou publics.

Le mode le plus efficace de sanction, après celui qui rendrait la violation même de la loi impossible, est incontestablement celui qui en préviendra le plus sûrement le retour.

Pour *les lois prohibitives d'actes à effets indirects,* le premier moyen est facile : — comme ils n'attendent leur réalisation effective que de l'autorité publique, il suffira au législateur de refuser son appui à ceux qu'il aura défendus, pour empêcher la violation de la prescription ; — inexécutables, ces actes seront alors (1) comme nuls ou n'ayant jamais existé. — Ce système de sanction est celui *des lois civiles*. (V. supra, nº 17.)

Pour *les lois prohibitives d'actes à effets directs* qui, une fois commis, ne peuvent être ni supprimés, ni annulés, — on n'annule pas un délit, — il ne reste au législateur d'autre ressource que d'infliger à son auteur un mal qui l'emporte sur les profits de l'infraction et montre qu'il y a plus à perdre qu'à gagner à ne pas respecter les lois. — Ce mode de sanction est celui des *lois pénales*.

XI. — Du principe que les lois sont essentiellement des *règles d'action ;* — que ces règles ne peuvent régir qu'un *pouvoir d'action* capable de droits et de lois ; — qu'il n'existe dans le milieu social que *deux réalités vivantes* ayant un pouvoir juridique d'action et de réaction, à savoir : *le fonctionnaire et le simple particulier ;* que le législateur ne peut régir l'un que par des *impérations* et l'autre que par des *prohibitions,*

Il s'ensuit :

Que les lois d'après le caractère de leur *dispositif* se divisent naturellement en deux grands ordres, qui sont :

L'ordre *des lois impératives*, concernant exclusivement les fonctionnaires ;

Et l'ordre *des lois prohibitives*, concernant exclusivement les citoyens, simples particuliers.

Ces dernières se distribuent ensuite en deux sous-catégories, d'après le caractère spécial de leurs sanctions et donnent la division suivante :

Des *lois prohibitives* à sanctions *pénales*, dites *lois pénales*,

Et des *lois prohibitives* à sanctions *civiles*, dites *lois civiles*.

---

(1) Si ces contrats étaient, cependant, volontairement exécutés, la loi n'aurait rien à y reprendre. — Cette exécution résoudrait les contrats et créerait une situation juridique nouvelle contre laquelle la loi ne pourrait réagir sans rétroager ; là serait le droit acquis, le fait accompli.

Nous n'admettons pas la catégorie des *lois permissives*, nous avons suffisamment démontré pourquoi, dans notre 2ᵐᵉ partie. (nᵒ 48.)

XII. — Cette division des lois est la seule vraie, la seule naturelle, la seule qui soit fondée ; — il importe de ne point la perdre de vue, elle comprend et absorbe toutes les autres.

A. — Dans l'ordre des lois *impératives* se rangent en effet,

a) — Les lois d'organisation judiciaire et administrative, etc. ;

b) — Les lois de compétence judiciaire et administrative;

c) — Et toutes les lois de procédure soit judiciaire, soit administrative, qui ont pour objet de régler la vie fonctionnelle à tous les degrés de la hiérarchie des fonctions.

Il y a plus, les lois impératives ne sont et ne peuvent jamais être que des lois *de procédure*, puisqu'elles ont toutes plus ou moins pour objet de prescrire et commander aux fonctionnaires les actes suivant lesquels ils *doivent procéder* dans l'exercice légal de leurs fonctions.

B. — Dans l'ordre des *lois prohibitives* figurent les *lois pénales* et les *lois civiles*. — Ces dernières comprennent toutes celles qui, par des restrictions spéciales, des conditions ou des formalités, circonscrivent ou subordonnent le droit naturel des citoyens de s'obliger et d'obliger les autres ; telles sont les lois qui déterminent l'étendue *de la capacité juridique des personnes*, les conditions de la validité légale *des contrats, des donations, des testaments,* etc. Les lois relatives *à la minorité, aux statuts personnels* rentrent également dans l'ordre des lois prohibitives civiles.

29. — Nous pouvons ici, en toute sûreté, reprendre la recherche des règles que comporte, dans *l'application des lois nouvelles*, le principe reconnu de leur souveraineté en opposition avec les droits, les attentes et les situations qui se sont formés sous la protection et la foi des *lois antérieures*.

Nous allons à cet effet nous placer successivement en présence de chacun des ordres de lois qui viennent d'être énumérés.

I. Ordre des lois impératives. — En ce qui concerne l'application des lois de cet ordre, le législateur n'a à commander aux agents de la force exécutive, que deux choses :

a) — La première, d'en observer et exécuter les *impérations* du moment où elles sont exécutoires, de procéder en conséquence en tout et pour tout suivant ce qu'elles leur prescrivent à partir de leur publication, ainsi que le porte notre art. 1 ;

b) — La seconde, de contraindre les citoyens à observer *les lois prohibitives*, par l'emploi des moyens légaux de coaction qui les sanctionnent. (V. encore notre article 1.)

30. — A partir de leur publication *les lois impératives* saisissent les fonctionnaires et les obligent souverainement. (N° 28, III et V.) — Consignes pour eux indiscutables, leurs dispositions doivent être par eux appliquées à tous les cas qu'elles prévoient sans distinction aucune entre les situations juridiques nées du passé et celles qui se sont formées depuis leur mise à exécution ; — ce sont là des lois dont *la souveraineté* et *l'empire* n'admettent aucune restriction ni de temps, ni de lieu, ni de personnes.

Un méfait est commis, des contrats sont passés, une loi est rendue qui change postérieurement la procédure suivant laquelle ces actes étaient prouvés, appréciés et jugés; il s'agit de poursuivre l'un et de faire exécuter les autres ; comment procèdera-t-on ?

Suivra-t-on la loi ancienne ? — Ceux qui y verront avantage le demanderont en soutenant, comme toujours, qu'il y a pour eux *droit aquis.* — *Droit acquis?* En peut-il être à ce que les fonctionnaires résistent à la loi qui les anime et les dirige? Cette loi leur *prescrit,* leur *ordonne* de ne plus obéir à la loi abrogée, de ne procéder que suivant ses nouvelles impérations; — les juges, les officiers ministériels qui ne connaissent d'autres lois que les lois dont la voix *commande encore,* n'auront pas à hésiter entre la loi vivante et la loi morte. — Mais cette dernière loi enlève aux prévenus, ainsi qu'aux stipulants, certaines garanties importantes; — que voulez-vous , c'est l'effet ordinaire des lois nouvelles de modifier les institutions du passé, les

citoyens doivent s'y attendre et ne pas s'imaginer en avoir prescrit l'éternelle jouissance. Le législateur n'a jamais renoncé à
mieux faire; quand sa décision souveraine a ainsi réalisé le
mieux, tant pis pour ceux que cela froisse, l'intérêt privé ne
saurait en cette matière prédominer l'intérêt général, ni se faire
juge de celui qui a mission de le satisfaire; — la loi est la loi,
il faut y obéir, tant dure soit-elle; — les magistrats ne sauraient, en conséquence, se fonder sur ce qu'elle sacrifie certains
avantages de l'ancienne procédure pour ajourner les améliorations de la loi nouvelle... C'est elle seule qu'ils doivent appliquer.

31. — Notre théorie se rencontre ici avec les solutions de la
jurisprudence qui n'a jamais cessé de décider que « *les lois de*
« *compétence, d'organisation judiciaire, d'instruction et de*
« *procédure*, ainsi que celles *qui règlent le mode d'exécution*
« *des obligations et des jugements*, ou qui *règlent le degré*
« *d'autorité qui doit appartenir aux décisions des tribu-*
« *naux*, (toutes lois qui, pour nous, rentrent dans l'ordre DES LOIS
« IMPÉRATIVES) — (V. n° 28, XII, A) *sont obligatoires et doi-*
« *vent être appliquées à partir de leur promulgation, aussi*
« *bien pour les procès commencés, que pour les procès à nai-*
« *tre* (1). »

32. — *Pour les procès commencés...* la règle pourrait
quelquefois être trop dure et trop dure aussi pour les liquidations et les partages en préparation et seulement retardés par
les formalités de la loi ancienne. Je comprendrais que, dans une
pensée de faveur et de ménagement (n° 26) pour les intérêts
privés ainsi engagés, le législateur fit ici une concession à la
situation transitoire.

Chaque procédure est un ensemble d'actes plus ou moins

---

(1) Conseil d'Etat, 2 avril 1852. (Mestre) (S. V. 52. 2.476.) Cass., 27 janv.
1855. (S. V. § 1.446.) Cass., 12 sep. 1856. — 27 décembre 1856. (S. V. 57.1.
58.1.76.) — 8 fév. 1813. Cass. (S. V. 13.1.317.) — *Sic* Aubry et Rau, sur
Zachariæ, édit. 3ᵉ p. 55. — Demolombe, t. 1, n° 59 et tous les auteurs. Voir
Cass., 12 juillet 1850. (S. V. 50.1.564.) — Cass., 21 sep. 1850. (S. V. 51.1.70.)
Arrêt du Conseil d'Etat du 5 fructidor, an IX.

enchaînés les uns aux autres en vue d'un but déterminé ; on risquerait, à les interrompre, de compromettre les résultats des actes accomplis ; — ne saurait-on les considérer comme des opérations indivisibles qui , une fois commencées , doivent aboutir ? Les successions ouvertes ne sont-elles pas d'autre part liées aux lois qui, dès le jour du décès, se sont comme emparées de leur partage ? n'en est-il pas de même des liquidations des communautés et des sociétés dissoutes (1) ? La jurisprudence et la doctrine l'ont ainsi plus d'une fois admis et l'art. 1041 du Code de procédure civile n'a pas été inspiré par une autre pensée pour les instances commencées avant sa mise à exécution (2).

Je proposerais en conséquence de remplacer l'article 2 du Code Napoléon qui ne dit rien de précis à ce sujet, par une disposition qui, réglant la situation transitoire, prescrirait très expressément aux juges de *continuer à procéder suivant les lois anciennes pour les procédures à terminer des partages et des liquidations judiciaires, ainsi que pour l'instruction* (3) *et le jugement des instances commencées, à moins*

---

(1) A partir de l'ouverture de la succession et de la dissolution, le partage est censé opéré par la loi en vigueur à ce moment ; — il serait injuste que les ayants-droit eussent à souffrir des délais par lesquels cette loi aurait retardé la réalisation du partage, si, avant le partage effectué, une loi venait modifier les droits des copartageants ou les conditions du partage. — Il est vrai que la loi nouvelle étant présumée plus équitable (nº 14, II), on ne pourrait lui reprocher de l'être moins que la loi [modifiée ou remplacée, mais il est né des attentes auxquelles il convient d'avoir égard. Paris, 15 mai 1811.

(2) Merlin, répert. § 3. Effets rétroactifs. Sec. 3, § 7, nº 3. — Cass. rej., 4 messidor, an XII. (S. 7.1.2. 845. Coll. nouv., nº 1.) « Le juge saisi d'une « affaire. reste compétent pour la juger, alors même qu'une loi nouvelle, « qui d'ailleurs ne supprimerait pas l'institution, lui en aurait enlevé la con-« naissance. » — Zachariæ, t. I, 3e édit., p. 55. — V. aussi cass. rejet., 11 juillet 1826. (S. V. 27.1.56 rej., 16 mai 1831. (S. 31.1.216.) Bordeaux, 13 mars 1833. (S. 34.2.282.)

(3) Il a été cependant plus d'une fois jugé que les instructions de procès commencées, en matières correctionnelles ou criminelles, devaient être continuées suivant la loi nouvelle qui viendrait au cours de la poursuite modifier les formes et les délais de la procédure et la juridiction. Cass., 10 mars 1822. B. cr., nº 85. V. à ce sujet une très remarquable dissertation de M. l'avocat

toutefois — car il ne faut pas perdre de vue que ce serait là une exception de faveur — que *toutes les parties ne fussent d'accord pour demander l'application et l'observation des lois nouvelles.*

33. — II. ORDRE DES LOIS PROHIBITIVES. — Les lois prohibitives n'ayant droit que sur les actes qui les violent (V. n° 17.), leur application suppose nécessairement le concours des deux conditions que voici, savoir :

a) — Que leurs dispositions aient été violées ;

b) — Et qu'elles soient encore applicables à l'époque où il s'agit de les appliquer ; en d'autres termes, qu'elles ne soient pas alors abrogées.

Ce sont là deux propositions trop évidentes par elles-mêmes pour qu'il soit utile de les appuyer d'une démonstration. — La première conséquence qui s'en dégage est qu'avec le concours de ces deux conditions, les *lois prohibitives* ne peuvent recevoir aucun effet rétroactif. Leur nature s'y oppose, il sera facile de s'en convaincre en raisonnant sur des espèces, et pour cela faire, nous reprendrons notre distinction fondamentale *des lois pénales et des lois prohibitives civiles.* (N° 28, XII.)

34. — A. — *Des lois prohibitives pénales.*

1re Hypothèse : — Une loi nouvelle affranchit de toute peine et rejette, dans la classe des actes indifférents, un fait précédemment punissable ; quel sera le sort de ceux qui étaient poursuivis à raison de ces *ex-délits* au moment où cette loi est devenue exécutoire ?

Il y a bien une loi violée : la loi ancienne, mais elle se trouve abrogée et partant inapplicable. La loi nouvelle ayant ainsi rendu impossible le concours des deux conditions nécessaires pour l'application des lois répressives, le ministère public devra abandonner la poursuite et le tribunal renvoyer le prévenu absous. *Nullum crimen sine pœnà, nulla pœna sine lege.*

général de la Cour de Cassation, Antoine Blanche, dans le 1er volume des études si pratiques et si complètes qu'il a publiées récemment sur le Code pénal. — Cosse, éditeur.

35. — 2ᵉ Hypothèse : — Supposons le cas inverse d'une loi nouvelle qui déclare punissables des faits jusqu'alors permis. — Pourra-t-on poursuivre, en vertu de cette loi, ceux qui, avant sa promulgation, avaient commis un des faits qu'elle a qualifiés délits? — Pas davantage, car il manque, ici, comme dans l'espèce qui précède, une des deux conditions voulues pour l'application de la loi nouvelle : — le fait n'a pas été commis après qu'elle l'avait défendu ; — elle n'a donc pas été violée. (V. n° 17, § 2.)

La législation a depuis longtemps affirmé, sur ce point, ses principes : — le dernier article du Code pénal de 1791 portait que « pour tout fait antérieur à ce Code, si qualifié crime par « les lois existantes, *il ne l'est plus par le présent décret ; ou* « si le fait qualifié crime par le présent Code *ne l'était pas* « *par les lois existantes, l'accusé sera acquitté.* »

L'article 4 du Code pénal de 1810-1832 n'a qu'en partie reproduit cette disposition en décidant que « nul crime, nul « délit, nulle contravention ne peuvent être punis *de peines* « *qui n'étaient pas prononcées avant qu'ils fussent commis.* »

Mais la jurisprudence a complété la règle en s'inspirant de la pensée première du Code pénal de 1791. — « *Un fait punis-* « *sable d'après les lois en vigueur lors de sa perpétration* « *cesse de l'être si, à l'époque du jugement, la loi pénale se* « *trouve abrogée.* » — Cass., 8 thermidor, an viii. D. P. 3.1.272. Pau., 24 décembre 1829. D. P. 30.2.97.

36. — 3° Hypothèse : — La loi nouvelle ne change rien aux ⁱncriminations, elle ne modifie que *les peines* ; — le délit est toujours délit, la peine seule a varié. — C'est la loi en vigueur au jour du jugement qui devra toujours être appliquée, car, à la différence des autres cas, le dispositif de la loi *a été violé dans la disposition de la loi ancienne* et nous trouvons la *sanction applicable* dans la loi nouvelle.

Des considérations d'humanité ont, cependant sur ce point, fait fléchir la rigueur des principes et obtenu une concession dont l'intérêt général n'avait pas à souffrir : — on a distingué entre les lois qui *abaissent* ou mitigent les peines et celles qui les élèvent, et décidé, par exception « *que la loi qui abaisse*

la peine s'appliquerait à partir de sa publication, même aux
faits antérieurs, — mais qu'ils resteraient sous les coups de
la loi ancienne si la loi nouvelle élevait la pénalité. »

Cette règle, dont le décret du 23 juillet 1810, sur la mise à
exécution du Code pénal fit, par son art. 7, une loi aux tribunaux (1), est utile et morale, elle mérite d'être maintenue ;
ce ne serait pas là faire rétroagir, sur les *faits antérieurs*, les
lois pénales favorables, mais les faire rétroagir sur *la peine*
dont elles corrigeraient l'excessive rigueur au plus grand
avantage des coupables, — et sans opposition aucune de leur
droit acquis.

37. — B. — *Des lois prohibitives civiles.*

Je ne verrai aucune raison bien sérieuse pour ne pas soumettre aux mêmes conditions l'application des *lois prohibitives*
à sanctions civiles (2).

(1) Décret du 23 juillet **1810**. Art. **7**. « Les cours et tribunaux applique-
« ront aux crimes et aux délits les peines prononcées par les lois pénales
« existantes au moment où ils ont été commis. — Néanmoins si la nature
« de la peine prononcée par le nouveau Code était moins forte que celle pro-
« noncée par le Code actuel, les cours et tribunaux appliqueront la peine du
« nouveau Code. » La plupart des lois pénales, qui sont venues postérieurement
modifier le régime des pénalités, ont toutes reproduit cette condition exceptionnelle du décret de 1810. Voir notamment les art. 276 du Code de la guerre
et 376 du Code maritime. — Si depuis la perpétration d'un délit, observent à ce
sujet MM. Chauveau et Hélie, dans la théorie du Code pénal, T. 1, p. 44, et
avant qu'il ait été jugé, une nouvelle loi abaisse le maximum de la peine applicable, mais en élevant le *minimum*, le prévenu a le droit de choisir entre les
deux lois, celle suivant laquelle il désire être jugé. »

(2) Dans la séance du **29 mars 1867** du Corps législatif, où fut votée l'abolition
de la contrainte par corps, Son Excellence M. le Garde des Sceaux, Baroche, est
venu à cet égard confirmer notre manière de voir ; il avait été reconnu, pendant
la discussion, que, sous l'empire de la loi du 17 avril 1832 et des lois antérieures
qui sanctionnaient certains engagements par la contrainte par corps, ce *moyen*
d'exécution étant une garantie *acceptée par les parties* contractantes, devenait
ainsi un effet légal de leurs conventions. L'art. 19 de la loi discutée portait que
les dispositions abrogatives de la contrainte s'appliqueraient *aux jugements et*
cas de contrainte antérieurs à la nouvelle loi ; plusieurs membres prétendirent
que cet article était entaché « de *rétroactivité*. » M. Baroche répondit : — « Si
la *peine de mort était abrogée*, demanderait-on qu'elle fût appliquée aux individus

C'est par leurs effets, nous l'avons déjà dit (n°ˢ 17 et 28, X), que le législateur doit juger les actions des hommes.

Ces *effets*, en ce qui concerne les crimes, les délits , les contraventions et les quasi-délits, se réalisent à *l'instant même* du méfait ; il n'en est pas ainsi *des actes à effets indirects* qui font l'objet des lois civiles (n° 28, X) : — le jour où ils se forment n'est pas toujours celui où se produisent *tous leurs effets* ; — entre ces deux moments peut se placer une loi nouvelle... Laquelle alors de cette dernière ou de celle qui les a vus naître en régira l'exécution ?

Cette exécution est-elle *volontaire,* personne ne l'attaque et ne réclame, la loi et la justice n'ont rien à y voir (1). Mais il en est autrement en cas de difficultés et de résistances : on en appelle alors aux magistrats et c'est devant eux que la question se pose... C'est donc à leur point de vue qu'il faut se placer pour la résoudre. Après ce que nous avons dit du caractère des fonctions, la réponse est des plus faciles.

Les magistrats n'ont d'autres lois que les lois en vigueur, ils ne se doivent qu'aux actes qui les respectent, non par l'intention qui les a voulus, mais *en effet ;* — ils se refuseront, en conséquence à bon droit, à ceux dont l'exécution violerait la loi en vigueur à ce moment : — c'est donc par la loi sous l'empire de laquelle ils viendront *à force exécutoire,* et non par celle qui les a vus se former, que doit être appréciée *la légalité* des contrats, des donations et de tous actes qui ne peuvent produire leurs effets, en cas de contestations, que par le concours et l'appui de l'autorité publique.

38. — Mais, dira-t-on, cette première loi les permettait et

antérieurement condamnés ? Un membre ayant dit alors : « *Ce n'est pas la même chose,* » Son Excellence répliqua : « *C'est absolument la même chose,* » et elle avait raison — : « *L'article* 19, ajoutait-elle, *est conforme aux principes... l'exécution des actes et des jugements appartient à l'avenir et peut être régie par les lois nouvelles.* » — M. Jules Favre ; « C'est évident. — *Moniteur* du samedi 30 mars 1867, supplément, p. 386, 5ᵉ et 6ᵉ colonnes, — l'art. 19 fut adopté.

(1). Alors même que ces actes eussent été faits et passés en violation de la loi, et que cette loi fût encore en vigueur, car la loi ne saurait imposer sa protection à ceux qui la refusent, et qui ont capacité pour la refuser.

la seconde les prohibe, prononcera-t-on leur annulation ? ce serait faillir à la promesse de la loi et enlever tout avenir à la liberté contractuelle.

Ce que nous avons déjà dit au sujet *de la souveraineté des lois et de la prédominance de l'intérêt général*, pourrait nous dispenser d'ajouter à nos explications, cependant comme la question en vaut la peine, on nous permettra d'en reprendre ici l'examen pour en justifier à nouveau la solution sur les points que nous n'avons fait qu'effleurer dans ce qui précède.

La législation qui a vu se former le contrat ne le défendait pas, elle en réglementait même les conditions, je veux l'admettre, est-ce à dire pour cela que le législateur s'était engagé à ne jamais le prohiber ? est-ce que la capacité qu'il avait laissée aux parties pour le fonder, a pu fonder contre lui une limite à sa puissance ? on n'oserait le soutenir. Il a donc pu très légitimement interdire ce qu'il avait jusqu'à ce jour toléré et protégé ; — les lois n'obligent pas les législateurs, ils doivent toujours abroger et modifier celles de leurs dispositions dont l'expérience vient à démontrer l'insuffisance ou le danger : en agissant ainsi, ce n'est pas la perturbation qu'ils apportent mais le progrès, car ils perfectionnent leur œuvre, sous la double impulsion des mœurs publiques et de l'intérêt général.

39. — Quant à l'objection tirée des droits *acquis de la liberté contractuelle*, la réunion d'aussi grands mots a trop surfait son importance. — Il y a ici une confusion qu'il faut dissiper en distinguant entre :

1° *Les contrats à exécution immédiate ou accomplie par leur formation* même : — tels sont les ventes, les partages, les donations sans conditions, les legs purs et simples dont les effets se réalisent par l'accord qui fait le contrat ou par le décès qui parfait la donation testamentaire ; — la propriété est irrévocablement transférée, le droit est définitivement acquis ;

2° Et *les contrats à exécution prolongée se réalisant par des actes successifs* entre l'accomplissement desquels peut se placer une loi nouvelle : les contrats de mariage, de louage, de société, de prêt à intérêt, etc., qui s'exécutent tout le temps de leur durée, se rangent dans cette catégorie. — Il en est de même des donations révocables ou sous condition suspensive.

40. — Quels sont ceux de ces contrats qui constitueront de vrais *droits acquis* au regard de la loi nouvelle ? — les premiers, les premiers seuls ; — aussi échapperont-ils à son empire.

Du moment où ils sont formés, ces contrats sont parfaits et à toujours parfaits ; leurs effets se réalisant à l'instant même de leur passation, aucune force au monde ne peut faire qu'ils ne soient pas ; ils deviennent *faits accomplis* contre lesquels sont impuissantes les lois futures. — Ce ne sera plus en effet pour obtenir leur exécution qu'on pourra plus tard invoquer la protection de la justice, mais, ce qui est bien différent, pour faire respecter *le droit acquis par leur exécution accomplie.*

Exemple : — Le vendeur d'un immeuble en refuse la délivrance à son acheteur ; — que pourra lui réclamer ce dernier ? *la propriété ?* non, car elle lui a été pleinement transférée par le seul effet du consentement de son vendeur ; — il agira contre lui, s'il persiste à occuper les lieux, *ex jure dominii*, en vertu de son droit de propriétaire, comme il agirait contre un tiers qui se serait indûment emparé de sa chose.... le contrat sera très certainement produit devant le juge pour faire preuve du droit de propriété, il se peut qu'on en conteste la validité, supposons-le pour pousser la démonstration à l'extrême, supposons même que depuis la vente, une loi nouvelle ait *interdit la transmission des propriétés de la nature de celle qui fait l'objet du litige,* d'après quelle loi statueront les juges pour dire droit sur ce point ? nous le répétons, toujours d'après les lois en vigueur, — en conséquence d'après la dernière loi, en s'éclairant toutefois de la loi abrogée pour la preuve du droit invoqué, et voici comme : — il ne s'agit pas, on le sait, de réaliser la force exécutoire du contrat de vente, mais uniquement de *prouver*, sur l'incident soulevé, que ce contrat était, au moment où il a eu lieu, *translatif* par lui-même *du droit de propriété ;* — la question est alors simplement de savoir si, à *l'époque de la vente, le vendeur avait le droit de transférer par son seul consentement, la propriété objet du contrat.* — Comme les faits du passé ne s'apprécient bien que par le passé, c'est à la législation du passé qu'il faudra recourir, la force des choses y oblige, et le juge y recourra, non pour l'appliquer car elle est abrogée, mais comme à un témoin du passé pour la consulter ; et s'il résulte de ses dispositions que le vendeur avait *alors le droit de transférer sa propriété par l'effet de son consentement*, il sera constant qu'avant la loi, qui le lui a depuis enlevé, sa propriété avait très légalement changé de maître. Le juge condamnera, en conséquence, l'ancien propriétaire à déguerpir devant la preuve ainsi faite *du droit acquis* de son acheteur. — Dans le cas contraire, il déboutera ce dernier de ses prétentions et maintiendra son adversaire en possession, non en vertu de la loi nouvelle qui est venue défendre la vente des propriétés de cette nature, mais parce que le demandeur n'a pas prouvé qu'il en était devenu propriétaire en vertu du contrat.

Il en serait différemment *des actes et des contrats de la seconde catégorie*, si, entre le jour de leur formation et de leur exécution, se plaçait une loi nouvelle qui les prohibât ou qui en changeât les conditions ; ce serait alors cette dernière loi qui devrait en régir les effets postérieurs (1).

41. — 1re Hypothèse : — Précisons la difficulté par une hypothèse : — nous voici au lendemain d'une loi qui abolit les *contrats féodaux*, ou mieux encore, *le mariage* — plus l'exemple sera violent et plus la démonstration sera saillante ; — sa disposition ne dit pas, comme a dit du Divorce la loi du 16 mai 1816, *Le mariage est aboli* ; elle est en forme prohibitive et porte que *nul ne pourra à l'avenir contracter mariage ;* — une autre disposition, sans autrement s'expliquer sur les mariages antérieurs, ajoute que : « *le titre V du Code Napoléon et toutes les autres lois sur le mariage sont et demeurent abrogées pour l'avenir.* » Qu'en adviendra-t-il ?

(1) Jugé que la règle générale portant que la loi qui régit les dispositions d'un contrat régit également son exécution, ne s'applique pas cependant aux actes d'exécution qui doivent être successifs et se prolonger un espace de temps quelconque. Chacun de ces actes est un fait à part qui doit être régi par la loi du moment. — Cass. 18 déc. 1822. (S. 23. 1.220. — Coll. nouv. — D. A. 9. 860.)

Sous l'empire de cette loi étrange, j'abandonne ma femme, je refuse des aliments à mes enfants dans le besoin, et j'installe chez moi une concubine. *Les articles 336 à 340 du Code pénal qui punissent l'adultère sont abrogés*, cela va sans dire. Sur ce, ma femme et mes enfants m'actionnent pour m'entendre condamner à les recevoir, à les nourrir, à les protéger, à remplir, en un mot à leur égard, toutes les obligations résultant de mon mariage, et de plus aux peines encourues pour le fait d'adultère.

Quelle sera la loi des juges en présence de cette singulière situation? -- appliqueront-ils la loi du passé, les articles 336 à 340 du Code pénal? — ils sont abrogés par la loi nouvelle.

En principe il n'y a pas à hésiter, c'est cette dernière loi dont la *souveraineté s'imposera aux juges*; ils repousseront en conséquence, non sans gémir j'aime à le croire, la requête de mes adversaires et mon mariage sera par le fait dissous, dissous *pour l'avenir*, mes enfants restant *légitimes* avec tous les droits successifs que la loi des successions attache à leur qualité (1), — le titre des successions n'étant pas abrogé.

42. — On peut ici se demander si, en abrogeant ainsi la loi des mariages, le législateur n'aurait pas violé *des droits acquis*, et si, en refusant de donner plus longtemps force exécutoire à la loi privée des contrats d'alliance, les juges ne donneraient pas à la loi publique une rétroactivité judiciaire.

Cela serait si, au lieu d'affranchir *pour l'avenir* les époux des obligations du mariage, ce qui à partir de la loi nouvelle entraîne la dissolution des mariages existants, le législateur en avait prononcé *l'annulation à partir du jour de leur célébration :* — anéantis dans leur principe, les mariages seraient comme n'ayant jamais été : les enfants qui en sont issus n'ont jamais été légitimes, leurs mères n'ont pas eu légalement le titre d'épouses, ils perdent les avantages que ces titres leur avaient

(1) Il n'y a point enlèvement de droits acquis, ni rétroactivité, lorsque la qualité d'une personne venant à cesser par suite d'un fait légal, l'exercice d'un droit civil n'est refusé que comme une conséquence de la perte de cette qualité. — Ainsi jugé. — Douai, 24 juin 1844. (S.V. 44. 2. 339)

valus et les pères, devenus pour eux des étrangers, pourraient à la rigueur leur redemander compte des pensions qu'ils leur ont jusque là indûment servies. La loi, remontant dans le passé pour revenir sur des faits très légalement *accomplis*, serait alors évidemment rétroactive. — Mais que nous sommes loin d'une pareille situation dans l'hypothèse où nous nous sommes placés de *la dissolution des mariages… seulement pour l'avenir*.

Les contrats antérieurement célébrés ont été jusqu'à ce jour exécutés, que leur enlève-t-on ? leurs effets à venir, — *à venir :* mais l'avenir n'appartient-il pas tout entier à la loi nouvelle ? — ne doit-elle pas en tout et pour tout le régir (1) ? — c'est pour l'avenir seulement qu'elle refuse aux contrats du passé la protection du Code; ils l'ont eue jusqu'ici, parce que ainsi l'exigeait l'intérêt général, mais la situation a changé : le concubinat réhabilité apparaît comme une sainte loi naturelle et l'indissolubilité du mariage comme une monstruosité; — le législateur ne saurait être tenu de subir les conséquences d'une législation arriérée et de continuer plus longtemps sa protection à des unions qui, par un étrange retour, sont devenus un sujet de scandale (2) ; — que ceux qui peuvent en souffrir accusent le progrès et la dépravation des mœurs en présence d'une *pareille amélioration des lois*, ou la nécessité des temps qui l'impose, mais non le législateur qui la subit et moins encore le juge qui doit, telle qu'elle est, appliquer la loi promulguée.

Soutiendrait-on qu'en abrogeant le titre V du Code Napoléon le législateur n'a pas *annulé* la loi privée des contrats, laquelle reste toujours obligatoire entre les parties dans les conditions

(1) « Attendu, dit l'arrêt de la Cour de Cassation du 25 nov. 1839. *(Servan « contre Veyan)* S.V. 1840, 1.252) qu'il appartient à la loi de régir les faits « qui se passent sous son empire et d'y attacher la sanction qu'elle juge néces- « saire pour le maintien de ses dispositions. »

(2) Il faut ainsi l'admettre par suite de ce principe que ce sont les mœurs qui font les lois et que les lois nouvelles sont présumées meilleures que les lois qu'elles abrogent. — Un législateur aux yeux duquel la loi nouvelle serait moins bonne et qui néanmoins la promulguerait malgré l'opinion publique et contrairement à l'intérêt général, serait un législateur insensé. Nous n'avons pas à prévoir une pareille hypothèse; quand une loi abroge une institution c'est que cette institution a fait son temps.

légales de leur acceptation originaire ? L'argument serait
plus spécieux que solide : non, la loi n'a pas, comme un jugement, annulé mon contrat de mariage, elle n'aurait pu le faire
qu'en rétroagissant — ce qu'elle n'a pas voulu — elle a seulement
voulu me délier de mes obligations pour l'avenir, en respectant
tous les effets accomplis du passé, et sa disposition ne laisse à
cet égard rien à désirer ; elle abroge la *loi publique* sur
laquelle reposait la *loi privée*, et en rend ainsi l'exécution future
impossible (1). Prétendre le contraire, ce serait soutenir qu'un
levier, hors de son point d'appui, continue et conserve les effets
de sa puissance. La loi était le point d'appui de mon contrat,
son support, — la base croulant, tout s'écroule.

La loi du 20 septembre 1792 sur le divorce rentre en partie
dans notre hypothèse ; nous trouvons, dans son préambule, la
justification suivante des lignes générales de notre argumentation.

« *La dissolution du mariage* n'étant point un effet facul-
« tatif des conventions expresses ou tacites entre les époux, ils
« n'ont pas dû se flatter qu'ils continueraient à jouir des avan-
« tages attachés à un certain état (v. n° **18**); ils savaient
« qu'il était au pouvoir du législateur de changer leurs rap-
« ports, disons plus, que, dans la pensée du législateur, le
« divorce ou la dissolubilité devant *contribuer au plus grand*
« *bonheur des époux*, étant établi pour *leur intérêt commun,*
« ils n'ont pas à fonder sur un préjudice le reproche de rétroac-
« tivité. »

(1) Si, en abolissant le mariage, le législateur n'avait pas abrogé le titre V du
Code et les lois qui en règlent les effets, les individus précédemment mariés pourraient toujours en obtenir le bénéfice ; que leur faudrait-il pour cela ? le titre
d'époux ; ils l'ont, il leur a été conféré d'une manière indéfectible, il y a là *fait
accompli*, les époux, conservant ce titre d'époux, ont droit au bénéfice de la loi
des époux ; *non abrogée*, elle leur est encore applicable. Mais telle n'est pas
notre hypothèse, nous supposons au contraire que toutes les dispositions du
titre V du mariage au C. Nap., et les art. 336 à 340 du Code pénal sur l'adultère sont abrogées d'une manière absolue et *sans réserve*. — Est-ce qu'après
une pareille abrogation, on pourrait être admis à demander l'application de ces
derniers articles comme sanction du devoir de fidélité qu'impose la loi privée
du contrat de mariage ?.. non ; eh bien, ce qui est vrai de ce devoir conjugal
doit l'être également des autres quelle que soit leur sanction.

La jurisprudence, d'autre part, a quelquefois décidé dans notre sens, lorsque la logique des juges a pu s'affranchir des considérations étrangères qui trop souvent les ont prédominés. — Voici quelques-uns des motifs qui lui ont servi à justifier l'application immédiate des lois nouvelles à l'exécution des contrats antérieurement formés :

« Attendu qu'il est toujours dans la puissance *du législateur*
« *de régler pour l'avenir le mode d'exécution des contrats*
« et de substituer le mode qui convient *au système général*
« qu'il établit à des modes particuliers qui ne seraient pas en
« harmonie avec ce système général.. » ce qui revient à dire que le législateur peut toujours faire des lois meilleures et les substituer aux anciennes alors réputées mauvaises.. « par ces motifs.. dit l'arrêt, *les anciens contrats s'exécuteront suivant les lois nouvelles...* » Cass., 5 juillet 1812, au sujet de l'exécution d'un contrat de constitutions de rentes. — *Sic*, C. sup. de Bruxelles du 8 mai 1820. (Dalloz, v° *Lois*, n° 273).—Cass., 19 nov. 1832. (S.V. 1833.1.24). 7 déc. 1836 — (S.V. 1837.1.416.)

M. Dalloz (v° *Lois*, n° 192) résume comme suit la doctrine des auteurs en cette matière.

« Les lois qui intéressent l'ordre public et les bonnes mœurs
« (les lois prohibitives sont de ce nombre) ne sont pas sou-
« mises au principe de la non rétroactivité. Elles régissent
« le passé (expression impropre) parce que l'intérêt général
« exige que la règle nouvellement introduite soit immédia-
« tement appliquée, parce qu'il n'y a pas *de droits acquis*
« contre la plus grande félicité de l'Etat et qu'il est à présumer
« que tous les citoyens ont un intérêt égal à ce que ces lois
« soient immédiatement appliquées. »

43. — 2ᵐᵉ Hypothèse. — Vérifions dans l'hypothèse inverse l'application de notre théorie.

Une loi interdit sous peine de nullité absolue *les Contrats usuraires* ou *les constitutions de rentes féodales*, ou *les mariages entre personnes de couleur*, la chose importe peu, ce que nous dirons d'un contrat peut se dire de tous les autres. — Nonobstant la formelle prohibition de la loi, un de ces contrats *à exécution prolongée* s'est formé, des difficultés surviennent plus tard, un des contractants se refuse à l'exécution des obligations qui résultent de la convention, il fait appel à la justice et se prévaut de la *nullité radicale* de son contrat ; — mais voilà qu'au moment de lier l'instance, paraît une loi qui, abrogeant la loi précédente, rend licites les contrats de la nature de celui qui est attaqué.

Sans rapporter ici toutes les raisons qui, pour ou contre, seront développées devant les juges, retenons la seule objection qui peut se dégager de cette situation contre notre système, — la voici dans toute sa force.

Les lois prohibitives, restrictives de la liberté contractuelle sous peine de nullité absolue, impliquent *l'impuissance absolue* de l'agent à former légalement le contrat défendu. (1) Les contractants, ayant excédé leur capacité légale, ont vainement tenté de former un acte valable. *L'acte est nul*, il y a plus, il *n'a jamais existé* et n'existe pas. Comment admettre que l'abrogation de la loi qui l'a empêché de naître ait pu lui donner la vie? — Ce qui est nul, radicalement nul, ne produit aucun effet ; la loi postérieure n'a donc pas pu donner l'être à ce contrat mort-né

Tout cela est vrai, et très vrai au regard de la *loi ancienne* aujourd'hui abrogée ; mais il en est autrement au point de vue du droit naturel des parties contractantes et de la loi nouvelle. Les parties n'ont pu *légalement* former un contrat défendu, en ce sens qu'elles n'ont pu placer *sous la protection de la loi* ce contrat illégal; mais quant à elles, il a suffi du concours de leur volonté pour lui donner l'être et créer entre elles un lien très naturel d'obligation (2), *in his omnibus voluisse satis juris est ;*

(1) Voir ce que nous avons dit à ce sujet dans notre 2ᵉ partie, Nᵒ 85 *in fine*.

(2) Et cela est si vrai que si une pareille obligation était volontairement exécutée, après le jugement qui en a prononcé l'annulation, celui qui l'aurait ainsi exécutée ne serait pas admis à se faire restituer contre cette exécution. — C'est par la force admise et reconnue de ce *lien naturel* d'obligation survivant à l'annulation ou à l'existence du *lien civil* que s'expliquent les articles 1235, 1311, 2012, 1906 du C. Nap. ainsi que la jurisprudence qui s'est formée sur ces articles. — Toullier. VI. 180.-Aubry et Rau sur Zachariæ, 3ᵉ éd., t. III, p. 4.8 et notes.

il n'est donc pas exact de dire d'une manière absolue que le contrat n'existe pas, Il existe à la manière d'un contrat fait à l'étranger auquel le juge n'aurait pas encore accordé force exécutoire en France. Il existe en principe, seulement la loi a défendu à ses agents de le reconnaître ; il est alors pour eux comme n'existant pas... Qu'une loi vienne retirer la défense faite à l'autorité publique de lui prêter main forte, et rien ne s'opposera plus à ce qu'elle en réalise les effets, car le législateur a déjà prescrit d'une manière générale à ses ministres de faire exécuter les contrats qui ne violent pas ses dispositions en vigueur. Celui-ci a cessé de les violer, et les seules qu'il ait méconnues sont d'autre part *abrogées* et *partant inapplicables* (n° 33).

Pour quelle raison se refuseraient-ils à le reconnaître ? — Le législateur a déclaré la loi du passé injuste et périlleuse, quel intérêt pourrait faire maintenir l'injustice de la loi abrogée contre les bienfaits de la loi nouvelle ?

L'équité ? L'équité n'est pas pour ceux qui cherchent, dans les faux fuyants et les modifications du droit positif, à se soustraire aux obligations naturelles de leurs conventions.

L'intérêt privé de celui qui veut s'en dégager ? — Mais l'intérêt privé de son adversaire lui fait contre-poids et ce n'est pas des deux, le premier qui devrait peser le plus dans la balance..... Il ne se prévaut de sa violation de la loi abrogée que pour violer la loi jurée.

Qui pourrait encore arrêter les juges ? *L'intérêt général ?* Il est avec la loi nouvelle qui, loin de prononcer l'annulation du contrat, a, au contraire, annulé la loi qui s'opposait à son exécution. Ils devront, en conséquence, maintenir le contrat attaqué et lui accorder à bon droit force exécutoire avec la loi nouvelle.

En résumé, c'est la loi en vigueur au moment de l'exécution contestée des contrats qui doit régir leur exécution ; c'est d'après ses dispositions que doit être appréciée la validité des obligations des parties contractantes et l'étendue des effets qu'elles doivent avoir, et ce, qu'elle qu'ait été la loi sous l'empire de laquelle le contrat s'est formé.

Voilà à quelle conclusion me semblent conduire, pour l'application des lois *prohibitives à sanctions civiles*, les principes combinés de *la souveraineté de la loi* et de la *prédominance de l'intérêt général*.

44. — Mais ce que la théorie justifie peut n'être pas sans inconvénients dans la pratique : — le législateur qui, sans ménagements et sans transition, appliquerait d'une manière absolue la règle qui se déduit de cette conclusion, risquerait de tourner contre lui des esprits façonnés aux traditions du système contraire. — Les intérêts lésés trouveraient alors dans les idées reçues et les habitudes prises un appui dangereux pour l'autorité de la législation nouvelle.

Je ne repousserai donc pas la très sage pensée de faire aux choses du passé toutes les concessions compatibles avec l'intérêt général du présent et de l'avenir. — J'admettrais à cet effet, et par exception, que l'exécution des contrats formés sous l'empire d'une loi abrogée fût néanmoins régie par elle, lorsqu'ils en reproduiraient directement ou par référence les dispositions dans les cas où ladite loi, réglementant les contrats dont il s'agit, en aurait elle-même, taxativement, rédigé les stipulations (1); car il ne faut pas que les parties aient trop à se repentir de s'en être référé au législateur pour le règlement de leurs intérêts.

Quant aux contrats que la loi muette aurait laissés dans la sphère de la liberté contractuelle (2), ils resteront sous l'empire de la règle générale : la loi de l'avenir régira seule leur exécution et leurs effets.

(1) Bien que ce soit par voie de prohibitions, indiquant les clauses et les conditions que les parties ne pourront ou ne devront pas se permettre, que notre théorie législative commande de procéder pour la réglementation de la liberté contractuelle, nous avons fait néanmoins une place, dans le plan de la codification, *aux clauses usuelles des contrats privés* qu'il peut être utile de rédiger à l'avance et comme modèle, pour faciliter les transactions. V. notre 2ᵉ partie, Nᵒ 98, III·

(2) Il n'y a pas en effet à mettre sur la même ligne ces *contrats libres* avec les contrats *réglementés*. — Pour ces derniers, il y a entre le législateur et ceux qui en suivent les stipulations une *quasi* promesse du législateur de garantir l'exécution des contrats qu'il a rédigés. — Il convient en conséquence que la loi de

Ce ne serait pas là reconnaître le principe de la *non-rétroactivité* pour les lois réglementaires des contrats. Ce serait seulement conserver, pendant la période transitoire, des effets posthumes à celles de ces lois dont les dispositions se seraient imposées à la liberté contractuelle ou dispositive.

45. Quant à la *preuve* des faits, de l'intention des parties et à la *force probante* de certains actes, c'est dans le milieu législatif où ils se seront produits, c'est-à-dire par les lois de l'époque qu'il conviendra d'en apprécier le caractère et la portée (1). A défaut de raisonnement la force des choses y oblige. (V. nº 40.)

L'intention des parties est d'autre part *un fait accompli* que seraient impuissantes à modifier les lois nouvelles; — leur contrat en fera souverainement foi, mais il ne devra pas être détaché de la loi sous l'empire ou sous l'influence de laquelle il s'est formé; — c'est par elle que les juges pourront découvrir les combinaisons des parties contractantes, le but de leur volonté et les présomptions de droit qui peuvent en être la conséquence; ils devront par suite consulter les règles de cette loi, alors même qu'elle aurait été depuis abrogée, pour interpréter les clauses du contrat qu'elle a vu naître; ils devront même en appliquer les dispositions si les parties, en s'y référant même tacitement, les avaient virtuellement incorporées dans leurs conventions, ou formellement insérées dans l'acte qui les a constatées. — Ils devront les appliquer, disons-nous, mais à la condi-

'avenir respecte cet engagement tacite. — Ainsi le régime matrimonial de la communauté imposé par le législateur devrait être maintenu et exécuté, même après qu'une loi nouvelle lui aurait substitué le régime dotal comme droit commun et unique en matière de contrats de mariage, tandis que les *contrats libres* pourraient être modifiés dans leurs effets par une loi nouvelle sans qu'il y eût pour cela rétroactivité, nous l'avons déjà démontré.

(1) Il en sera de même en ce qui concerne la forme extrinsèque des actes. — Pour être réguliers et réunir les conditions qui fondent la force probante, les instruments de preuves doivent porter avec eux le signe de leur sincérité.

— L'accomplissement des formalités prescrites par les lois pouvant seul le conférer, il faut donc recourir aux lois de l'époque où les actes ont été formés pour voir s'ils en ont observé les formalités. — La jurisprudence est unanime sur ce point.

tion cependant que leur exécution ou leurs effets ne contreviendraient pas aux lois en vigueur au moment de cette exécution. — Le passé peut valoir, mais non prévaloir sous la loi vivante.

VI.

46. Les solutions qui précèdent nous donnent les seules règles utiles de l'application des lois, dans leurs conflits avec les faits et les situations nés du passé. — Les présidents et juges des juridictions de l'Empire étant, dans notre système d'organisation judiciaire, seuls compétents pour statuer sur les difficultés de cette application, sont aussi les seuls auxquels le législateur puisse utilement tracer des règles pour assurer en cette matière l'exécution régulière de ses dispositions (V. n° 6). — C'est donc à eux qu'il s'adressera.

Le législateur, parlant à l'activité essentiellement subordonnée de ses agents judiciaires, pourra très rationnellement employer la forme *impérative*. — *La formule impérative* se trouve ainsi naturellement indiquée pour la rédaction des prescriptions par lesquelles nous voudrions voir remplacer l'inutile précepte de l'art. 2 du Code Napoléon ; elles n'en auraient, j'en conviens, ni la brièveté, ni le tour aphoristique et pittoresque, mais j'ose espérer qu'elles l'emporteraient sur lui en clarté et proscriraient la controverse qu'a fait naître le vague de sa disposition.

Quoi qu'il en soit, voici, telles que nous les concevons, redigées, suivant nos formules, les règles pratiques qui se dégagent de cette trop longue dissertation.

A placer au Code de procédure judiciaire.

Art. 2. (*art. 2 du C. Nap. et art. 1041 du C. de procédure civile*.) Les présidents et juges régulièrement saisis devront,

Lorsqu'une loi viendra abroger ou modifier les dispositions des lois de procédure, de compétence, d'organisation judiciaire ou toute autre loi impérative qui les concerne,

Continuer à procéder suivant la loi ancienne pour

1° L'instruction et la mise à fin des instances dont ils sont saisis ;

2° Le partage ou la liquidation à terminer

a) — Soit des successions ouvertes avant la publication de la loi nouvelle, *b*) — Soit des sociétés ou communautés de fait ou de droit dissoutes avant la publication de cette même loi ;

A moins toutefois que toutes les parties en cause ne soient d'accord pour demander qu'il soit procédé suivant cette dernière loi. (V. n° 32.)

Dans ce dernier cas, ainsi que dans tous ceux qui ne sont pas compris dans les paragraphes précédents, appliquer la loi nouvelle et procéder suivant ses dispositions conformément à l'art. 1.

Au Code de procédure, titre : application des lois pénales.

Art. 2. *a*. — (*art. 3 du C. pénal, et art. 7 du décret du 27 juillet* 1810).— Les présidents et juges régulièrement saisis, devront,

Lorsqu'il s'agira de statuer sur la poursuite d'un fait prévu et puni par une loi pénale régulièrement publiée avant que ce fait eût été commis (1),

1° Appliquer les peines édictées par cette loi, si une loi nouvelle n'en a pas prononcé l'abrogation avant le jugement définitif de condamnation ; (V. n° 35).

2° En cas d'abrogation de ladite loi pénale avant le jugement définitif, déclarer l'auteur du fait absous, et ordonner sa mise en liberté, s'il n'est détenu pour autre cause, (V. n° 34), — à moins toutefois que la loi nouvelle n'en ait autrement décidé;

3° Et dans le cas où la pénalité de la loi qui punissait ledit acte aurait seule été modifiée, avant le jugement définitif, par la loi nouvelle, — appliquer cette dernière loi, si les peines qu'elle édicte sont moins rigoureuses que celles de la loi antérieure. Dans le cas contraire, appliquer les peines de cette dernière loi. (V. n° 36.)

Pour bien montrer en quoi notre théorie se sépare de celle que la jurisprudence a déduite des données de l'art. 2 du C. Nap., nous avons mis en regard, dans la rédaction de l'article suivant (colonne à gauche), les règles qui résultent de l'une, et (colonne à droite) celles qui résultent de l'autre, *sur les points seulement où elles diffèrent.*

Au Code de procédure : titre des sanctions civiles.

Art. 2 *a*, (1.) (*art. 2 du C. Nap.*) Les présidents et juges régulièrement saisis devront,

Lorsqu'il s'agira de statuer sur la validité légale, la force exécutoire, les effets ou l'exécution des contrats, promesses,

---

(1) La loi n'ordonne pas de poursuivre les faits non prévus par les lois pénales, il est donc inutile de s'occuper de ce cas. — *Ce qui n'est pas ordonné étant défendu aux magistrats,* dans notre système, la disposition de l'art. 4 du Code pénal devient inutile ; voir d'ailleurs le § 5 de l'article suivant.

dispositions, ou de tous autres actes privés ou publics, ainsi que sur la validité et la force exécutoire des actes émanant des personnes publiques agissant dans un intérêt ou pour un service public,

1° Se régler d'après les lois de l'époque où ces actes ont été faits, en ce qui concerne la forme, la preuve, l'intention des parties ou des disposants et les présomptions de droit qui peuvent en être la conséquence ; (V. n° 45.)

2° Annuler d'office ceux de ces actes, ou celles de leurs dispositions que l'une ou l'autre des parties *ne pouvait légalement se permettre* (1) à l'époque ou ils ont été faits ou sont devenus irrévocables, — si la loi qui les interdisait n'est pas abrogée au moment où leur exécution est poursuivie.

3° Annuler, sur la demande des parties intéressées, et à leur égard seulement, ceux de ces actes ou celles de leurs dispositions que l'une ou l'autre des parties *ne devait ni provoquer ni se permettre* (2) à l'époque où ils ont été faits ou sont devenus irrévocables, si la loi qui les interdisait n'a pas été abrogée au moment où leur exécution est poursuivie.

4° Dans le cas où les lois qui prohibaient lesdits actes sont abrogées au moment où leur exécution est demandée, ou encore si lesdits actes n'étaient pas défendus au moment où ils ont été faits, — leur donner force exécutoire et ordonner leur exécution dans les formes et sous les conditions de la loi en vigueur à l'époque où cette exécution aura lieu ;

2° Annuler d'office ceux de ces actes ou celles de leurs dispositions que l'une ou l'autre des parties *ne pouvait légalement se permettre* (1) à l'époque où ils ont été faits ou sont devenus irrévocables ;

3° Annuler, sur la demande des parties intéressées et à leur égard seulement, ceux de ces actes ou celles de leurs dispositions que l'une ou l'autre des parties *ne devait ni provoquer ni se permettre* (2) à l'époque où ils ont été faits ou sont devenus irrévocables ;

4° Dans les cas où lesdits actes n'étaient pas défendus au moment où ils ont été faits, — leur donner force exécutoire et ordonner leur exécution dans les formes et sous les conditions de la loi en vigueur au moment où cette exécution devra avoir lieu.

(1, 2) Ces paragraphes sanctionnent toutes les lois prohibitives civiles par la répétition des expressions qui constituent leurs formules de rédaction, lesquelles portent pour caractéristiques les termes *nul ne peut* ou *nul ne doit* suivant que la prohibition est d'ordre public ou d'intérêt privé. (V. note 2e partie, N° 85.)

5° Refuser force exécutoire (1) à ceux de ces actes qui, prohibés ou non prohibés au moment où ils ont été faits, contreviendraient par leurs effets aux lois en vigueur au moment où leur exécution est poursuivie, à moins que les dispositions dont il s'agit ne fussent la reproduction, directe ou par référence, des dispositions mêmes de la loi sous l'empire de laquelle ces actes ont été passés, lorsque cette loi a rédigé les stipulations, règlé la forme et imposé les conditions de ces sortes d'actes. (V. n° 44.)

Dans ce dernier cas la loi ancienne sera suivie et appliquée, si la loi nouvelle n'en a pas autrement décidé.

6° Déclarer nuls et annuler (2), soit d'office soit sur la demande des parties, les actes des fonctionnaires, des officiers ministériels et de toutes personnes ayant un caractère public par eux accomplis en dehors des formes et des conditions de la loi en vigueur au moment où ils ont été faits, et condamner, s'il y a lieu, le fonctionnaire ou l'agent responsable au paiement des frais et des dommages intérêts qui pourraient être dus à raison de l'annulation desdits actes et des déchéances qu'ils auraient entraînés par suite de leur irrégularité· (Art. 1031. C. pr. civ.)

Le tout sans préjudice des peines disciplinaires qui pourraient être encourues.

On saisira peut-être mieux la différence de ces deux systèmes dans la forme prohibitive des dispositions suivantes qui concernent alors les citoyens.

(1) Nous ne mettons pas ici *annuler*, comme aux paragraphes 2 et 3, parce qu'à la différence des actes qu'ils prévoient comme ayant violé la loi *par leur formation*, les actes dont il s'agit dans ce 5ᵉ paragraphe ne peuvent violer la loi que par leur *exécution judiciaire*. — Au regard de la loi en vigueur, *l'origine des premiers* est vicieuse, ils peuvent en conséquence être atteints et frappés dans leur *principe*. Il ne saurait en être de même des seconds. Note 4, N° 17.

(2) Il s'agit uniquement ici d'actes qui n'existant que par la force de la loi perdent toute valeur lorsqu'ils sont accomplis en dehors de ses dispositions. L'annulation est ici la conséquence forcée du principe que les fonctionnaires ne peuvent rien que par la loi. (N° 28. III.) Art. 71, 132 C. pr. civ. Art. 415 C. inst. cr.

Au Code des lois civiles. Titre de l'application des lois.

Art. 2. (*d'après notre théorie*) Nul ne peut se prévaloir d'une loi abrogée,

Soit pour s'opposer aux effets ou à l'exécution d'actes, dispositions ou conditions non contraires aux lois en vigueur au moment où leur exécution est demandée (1) ;

Soit pour demander l'exécution ou le bénéfice d'actes, dispositions ou conditions contraires aux lois postérieures en vigueur au moment où leur exécution est demandée (2);

A moins que lesdits actes, dispositions ou conditions n'aient été imposés aux parties (3) par les lois en vigueur à l'époque où ils ont été consentis, auquel cas ils resteront obligatoires s'il n'en a pas été autrement décidé par les lois postérieures en vigueur.

Art. 2. (*d'après les commentateurs.*) Nul ne peut se prévaloir d'une loi nouvelle,

Soit pour s'opposer aux effets ou à l'exécution d'actes, dispositions ou conditions aux effets ou à l'exécution desquels ne s'opposeraient pas, si elles étaient encore en vigueur, les lois sous l'empire desquelles ils ont été consentis faits ou passés (4);

Soit pour demander l'exécution ou le bénéfice d'actes, dispositions ou conditions auxquelles s'opposeraient, si elles étaient encore en vigueur, les lois sous l'empire desquelles ils ont été consentis, faits ou passés (5),

Sauf les cas où il en aurait été autrement décidé par lesdites lois nouvelles en vigueur au moment où leur exécution est demandée.

Pour compléter le système des sanctions que la disposition un peu longue, il est vrai, mais nécessaire de l'art. 2. a. 1. organise, il serait indispensable de prévenir, par une disposition parallèle, les actes et demandes judiciaires qui sont prohibés par

(1) Bien qu'aux termes de la loi sous l'empire de laquelle ils ont été passés, ces actes fussent nuls ou annulables, la disposition est générale.

(2) Bien que ces actes ne fussent ni nuls ni annulables aux termes de la loi, depuis abrogée, sous laquelle ils ont été passés, la disposition ne distingua pas plus que la précédente ; elle est générale comme elle.

(3) Pour la validité de certains contrats.(V. n° 41.)

(4) Bien que leur exécution et leurs effets fussent alors contraires aux lois en vigueur.

(5) Bien que leurs effets ne fussent pas contraires aux lois en vigueur.

5

les lois ; et le moyen le plus efficace est encore, comme précédemment, d'ordonner aux juges de rejeter ou d'annuler suivant les cas les demandes, requisitions et prétentions que les lois en vigueur déclareraient ne devoir ou ne pouvoir être formées ou produites en justice.

Au Code de procédure générale. Titre : Des sanctions civiles.

Art. 2, *a* **2.** Les présidents et juges devront,

Lorsqu'il s'agira de statuer sur la validité ou les effets d'un acte judiciaire quelconque, ou d'une demande, réclamation ou requête adressée soit à eux-mêmes, soit à un magistrat, fonctionnaire, officier ou agent de l'ordre administratif ou judiciaire,

1° Rejeter ou annuler sur la demande des parties intéressées, du ministère public ou même d'office, conformément aux lois en vigueur, ceux de ces actes que *l'on ne pouvait légalement* former, produire ou se permettre au moment où ils ont été produits, formés ou notifiés, si la loi qui les interdisait n'est pas abrogée.

2° Rejeter ou annuler ceux de ces actes que *l'on ne devait* ni produire ni former ni se permettre au moment où ils ont été formés, produits ou notifiés, et ce sous la double condition ci-après, savoir :

a) — Que leur rejet ou annulation sera demandée par ceux dans l'intérêt, en considération ou au préjudice desquels lesdits actes *ne devaient* être ni produits, ni formés, ni notifiés, ou par ceux que la loi désigne comme *pouvant seuls* en demander le rejet ou l'annulation,

b) — Et que la loi qui interdisait lesdits actes n'est pas abrogée au moment où leur annulation ou rejet est demandé.

3° Dans les cas contraires aux §§ 1 et 2 ci-dessus, déclarer lesdits actes valables et ordonner qu'il y sera donné suite et effets conformément aux lois en vigueur.

Les articles 2 *a* 1 et 2 *a* 3 qui précèdent combleraient une lacune depuis longtemps signalée par les auteurs (1); notre lé-

____

(1) « On ne trouve, remarquent à ce sujet MM. Aubry et Rau sur Zachariæ, « T. I, p. 3, 3ᵉ édition, dans le Code Napoléon, aucun article qui déclare par voie « de mesure générale la nullité des actes faits contrairement à ses préceptes .. « il faut admettre que le juge peut et doit quelquefois déclarer nuls des actes « dont la nullité n'a pas été expressément prononcée par le législateur. » Voilà à quel résultat conduit le système actuel de rédaction législative. La doctrine s'érigeant en suppléant du législateur, en vertu de ses lacunes et de son insuffi-sance, corrigeant et complétant ses dispositions par des solutions arbitraires et proclamant le droit de la jurisprudence à empiéter sur le domaine législatif. — Quelle critique, et quelle confusion des pouvoirs !

gislation ne contient en effet aucune disposition générale pour la sanction des lois prohibitives en matière civile.

Comme elle est également muette ou à peu près au sujet du conflit des lois qui prévoient et répriment les *délits civils et quasi-délits*, il semblerait utile de régler cette situation par une disposition analogue à celle qui régit les lois pénales ; — un article conçu, sauf rédaction définitive, de la manière suivante pourrait combler cette nouvelle lacune.

A placer au Code de procédure générale.

Art. 2. *a* 3. Les présidents et juges devront,

Lorsqu'il s'agira de statuer sur les réparations civiles qui pourraient être dues à raison d'un fait dommageable prévu par une loi ou résultant de l'inobservation d'une convention légalement formée,

1° Accorder la réparation qu'ils jugeront être due d'après les dispositions de cette loi, à moins qu'une loi nouvelle n'en ait prononcé l'abrogation avant le jugement définitif (1) ;

2° Dans ce dernier cas, mettre le défendeur hors de cause et le condamner aux dépens, à moins qu'il n'en ait été autrement décidé par la loi nouvelle.

3° Et dans le cas où les lois nouvelles auraient seulement réduit l'emploi ou la durée des voies de contrainte ou d'exécution, ou modifié leurs conditions, — appliquer les dispositions de ces dernières lois, si les conditions de la réparation qu'elles accordent ou de l'exécution qu'elles imposent sont moins rigoureuses que celles de la loi précédente ; dans le cas contraire appliquer les dispositions de cette dernière loi (2).

Telles sont les règles qui me semblent se déduire logiquement et utilement de l'ordre des idées que confine la disposition de l'art. 2 du Code Napoléon et de la pensée de faveur qui l'a inspiré. — Il y a toutefois, entre le système du Code et le nôtre, cette différence que la *non-rétroactivité des lois* qui figure comme *un principe* inutile dans l'art. 2, n'est plus qu'une règle quelquefois possible dans nos articles.

(1-2) Notre théorie sur ce point vient d'être législativement consacrée par l'art. 16 de la loi non encore entièrement adoptée qui réduit dans les plus étroites limites la contrainte par corps. — Cet article porte que les dispositions de la loi nouvelle, qui vient d'être renvoyée à la commission pour être modifiée, s'appliqueront aux jugements et cas antérieurs de contrainte. — (V. note 2, N° 37 *supra*.

VII. — Application.

Notre théorie n'aurait qu'à gagner à être éprouvée aux situations juridiques sur lesquelles les commentateurs du Code et la jurisprudence éprouvent d'ordinaire le prétendu principe de l'art. 2. — On nous permettra en conséquence d'appliquer, comme eux, les dispositions que nous en avons déduites aux principales matières du Code Napoléon.

I. — Lois constitutionnelles et politiques, et lois concernant certaines charges publiques. — Ces lois ne sont comprises dans aucune des exceptions des articles 2. — 2. a. — 2. a. 1. — 2. a. 2, et 2 a. 3. — Leur application sera, par suite, immédiate et absolue à partir de leur publication, conformément à l'art. 1.

47. La nature fait des hommes, l'état politique seul fait des *citoyens* (1). — Le citoyen étant ainsi une création de l'ordre politique participe du fonctionnaire en ce sens qu'il concourt comme lui, mais dans une sphère propre, au mouvement de la vie sociale dont ils sont l'un et l'autre un organe et une émanation.

C'est uniquement en cette qualité qu'il prend part à la *représentation nationale*, il est alors *électeur* ou *éligible* : — concourt-il à la formation de la force qui défend l'État, ou du Trésor public qu'il alimente ? C'est encore en sa qualité politique de citoyen ; il est ainsi *soldat* ou *contribuable ;* — accepte-t-il d'être l'agent de la protection que l'ordre social doit aux incapables ? Il devient *tuteur*, ou *curateur*, ou *subrogé-tuteur*, ou *administrateur* des institutions de bienfaisance (2).

(1) Ce terme employé précédemment dans le sens de *non-fonctionnaire et de simple particulier*, doit être ici entendu dans celui plus large *du Citoyen membre de l'association politique participant à sa direction*. — La constitution de 1791 avait divisé les citoyens en deux classes : Les *Citoyens actifs* et les *Citoyens non-actifs;* — Cette distinction implique l'idée exprimée au texte : les *Citoyens actifs sont de quasi fonctionnaires politiques.*

(2) Le droit de gérer une tutelle est d'ordre politique. — Un étranger ne saurait y prétendre. — « La tutelle, dit M. Demolombe, t. I. p. 391, a toujours été

Dans toutes ces situations, il est moins l'homme de sa volonté et de ses intérêts privés, que l'agent plus ou moins subordonné de cette puissance sociale qui lui garantit l'exercice de ses droits, et dont, en retour, il a volontairement accepté les lois et les charges. Mais qui dit *charges* dit *devoirs :* — c'est donc par une inversion d'idées, qu'expliquent d'ailleurs très bien l'attrait et l'honneur des affaires publiques, que l'on a considéré comme des *droits,* les services ou le concours que la patrie réclame alors des citoyens ; — si la patrie les réclame, ils les *doivent.* — Le citoyen est, à ce point de vue, le sujet de sa patrie ; à ce titre, il remplit bien plus *ses devoirs politiques* qu'il n'exerce *des droits ;* le législateur peut, en conséquence, très rationnellement s'adresser à son activité à cet égard subordonnée, tout comme à celle des fonctionnaires, par des impérations et lui *commander* les *actes politiques* par lesquels il *doit* concourir à la direction politique de l'Etat et contribuer soit à sa défense, soit à ses obligations (**1**).

Ses lois, sur ce point, rentreront ainsi dans l'ordre des lois impératives dont la souveraineté prédominant tous les intérêts (V. n° 29) s'impose à tous *à partir de leur publication.* — Leur empire est absolu, soit qu'elles étendent, soit qu'elles réduisent le *nombre* de ceux qu'elles appellent à remplir les actes de la vie politique ou *la somme* des avantages attachés à leur accomplissement. — Ces lois, qu'on nous permette de le répéter, ne se trouvant point comprises dans les cas d'exception de nos articles 2, seront par suite exécutoires dès leur apparition en vertu de l'art. 1.

« considérée comme une sorte de *fonction publique, munus publicum,* qui inté-
« resse la société toute entière puisqu'elle a pour but la direction et le gouver-
« nement des familles. »

(**1**) Le législateur pourrait, par suite, et sans aucun abus de pouvoir, sanctionner, par des peines, l'obligation des devoirs politiques. — Notre système justifie ici, jusqu'à un certain point, les idées de ceux qui ont quelquefois proposé de punir les électeurs qui, sans motifs sérieux d'empêchement, s'abstiendraient de voter. — Je ne serai pas, quant à moi, l'adversaire d'une pareille mesure ; — Je ne verrais en effet rien de bien excessif à ce que ceux qui refusent à l'Etat leur concours au scrutin fussent tenus, par compensation, de le doubler auprès du Trésor public et condamnés à payer double contribution, ou à être rayés de a liste électorale.

C'est à cette solution que, par la théorie des concessions de la loi (1), ont également abouti les conclusions de la doctrine et de la jurisprudence.

II. — Lois d'organisation administrative ou judiciaire, de compétence et de procédure soit en matières politiques, administratives ou militaires, soit en matières civiles ou criminelles. — Elles sont, comme les précédentes, exécutoires dès leur publication.

48. Pour l'application de ces sortes de lois, les textes combinés des articles 1 et 2 sont entièrement d'accord avec les solutions de la doctrine et de la jurisprudence. — A part les cas d'exceptions relatifs aux procédures et aux partages *commencés* qui font l'objet de notre art. 2, les dispositions des lois ci-dessus énumérées doivent être suivies pour la poursuite, l'instruction et le jugement, des procès auxquels auraient donné lieu des actes ou des faits antérieurs à leur promulgation : ce sont là des lois impératives qui saisissent souverainement les juges et les fonctionnaires du moment où elles ont acquis force exécutoire. (V. n° 29.)

III. — Lois concernant la capacité des personnes. — L'application de ces lois sera immédiate en principe, nous avons toutefois admis une exception : — art. 1, art. 2, a. 1.

49. La *capacité* des personnes n'est pas, comme le prétendent la plupart des commentateurs, « *la faculté que la loi nous* « *accorde de faire tel ou tel acte* (2), » mais ce qui nous reste de notre pouvoir naturel d'agir, de vouloir et de consentir, c'est-à-dire de notre *liberté naturelle*, (qu'aucun législateur ne s'est encore flatté de nous avoir octroyée) — après les retranchements et les restrictions que l'intérêt général impose à son exercice.

---

(1) Aubry et Rau, sur Zachariæ, tome I. p. 55... Quelques auteurs ont considéré le droit de participer à la direction des affaires publiques comme une *concession de la loi*, que le législateur était maître d'accorder, de retirer et de modifier. — V. ce que nous disons *infra* n° 49.

(2) Mourlon. Répétitions écrites sur le Code Napoléon, tome I., p. 48, 69, §§ 69, 99.

A la différence des fonctionnaires qui n'existent que par la loi et ne tirent leurs *droits* que de leurs *devoirs* mêmes, *les citoyens non fonctionnaires* tirent les leurs de *ce pouvoir propre d'action*, d'énergie et de réaction qui les anime et qui, au centre de leur Moi intelligent, se conçoit, et se conçoit seul comme le principe et la fin *du droit*... La loi, à ce point de vue, *ne leur accorde rien*. — Le droit de la liberté est aussi antérieur aux lois positives, que le droit de la raison qui l'atteste et qui seule la domine et la gouverne.

De ce droit naturel de la liberté qu'elle atteste, la raison déduit le *devoir* de le respecter chez les autres et la nécessité de déterminer la ligne dans laquelle doit à cet effet se maintenir l'activité individuelle, peut n'avoir rien de violent ou d'exagéré.

Cette ligne qui manifeste le point où le *droit finit* et où le *non droit* commence,.. c'est la loi; elle ne *concède* donc *pas le droit*, elle en limite l'exercice seulement.

La liberté consiste surtout dans le pouvoir d'agir ou de n'agir pas, d'agir d'une façon ou d'agir d'une autre, la loi ne peut limiter son exercice qu'en *prohibant* ceux de ses actes qui porteraient atteinte aux droits d'autrui ou à la sûreté publique; — c'est en conséquence ce qui reste à chacun de sa *liberté naturelle*, dans la limite des restrictions de la loi, qui nous semble constituer seul leur *véritable pouvoir légal d'agir, ou de n'agir pas*, « *de faire tel ou tel acte* » en d'autres termes leur *capacité civile*. — Ainsi se justifie la définition par nous donnée plus haut en opposition avec celle de M. Mourlon, de la capacité civile.

Ce qui n'est pas défendu aux particuliers leur sera permis. — Par l'indication de ce qui sera défendu, le législateur déterminera, il est vrai, indirectement, ce qui leur restera permis, mais il ne leur « *accordera*, » en aucune façon, *la faculté* de le faire.

50. Les lois qui règlent *la capacité des personnes* ne peuvent être, par suite, que *prohibitives*. (V. n° 28, vii.)

Au premier rang de ces lois se placent les *lois pénales prohibitives d'actes à effets directs*. (Crimes, délits, contraventions et quasi délits). (V. n° 28, x.)

En second lieu viennent les *lois civiles restrictives* de la liberté naturelle d'obliger et de s'obliger, dont l'objet et le but sont de faire connaître quels sont les *actes à effets indirects* (contrats, donations, testaments, etc.) que les citoyens ne *peuvent* ou ne *doivent pas* légalement *se permettre*. — Telles sont les lois qui subordonnent le pouvoir de faire n'importe lequel de ces actes à des conditions soit d'âge, soit de pleine jouissance des facultés mentales, soit d'avoir obtenu l'autorisation d'une autre personne, soit d'avoir accompli telle ou telle formalité, etc... Les lois concernant les *mineurs*, *les interdits*, *les femmes mariées*, celles qui déterminent les conditions des *mariages, de la reconnaissance des enfants naturels, des dispositions entre vifs ou testamentaires*, rentrent dans cette catégorie : ce sont, en effet, des lois *prohibitives* restrictives de la capacité des personnes.

Ces lois sont plus ou moins d'ordre public (V. n° 28, VII). A ce titre, elles obligent à partir de leur publication, soit qu'abrogeant une restriction elles restituent à la liberté ses franchises naturelles, soit qu'elles la ressèrent entre de nouvelles et plus étroites barrières.

C'est là un point à peu près généralement admis ; on n'est plus embarrassé que par la difficulté de distinguer parmi les lois nouvelles celles qui sont ou ne sont pas à proprement parler d'ordre public et souverainement exécutoires.

51. Dans le système actuellement en faveur pour la rédaction des lois, système qui n'en est pas un puisqu'il est l'absence de tout système et de toute méthode, ce peut être là quelquefois une difficulté insurmontable, ce n'en sera plus une avec celui que nous avons proposé. — Elles se dénonceront elles-mêmes par cette formule caractéristique de leur rédaction : *Nul ou N... ne peut... Nul ou N... ne doit...* (V. 2ᵐᵉ partie, n° 84.) Et, par ces expressions rappelées aux §§ 2 et 3 de l'art. 2. a. 1, elles trouveront toujours une sanction dans les dispositions de cet article, et dans celles de l'art. 1. a., elles trouveront la force exécutoire *à partir de leur publication :* ordre y est, en effet, donné aux juges de les appliquer même aux situations et aux actes antérieurs, sous cette unique restriction, admise aussi

par la jurisprudence, que les actes faits par les personnes capables à l'époque où ils ont été consentis ou passés, c'est-à-dire qui n'étaient pas alors défendus, resteront valables et maintenus, malgré l'incapacité ou défense dont la loi a depuis frappé leurs auteurs, lorsque surtout la loi aura elle-même réglementé la forme et les conditions de ces actes : — il ne faut en effet jamais qu'on ait à se repentir d'avoir suivi ses indications. — Cette disposition exceptionnelle et toute de faveur pour la liberté contractuelle nous a conduit à repousser, comme illogique, cette solution de la jurisprudence qui décide que « les con-« trats faits dans un état auquel la loi attachait l'impuissance « légale de contracter doivent être annulés après qu'une loi « nouvelle, abrogeant la loi sous l'empire de laquelle ces con-« trats ont été passés, a déclaré injuste et odieuse l'incapacité « que la loi ancienne avait attachée à cet état (1), » à moins d'être entachés de dol ou de fraude, l'invalidité originaire de ces actes doit disparaître avec la loi qui les *invalidait*, comme disparaît la criminalité originaire des faits qualifiés *crimes*, quand une loi nouvelle vient à prononcer l'abrogation de la loi qui les *criminalisait*. — Si l'humanité réclame l'impunité des uns, la liberté contractuelle affranchie réclame l'exécution des autres. — Pourquoi *annuler* ces conventions dont le législateur a reconnu l'innocuité ? On a déclaré injuste et mauvaise la loi qui les prohibait et on continuerait à les frapper au nom de cette loi abrogée ? — Sur le terrain des crimes comme sur celui

---

(1) « Les actes faits par des incapables ne sont point validés par la promulgation d'une loi nouvelle, d'après laquelle ces actes eussent été valables, s'ils avaient été passés sous cette loi. V. MM. Aubry et Rau sur Zachariæ, tome 1. 3e édition, page 56, et les notes 21 et 20 où sont cités les arrêts et les auteurs qui sont favorables à cette doctrine. — « Si le contrat, dit M. Demolombe, « tome I, no 54, était valable, d'après les lois en vigueur à l'époque où il y a « eu lieu, les parties ont droit acquis d'en réclamer l'exécution; si au contraire il « était affecté d'une cause de nullité, de rescision ou de résolution, il a eu « aussi dès ce moment droit acquis pour les parties de la proposer, la loi nou-« velle ne peut rien changer à ces situations ; elle ne peut pas plus annuler le « contrat valable que valider le contrat nul. » — Voilà dans ses conclusions le système que nous repoussons ; il n'est pas aussi entier qu'on pourrait le croire, ses partisans ont quelquefois fléchi et fait des concessions. V. MM. Aubry et Rau. *Loc. cit.*, p. 69 et note 61.

des stipulations, on ne saurait « sans une étrange inconsé-
« quence maintenir des peines qu'au même instant on a pro-
« clamées surabondantes ou excessives » (1). Or, l'annulation
est une peine,.. la peine de mort des contrats.

Notre système est plus conséquent : — après l'abrogation de
la loi qui les prohibait, les contrats du passé dont les effets ne
violent pas la loi nouvelle recevront force exécutoire en vertu
de notre art. 2, a. 1, sauf toutefois le cas où la loi nouvelle en
aurait autrement décidé.

IV. — Lois concernant les contrats de mariage.
— Même solution que ci-dessus. (Art. 1, et art. 2, a. 1.)

52. Une loi nouvelle modifie le titre du mariage du Code
Napoléon, quelle en sera l'influence sur les mariages précédemment célébrés ?

Il faut distinguer entre *les effets immédiats et directs de la
célébration* du mariage et *les effets à venir du contrat* que
cette célébration a constatés.

Les effets immédiats de la célébration ont été de donner aux
contractants l'*état et la qualité d'époux légitimes*, c'est là un
fait accompli sur lequel la loi nouvelle ne peut absolument rien.

Il en est de même pour les bénéfices résultant de cet état et
de cette qualité et dont les époux *ont profité* jusqu'au jour de
cette loi nouvelle. — Quant aux *effets à venir* qui constituent
l'exécution continuée du contrat, c'est autre chose : — la loi
nouvelle pourra très bien les régler différemment sans violer
aucun droit acquis (2) ; nous l'avons, je crois, suffisamment
démontré. (V. n° 49. 50. 51.)

La loi qui régit l'exécution des contrats est celle du jour où
l'Autorité est appelée pour réaliser sa force exécutoire, et ce
jour là, l'Autorité, esclave de la loi, n'agira et ne pourra légalement agir qu'en vertu de la loi en vigueur : la loi nouvelle.

---

(1) Voir *infra*, sous le n° 75 à la note, le passage entier de la théorie du Code
pénal de M. Chauveau, d'où est extraite cette phrase entre guillemets, et *supra*
note du n° 37.

(2) Cass. 19 nov. 1832. — (D.P. 1833. 1. 15.) — Cass. 7 déc. 1836. (Dev.
1837. 1. 416.) Demolombe. t. I. n° 43.

C'est ce que prescrivent les §§ 2 à 5 de notre article 2. a. 1 ; il est néanmoins ordonné aux juges, par le § 1 du même article, de statuer « d'après les lois de l'époque où le contrat a été passé, « mais seulement pour ce qui concerne la preuve, la forme, « l'intention des parties et les prescriptions de droit qui peu-« vent en être la conséquence.

L'intention des parties. — Ce sont les clauses du contrat qui surtout la feront connaître, mais pour en apprécier toute la portée il faudra les peser dans le milieu législatif où elles se seront produites : — la loi, sous l'empire de laquelle elles ont été stipulées, devra donc être consultée : il y a plus, les juges devront l'appliquer si ses dispositions formant clauses du contrat avaient été implicitement acceptées par les parties. Ces dispositions devraient être alors considérées comme textuellement insérées dans l'acte, et exécutoires, quoique abrogées comme loi, si leurs effets n'étaient pas trop, toutefois, en opposition avec les lois existantes. (V. n° 45.)

V. — Lois concernant la filiation et la reconnaissance des enfants naturels. — Même solution : — application immédiate de ces lois, avec les restrictions précédemment indiquées sous le n° III, — art. 1, art. 2, a. 1.

53. Ce que nous venons de dire des actes de célébration des contrats de mariage s'applique également aux actes de reconnaissance des enfants naturels et aux jugements déclaratifs de paternité ou de maternité ; — il en résulte un fait accompli que rien ne saurait effacer, à savoir : *l'état et la qualité d'enfant et de père* que ces actes ont constatés, et les *avantages* dont cet état et cette qualité ont été pour eux le principe.

Qant aux *obligations* réciproques que la loi impose pour l'avenir aux enfants et aux pères, comme elles ont plus ou moins pour effets de restreindre la liberté de disposer de nos biens et de nos droits, les lois qui les précisent sont *des lois prohibitives restrictives*, elles s'appliqueront en conséquence à partir de leur promulgation, nous l'avons démontré sous le paragraphe III relatif aux lois concernant la capacité juridique des personnes.

Les §§ 1, 2 et 3 de l'art. 2. a. 1. et l'art. 1. a. consacrent cette solution : — les expressions générales *d'actes privés ou publics*, dans le premier de ces deux articles comprennent *les actes et jugements de reconnaissance* qui établissent les rapports de paternité et de filiation.

M. Demolombe, dans son traité sur les effets et l'application des lois se pose, n° 43, au sujet de l'art. 2, la question de savoir : si une loi nouvelle qui changerait les effets de la puissance paternelle s'appliquerait aux rapports de paternité et de filiation qui existaient légalement avant sa promulgation. - Le savant professeur se prononce, comme nous, pour l'affirmative en ajoutant que « cette solution est très conforme au bien général de la « société que toutes les lois sur la bonne discipline des familles « intéressent au plus haut degré. » Nous sommes heureux de pouvoir placer notre opinion sous un pareil patronage (1).

VI. — Lois concernant la puissance maritale et la puissance paternelle. — Lois impératives : application immédiate et sans restriction. — Art. 1.

54. Une loi nouvelle modifie l'étendue, les conditions ou l'exercice de la puissance paternelle et maritale, régira-t-elle les lois et les rapports de famille antérieurement formés ?

Pour répondre à cette question, il faut préalablement connaitre le caractère des lois dont il s'agit, lequel, impératif ou prohibitif, se détermine d'après la qualité de ceux qu'elle régit. Mais pourrait-il y avoir des doutes sur le caractère de ceux qui sont investis de la puissance paternelle ? — Ne nous hâtons pas trop de préjuger les résultats de l'analyse.

L'homme s'unit à la femme et devient le père de ses enfants. La mère et les enfants sont faibles, le père est fort et les défend ; qui a la protection a le pouvoir. — Le pouvoir de l'homme

(1) Comp. Cass. 26 juillet 1810. (Sirey, 1810. 1. 348).—Cass. 5 août 1812. (Guy.)—(S. 1813. 1. 58).—Cass. 11 mai 1819. (de Chavannes) (S. 1819. 1. 446.) Merlin. Rép. V° *Effets rétroactifs*. Sect III. § 2. n° 9.- Zachariæ, Aubry et Rau. t. 1 p. 61 ; — Malher de Chassal, t. I p. 245. Voir au numéro suivant où se trouve traitée une question identique.

sur sa femme et sur ses enfants a laissé d'énergiques empreintes dans l'histoire (1).

En superposant l'état de nature, l'état social y ajoute toujours quelque chose par les rapports nouveaux qu'il établit : — Le pouvoir primitif et naturel du père de famille, réglé et civilisé par les lois, change de caractère et devient la *puissance paternelle et maritale*.

Dans ses conditions *civiles,* avec *ses droits naturels,* confirmés et ses *devoirs nouveaux* imposés, cette puissance est alors une création de la loi, le législateur peut, à son gré, en modifier l'exercice et l'étendue. — Le père qui en est investi disparaît presque, la loi lui substitue une fonction. — Ce n'est plus en effet l'homme de la nature, mais l'homme de la loi qui, de par la loi, administrera les biens de sa femme et de ses enfants, exercera leurs droits, les obligera et aura empire sur leur personne (2). — Le législateur pourra fort bien alors diriger, par *des prescriptions impératives,* son activité commissionnée, son pouvoir ainsi concédé, comme il dirige par des impérations, l'activité subordonnée et commissionnée de tous ses autres agents.

Agent et mandataire de la loi, le père, dans les limites de sa puissance paternelle et maritale, n'aura plus d'autres lois que les lois en vigueur ; leurs prescriptions qui transformeront en *devoirs* son *droit naturel,* le saisiront dès leur promulgation et deviendront pour lui souverainement obligatoires.

Le caractère nécessairement *impératif* de ces lois fait ainsi connaître la règle rationnelle de leur application.

La jurisprudence et la doctrine par d'autres motifs, il est vrai (3), sont arrivées aux mêmes conclusions.

(1) Voir les modifications successives qu'a subies, en France, la puissance paternelle, dans l'ouvrage de M. Paul Bernard, avocat général à Dijon, intitulé de l'*Histoire de l'autorité paternelle.* Cet ouvrage a été couronné par l'Institut.

(2) De même que la tutelle, qui est une sorte de fonction publique, la puissance paternelle que Portalis, dans l'exposé des motifs du Code Napoléon, appelle la *magistrature des Pères,* est aussi, dans son pouvoir d'administration, une sorte de *fonction civique.* Les pères agissent alors en effet comme tuteurs, moins le contrôle d'un subrogé-tuteur.

(3) Les lois qui règlent la puissance paternelle ont effet dès l'instant de leur

Il va sans dire que si, au lieu de modifier la puissance que le père tient du droit civil, une loi nouvelle ne faisait que toucher à *son pouvoir naturel d'action* dans le cercle privé de la liberté individuelle, ses dispositions exclusivement alors prohibitives subiraient la règle plus restreinte d'application des lois prohibitives des articles 1 et 2. a. 1. combinés. — Il en serait de même des lois nouvelles qui viendraient modifier les lois concernant les conventions matrimoniales, ce serait la loi du jour où se sont formées ces conventions qui continuerait à les régir dans les conditions précédemment indiquées (V. n° 61), et, suivant les cas, la loi du jour de leur exécution. Art. 2. a. 1. § 4 et 5.

VII. — Lois concernant la minorité, la majorité et l'usufruit légal des pères sur les biens de leurs enfants mineurs. — Application immédiate et sans restrictions. — (Art. 1 et art. 2.)

55. Une loi nouvelle qui viendrait à reculer l'âge de la minorité ne pourrait, dans notre système, se manifester que par une interdiction à ceux qui n'auraient pas atteint le nouvel âge de la majorité de faire les actes que les majeurs seuls peuvent faire. Elle serait ainsi conçue :

« Nul ne doit, avant vingt-cinq ans révolus, faire légale-
« ment des actes emportant obligations, dispositions ou dé-
« charge, sans l'autorisation ou l'assistance de son père, à
« défaut, de sa mère ou de son tuteur, à moins qu'il ne
« soit légalement émancipé, ou marié. »

promulgation, soit en ce qui touche l'état personnel de l'enfant, soit en ce qui touche les droits réels du père sur les biens de ses enfants. — 26 juillet 1810. Rej. (S. 10. 1. 348) — Id. 3 août 1812. Rej. (S. 13. 1. 58.) Id 13 mars 1816. Rej. (S. 16. 1. 425.) (D. A. 5, 616.) en ce sens Merlin. Rep. V° *effet rétroactif.* — « Les lois qui confèrent à certaines personnes puissance et autorité sur d'au-
« tres personnes, ou qui, en considération de pareils pouvoirs, leur accordent
« des droits d'administration sur les biens de ces derniers, sont exécutoires à
« partir de leur promulgation et saisissent ces personnes dès ce moment... Et les
« lois qui accordent, enlèvent ou modifient des pouvoirs ou des droits de cette
« espèce, sont applicables aux personnes dont les rapports au point de vue dont
« s'agit se trouvaient différemment réglés par une loi antérieure. » MM. Aubry
et Rau sur Zachariæ I. p. 56.57. 3e édition. Demolombe, T. 1. 44.

Ce serait là une loi prohibitive, restrictive de la liberté naturelle d'obliger et de s'obliger qui s'appliquerait dès lors, à partir de sa promulgation, aux personnes devenues majeures antérieurement, mais qui n'auraient pas encore atteint l'âge de 25 ans : sous la réserve, toutefois, de la validité des actes qu'elles auraient valablement passés pendant leur éphémère majorité, c'est-à-dire des faits accomplis.

Une loi qui, par contre, avancerait l'époque de la majorité, profiterait d'autre part aux mineurs, en leur restituant les lignes de leur liberté naturelle (V. n° 60). Nous avons dit et démontré déjà que ces sortes de lois étaient applicables sans restriction à partir de leur promulgation ; — d'accord sur ce point avec tous les auteurs (1), nous ne nous séparons d'eux qu'en ce qui concerne l'effet des lois nouvelles sur les actes de ceux qui mineurs, en vertu de la loi ancienne abrogée, au moment où ils ont consenti ces actes, avaient alors atteint l'âge de la nouvelle majorité; nous avons suffisamment démontré, (je crois), que l'invalidité de ces actes disparaissait avec la loi qui les invalidait. (V. n° 50 *in fine*.)

56. Quant aux lois sur l'usufruit légal, la solution sera la même.

Les formules suivant lesquelles ces lois devraient être rédigées, font connaître la règle de leur application en manifestant leur caractère ; on ne pourrait, dans notre système, les concevoir formulées autrement que de la manière suivante :

En ce qui concerne les enfants: — « Les enfants majeurs ou « émancipés ne peuvent demander compte et restitution à « leur père des fruits qu'il a recueillis de leurs biens, qu'à « partir du jour où ils ont atteint l'âge de 18 ans révolus. »

C'est là une disposition *prohibitive*, si une loi nouvelle portait de 18 à 20 ou à 16 l'époque où finit l'usufruit légal, elle s'appliquerait dès sa promulgation et réduirait ou prolongerait

(1) « Qu'une loi, disent MM. Aubry et Rau, sur Zachariæ, T. I. p. 50, vienne « à reculer la majorité à 25 ans, les individus qui n'auraient point encore at- « teint cet âge retomberaient en minorité, bien qu'ils fussent déjà mineurs d'a- » près la loi actuelle. » *Sic* Duvergier. *De l'effet rétroactif des lois.* Dissertation insérée dans la *Revue du droit français et étranger.* **1845.** II. p. 1re et suiv., p. 91 et suiv. — Demolombe, I. 45. Turin, 17 mai 1806. (S. 7. 2. 1047.)

d'autant les usufruits légaux ouverts avant cette époque (**1**);
nous avons déjà dit pourquoi, sous le § III, concernant la
capacité juridique.

En ce qui concerne le père administrateur légal, et à ce
titre, agent et organe de la loi, la disposition de la loi deviendra
impérative (V. n° 62) de la façon suivante :

« Les pères et mères, administrateurs légaux des biens de
« leurs enfants mineurs, devront, lorsque leurs enfants au-
« ront atteint l'époque de leur majorité, ou qu'ils auront été
« émancipés, ou placés sous la tutelle d'un tiers, rendre
« compte et restituer, à ceux de leurs enfants qui le deman-
« dent ou à leur tuteur, les fruits qu'ils auront recueillis de
« leurs biens à partir du jour où lesdits enfants auront at-
« teint l'âge de 18 ans révolus. »

Disposition *impérative;* — les lois de cet ordre saisissent, nous
le savons, ceux qu'elles concernent, à partir de leur promulgation. — Comme administrateurs légaux des biens de leurs enfants,
les pères sont des *quasi fonctionnaires* soumis, en cette qualité,
à toute loi qui vient les commander. Qu'une loi nouvelle avance
ou recule l'époque à laquelle ils *devront* rendre compte des
fruits des biens de leurs enfants mineurs, ils devront l'exécuter,
qu'elle qu'ait été la loi sous l'empire de laquelle leur droit de
jouissance ait commencé et se soit exercé. (Art 1 et 2.) Mais les
fruits légalement recueillis leur resteraient bien et dûment
acquis.

Par deux voies différentes nous arrivons ainsi à la solution que,
pour d'autres motifs, la doctrine a consacrée.

VIII. — Lois concernant la distinction des biens.
— Non applicable aux actes passés antérieurement à leur promulgation. (Art 2. a. 1. § *1er.*)

57. Une autre loi nouvelle fait passer dans la classe des biens
meubles des objets qui, sous la loi antérieure, étaient rangés
dans la classe des immeubles ; — par un contrat, une donation,

---

(1) Aubry et Rau, surZachariæ, *Loc. cit.* p. 61. *Sic* 1. 45. Duvergier sur Toullier
1. p. 55. Req. *reg.* 11 mai 1819. (S. 19. 1. 44.) Proudhon, *de l'usufruit*, n° 2018.

un testament fait sous l'empire de cette dernière loi, on a disposé de ses meubles, quelle sera, sur l'exécution de cette disposition, l'influence de la loi nouvelle ?

De quoi s'agit-il en fin de compte ? — De statuer sur les effets et l'exécution des actes susnommés, d'en interpréter le sens et la portée d'après *l'intention des parties :* — Notre art. 2. a. **1**, prévoit le cas et fournit la solution dans son § **1**. « *Les juges devront se régler d'après les lois de l'époque où ces actes ont été faits.* » C'est dans le milieu législatif où s'est produit et formulé l'intention des parties qu'il faut se placer pour en apprécier le vouloir, le but et la portée. (V. n° 54.) La jurisprudence et la doctrine sont unanimes sur ce point.

« Pour connaître l'intention des parties, dit à ce sujet M. De-
« molombe, dans son traité *sur l'application des Lois,* T. I.
« n° 46, il faut connaître la signification des termes par elles
« employés; et pour connaître cette signification, c'est le dic-
« tionnaire, c'est la loi de l'époque où l'acte a eu lieu qu'il faut
« consulter, et non pas un dictionnaire fait vingt ou trente ans
« après, qui a complétement changé l'acception des mots et
« que les parties ne pouvaient pas deviner. »

Le savant professeur repousse, en conséquence, la distinction entre les actes révocables et les actes irrévocables et les rentes acquises avant la promulgation du Code, qu'ont professé MM. Merlin et Duranton (1), et soutient avec raison « que le
« principe en cette matière est que la volonté du disposant, ex-
« primée dans les formes légales, doit produire son effet, sui-
« vant l'acception qu'avaient les mots à l'époque où il les a
« employés. (Comp. Riom. 6 mai 1840.) (Debesssière.) (Dev.
« 1840. 2. 259.) — Cass. 27 janvier 1840. (Dayer Cavalier),
« (Dev. 1840.1.257 et 260.) — C'est incontestable. »

IX.—Lois concernant les successions ab intestat.
Lois impératives. — Application continuée, en certains cas , des lois anciennes abrogées. — (Art. 2. a.) — Dans tous les autres cas, application immédiate et absolue des lois nouvelles. Art. 2.

---

(1) Merlin, (*Répert* T. XVI. p. 254 *et quest. de droit v° communauté.* § 1, n° 4.) — Duranton. T. 14. p. 151. — Rouen, 19 janvier 1843, (S.V. 1843. 2. 114.

58. Lorsqu'un individu meurt sans avoir disposé de ses biens par donation ou testament, la loi en règle, en son lieu et place, le partage et la dévolution ; et si ceux auxquels la succession est par elle attribuée ne la répudient pas, deux situations sont seules possibles :

Ou les biens du *de Cujus* sont entre eux amiablement partagés, ou non :

Dans le 1er cas, la loi n'a rien à voir à l'arrangement non contesté des parties ;

Dans le 2e cas, l'Autorité judiciaire sera saisie d'une action en partage.

C'est en conséquence aux magistrats ou aux notaires chargés alors d'effectuer ce partage que le législateur aura à s'adresser pour leur faire connaître comment ils devront *procéder* et, suivant quelles proportions, déterminer le lot de chacun des héritiers.

Les lois destinées à régler les parts ou droits de ces héritiers seront, par suite, des lois *impératives*, des lois *de procédure*, dont la force obligatoire saisira, dès l'instant de la promulgation, lesdits notaires et les magistrats. — Nous avons toutefois, en consacrant ce principe déjà démontré (V. n° 32), admis cette exception de faveur qu'expliquent et justifient de très légitimes espérances. C'est que, si la loi nouvelle n'en a pas autrement décidé, les juges procéderont suivant les lois sous l'empire de laquelle la succession se sera ouverte : — Il ne faut pas, en effet, que les copartageants aient à souffrir des retards presque toujours forcés qu'entraîne le partage : — le partage étant déclaratif, et uniquement déclaratif des droits des héritiers, est censé rétroagir et s'être réalisé le jour même où le fait du décès les a investis de ces droits. C'est en conséquence la loi en vigueur à ce moment qui doit régir toutes les conséquences légales de cette investiture.

La doctrine et la jurisprudence ont à l'unanimité consacré cette solution (1).

_____

(1) *Sic.* MM. Aubry et Rau sur Zachariae. 3e édition. T. I. p. 61. Lett. *a*.— Demolombe, T. I. n° 47. — Paris, 15 mai 1811. (S. 11. 2.266, coll. nouv. 3.) L'ouverture de la succession a converti en droits acquis les expectatives des héritiers.

X. — Lois concernant la quotité disponible. — Application immédiate. (Art. 2. a. 1. § 5.)

59. Entre autres restrictions que la législation positive a imposée à notre liberté naturelle de disposer à titre gratuit des biens que nous pouvons laisser à notre décès, une des plus considérables est, sans contredit, celle qui faisant de notre patrimoine deux parts, laisse l'une à notre libre disposition et nous dépossède de l'autre.

La première s'appelle *la quotité disponible* ;

La seconde : *la quotité indisponible* ou *réserve*.

On ne peut transmettre à titre gratuit la quotité disponible que par *donation* ou *par testament*.

Quant à la réserve, la loi, comme dans les successions ab intestat, se substitue à l'homme et en règle si bien, en son lieu et place, la dévolution et le partage, qu'on pourrait, jusqu'à un certain point distinguer et dire qu'il y a, pour la transmission des patrimoines après décès, deux sortes de testaments :

Le testament de la personne ;

Le testament de la loi.

La donation est *un contrat* (1) « par lequel le donateur « se dépouille *actuellement* et *irrévocablement* de la chose don- « née en faveur du donataire qui l'accepte.» (Art. 894 du C. Nap.)

« *Le testament de la personne* est un acte de dernière vo- « lonté par lequel le testateur dispose pour le temps où il ne « sera plus de tout ou partie des biens (composant la quotité « disponible) et qu'il peut révoquer » jusqu'à son décès. (Art. 895.)

Le testament de la loi est un acte de souveraineté par lequel le législateur dispose, après le décès d'une personne, de tout ou partie des biens qu'elle laisse, pour en opérer le partage entre certaines personnes déterminées.

Les prescriptions par lesquelles se règlent cette dévolution et

---

(1) Le projet de l'art. 894 portait : *Contrat* ; ce fut sur la proposition du pre- mier Consul que le mot *Acte* fut substitué au mot *Contrat*. Mais tous les commentateurs ont attaché et maintenu au mot *Acte* l'idée du mot *Contrat*.

ce partage forment dans le Code Napoléon le titre des lois de succession.

Le décès rend ces deux testaments irrévocables et réalise ceux de leurs effets dont une condition suspensive n'ajourne pas l'exécution. La transmission des biens s'opère alors *ipso facto*. Les héritiers de la réserve deviennent à l'instant propriétaires de la part qui leur est faite par la loi ; *la mort les saisit* (1). Les légataires sont, de leur côté, immédiatement investis par la *volonté du testateur* de la propriété des biens qu'il leur a laissés *sur la quotité disponible* (2).

Cette saisie et cette investiture constituent pour chacun d'eux un *droit acquis, un fait accompli*, que les lois de l'avenir seront impuissantes à modifier ou à détruire. (V. n° 40.)

Les testaments ainsi que les donations participent de la nature des contrats translatifs de la propriété ; ce sont des actes à *effets indirects*, ils lient, comme les contrats, ceux qui en acceptent les libéralités et les charges, ce sont comme eux des *lois privées... et sacrées*, dont les effets tombent cependant sous l'empire des *lois publiques*. Leur exécution doit, en conséquence, être régie par les mêmes règles.

Il y aura donc lieu à distinguer, ainsi que nous l'avons fait pour les contrats, entre :

a) Les dispositions à exécution concomitante à leur irrévocabilité qui réaliseront leurs effets par le fait du décès, comme certains contrats réalisent les leurs par le fait et la force du consentement.

b) Et les dispositions dont l'exécution subordonnée à une condition suspensive se trouve reportée dans l'avenir.

Nous nous bornons à rappeler ici cette distinction, parce qu'elle est plus importante qu'on ne pense pour la solution des difficultés qui peuvent se produire dans le conflit des lois anciennes et des lois nouvelles, relativement à l'exécution de cer-

---

(1) (2) Art. 724, 777, 883, 1004, 1005, 1006, 1011 et 1014 du Code Napoléon. La *jouissance* des biens légués est toutefois subordonnée à la demande en délivrance que le légataire doit en faire à l'héritier, art. 1005. — Les légataires ne sont saisis de la *jouissance* des biens à dater du décès, que si la demande en délivrance a été faite dans l'année du décès, sinon à dater de la demande.

taines dispositions testamentaires. On en verra mieux les avantages dans les hypothèses suivantes que nous allons parcourir pour montrer l'application de notre art. 2. a.

60. Première espèce : — Un père a trois enfants ; la quotité disponible est du 1/3 de ses biens (art. 913) ; il en donne néanmoins la 1/2, avant sa mort, mais, postérieurement à la donation, cette quotité se trouve portée du 1/3 à la moitié, soit par suite du *prédécès d'un des deux enfants*, soit par *une loi nouvelle* qui , abrogeant l'art. 913, vient permettre à l'individu ayant deux enfants de donner la moitié de son patrimoine.

Quel sera sur la donation dont il s'agit, l'effet de *ce prédécès* ou de cette loi nouvelle ?

Le jour où elle a été acceptée, la donation violait la loi ; au regard de cette loi elle était nulle, mais cette loi est abrogée , on ne saurait, en vertu d'une loi annulée, annuler un acte qui ne tient pas d'elle son existence juridique. On en maintiendra donc les effets ? — Et pourquoi pas :

Ce n'est pas de la législation positive que les donations et les contrats tirent le principe de leur force obligatoire, ce n'est pas de ses dispositions que procède la puissance du lien de droit qui transfère de l'un à l'autre la propriété de la chose donnée, mais de la volonté seule de celui qui la donne d'accord avec celle de celui qui reçoit, en un mot du *consentement des parties,* comme le reconnaissent les articles 938 et 1138 du Code Napoléon.

La loi n'intervient que pour dire dans quelles mesures et sous quelles conditions on pourra, pour leur exécution, compter sur le concours des agents qu'elle dirige, et, quand deux lois sont tour à tour venues leur donner à cet égard des ordres contradictoires, il est naturel que ce soit la dernière qui soit seule écoutée, lorsque surtout elle abroge l'autre.

La donation excessive en principe a cessé de l'être ; les juges, devant qui sa validité et son exécution seront contestées, devront déclarer que ses dispositions ne violent en aucune façon la seule loi qui soit pour eux obligatoire, et ordonner leur exécution par application du § 4 de notre art. 2. a. 1.

Qu'auraient à reprocher à cette solution les héritiers réserva-

taires ? Le législateur a diminué la réserve avant que le décès du
donateur eût irrévocablement fixé à leur profit les avantages de
l'ancienne quotité ; il en avait le droit. « Ils ne tiennent leur
« vocation et leur titre que de la loi sous l'empire de laquelle
« s'ouvre la succession, ils n'ont en conséquence d'autres droits
« que ceux qu'elle leur confère à ce moment » (1). Or, à ce moment leur part était réduite à la moitié du patrimoine, ce n'est
donc que de cette moitié qu'ils sont devenus propriétaires irrévocables. Ils ne sauraient, dès lors, prétendre à plus, en présence
de la volonté du donateur qui, elle aussi, est devenue irrévocable
pour tout ce dont la loi ne les a pas investis. — Ses donataires
pourront donc, à bon droit, se prévaloir de la loi nouvelle pour
faire maintenir la donation (2).

61. 2ᵉ espèce : — Notre solution serait la même pour le cas où
la loi nouvelle, au lieu d'augmenter, aurait diminué de moitié la
quotité disponible ; — seulement nos motifs seraient différents :
— Au moment où la donation a eu lieu, elle est devenue irrévocable (art. 894 Code Nap.), elle a pour jamais fixé sur la tête du
donataire la propriété des objets donnés ; il y a là un *fait accompli* que la loi, qui n'agit pas en arrière, sera impuissante
à modifier ou à détruire ; — il y a plus : il y a les droits naturels
de la liberté de disposer qui réclame le maintien des libéralités
qu'il ne lui était pas interdit de faire, et dont la loi civile a elle-
même déclaré les effets *réalisés* par le seul consentement des
parties. (Art. 938.) — Les juges consulteront alors la loi ancienne (n° 40 *in fine*) non pour l'appliquer, mais pour s'assurer
si ces effets se sont réalisés, s'il y a *droit transmis et acquis*,
et pour le sauvegarder (3).

Nous avons, dans notre première hypothèse, assimilé le *prédécès d'un enfant* à la survenance d'une loi nouvelle *augmentative*
de la quotité disponible ; — si, par une analogie inverse, nous
n'avons pas assimilé *la survenance d'un enfant* à l'apparition

(1) Demolombe, T. I., n° 51.
(2) *Sic* MM. Aubry et Rau sur Zachariæ. T. I. p. 68. — Demolombe T. I, 51
— Cass. 2 juin 1835. S.V. 1837. 1. 196.) — *Contra* Marcadé, T. I. p. 40.
(3) — La quotité disponible se fixe d'après la loi de l'époque de la libéralité

d'une loi *réductive* de cette même quotité, c'est parce que d'abord, dans le système du Code, les donations sont toujours censé faites sous la *condition résolutoire d'une réduction* en certains cas de survenance d'enfant; et qu'en second lieu le Code Napoléon règle d'une manière spéciale cette situation, par des dispositions (art. 920-930) dont ce n'est pas ici le cas de vérifier les principes, étrangers qu'ils sont à la règle de la *non-rétroactivité des lois*.

62. 3ᵉ espèce : — Après les donations, les testaments : — Le père de trois enfants fait un testament par lequel il excède la quotité disponible : il pouvait disposer de 25,000 francs seulement, il a fait des legs pour 50,000 fr.

Si l'art. 913 du Code, en violation duquel le testateur a fait ses libéralités, est encore en vigueur au moment où les légataires en appelleront à la justice pour l'exécution de ses volontés, il n'est pas douteux que les juges n'en réduisent les dispositions au niveau de la quotité disponible excédée. — Ils appliqueront à cet effet le § 2 ou 3 de notre article 2. a. 1.

Mais la situation n'est plus entière : — après le décès du testateur et avant l'ouverture de sa succession, il a été promulgué une loi nouvelle qui abroge ledit article 913, et porte le chiffre de la quotité disponible au-dessus des libéralités du testament. — Ses dispositions n'ont plus rien d'excessif au regard de cette loi nouvelle. — Que décideront les juges saisis ? — Cette loi est pour eux la seule obligatoire; — ils ne maintiendront pas cependant les libéralités au chiffre dont s'accommoderaient ses dispositions; — ils les réduiront comme si l'art. 913 était encore en vigueur, et voici pour quels motifs :

Deux testaments sont ici en présence, tous les deux également irrévocables, savoir :

Le testament de la loi, — Qu'on me passe cette qualification, et *le testament de la personne.*

quand il s'agit d'une disposition irrévocable, telle est la règle trop absolue consacrée par la jurisprudence. — Req. rej. 24 août 1835. (S. 26. 1. 203). civ. rej. 11 nov. 1828. (S. 29. 1. 63.) — civ. rej. 31 janvier 1831. (S. 32. 1. 219). MM. Aubry et Rau. *Loc. cit.* p. 68. — Demolombe, 1. 49 et 51.

Le décès en a *ipso facto* réalisé les effets ; — il y a seulement entre eux cette différence importante, c'est que les effets du premier priment, par la *saisine légale*, (art. 724) l'exécution de l'autre (1). Dans le système du Code, les héritiers réservataires *sont privilégiés*, ils passent avant les légataires (art. 1006) la part des premiers *se prélève*, elle est *irréductible*, celle des seconds ne l'est pas.

Les héritiers réservataires saisis de toute la succession sont devenus incommutables propriétaires des 75,000 francs montant de la réserve ; — il y a là un fait accompli indestructible.

Les légataires sont à leur tour devenus propriétaires *non-saisis* des 25,000 francs restant à la quotité disponible ; il y a là encore un fait accompli..... mais le testateur leur a légué 50,000 francs....

Sur quoi se fonderont-ils pour réclamer les 25,000 francs qui doivent parfaire cette somme. — Sur la loi sacrée du testament à l'exécution de laquelle ne s'oppose pas la loi nouvelle ? Les héritiers répliqueront que cette loi n'a ici que faire ; — il ne s'agit pas, diront-ils, de réaliser les effets du testament, ils se sont réalisés d'eux-même à l'ouverture de la succession, mais uniquement de délivrer aux légataires les objets dont ils sont à ce moment devenus les propriétaires. Or, qu'a pu à ce moment leur transmettre la loi du testament ? — Ce qui restait, prélève-

---

(1) Cela résulte moins des termes de la loi que de la situation qu'elle règle : Les légataires sont, en effet, dès le décès du testateur, saisis de la *propriété* des biens à eux légués, mais ils ne sont investis de la *jouissance* des droits qui leur sont alors acquis (art. 1006, 1014 C. Nap.) que par la *délivrance* que leur en font les héritiers réservataires, auxquels ils sont tenus de la demander, (art. 1005, 1011 et 1014 C. Nap.) — Cette obligation rapprochée de la différence qui existe entre leur *saisine ainsi restreinte et subordonnée* et la saisine *si entière et si absolue* qui saisit même, à leur insu, les héritiers réservataires de la *propriété et de la jouissance* de tous les biens du défunt, n'indique-t-elle pas, dans les vues du législateur, une sorte de préférence et de prééminence de ces derniers ? la succession ne semble-t-elle pas les investir avec plus d'empire que le bénéfice des legs ne saisit les légataires. L'antériorité légale de leur vocation, les droits de la famille et les liens du sang peuvent ainsi autoriser cette idée que la saisine des héritiers *prime*, tout au moins par son principe, la saisine des légataires.

ment fait de la réserve, c'est-à-dire 25,000 fr.; quant aux autres 25,000 fr., le testateur ne les a jamais eu à sa disposition,
il n'a pu les leur transmettre : *nemo dat quod non habet*, le
plus libéral testateur du monde ne peut donner que ce qu'il a.

Les juges, comme dans l'hypothèse examinée sous le n° 40,
recourront certainement à la loi ancienne, à la loi abrogée, pour
s'éclairer sur la nature et l'étendue des *droits transmis et acquis*, et ils débouteront les légataires de leurs prétentions, non
en vertu de cette loi qui n'a pas ici son application, mais parce
qu'ils n'ont pas démontré ce qu'ils avaient à établir, à savoir :
qu'ils étaient devenus, au moment du décès, propriétaires des
50,000 fr. dont ils demandaient la délivrance... ils n'ont jamais
eu droit qu'à 25,000 fr. (1).

63. 4ᵉ espèce : — Dans l'espèce qui précède, la loi nouvelle
intervient après le décès du testateur, qu'en serait-il si elle
était promulguée avant cette époque, sans que le testateur ait
pu ou voulu modifier ses dispositions.

Dans ce cas, les héritiers réservataires ne seraient saisis à
l'ouverture de la succession que de la quotité que la loi en vigueur à ce moment attribue à la réserve. Cette loi l'a réduite à
50,000 fr., ils ne peuvent prétendre à plus... La loi du testament, dont la loi ancienne abrogée a cessé de restreindre les
droits naturels, reprendra contre eux tout son empire, les
juges devront, en conséquence, maintenir ses dispositions et
leur donner force exécutoire en appliquant le § 4 de notre article 2, a. 1. (2).

64. Dans toutes les hypothèses que nous venons de parcourir
nous avons toujours supposé des *donations* et *des legs* purs et

---

(1) (2) « Lorsqu'une loi nouvelle, disent MM. Aubry et Rau, Loc. cit. p. 68,
augmente la quotité disponible, la réduction des dispositions faites antérieurement ne peut être demandée que dans les limites de cette loi. (Demolombe, I. 51.)
ainsi encore, lorsqu'une loi nouvelle vient à réduire la quotité disponible, cette
loi s'applique aux libéralités faites antérieurement à l'ouverture de la succession,
alors du moins qu'il s'agit de titres révocables, ou legs. Chabot. *Quest. trans.*
vᵒ Réduction des dispositions à titre gratuit. § 1. n° 5. Duranton, I. 58.

simples dont les effets, affranchis de toutes conditions, se réalisaient par le décès du *de cujus*, et devenaient alors *faits accomplis*. (V. n° 40.)

Quant aux legs et donations faits sous des conditions qui en reporteraient l'exécution définitive dans l'avenir, leurs dispositions tombent sous l'empire des lois de l'avenir : ces lois pourront en conséquence les modifier, les restreindre et même en empêcher l'accomplissement. (V. n° 39, arg. art. 1040 C. Nap.)

Un legs, une donation, par exemple, faite à charge d'une substitution fidéicommissaire et partant prohibée par l'art. 896 du Code Napoléon, devrait, néanmoins, être maintenue et recevoir exécution dans ses effets futurs, si une loi nouvelle, abrogeant cet article 896, rendait plus tard obligatoire la condition de rendre imposée au grévé de substitution (1). — Les fait accomplis de jouissance antérieure demeurant respectés.

On devrait, par contre, sous l'empire de notre article 896, régler conformément à ses dispositions les effets futurs des substitutions prohibées créées avant le Code, que le testateur soit mort avant ou depuis (2), les faits accomplis de jouissance restant toujours maintenus.

La loi de 1792 qui déclarait expressément nulles les substitutions antérieures, et qui n'étaient pas encore ouvertes au moment de la promulgation, avait, en cette matière, consacré les vrais principes législatifs. Nous ne saurions en conséquence partager l'opinion de ceux qui considèrent cette loi comme ayant violé la règle de la non-rétroactivité des lois.

On devrait également déclarer caduque une libéralité testamentaire faite sous une condition suspensive qu'une loi postérieure viendrait à déclarer immorale et impossible ; — Il en serait

---

(1) Pau, 4 janvier 1826. (D. P 27. 2. 53.) Nimes, 11 août 1812. (S. 14. 2. 85.)

(2) Bruxelles 6 déc. 1809 (S. 10. 217.—D. A. 12. 169.) Nimes, 11 août 1812. (S. 14. 2. 85.—D. A. 12. 183.) *Sic.* Chabot. *Quest. transit.* v° *Substitution.* § 2. T. 2. p. 370. — *Contra.* Pau, 4 janvier 1826. — (S. 27. 2. 68. Coll nouv. 8, (D. P. 27. 2. 53) — Chabot. Loc. c itt. *Conditions concernant les mariages.* T. 1. p. 98. — Toullier. T. 3. n° 250. — Voir aussi arrêt de Bruxelles du 6 mai 1809. (S. 9. 2. 311. — D. A. 5. 196.) Comp. aussi art. 2. et 9 de la loi du 7 mai 1819 et les art. 2 et 3 de la loi du 12 mai 1835 sur les majorats.

de ce cas comme de celui d'un legs conditionnel dont le légataire décède avant l'événement de la condition (art. 1040. Code
Nap.) — La loi nouvelle, ainsi que le *prédécès du légataire*,
rendant la condition impossible, la libéralité doit tomber.

On appliquerait, dans notre système, au premier cas ci-dessus, le § 4 de notre article 2. a. 1. et la première disposition du
§ 5 aux deux autres.

XI. — Lois concernant les donations et les tes-taments. — Même solution.

65. Relativement aux lois *restrictives ou extensives* de la *ca-pacité juridique* des donateurs ou des donataires, nous n'a-
vons rien à ajouter à ce que nous avons déjà dit sous le n° III,
au sujet du droit du législateur et de l'effet de ses prohibitions.

En ce qui concerne la forme *des actes destinés* à faire preuve
des donations et des dispositions de dernière volonté, notre article 2. a. 1 , consacrant dans son § 1 les règles adoptées sur ce
point par la doctrine et la jurisprudence , admet toutes les solutions de la maxime (1), *Tempus regit actum.*

Quant à *l'intention des parties :* nous redirons ici, après bien
d'autres, que le sens et la pensée des donateurs et des testateurs
doit s'interpréter par la loi de l'époque où la donation et le testament ont été faits. — (Art. 2. a. 1. § 1.) *L'intention, le but* et
la détermination des disposants sont des faits accomplis, irrévocables, qu'aucune loi nouvelle ne peut empêcher d'être et d'a-
voir été (2).

XII. — Lois concernant les rapports. — Application immédiate et absolue en principe.

66. La question des rapports touche, par un côté, à l'exécution des donations et, par l'autre, à l'exécution des lois sur les
partages.

---

(1) V. MM. Aubry et Rau, sur Zachariæ. 3ᵉ édit. T. 1. p, 52. Chabot. *Quest.
transit.* vᵒ testament. § 1. Toullier. V. 382. Demolombe. 1. 49. n° 4. — Req.
rejet. 3 janvier 1810. (S. 10. 1. 184.)

(2) V. Demolombe, T. 1. n° 46.

Si le défunt a manifesté son intention relativement au rapport des biens par lui précédemment donnés, sa volonté fait loi et doit être suivie. (Art. 2. A. 1. § 4.)

S'il ne l'a pas manifestée, le juge, esclave de la loi, devra se guider d'après celles de ses dispositions qui seront en vigueur au moment où la donation sera devenue irrévocable ; (Art. 2. A. 1. § 5°.) A moins cependant que la loi nouvelle abrogeant, à cet égard, la faculté laissée au donateur de dispenser ou de soumettre au rapport, n'ait impérativement prescrit au juge, chargé de faire ou d'homologuer le partage, de ne tenir aucun compte de la condition de la donation, auquel cas le magistrat devra uniquement appliquer les dispositions de cette loi nouvelle (1). — (Art. 2, § final.)

XIII. — Lois concernant les contrats et les conventions.

67. Ces sortes de lois ayant plus ou moins pour but et pour effet de restreindre le domaine de la liberté naturelle qui constitue la capacité juridique d'obliger et de s'obliger, nous n'avons qu'à nous référer à ce que nous avons dit au sujet des lois concernant la capacité des personnes, n°s 49 et 50.

XIV. — Lois concernant les priviléges et les hypothèques. — Application immédiate et absolue des lois impératives en cette matière. (Art, 2.) Application immédiate avec une restriction des dispositions prohibitives. (Art. 2. a. 1.)

68. « Les biens du débiteur, porte l'art. 2093 du Code Napoléon, sont le gage commun de ses créanciers. » Le prix leur en appartient, — il devrait, en conséquence, se distribuer entre eux par égales parts, sans distinctions de la date ni de la cause de leur créance : *Qui s'oblige oblige le sien.*

En consacrant cette règle de notre ancien droit, les rédacteurs du Code ont également accepté les exceptions qui y avait ap-

(1) V. MM. Aubry et Rau, Loc. cit. — p. 66, et notes 53. 54. — Chabot. *Quest. transit.* v° rapport à succession. § 1. n° 2.—comp. civ. rej. 5 mai 1812. (Sir. 13, 1. 17.) Req. rej. 23 août 1839. (Sir. 39. 1. 587.)

portée la pratique en admettant, entre les créanciers, certaines causes de très légitimes préférences, — et, selon le degré de faveur qu'elles méritent, ils ont réparti toutes les créances dont les biens d'un débiteur peuvent être le gage, en trois catégories distinctes sous les qualifications suivantes :

1re catégorie : *créances privilégiées* ;

2e catégorie : *créances hypothécaires* ;

3e catégorie : *créances ordinaires ou chyrographaires.*

Les créances privilégiées sont celles que le *législateur* a désignées comme devant être payées avant toutes les autres, dans l'ordre qu'il leur assigne (2075. 2096 C. Nap.) lors de la distribution du prix des biens meubles et immeubles du débiteur.

Les art. 2101 à 2106 du Code Napoléon et quelques lois spéciales donnent l'énumération de ces diverses créances. Le législateur seul peut y ajouter.

Les créances hypothécaires sont celles qui, après les créances privilégiées, doivent être payées de préférence à toutes autres, lors de la distribution du prix des immeubles que *la loi* ou *le propriétaire* lui-même de ces immeubles avait affecté au payement desdites créances hypothécaires.

S'il n'appartient qu'au législateur de créer des priviléges, il n'en est pas de même des hypothèques. La puissance juridique des parties contractantes peut ici ajouter à celle de la loi ; aussi notre Code distingue-t-il, sous le rapport de leur origine, trois sortes d'hypothèques, savoir :

1° Les hypothèques légales qui *résultent de la loi.* (Articles 2117 et 2121 C. Nap.)

2° Les hypothèques judiciaires qui résultent encore de la *loi*, par l'effet des *jugements ou actes judiciaires.* (Art. 2117 et 2123 C. Nap.)

3° Les hypothèques conventionnelles, qui « *dépendent des conventions* et de la forme extérieure des actes et des *contrats.* » (Art. 2117 et 2124 C. Nap.)

La règle de l'application des lois se déduit, dans notre système, du caractère de leurs formules : — il nous faut donc ici rechercher quel peut être le caractère des dispositions que comporte cette théorie légale de notre régime hypothécaire.

L'avantage pour un créancier d'être payé avant les autres n'est pas à proprement parler un droit (1) mais une faveur, *un privilége*, comme dit la loi ; cette faveur pour les créances privilégiées ou pour celles que garantissent *des hypothèques*, soit *légales*, soit *judiciaires*, est une création de la loi civile (2), elle impose au législateur qui l'accorde *l'obligation* d'en assurer les effets. Toute obligation du législateur réfléchit en devoir (3) sur les agents de sa puissance exécutive : les fonctionnaires. — C'est donc à eux qu'il s'adressera pour l'accomplissement des actes destinés à réaliser, au moment du payement, *la préférence* et *l'antériorité* qui constituent le bénéfice des priviléges et des hypothèques légales.

69. Ses dispositions seront en conséquence impératives et s'il fallait, comme exemple, en donner ici un aperçu, la rédaction suivante ferait à la fois connaître les lignes générales du système hypothécaire, la mise en jeu de ses organes et le caractère des lois que comporte la nature de leur activité subordonnée.

Art. Les présidents et juges devront,
Lorsqu'il s'agira de distribuer entre plusieurs créanciers le prix des immeubles de leur débiteur, et de fixer, à cet effet, l'ordre dans lequel doivent être payées les créances dont ce prix est le gage (2093. C. Nap. 750. C. de pr. civ.)
1. Colloquer dans l'ordre suivant, pour être payées avant toutes autres :
    1° Les créances pour le remboursement des frais d'ordre et de distribution ;

(1) On a considéré cet avantage comme un droit parce qu'il peut être obtenu, par la voie d'une action judiciaire, contre ceux qui le contesteraient; mais c'est là une manière de voir qui nous semble manquer de justesse. Le principe de la préférence qui s'impose aux juges de l'action judiciaire n'est pas un droit inhérent à la créance en elle-même, ni au créancier, le principe de l'obligation pour le juge est uniquement dans la loi qui lui fait un devoir de colloquer ce créancier avant tous autres, mais ce créancier n'a pas en lui plus de droit que les autres au prix de la chose qui est leur gage commun.

(2) V. Aubry et Rau, sur Zachariæ, 3e édition. T. II. p. 061.

(3) Le législateur ne peut en effet exécuter ses obligations qu'au moyen de lois qui sont des devoirs pour ses agents.

2° Les créances pour les remboursements des frais extraordinaires de poursuites, lorsqu'il en aura été ainsi ordonné par jugement; (Art. 714 C. de pr. civ.)

3° Les créances privilégiées de l'art. 2101, dans l'ordre de cet article, si le prix des meubles du débiteur n'a pas suffi à les payer; (Art. 2105 C. Nap.)

4° Les créances privilégiées énumérées en l'art. 2103 ou par les lois spéciales, à la condition, toutefois, qu'elles auront été conservées par des inscriptions valablement prises sur lesdits immeubles dans les délais de la loi : (2106 C. Nap).

Chacune de ces diverses créances devra être colloquée au rang qui lui est assigné par l'art. 2103 ou par les lois spéciales : — Les créances de même nature, par concurrence au même rang, à l'exception des créances des vendeurs, s'il y a eu plusieurs ventes successives dont le prix est encore dû : dans ce cas, la créance du premier vendeur sera colloquée avant celle du deuxième, celle du deuxième avant celle du troisième et ainsi de suite. (Art. 2103, 1° C. Nap.)

II. Colloquer après les créances privilégiées ci-dessus énumérées :

1° Les créances privilégiées inscrites après les délais ;

2° Les créances garanties par des hypothèques légales ;

3° Les créances garanties par des hypothèques judiciaires ;

4° Les créances garanties par des hypothèques conventionnelles.

A la condition toutefois que ces diverses créances auront été valablement inscrites dans les délais fixés par la loi.

Chacune des diverses créances ci-dessus énumérées devra être colloquée dans l'ordre de la date de son inscription, à l'exception toutefois des créances suivantes (2134, 2135, 2143, 2154 C. Nap.), savoir :

A. — Les créances des mineurs et des interdits contre leurs tuteurs à raison de leur gestion tutélaire, elles devront être colloquées *à la date de l'acceptation* de la tutelle, dans les deux cas suivants :

a) — Bien que leur hypothèque légale ne soit pas inscrite, si la tutelle dure encore. (Art. 2135 C. Nap.)

b) — Et lorsqu'elle a pris fin, — si cette hypothèque a été inscrite dans l'année qui a suivi la majorité ou le décès des mineurs, la main levée de l'interdiction ou le décès des interdits. (art. 9. l. 23 mars 1855.)

B. — Les créances des femmes mariées, contre leur mari, elles devront être colloquées aux *dates ci-dessous indiquées* dans les deux cas suivants, savoir :

a) — Bien que leur hypothèque légale n'ait pas été inscrite si le mariage dure encore. (Art. 2135 C. Nap.)

b) — Dans le cas contraire : si cette hypothèque a été inscrite dans l'année qui a suivi la dissolution du mariage.

Dans ces deux cas, ces créances devront être colloquées aux *dates suivantes,* selon leur origine, savoir : (art. 2135 C. Nap.)

1° Les créances à raison de la dot et des conventions matrimoniales — *à la date du jour du mariage ;*

2° Les créances à raison des sommes dotales provenant de successions échues à la femme pendant le mariage : — *à la date de l'ouverture de ces successions,* (art. 2135.)

3° Les créances à raison des sommes dotales provenant des donations faites à la femme pendant le mariage : — *à la date du jour où ces donations ont eu leur effet ;*

4° Les créances à raison des indemnités à elles dues pour les dettes qu'elle a contractées avec son mari : — *à la date de l'obligation ;* (art. 2135 C. Nap.)

5° Les créances à raison des remplois des biens propres de la femme qui ont été aliénés ; — *à la date des aliénations.*

Les créances inscrites à la même date devront être colloquées par concurrence au même rang (art. 2135 C. Nap.)

III. Colloquer après les créances hypothécaires, les créances énumérées en l'art. 2101 qu'on aura négligé ou omis de produire lors de la distribution du prix des biens mobiliers du débiteur.

IV. Colloquer enfin au marc le franc :

1° Les créances privilégiées ou hypothécaires qui n'ont pas été inscrites ou produites en temps utile ;

2° Les créances qui ne sont ni privilégiées ni hypothécaires.

70. Aux divers paragraphes en pierre d'attente de ce long article, il est facile de supposer des dispositions qui viendront le compléter. Les unes feront connaître, aux *président et juges* les créances *qu'ils devront considérer comme créances privilégiées ou garanties par une hypothèque légale* et leur énumération en fixera le rang ; d'autres diront *les délais, les conditions et le mode de leur inscription ;* d'autres, enfin, détermineront *les formalités* suivant lesquelles *les conservateurs des hypothèques* devront effectuer ces inscriptions, leur renouvellement ou leur radiation, etc., etc.

Les lois concernant les privilèges et les hypothèques légales ou judiciaires (nous nous occuperons plus loin des hypothèques conventionnelles) se rangent, on vient de le voir, dans *l'ordre des lois impératives* dont la force obligatoire s'impose aux *fonctionnaires* et aux *magistrats* dès le jour de la promulgation. — Ce sont là des lois de procédure pour l'application desquelles il faut suivre la règle de notre art. 1 dès lors qu'elles ne rentrent dans aucun des cas d'exception de notre art. 2. (V. nos 30, 31, 32.)

Se réalisant par l'action de l'autorité judiciaire qui n'agit et ne statue que d'après la loi en vigueur, *les effets* des priviléges et des hypothèques dépendent ainsi entièrement du législateur ; s'il en est le créateur, il en est le maître : — qu'il ajoute ou retranche à son énumération des créances privilégiées ou hypothécaires, qu'il en change les rangs (1), qu'il modifie les formalités de leur inscription, qu'il abrége ou prolonge les délais de la procédure d'ordre ou qu'il touche à l'enchaînement de ses actes, sa souveraineté n'aura, comme toujours, d'autres règles et d'autres limites que celles que lui imposera, ou inspirera le sentiment bien entendu de l'intérêt général ; si donc le régime hypothécaire venait à ne plus être en harmonie avec la situation économique et les besoins du pays, s'il devenait jamais une entrave pour le développement normal de la richesse publique, le législateur devrait le proscrire ; et il le proscrirait, par voie de *dispositions impératives*, en ordonnant à l'Autorité judiciaire de ne plus distinguer entre les créanciers, ceux qui ont ou

(1) Les créanciers privilégiés seraient-ils fondés à réclamer contre la création d'un privilége supérieur aux leurs ? Le législateur pourrait à bon droit leur répondre que les raisons qui l'ont porté à le créer ne sont pas moins graves que celles qui l'ont déterminé à créer les autres; que les avantages qu'ils en attendent ne sont pas un motif pour l'empêcher de faire droit à des situations aussi intéressantes que les leurs et d'améliorer ainsi la législation; que ses concessions antérieures n'ont pas épuisé sa puissance et ne limitent pas ses droits. Les dispositions finales des art. 2098 et 2135 C. Nap. justifient cette manière de voir ; il faut pour s'en convaincre en bien saisir le but dans la pensée du législateur, il s'est dit : « la création du privilége du Trésor, et la faveur que j'accorde aux hypothèques légales préjudicieront aux priviléges et aux hypothèques antérieurs, c'est forcé, il y aura des réclamations ; — je sais bien que mes précédentes concessions ne s'opposent pas à ce que j'en fasse d'autres et que c'est le propre des lois nouvelles de modifier les situations du passé ; — n'importe ; je consens, par exception et pour ne pas faire trop crier, à borner moi-même l'empire naturel de mes dispositions : « on les appliquera *de manière à ne pas préjudicier aux droits acquis à des tiers avant la promulgation du présent Code. Art. 2135.* » — C'est ainsi que les deux articles précités confirment le principe par l'exception qu'ils y apportent. — Marcadé, au sujet de l'art. 2281, a employé cet argument. T. 1. p. 46.)

n'ont pas de priviléges ou des hypothèques et de *tous* les colloquer, *sans préférence, au marc le franc ;* et l'Autorité judiciaire obéirait, sans égard pour les espérances du passé, car saisi
par la loi, dès son apparition, *le juge aux ordres* ne pourrait
légalement procéder qu'en vertu de ses dispositions pour la collocation des créances qui viendraient à se produire devant lui...
Qu'il y eût des déchirements, cela est incontestable, ils seraient
tels qu'un pareil désastre n'est pas redouter ; mais cela fût-il
jamais, qu'on serait mal venu à accuser la loi d'être rétroactive,
et nous avons déjà dit pourquoi. (V. nᵒ 30, 38. 41, 43.)

Quoi qu'il en soit, nous conviendrons sans peine que notre
opinion ne rencontre des appuis dans la doctrine et la jurisprudence, qu'en ce qui concerne les lois modificatives de la procédure d'ordre et des formalités prescrites pour la prise des inscriptions (1).

71. Nous n'avons considéré jusqu'ici que *les hypothèques
légales et judiciaires ;* il nous reste à nous expliquer sur les
hypothèques conventionnelles ; — du domaine des lois publiques nous passons sur celui des *lois privées.*

« L'hypothèque conventionnelle, porte l'art. 2117, du Code
« Napoléon, est celle qui dépend *des conventions* et de la forme
« extérieure des *contrats.* » — De l'aveu même du législateur,
ces sortes d'hypothèques procèdent, non point de ses dispositions, comme l'ont admis quelques commentateurs (2), mais *des
conventions :* — leur principe générateur est uniquement
« dans le *consentement des parties,*» le législateur n'a dès lors

---

(1) Voir MM. Aubry et Rau sur Zachariæ, 3ᵉ édition, i, p. 65. Demolombe,
1. 60. — Req. rej. 5 février 1828 — (Depic). V. toutefois Cass. 29 mai 1845
(Romey, 4 août 1845.) (Faquin) D. 1845. 1. 709.-710. Jugé que la femme mariée
sous l'empire d'une loi qui lui assurait hypothèque légale à la date du mariage
pour les obligations par elles contractées avec son mari, laquelle loi s'est trouvée abrogée par la promulgation du Code Napoléon, devait néanmoins être colloquée à cette même date pour son recours contre son mari, à raison desdites
obligations, conformément à la loi abrogée, et au mépris des dispositions de
l'art. 2135 qui assignait une autre date à son hypothèque ; — l'application de
notre art. 1 et de notre art. 2 aurait conduit à une autre solution.

(2) V. M. Paul Pont, priviléges et hypothèques. i. nᵒ 322.

pas plus de droits sur les stipulations qui les confèrent, qu'il n'en a sur les autres déterminations de la liberté agissant dans la sphère de sa puissance contractuelle.

A ce point de vue, l'hypothèque conventionnelle apparaît comme un dérivé de *l'antichrèse* : c'est son perfectionnement civilisé que M. Paul Pont a très justement défini *une anti-chrèse sans tradition* (1), elle participe, comme elle, de la nature des droits qu'engendrent les concessions *du pouvoir naturel d'obliger et de s'obliger*, elle est une création de la volonté juridique. — A la différence de l'hypothèque légale, qui n'est et ne peut être qu'une faveur de la loi, l'hypothèque née de l'accord des parties est *un droit ;* — que le législateur puisse intervenir à ce titre pour en régler l'exercice, rien de mieux, il le faut même pour qu'il soit tenu d'en assurer les effets, mais voilà tout.

Celles de ses dispositions qui viendront sur ce point réglementer l'exercice de notre liberté, de notre *droit* à consentir des sûretés hypothécaires, des *antichrèses sans traditions,* seront nécessairement *prohibitives* comme tous les dispositions réglementaires de notre pouvoir d'obliger et de nous obliger ; — les rédacteurs du Code ont subi, en cette matière, la secrète logique de la situation : c'est par voie prohibitive qu'ils ont, en effet, dans les articles 2124, 2125, 2126 et 2127, déterminé les conditions de son exercice. — Ces lois concernant plus ou moins *la capacité juridique* des *personnes*, nous n'avons qu'à nous en référer à ce que nous avons déjà dit sous les nos 49 et 51, au sujet des règles d'application de ces sortes de lois.—Rédigées, d'après nos formules **nul ne peut** ou **nul ne doit,** elles seront exécutoires dès leur promulgation, sous cette restriction, toutefois, que l'hypothèque, une fois entrée par la force du consentement, dans les droits de celui à qui elle est concédée, constitue, *ipso facto*, à son profit, un droit acquis pour la conservation duquel l'on pourrait se prévaloir de l'argumentation employée sous le n° 40 pour la transmission de la propriété. — Une loi nouvelle qui déclarerait qu'on *ne peut constituer à l'avenir des hy-*

(1) V. Paul, Pont, *Loc. cit.* no 320, p. 308.

pothèques par contrat laisserait donc subsister les hypothèques antérieures (1). Il y a là aussi un fait accompli, *une concession réalisée dont les lois de l'avenir seraient impuissantes à supprimer le titre et le droit.*

72. Quant AUX EFFETS *du droit hypothécaire ainsi acquis,* c'est autre chose : par cela même qu'ils se trouvent reportés dans l'avenir, ces *effets* appartiennent aux lois de l'avenir, qui peuvent les étendre, les restreindre et même les paralyser. Mais comment, dira-t-on, séparer le *droit* de ses effets ? Ce qui constitue le droit hypothécaire c'est le *droit de préférence* dont *l'effet* est la *préférence.* Si l'effet est supprimé par les lois de l'avenir, que restera-t-il au *droit acquis*? Son titre? Ce n'est plus rien. On peut, à cette très juste observation, répondre qu'il en sera du droit acquis hypothécaire comme des droits de la propriété, dont une loi nouvelle vient réduire et supprimer l'exercice. Cette loi sera spoliatrice et odieuse, mais ce ne sera pas une loi rétroactive, (V. n° 24-42.) *Le droit de préférence* n'est, comme tous les droits dont les avantages sont à terme, qu'un droit soumis à cette condition que son effet viendra à réalisation, si la loi du jour où elle est demandée ne s'y oppose pas, et nous ajouterons, en rappelant ici ce qui a été dit pour les hypothèques légales, que les effets du droit hypothécaire, ne se réalisant que par l'action de l'Autorité judiciaire chargée de fixer *le rang des créanciers* et de leur délivrer *un bordereau exécutoire pour le paiement,* dépendent par là des lois *impératives* qui s'imposent aux magistrats dès leur promulgation : — les droits' antérieurs sont ainsi forcés de subir les conséquences des lois nouvelles, lesquelles pourront alors les régir sans rétroagir.

Une loi qui viendrait subordonner la conservation des hypothèques à un renouvellement annuel de leurs inscriptions, tout

---

(1) Alors même que la loi ancienne, dont le contrat hypothécaire tirait sa force, serait abrogée par la loi nouvelle, les juges devraient encore lui accorder force exécutoire et réaliser ses effets, à moins que cette dernière loi n'eût rendu ces effets impossibles en défendant aux juges, par une disposition qui leur ordonnerait de colloquer toutes créances au marc le franc, de réaliser le droit de préférence des hypothèques.

comme celle qui en ferait remonter la garantie à des dates plus éloignées ou qui supprimerait l'organisme judiciaire qui fait sortir, en *bordereau exécutoire*, les effets du droit hypothécaire, seraient applicables aux hypothèques antérieures. (Art. 1 et art. 2.) — En l'état des traditions judiciaires, cette solution n'aura pour elle que ceux qui pensent que la loi privée des contrats et le respect des droits qu'ils constituent ne sauraient prévaloir contre l'intérêt social et limiter l'empire des lois générales. (V. n° 18 et 19.)

XV. — Lois concernant les preuves. — Ces lois rentrent dans l'ordre des lois impératives de procédure. (Voir ce qui en a été dit sous les n° 48 et 45.) (1)

XVI. — Lois concernant la prescription. — Ces lois, ayant pour objet de commander aux juges de déclarer une action judiciaire non-recevable, un droit éteint ou acquis après un certain laps de temps, se rangent, comme les précédentes, dans la catégorie des *lois impératives de procédure* applicables dès leur publication « *aux procès commencés et aux procès à naître.* » (V. n° 31.)

73. Ce qui confère le bénéfice de la prescription ce n'est pas le *temps écoulé*, c'est la décision du juge appliquant la loi. — Le temps écoulé, c'est le phénomène, le fait accompli, la loi ne peut l'empêcher d'avoir été et ne peut le supprimer; mais le bénéfice qu'elle y attache lui appartient; — serait-ce une raison parce qu'en l'y attachant elle a fait naître certaines espérances,

---

(1) La jurisprudence décide cependant que ce sont les lois en vigueur au moment où les obligations sont consenties qu'il faut observer pour en faire la preuve, parce que ce sont les moyens de preuves que les parties avaient en vue qu'elles sont censé avoir acceptées et liées à leur convention. Cette raison ne me saisit point. Les vues des parties ne sauraient prédominer celles du législateur, les meilleurs moyens de découvrir la vérité sont ceux que ses dernières lois imposent. — Les règles relatives à la preuve concernent *le juge* plus directement que par les parties. Or le juge doit se diriger d'après les lois qui régissent l'action judiciaire; — les parties, par leur contrat, ne sauraient, ce me semble, le lier à des lois abrogées. (V. MM. Aubry et Rau. 1. p. 69 note 61.)

pour qu'elle ne pût à jamais y toucher? — La loi ne peut rien mettre au-dessus d'elle; — si l'intérêt général exige qu'elle avance ou recule le bénéfice de la prescription sur l'échelle de la durée, qui pourrait s'y opposer? — Les intérêts privés n'ont d'acquis que la jouissance du temps écoulé; — là est le droit inaccessible; le législateur, maître d'en tirer les conséquences les plus utiles ou qu'il croit les meilleures, peut à son gré modifier l'ordre qu'il a précédemment donné aux juges de déclarer la prescription accomplie après tel ou tel délai, et les juges, esclaves de la loi, ne pourront qu'obéir à ses nouvelles impérations.

Pour d'autres motifs, la plupart des auteurs ont décidé dans le même sens (1), et l'art. 2281 du Code Napoléon, qui déclare que les prescriptions commencées avant la promulgation seront réglées d'après les lois anciennes, a été, avec raison, considéré par eux comme une disposition exceptionnelle et de faveur qui consacrait le principe de l'application immédiate des lois nouvelles en matière de prescription.

XVII. — Lois pénales proprement dites et lois concernant les quasi-délits. — Application immédiate avec une exception favorable. (*Article 2, a.*)

74. Ces lois sont essentiellement des lois prohibitives et d'ordre public, elles ont, en effet, pour but de défendre et de punir les actes contraires à l'ordre public; — la règle qui régit l'application des lois prohibitives civiles doit *à fortiori* les régir. — La jurisprudence n'a jamais hésité sur ce point. — Après avoir décidé que les lois pénales ne peuvent frapper que les actes qui les violent, elle a toutefois admis cette exception d'humanité et d'intérêt général, que les lois qui adoucissent les peines s'appliquent aux infractions commises avant leur promulgation (2).

Les dispositions des articles 2 a. et 2 a. 3 sont l'expression

---

(1) *Sic* Merlin, Rép. T. 17. p. 419. — Troplong. prescription. T. ii. nº 1075. Demolombe I. nº 61. — Cass. 8 août 1837. Bethune. (D. 1837. 1.432) — contra. — Demante T. III. p. 580. Duranton. T. I. p. 46.

(2) MM. Adolphe Chauveau et Faustin Hélie, dans la théorie du Code pénal I.

de cette pensée ; — le texte de ce dernier article comprend même, dans la généralité de ces termes, *les voies d'exécution forcée* qui peuvent être considérées comme ajoutant à la condamnation, entre autres et surtout la contrainte par corps ; — il faudrait en conséquence décider pour son application ainsi qu'a décidé la jurisprudence :

1° « Que les lois nouvelles qui étendent les anciennes voies d'exécution forcée, ou qui en établissent de nouvelles, régissent en principe les poursuites faites sous leur empire, bien que l'action ait pris naissance sous la législation antérieure. — (MM. Aubry et Rau sur Zachariæ. 3ᵉ éd. t. I, p. 57. » *Sic* Demolombe. I, 59.)

2' « Réciproquement que les voies d'exécution établies par la loi ancienne ne peuvent plus, lors même qu'il s'agit de dettes contractées, être employées après la promulgation d'une loi nouvelle qui les a abolies. » (V. MM. Aubry et Rau sur Zachariæ *Loco citato*. — *Sic* civ. rej. 8 fév. 1813. (Sir. 13.1.317.)—Toulouse, 13 fév. 1835. (Sir. 35.2.256.)

Il y a une raison spéciale à donner, dans notre système, à l'appui de ces deux décisions. — C'est que ces moyens de contrainte ne pouvant être mis à exécution que par ceux qui sont chargés de l'ordonner,—*les juges* et les exécuteurs de leurs déci-

---

p. **35.** expliquent comme il suit cette règle adoptée en opposition avec le système légal de la non rétroactivité : « — Ce principe a reçu deux exceptions que « la jurisprudence a introduits : — La première est favorable aux prévenus, « elle permet à la loi pénale nouvellement promulguée de se retourner en ar- « rière et de saisir le prévenu pour des faits commis avant sa promulgation, dans « les cas où la peine qu'elle porte serait plus douce que l'ancienne. La théo- « rie de cette exception s'explique aisément : — lorsque le pouvoir social juge « que les peines dont la loi est armée sont trop sévères, lorsqu'il pense que la « conservation de l'ordre n'est pas intéressée à les maintenir, lorsqu'il désarme « en un mot, il ne pourrait sans une étrange inconséquence continuer à appliquer « même à des faits antérieurs à ses nouvelles prescriptions mais non encore « jugés, des peines qu'il proclame lui-même inutiles et trop rigoureuses. Ce n'est « donc pas par une sorte de faveur, comme quelques écrivains l'ont dit, mais par « un strict principe de justice que se justifie cette exception ; car il serait d'une « souveraine injustice d'appliquer des peines qu'au même instant on déclare sura- « bondantes et d'une sévérité excessive. » — Ces considérations sont vraies que les peines soient la mort ou la prison ou qu'elles soient la nullité de l'acte qui constitue la violation de la loi. (V. note 1. n° 37.)

sions, tels que *les huissiers, les recors* et les gardiens des
prisons pour dettes, lesquels ne connaissent et ne suivent que
la loi en vigueur,—il s'ensuit que si une loi nouvelle, abrogeant
la loi ancienne, vient leur interdire d'ordonner la contrainte
par corps contre les souscripteurs insolvables, par exemple, des
lettres de change, les juges cesseront de la prononcer à leur
égard et leurs *officiers*, faute de décision, n'auront plus à les
incarcérer ; — ce qui revient à dire que les lois en cette matière
se rangent dans les catégories des lois *impératives de procédure* obligatoires à partir de leur publication pour les ministres et les agents de la force coërcitive. (V. n° 48.)

75. Quant aux lois qui, en dehors du cercle des dispositions impératives, prononcent la contrainte par corps ou tel
autre mode de contrainte à la suite d'une condamnation prin-
cipale ; les peines accessoires qu'elles édictent ainsi, participant,
jusqu'à un certain point, de la nature des sanctions pénales, leur
application doit, ce me semble, être régie par les mêmes règles.

En conséquence les lois qui adoucissent les voies de l'exécution forcée et de la contrainte par corps, en ce qui concerne la
durée ou *l'emploi* seulement, devront, comme les lois pénales
favorables, être appliquées à partir de leur promulgation à raison même des obligations antérieures, le § 3 de l'art. 2 a. 3
consacre cette pensée de faveur ; — il serait en effet d'une injustice criante de ne pas soustraire les débiteurs du passé aux
sanctions que la loi a déclarées excéder les nécessités du jour,
la gravité des faits et contre l'emploi desquelles a protesté l'opinion publique.

Nous bornons ici l'application de nos articles aux situations
diverses sur lesquelles on a éprouvé le principe de l'art. 2 du
Code Napoléon.

Déterminer les limites de la *souveraineté des lois dans le
temps*, tel était la pensée des rédacteurs du Code en élaborant
l'art. 2 ; nous allons voir, sous l'art. 3, sa pensée s'appliquer
à découvrir les limites de cette *souveraineté dans l'espace*, en
d'autres termes : l'empire territorial des lois nationales.

ARTICLE III.

Les lois de police et de sûreté obligent tous ceux qui habitent le territoire ;

Les immeubles, même ceux possédés par des étrangers sont régis par la loi française ;

Les lois concernant l'Etat et la capacité des personnes régissent les Français même résidant à l'étranger.

76. On peut au sujet de cet article adresser au législateur un double reproche :

1° Sa disposition, malgré sa forme souveraine, n'affirme pas avec assez de précision sa volonté régulatrice, la règle d'action ; — que défend-t-il aux *citoyens* ? Que commande-t-il aux fonctionnaires ? A qui d'entre eux s'adresse-t-il ? A tous, il ne le le peut (1) ; — Cet article est moins une loi qu'un programme pour la faire, un digne pendant à l'art. 2.

2° — En rappelant ensuite dans sa discussion les idées belligérantes *des statuts réels et des statuts personnels*, il a mis, sans profit aucun, dans la loi, le germe des anciennes controverses.

Pour justifier cette double assertion et corriger les vices de rédaction de notre article, il est indispensable d'en connaître les *principes* constituants, et de se pénétrer de la *pensée* qui en a déterminé la formule.

I.

77. Ces principes et cette pensée de l'art. 3 ne se peuvent découvrir que par l'étude des situations qui l'ont rendu nécessaire, et *du but* que s'était proposé le législateur dans le titre préliminaire du Code.

Ce but, les travaux préparatoires et les orateurs du Conseil

---

(1) *Il ne le peut :* — ceci doit s'entendre en ce sens que le législateur ne peut, dans notre système, s'adresser par la même disposition à l'activité subordonnée des fonctionnaires et à l'activité essentiellement libre des particuliers. — L'une doit se diriger par des impérations, l'autre par des prohibitions ; — La diversité de nature exclut l'identité de formule. (V. nos **28.** V. VII.)

d'Etat l'ont assez précisé, était *d'assurer la force obligatoire des lois.* — La pensée du législateur a dû, à cet effet, se préoccuper des situations où leur autorité pouvait être mise en échec, afin de la fortifier. — A-t-il bien, sous ce rapport, relié entre elles les lignes de défense de leur inviolabilité ? — Examinons-les :

Par l'art. 1, il a proclamé la *souveraineté territoriale des lois*; — les lois sont souverainement exécutoires dans tout le territoire français ; — voilà le principe ; — leur autorité s'étend, mais expire aux frontières. — Il suffira donc de les franchir pour la braver et se soustraire à son empire, grave sujet de réflexions pour un législateur vraiment soucieux de sa puissance !

Quelle sera, d'autre part, en France, *la loi des étrangers*? — La loi étrangère?... La souveraineté des lois nationales l'exclut. — Sera-ce ces dernières ? — Elles ne sont faites que pour les Français : — ils ont seuls droit à sa protection et à ses avantages (1) ; — les étrangers pourront-ils cependant les violer et les méconnaître ?

Ce n'est pas tout encore : — les Français possèdent des immeubles à l'étranger ; — les étrangers en possèdent en France, quelle loi régira ces portions de territoires étrangers et du territoire français ?

C'étaient là d'importantes questions à résoudre pour « assurer l'autorité des lois françaises en conflit avec les lois étrangères. » Le législateur y a consacré les trois paragraphes de l'art. 3.

Si les bonnes intentions suffisaient, ses dispositions sur ce point n'auraient rien à redouter de la critique ; — il n'en est malheureusement pas ainsi et l'on peut affirmer, sans hésitation, que sous le rapport des lacunes et des difficultés d'application, l'art. 3 n'a rien à envier à celui qui le précède : — ici comme là, la jurisprudence a plus fait la loi que le législateur ;

_____

(1) « En principe, dit M. Demolombe, t. I, p. 318, *in fine*, les lois françaises ne sont pas faites pour les étrangers, elles ne leur sont applicables que par exception » en ce qui concerne les avantages ; — car, pour ce qui regarde la protection des intérêts français contre les étrangers, leur application est, au contraire, le principe.

et bien que depuis un demi-siècle de pratique, ses efforts soient consacrés à en déterminer la portée elle ne peut encore se flatter d'en avoir à tout jamais fixé l'étendue. — Qu'en conclure, sinon qu'en théorie, comme en pratique, les trois paragraphes de cet article laissent fort à désirer, et que leurs dispositions incomplètes sont, comme règle d'action, parfaitement insuffisantes.

78. En théorie, deux principes dominaient ici la discussion :
Le premier, celui de l'*indépendance réciproque des nations ;*
Le second, déjà proclamé, *celui de la souveraineté de leurs lois respectives.*

« Charbonnier est maitre chez lui, » chaque loi gouverne chez elle, qu'il en soit ainsi et nos lois, en France, régiront les étrangers, mais les Français seront, par contre, à l'étranger, exclusivement régis par les lois étrangères. — Ce contre-coup choquant les idées nationales, fit écarter *ce trop absolu* du premier principe et l'on glissa aux expédients.

Pourquoi ne pas décider que les lois françaises, *suivront les Français* à l'étranger ? — Soit ; — Seulement, comme on doit vouloir pour autrui ce qu'on réclame pour soi-même, il faudra tout au moins admettre, par *courtoise réciprocité*, les lois étrangères à régir en France les étrangers. — Que deviendra alors l'unité de notre législation sous l'envahissement des lois étrangères ? — Quelle sécurité y aura-t-il pour les nationaux, si des lois qu'ils ignorent s'en viennent traverser l'exécution de leurs transactions avec les étrangers et lier les juges ? — Comment s'y prendront nos juges pour connaitre et appliquer en France des lois qui n'y ont été ni légalement promulguées ni légalement traduites ? — Il y a dans cette solution des inconnus bien redoutables !

79. Ne sachant trop auxquel des deux systèmes se vouer, le législateur les a acceptés tous les deux et fait à chacun leur part de la manière suivante :
Sous le principe de la *souveraineté territoriale exclusive,* il a placé l'application des *lois de police et de sûreté,* ainsi que les *lois concernant les immeubles.*

Par l'expédient de la *souveraineté prolongée* à l'étranger et par suite *partagée* en France, il a réglé l'application des lois concernant *l'état et la capacité des personnes*.

Système mixte et partant médiocre : — La pratique ne pouvait tarder à en découvrir les inconvénients, et ils sont graves.

80. Si encore le législateur n'avait déserté les principes que pour adopter *le meilleur moyen du but* qu'il avait en vue, on ne trouverait pas trop à redire : — mais qu'il s'en faut, à mon sens, que le *mystère de l'incarnation des lois personnelles* (1) renouvelé de l'ancien droit, soit *le meilleur moyen...* n'aurait-on pu, en effet, arriver au même résultat sans rien sacrifier de la souveraineté nationale et sans ouvrir surtout la France à l'invasion des lois étrangères? — Voilà la question.

Je ne sais si je me fais ici trop illusion ; — mais il me semble qu'il eût pour cela suffi de laisser les Français parfaitement libres de suivre ou non à l'étranger leur loi nationale, en les prévenant seulement que « ceux de leurs actes qui au-« raient à l'étranger méconnu la loi française, seraient en « retour en France méconnus par cette loi, » — qu'elle ne se prêterait dès lors qu'à l'exécution de ceux dont les effets respecteraient ses dispositions. Qui de nous, dans ces conditions eût osé les enfreindre, et quelle atteinte, eût reçu, d'autre part, l'autorité de nos lois d'une infraction qui serait en France restée sans effets... d'une violation *mort-née ?*

Mêmes conditions pour les étrangers : libres de suivre en France leurs *lois personnelles*, leurs conventions n'y auraient obtenu force exécutoire que si leur exécution n'y eût blessé ni la loi, ni les usages reçus, ni le sentiment public : — Ce n'eut pas été là livrer la France à l'étranger, c'était seulement consacrer le principe de la souveraineté des lois nationales chez soi, et de la liberté contractuelle dans les limites si équitables de cette règle de droit universel que *tout ce qui, dans un pays,*

---

(1) On disait des lois personnelles dans l'ancien droit : *Personam sequuntur sicut umbrà. sicut cicatrix in corpore.*

n'est pas défendu par les lois, doit y être permis à tous ceux qui sont sur son territoire. — Les étrangers, en arrivant en France, se fussent alors enquis de ce qu'y défendent les lois, avant d'y contracter, ce qui leur eût été plus facile qu'aux juges de juger d'après les lois étrangères dont la traduction, sans garantie, ne leur eût laissé qu'entrevoir en partie leur esprit et leur portée ; — lois d'ailleurs, pour eux, non promulguées et qui au moment de leur application pourraient se trouver à l'étranger modifiées ou même abrogées.

81. Quoi qu'il en soit, les principes n'ont point prévalu, non plus que l'unité de règle ; le législateur a fait ici des catégories arbitraires et l'arbitraire en est sorti ; — Il a distingué :

Les *lois de police et de sûreté ;* — leur autorité est restée *territoriale ;*

Les *lois immobilières ;* ont été *attachés à la glèbe ;*

Et *les lois dites personnelles,* qu'on me passe le mot, *internationalisées.*

Tout cela, au premier coup d'œil, semblait très simple et très pratique ; — combien pourtant les mots font illusion ; le législateur n'a ici oublié qu'une chose, d'éclairer sa lanterne en nous disant ce qu'il a entendu par *lois concernant l'État et la capacité* des personnes ; — par quel signe elles se distinguent des *lois immobilières,* et les unes et les autres *des lois de police et de sûreté,* dont la très élastique définition pourrait les comprendre toutes, ainsi que d'aucuns le prétendent.

Où la loi faillit, triomphe l'esprit du système et la jurisprudence refait la loi. — Dieu sait si elle y a manqué et jusqu'où la doctrine a pouseé pour en découvrir la pensée.

Les travaux préparatoires ont été tout d'abord scrutés. — On y rappelait, au sujet de notre art. 3. l'importance de l'ancienne division des statuts, en *statuts réels* et *statuts personnels...* Quels souvenirs avaient été éveillés là, Portalis et le tribun Faure ! — On s'en est emparé pour en induire que le législateur avait retenu de l'ancienne jurisprudence en cette matière ce que pourrait comporter l'analogie des situations. Le rayon des statuts, a-t-on dit, a été changé, mais leur force est tou-

jours la même. Qu'il ait lieu entre deux états ou deux provin-
ces, le conflit des lois est identique, où le fait est le même, même
raison de décider ; c'est par l'ancien droit qu'il faut donc expliquer le droit nouveau : les vieux mots ramenèrent les vieux arrêts ; les vieux arrêts, les vieux systèmes et le monde juridique
s'est retrouvé, comme autrefois, divisé en deux camps.

Les uns, au nom de la souveraineté absolue des lois, voulaient toutes les *réaliser*, c'est l'expression consacrée ; — les
partisans *de l'internationalité* tendaient au contraire à toutes
les *personnaliser*, et sur ce d'interminables controverses...

Ce qu'il en résulta de plus clair, c'est qu'il y avait dans
certaines lois un tel mélange de *réalité* et de *personnalité* qu'il
était juridiquement impossible de dire si elles devaient se ranger dans la catégorie des lois personnelles ou dans celles des
lois réelles. Alors surgit le système des statuts mixtes qui, pour
tout concilier, n'a pourtant satisfait personne (1).

Ce très rapide aperçu des difficultés qu'a soulevées l'application de notre article, démontre suffisamment ce que nous avions
à cœur de démontrer avant tout, que sa disposition, sous le rapport des solutions qu'elle consacre, n'est pas précisément une
perfection : — sa rédaction serait-elle moins imparfaite, considérée au point de vue de sa construction phraséologique ? — Pas
davantage.

II

82. A pensée indécise, expression incorrecte. — A juger
l'art. 3 par sa formule, nous n'aurons rien à retirer de nos pré-

(1) Trois systèmes se sont produits pour l'application de l'art. 3.

— Le premier enseigne que les étrangers en France resteront exclusivemen
soumis à la loi personnelle du pays, et que les Français à l'étranger sont uniquement régis par leurs lois personnelles.

— Le deuxième voudrait que les étrangers fussent exclusivement régis en
France, par les lois françaises, pour tous les actes qu'ils peuvent y faire à raison de leurs biens situés en France : — ce système ainsi que le précédent paraît à M. Dalloz trop absolu et il le prouve par le troisième système qui propose
la règle suivante :

— Troisième système. — La loi étrangère suivra, en principe, en principe seulement, l'étranger en France ; mais dans la pratique, cette loi cessera

cédentes appréciations ; — il suffit en effet d'en peser les termes, pour se convaincre que le législateur, en rédigeant, n'avait une idée bien nette ni de son but ni de son propre pouvoir.

Quand les mots faussent la pensée, la guerre des mots est nécessaire : — que porte en dernière analyse cet art. 3 ? « *Les lois obligent... Les immeubles sont régis... Les lois régissent...* » Le *verbe* de la loi ne dit rien de plus ni autre chose ; où se trouve, dans ces expressions, ce vouloir qui est l'âme et la force des lois ? — La loi est essentiellement une règle et une règle d'action, quelle règle impose le législateur ? Quelle action définie a-t-il en vue ?

Je n'ignore pas qu'avec le système actuel de rédaction législative, le tour de phrase importe peu, qu'il convient d'en être satisfait lorsqu'à travers les plis plus ou moins ajustés de la lettre on peut en saisir la pensée, mais c'est précisément ce que ne permettent pas ces expressions déclaratives : «les lois obligent, les immeubles sont régis...» Ce sont là des affirmations fort justes, je n'en disconviens pas, car le propre des lois est de *régir et d'obliger*, mais la moindre règle d'action ferait bien mieux notre affaire.

Ne soyons pas trop difficiles pourtant et convenons qu'à bien y regarder on peut finir par entrevoir dans ces expressions comme un rudiment lointain de volonté régulatrice, et travaillons à le dégager pour en découvrir la véritable formule.

83. « Les lois obligent... » Pour que cela soit, *in actu,* que faut-il ? Réaliser leur force obligatoire. Comment le législateur y parviendra-t-il ? Tout naturellement en *ordonnant* aux agents subordonnés de son pouvoir, c'est-à-dire aux fonctionnaires de tout rang et de tout ordre, d'en réaliser l'exécution par tous les

---

d'être obligatoire et applicable si elle n'est pas exactement conforme à la loi française.

Cette solution ne rappelle-t-elle pas cette concession d'un fils de comédie aux exigeances d'un père qui lui imposait une union contre ses goûts : « J'épouserai qui vous voudrez, mon père, pourvu que ce soit Marianne. »

On appliquera la loi étrangère pourvu qu'elle soit la reproduction de la loi française. Autant dire qu'on n'appliquera jamais que cette dernière.

moyens légaux qu'il a mis à leur disposition. La règle d'action
est trouvée.

« En ordonnant, » ai-je dit, — la volonté régulatrice du verbe
obliger est donc *une volonté impérative*, si elle se fût manifestée par une formule appropriée à son caractère, elle aurait,
dans une disposition impérative, prescrit aux agents de son pouvoir de réaliser la force des lois de police et des lois immobilières, de les observer et appliquer dans toutes les parties de l'empire, et de contraindre tous ceux qui habitent le territoire à les
observer et exécuter, ce qui eût montré que la règle contenue
dans les paragraphes 1 et 2 de l'art. 3 n'était qu'un duplicata
de l'art. 1 qui, *pour toutes les lois, sans distinction,* prescrit ce
qu'a prescrit cet article 3 ; et nous eussions ajouté : Jugez par
là de l'utilité de notre système de rédaction. Obligé par nos formules à préciser le côté pratique de ses volontés, le législateur,
n'aurait pas été dupe de ses propres phrases et ne se fût pas
répété sans s'en douter.

84. Dans le paragraphe 3 le verbe change ; c'est régir au lieu
d'obliger. « Les lois concernant la capacité et l'état des personnes régissent les Français en pays étranger. » *En pays étranger* la loi n'a pas de *fonctionnaires* et n'a pas à y commander.
Ce n'est pas vers les agents de son pouvoir que se tourne ici le
législateur ; ce n'est donc qu'aux *citoyens* que sa disposition
s'adresse. Mais à leur libre activité la loi ne peut plus que *défendre* (V. n° 35, VII), si le paragraphe 3 les régit, la règle d'action qu'il contient sera forcément prohibitive et devra porter en
conséquence défense aux Français d'enfreindre à l'étranger les
lois concernant leur capacité juridique.

Précisons plus encore : l'objet de ces lois n'est-il pas de déterminer les actes *à effets indirects* (V. n° 35. X.) *que l'on ne peut ou
que l'on ne doit pas se permettre ?* La disposition de l'article 3
portera en conséquence prohibition de faire, à l'étranger, les actes
de disposition de biens ou de droits que l'on ne pourrait légalement faire ou consentir en France.

Nous compléterons plus loin cette disposition qui, par cette
construction, manifeste mieux, on doit en convenir que le § 3

de l'art. 3, une règle pratique d'action conforme au caractère de l'activité des citoyens.

C'est pour n'avoir pas distingué, comme nous venons de le faire, cette double direction de la volonté législative, tantôt tournée vers les citoyens et tantôt vers les fonctionnaires et l'avoir confondue dans la même disposition, que le verbe de l'article 3 manque de précision, s'adresse à tous et à personne ; on ne fera pas ce reproche à la rédaction qui résultera de notre système ; son application à la révision de notre article aura pour effet de scinder sa disposition et de proscrire la division des statuts réels et personnels que notre théorie et les principes précédemment exposés ne sauraient admettre.

III

85. Ce serait peut-être ici le cas, cependant, de se demander quelle est la réalité et surtout l'utilité de cette trop célèbre division des lois en statuts réels et statuts personnels qui avait tant divisé elle-même l'ancienne jurisprudence, et d'examiner en conséquence ce qu'il y aurait à en retenir dans un nouvel article 3.

A en juger par l'espace que les commentateurs, dans leurs livres, consacrent à cette question (1), sa solution semblerait avoir encore une certaine importance ; mais, au profit qu'ils tirent de son exhumation, il faut reconnaître aussi que cette importance est plus archéologique que pratique ; quant à moi, tenant toutes ces vénérables distinctions pour bien et dûment ensevelies avec la législation d'un régime aboli, je ne vois pas la nécessité de les ressusciter ; le peu de clarté qu'elles apportent et l'embarras qu'elles soulèvent m'ont toujours fait douter de leur utilité ; je m'en tiendrai donc, sans plus dire, à la division plus exacte que nous avons précédemment déduite de la nature intime des lois et du caractère de la règle qui les constitue. Nous savons qu'à ce point de vue elles se distribuent en deux grands ordres, savoir ·

(1) Toullier ne lui consacre pas moins de 15 pages.

L'ordre des lois impératives;

L'ordre des lois prohibitives.

Les premières, on ne l'a pas oublié, s'adressent exclusivement aux *fonctionnaires*, les secondes exclusivement aux simples particuliers. Nous avons dit, à ce sujet, comment et pourquoi le législateur ne peut contenir et diriger l'énergie de ces derniers que par des restrictions de leur liberté naturelle , sanctionnées par des peines correspondantes aux violations de la loi. (V. n° 35.)

Ces points rappelés, voyons quelles sont les conditions du problème que présente à résoudre l'article en discussion, il s'agit :

1° D'assurer en France la souveraineté des lois françaises.

2° De prévenir leur violation par les *Français* à l'étranger.

3° Sans pour cela s'obliger par courtoise réciprocité à admettre en France l'autorité et l'application *concurrente* des lois étrangères.

L'Art. 1, à nouveau rédigé, étend la souveraineté des lois jusqu'aux frontières et l'impose *à tous les citoyens;* cette expression de *citoyens* excluant les *étrangers*, il suffira pour satisfaire à la première condition du problème, de lui substituer les mots suivants : *à tous ceux qui habitent le territoire.*

Les deux autres conditions soulèvent cette question qu'il faut avant tout examiner et résoudre : quelles sortes de lois françaises peuvent être méconnues et violées par les Francais à l'étranger ?

86. Serait-ce *les lois impératives?* non, car les fonctionnaires qu'elles régissent, s'ils résident en France, ne pourront point y contrevenir à l'étranger, et s'ils sont en mission hors de France, ce ne serait pas *impunément* qu'ils failliraient à leurs devoirs : un désaveu et une destitution en auraient bientôt fait justice. L'autorité de ces sortes de lois n'a donc à cet égard rien à redouter, elle est à l'abri de toute atteinte sérieuse à l'étranger.

Seraient-ce *les lois prohibitives?* Celles-ci s'adressent aux simples particuliers libres d'aller au-delà des frontières pour se soustraire à leur empire; mais il faut alors ici distinguer entre les lois prohibitives *civiles* et les lois prohibitives *pénales.*

La violation en pays étranger des *lois pénales françaises* est juridiquement une chose impossible par deux raisons, savoir :

1° Que les lois ne peuvent être méconnues que là où elles sont connues, — violées que là où elles sont exécutoires et, que nos lois ne sont ni obligatoires ni promulguées à l'étranger ;

2° Que les crimes et les délits ne violent les lois que par *leurs effets dommageables*, et que ces effets se réalisant à l'instant même du méfait, les crimes et délits commis à l'étranger ne peuvent qu'enfreindre les lois du lieu où ils sont commis.

Il est toutefois des crimes et des délits, rares il est vrai, qui de l'étranger, où ils sont préparés et accomplis, atteignent, sur le territoire français, les intérêts et la sécurité que protégent nos lois pénales ; contre ces méfaits *à longue portée*, le législateur doit nous défendre : — le préjudice éclate en France, ils peuvent dès lors être considérés comme y ayant été commis ; — que leurs auteurs y soient poursuivis, qu'y trouverait-on à redire ? — les art. 6 et 7 du Code d'instruction criminelle, en énumérant ces sortes de crimes qui portent en France et en soumettant leurs agents à des poursuites, ont donné une juste satisfaction aux nécessités de la défense nationale et au principe de la *territorialité des lois pénales*.

Une Doctrine plus généreuse que pratique est venue, en 1866, bouleverser le système du Code de 1806 ; l'application de la loi du 23 juin démontrera mieux que personne les illusions de la théorie « de *l'émancipation territoriale du droit de punir ;* » nous persisterons, en conséquence, à penser que les lois pénales sont par leur nature essentiellement territoriales, *clauduntur in territorio*, et qu'il est impossible aux Français d'en violer l'autorité sur le territoire étranger où elles ne sont ni *connues ni obligatoires*.

87. Il n'en est pas de même des *lois prohibitives civiles* : les actes quelles prévoient produisent leurs effets longtemps après leur formation ; ils pourraient être passés à l'étranger sous l'empire d'une législation moins rectrictive et venir plus tard en France à exécution et y réaliser *des effets prohibés*. — L'autorité de nos lois serait ainsi éludée et méconnue ; — le

lois prohibitives civiles sont donc les seules dont il y ait lieu d'assurer l'inviolabilité hors du territoire.

Le législateur y a pourvu par le système de *l'internationalité* des lois personnelles ; nous en avons signalé l'insuffisance et proposé de lui substituer celui de la *souveraineté absolue* des lois françaises sur *l'exécution* des actes passés à l'étranger. (V. n° 80).

On nous permettra d'entrer ici dans quelques détails pour mieux faire ressortir, par l'inefficacité de l'un, la simplicité plus efficace de l'autre.

Les lois concernant l'état et la capacité des personnes, *les lois personnelles*, en un mot, sont des lois prohibitives civiles dont l'objet est de déterminer *les actes à effets indirects* (V. n° 28. x.) qui sont enlevés, interdits à notre capacité juridique ; la violation de ces lois consistera donc à faire hors de France un de ces actes qu'on *ne pourrait légalement faire ou consentir* en France.

Or, de deux choses l'une :

Ou cet acte obtiendra force exécutoire à l'étranger et n'aura rien à demander à la loi française pour réaliser tous ses effets,

Ou non :

Dans le premier cas, il sera devenu *fait accompli, fait accompli et ignoré* pour la France. — Il en sera de cet acte comme des actes contraires à la loi qui sont, en France, volontairement exécutés par ceux qui seraient en droit d'en demander la nullité. — La loi française n'aura absolument rien à y voir, rien à y reprendre, elle ne les connaît pas, ils sont à ses yeux comme n'ayant jamais été.

Dans le deuxième cas, c'est autre chose. — L'acte a été passé soit entre Français, soit entre Français et étrangers ; on en poursuit en France l'exécution et cet acte viole la loi française. — Cette loi doit-elle être pour lui ou contre lui ? — Voilà bien la question posée dans ses termes les plus extrêmes.

88. Il s'agit par exemple d'un mariage contracté à l'étranger par une fille de 14 ans, sans le consentement de ses père ou mère, ou par un frère avec sa sœur, ou encore d'une donation faite

par un incapable ou même d'une stipulation faite sur une succession non ouverte. — Tous actes radicalement nuls sous l'empire du Code Napoléon.

Quelle doit être la règle du juge? — N'oublions pas qu'il ne s'agit pas pour nous d'appliquer l'art. 3, mais de le refaire. — Les juges n'ont pas en France d'autres lois que les lois nationales, c'est le principe. Ces lois ne se doivent qu'aux actes qui respectent leurs dispositions. — Or, comme c'est à l'exécution qui réalise les effets des actes qu'il faut les apprécier pour voir si *en effet* ils n'enfreignent pas les prescriptions légales, c'est à ce moment que nous les prendrons. Tout bien considéré, cette exécution violerait la loi française, les juges se refuseront en conséquence à lui prêter son appui, et à bon droit, et sans même se préoccuper de savoir s'il était ou non permis par les lois du pays où il a été passé ; le législateur qui consacrerait le contraire donnerait le pas à la législation étrangère sur sa propre législation, et ce serait de sa part abdiquer. — *L'Art. 37 de l'ordonnance du 26 sept. 1837*, sur l'organisation de l'Algérie, a sagement satisfait à ces idées, c'est un précédent et je le cite : « La loi française, dispose-t-il, régit les conventions et *contestations* « entre français et étrangers » — Contestation implique l'idée d'*exécution*, je le souligne.

89. Autre cas. — C'est encore un acte fait à l'étranger, mais les Français n'y sont pour rien, les parties sont toutes étrangères. — Quelle devra être la loi de son exécution ? — Comme précédemment, la loi du lieu où cette exécution sera demandée et poursuivie.

Des exemples feront encore mieux apprécier notre système, qui, au fond, ne diffère en rien de celui que nous avons appliqué au conflit des lois sur l'art 2.

Un acte de fiançaille a été légalement stipulé en pays étranger; un des fiancés, fixé en France, se refuse à son exécution ; — les juges français devront-ils l'y contraindre ? — Si oui, on aboutira à un *mariage forcé*, au mépris de la loi française ; — si non, ils déclareront que la loi n'accorde pas force exécutoire à un acte contraire à ses dispositions, ce qui sera parfaitement juridique, et ils renverront la partie à se pourvoir devant les juges du pays où l'exécution dudit acte ne violerait aucune loi.

90. 3e Hypothèse. — Une femme étrangère, mariée à l'étranger, actionne en France son mari étranger comme elle, pour le contraindre à expulser du domicile conjugal, en France, une autre femme avec laquelle il vit en concubinage. — Elle l'accuse en outre d'adultère. — Le mari est *musulman* et se fonde sur ce que les *lois personnelles* de son pays ne lui imposent pas l'obligation de la fidélité conjugale, il prétend même qu'aux regards de la loi française son mariage avec la demanderesse est radicalement *nul*, attendu qu'il était déjà marié lorsqu'il l'a épousée et que sa première femme vit encore. — Il est prêt à en justifier. — En Turquie la polygamie est permise. — Que décideront les juges français ?

Sur la question de la validité du mariage, ils demanderont au défendeur : Avec quelle qualité êtes-vous venu en France ? — avec la qualité d'étranger, et *d'étranger marié, et légalement marié suivant les lois de la Turquie,* — vous en convenez. — C'est là une situation juridique que rien ne saurait vous enlever; vous la reconnaissez, nous n'avons pas à la discuter, c'est en conséquence à cette situation que nous avons à appliquer la seule loi qu'ici nous puissions connaître, c'est-à-dire la loi française. — Nous acceptons votre contrat pour cette situation qu'il constate. La qualité *d'homme marié* qu'il vous confère est un *fait accompli* sur lequel il n'y a plus à revenir ; mais quant *aux effets* qui peuvent en dériver, c'est la loi française qui, seule ici nous gouverne, qui les régira... La *loi turque* est restée à la frontière et nous n'avons pas à la consulter pour savoir si votre mariage est valide ou non (1), ni ce qu'il com-

(1) Si l'existence même du mariage était contestée, les juges pourraient alors consulter la loi turque, non pour l'appliquer, mais seulement pour en apprendre comme d'un témoin si le lien du mariage s'est formé entre les parties, si la qualité *d'époux* et *d'épouse* leur est légalement acquise d'après leur loi nationale, et non point au regard de la loi française — il importe fort peu dès lors qu'il existe un mariage antérieur; le polygame n'en est pas moins marié, i

porte de *fidélité conjugale*, pour nous, là n'est pas la question à juger : — Vous êtes marié, vous êtes en France, subissez-y la *loi du mariage*. — Quant à votre femme, il se peut qu'elle méconnaisse *la loi de son contrat d'union*, en refusant aujourd'hui de se soumettre à ses conséquences polygamiques, mais nous ne saurions pas plus la blâmer de profiter, sur ce point, des avantages de notre loi, que d'user des commodités qu'elle trouve dans nos villes : — *intrasti urben, ambula justa ritum ejus.* — Sur ce, les juges ordonneront à bon droit l'expulsion de la concubine de la maison conjugale et prononceront, contre le mari adultère, la peine édictée par l'art. 336 de notre Code pénal, mitigée toutefois par le bénéfice des circonstances atténuantes à raison de sa qualité de Turc.

91. 4ᵉ Hypothèse. — Un majeur de 21 ans, étranger, a souscrit dans son pays où la minorité est prolongée jusqu'à 25 ans, un billet à un étranger ou à un Français, peu importe. — On en poursuit en France le paiement. — Le souscripteur actionné se prévaut de son incapacité au moment où il a souscrit ledit billet, et il en demande l'annulation.

Quel est ici le *fait accompli*, qu'elle est la situation juridique *venue de l'étranger* qui va servir de base à l'appréciation des juges? C'est encore *la qualité* résultant de l'acte dont on leur demande d'assurer l'exécution. — C'est un billet *souscrit par un individu âgé de plus de 21 ans*. — Les juges français n'auront pas à s'enquérir de savoir si la loi nationale lui reconnaît à cet âge la capacité de s'obliger et jusqu'à quel point et

l'est même plus qu'un autre, et la polygamie n'est pas en cause. — Or, notre hypothèse est ici qu'il y a un mariage valide aux yeux de la loi turque. — S'il était démontré que le mariage n'a pas eu lieu, — la femme serait déboutée, son action n'aurait pas de fondement. — Ajoutons que les unions polygamiques ne peuvent être assimilées au concubinat. — Les mariages en Turquie sonᵗ des contrats civils soumis à des formalités protectrices comme en France, comme en France, ils obligent les époux aux devoirs réciproques de vie commune et de fidélité ; — l'adultère de l'un et de l'autre est même plus sévèrement puni qu'en France. (V. à ce sujet les études sur les législations anciennes et modernes : — droit musulman, par M. Joanny Pharaon, pages 45 et suivantes et ci-dessus, *infra* nº 108.)

sous quelles conditions ses engagements sont alors valables ; — Questions ardues. — Ils ouvriront leurs codes, ils y verront qu'un majeur de 21 ans a assez de raison et d'expérience pour comprendre la portée de ses actes et consentir valablement, et, sans égard pour *les lois personnelles de l'étranger, qu'aucun texte d'ailleurs ne leur impose*, ils appliqueront au fait constaté la loi française et maintiendront l'obligation (1).

92. A quelles bizarres solutions n'arriverait-on pas avec le système contraire de l'application absolue et quand même en France « des lois *personnelles étrangères* », si la jurisprudence et la doctrine ne savaient à propos manquer de logique et corriger la législation pour ne pas trop froisser les mœurs.

On devrait y admettre la loi de la polygamie pour les orientaux et les laisser impunément violer les art. 336 et 340 du Code pénal qui répriment la bigamie et l'adultère (2). On y recon-

---

(1) Le § 3 de l'art. 3 ne dit pas en effet que les lois personnelles étrangères suivent les étrangers en France, aussi la question de savoir si l'obligation dont il s'agit est valable est encore controversée. V. Valette sur Prud'hon de *l'état des personnes* I. p. 85. de Freminville. *Traité de la minorité*. 1. 4. — Demangeat, *De la condition des Étrangers*, p. 373 et 374. — Paris, 15 octobre 1834. (Sir. 34.2.657.) Cass. 17 juillet 1833. (Sir. 33.1.663.)—Paris, 15 mars 1831. — (Sirey. 31.2.237.) — Voir en sens contraire. Merlin répertoire. V. loi § 6. n° 6 ; — Demolombe. 1.102. — Falix, *Traité du droit national* n° 64. — Pardessus, *Droit commercial* V. 1482. Nouguier de *la lettre de change*, I. p. 475. — Aubry et Rau sur *Zachariæ* I. p. 83. A l'appui de notre solution on pourrait encore faire valoir ici cette considération que le législateur a déjà déserté le système du § 3 de son art. 3 pour le nôtre, en faisant prédominer ses propres règles sur cette question de majorité. C'est en effet d'après *les lois personnelles des Français* que les juges doivent se régler pour statuer sur la *capacité des étrangers* qui, pour aliéner leur nationalité et acquérir la nationalité française, demandent à profiter du bénéfice de l'art. 9 du Code Napoléon, ce qui est bien plus important que la validité d'un billet à ordre. Art. 1. L. 7 février 1851.

(2) Un Musulman déjà marié demande à contracter un nouveau mariage, se prévalant des lois de son pays ; dans notre système, l'officier de l'état-civil se refusera à bon droit de satisfaire à ses réquisitions, par ce motif déjà développé qu'étant en France avec la qualité *d'étranger marié*, la loi française lui défend de contracter un autre mariage. Pas n'est besoin de recourir au § 1 de l'art. 3 qui est l'expression du système contraire à celui du § 3.

naîtrait la *capacité servile* des esclaves du sud de l'Amérique, sur la demande de leur maître, au mépris de la loi qui a fait de la France le sol de la liberté; — On y considérerait un moine profès comme *mort civil* (1) et peut-être qu'un père assez dénaturé pour y tuer ses enfants en vertu d'un droit national, s'il était encore un pays où un pareil crime fût un droit de la puissance paternelle, devrait y trouver grâce devant la justice indignée.

Je sais très bien qu'en pareil cas on mettra en avant les mœurs, l'ordre public et les lois de la morale, comme si, en droit, les lois positives n'en étaient pas la plus haute expression, et que l'art. 3 sera méconnu... mais qu'en conclure, sinon que cet article est insuffisant et comme exception et comme règle.

93. Notre système aboutit à des résultats moins choquants sur tous ces graves sujets de controverse.

Il pose en règle générale que les lois étrangères restent à la frontière ; — que leurs sujets entrent en France avec la situation juridique qu'ils se sont faite sous l'empire de leurs dispositions, c'est-à-dire avec les liens de droit, résultant des actes par eux consentis ou des jugements rendus contre eux à l'étranger (2) ; c'est avec cette situation que la loi française les saisit et les régit pour toutes les conséquences qui en dérivent, ou peuvent en dériver, les effets et l'exécution de leurs contrats lui appartiennent.

Ainsi, l'étranger marié entrera en France, et y sera reçu avec *sa qualité d'époux*, sa femme avec *son titre d'épouse*, et la loi conférera *la légitimité* aux enfants qui viendront à naître de leur union et en réglera toutes les conséquences.

L'anglais ou l'anglaise divorcés seront reçus comme *n'étant point mariés*, libres partant de contracter en France un nouveau mariage.

---

(1) *Sic* Duranton T. I. 88... Demangeat. op. cit. p. 375 contra. M. Coin Delisle, p. 71. n° 5. V., d'ailleurs, Supra, n° 108, ce qui sera dit au sujet du mariage des profés.

(2) *Sic.* Fœlix. op. cit. n°s 65 et 333. — Demolombe I. 103. — Demangeat, op. cit. p. 374 et MM. Aubry et Rau sur Zachariæ I. p. 85, et notes 33.

Les interdits resteront interdits :

Les mineurs passeront la frontière avec leur minorité, mais ils la perdront immédiatement s'ils ont atteint leur 21e année.

Les émancipés resteront légalement émancipés.

Et les faillis seront traités en faillis (1).

94. Et comment y seront entendues et appliquées les conventions matrimoniales ? Tout comme les autres conventions ; — mais la question est controversée et demande une réponse plus explicite.

Le principe de la souveraineté des *lois publiques* ne comporte pas de partage, il repousse à la frontière la souveraineté opposée des *lois publiques étrangères*. — Quant aux *lois privées des conventions*, son autorité en prédominant la force exécutoire n'a pas à redouter celles qui viendront de l'étranger. D'où cette conséquence, que les étrangers mariés entreront en France non seulement avec la situation juridique que leur aura faite la célébration solennelle de leur union, mais aussi avec les liens de droit résultant de leurs conventions matrimoniales ; — conventions dont nos magistrats auront par suite à assurer les effets et l'exécution, s'il y a lieu, dans les formes et sous les conditions de la loi française, la seule qu'ils puissent appliquer.

On nous arrête à cette assertion et l'on conteste :

Si le législateur étranger, dira-t-on, à l'exemple du législateur en France, a fait plus que de préciser les stipulations interdites, s'il a, dans ses codes, donné des modèles de contrats, s'il en a une à une, exprimé les clauses, et si les parties, ne pouvant faire mieux, s'en sont expressément ou tacitement référé à ces contrats du législateur, déclarant en accepter le régime. — Ne faudra-t-il pas alors que les magistrats français, requis d'en assurer l'exécution, ouvrent la loi étrangère pour lire ses stipulations et les appliquer conformément à l'*intention* des parties ? Ne faut-il pas alors qu'elle franchisse la frontière et que les juges s'inclinent devant son autorité ?

(1) Bordeaux, 22 déc. 1847. (S. V. 48. 2. 228.) *Sic.* MM. Aubry et Rau sur Zachariæ, p. 85, t. 1. 3e éd.

Cela n'est pas douteux et nos principes n'auront pas à fléchir pour le reconnaitre. Seulement, remarquons-le bien, ce n'est pas comme *loi publique émanée de la puissance étrangère* qu'elle s'imposera alors en France aux magistrats, mais uniquement comme *loi privée du contrat étranger*, comme clause de ses stipulations privées, -- insérée, incorporée dans l'acte qui les constate par l'intention commune des parties (1), et cela est si vrai que son exécution ne gardera rien de l'autorité qui l'a promulguée ; — elle se produira et réalisera ses effets comme *Loi privée des contractants*, les juges en appliqueront les dispositions comme ils eussent appliqué celles d'un simple contrat dans les formes et sous les conditions de la loi française, en tant que cette application n'aura dans ses effets, rien d'opposé à ses propres dispositions. — Et ils s'y refuseront dans le cas contraire. C'est pourquoi la clause légale et sous-entendue de divorce, sous laquelle sont contractés tous les mariages en Angleterre et en Belgique, ne pourrait obtenir aucun effet en France où le divorce est aboli ; — Il en eut été autrement avant la loi du 8 mai 1816.

Ces explications et ces exemples prouvent assez, ce me semble, que la règle unique de la souveraineté absolue en France des lois nationales, entendue comme nous l'entendons, et comme l'ont consacrée les § 1 et 2 de l'article 3, l'emporterait, par ses avantages pratiques, sur la règle du § 3. — C'est dans ce sens que nous reviserons en conséquence sa disposition insuffisante.

95. Nous n'avons jusqu'ici considéré la loi française que relativement *au fond du droit* pour les actes passés à l'étranger ; que décider quant à leur forme ? — notre Code est muet sur ce point par suite du rejet de l'article qui, dans le projet de notre titre préliminaire, portait « *que la forme des actes serait réglée*

---

(1) En admettant qu'il n'y eut pas entre les parties de conventions écrites, il n'en faudrait pas moins admettre que la loi étrangère est entrée en France avec l'intention des parties qui seront censées l'avoir acceptée, si surtout cette loi s'impose comme droit commun en l'absence de toutes conventions écrites.

par les lois du pays où ils seraient faits ou passés. » C'était la règle de la maxime *Locus regit actum* (1). La jurisprudence l'a retenue dans ses solutions, comme le législateur en a conservé le principe dans ses articles 47, 170 et 199 du Code Napoléon ; — on ne saurait donc, je crois, mieux faire que de le consacrer par une disposition spéciale qui compléterait sur ce point l'œuvre incomplète de la législation.

La loi du lieu doit seule régir la forme des actes ; les fonctionnaires et les officiers publics appelés à les recevoir et à les dresser ne sauraient légalement procéder qu'en suivant les prescriptions qui les gouvernent ; — la force des choses y obligerait à défaut des principes dont il faut ici de toute nécessité admettre *l'internationalité.* — Les écrits qui constatent les contrats, les donations et autres dispositions de biens et de droits sont des instruments de preuve tout comme les témoins ; — or de même que les témoins se prennent là où ils sont, avec leur caractère et leur langage, de même les actes instrumentaires doivent être reçus avec les caractères, les conditions et les signes que leur imprime le milieu législatif où ils viennent se produire.

96. Quant à la question si controversée de savoir quelle loi régit en France les choses mobilières des étrangers, elle perd tout intérêt devant le principe qui, supprimant toute distinction entre les meubles, les immeubles et les personnes, soumettrait tout à la même règle d'application ; s'il y a d'ailleurs à faire à cet égard quelques distinctions, rien ne s'opposerait à ce qu'elles fissent l'objet de dispositions spéciales ; nous laisserons d'autre part la plus grande latitude aux juges du fait sur le point de savoir si les meubles sont en France *à demeure* où ne s'y trouvent *qu'en transit,* auquel cas ils ne seraient pas plus placés sous l'empire de la loi française que les ambassadeurs, leur famille, leur suite, et leur fortune mobilière. — En ce qui concerne ces agents des puissances, nous avons admis la prédominance des traités qui déclarent leurs personnes inviolables comme celles des chefs d'Etat qu'ils représentent.

(1) Cet article fut rejeté à cause de sa rédaction trop absolue.

Résumé.

97. Quoi qu'il en soit, nous croyons devoir pour l'intelligence de ce qui va suivre, poser ici les bases du système dont nous nous proposons de dégager les règles pratiques dans notre rédaction ; — elles peuvent se résumer par les six propositions suivantes :

I. La loi française est souveraine sur son territoire ;

II. Elle régit seule ceux qui résident sur ce territoire;

III. La France reçoit les étrangers avec la situation juridique qu'ils ont en franchissant ses frontières, en tant que cette situation est reconnue par les lois françaises ; — ces lois en régissent seules les effets et les conséquences ;

IV. La loi française reconnaît les contrats, donations, testaments, jugements et tous autres actes privés ou publics faits à l'étranger, mais elle ne se prête à leur exécution qu'en tant que ces effets et cette exécution ne violent aucune de ses dispositions, et ne froissent pas les mœurs publiques ;

V. Toute autorité est refusée en France aux lois étrangères, la loi française n'en reconnaît pas la force obligatoire en France;

VI. Les lois étrangères ne seront reçues en France que pour servir à l'interprétation des actes faits sous leur empire, et pour ce que l'intention des parties en aura retenu et inséré dans ces actes pour le règlement ou la garantie de leurs intérêts privés, en tant qu'elles n'ont rien de contraire aux lois françaises ; — elles y seront encore reçues et suivies par les juges lorsqu'il s'agira pour eux de statuer sur la forme, la régularité et la force probante desdits actes, mais non pour leur exécution.

III.

98. Voici en conséquence comment, d'après ces données, me paraîtraient devoir se manifester les règles d'action contenues dans les différents paragraphes de l'article 3.

Au Code général des fonctionnaires : Titre: de l'application des lois.

Art. 3. — (*art. 3 et art. 1 du C. Nap. combinés*) Les fonctionnaires dénommés en l'art. 1er, devront,

Chacun dans la limite de leur pouvoir et de leurs attributions.

1° Surveiller et réaliser la force obligatoire des lois et décrets à partir de leur promulgation;

2° En observer et appliquer les dispositions sans y ajouter ni retrancher ;

3° Et contraindre tous ceux qui habitent le territoire (1) — à l'exception toutefois des représentants des puissances étrangères qui sont régis par des lois spéciales, — à les observer et exécuter dans les parties de l'empire où leur promulgation en pourra être connue, ainsi que le porte l'art. 1. (V. n° 83)

Au Code civil : — Titre : de l'effet des lois.

Art. 3. *a.* — (*art* 3. § 3 *C. Nap.*) Les Français ne peuvent ni ne doivent faire ou consentir en pays étranger aucun des actes privés ou publics qu'ils ne pourraient ou ne devraient pas légalement faire ou consentir en France (V. n° 84).

Quant aux actes non interdits en France, ils ne pourront les faire en pays étranger qu'en suivant les formes prescrites par les lois du pays, lorsqu'ils ne pourront légalement y être passés conformément aux lois françaises. (V. n° 95.)

Art. 3. *a.* 1, — Nul ne peut se prévaloir en France des lois étrangères,

Soit pour s'y soustraire à l'application des lois françaises, soit pour s'y justifier d'en avoir méconnu ou violé les dispositions ; — à moins qu'il ne s'agisse de règlements de police dont, étranger, il aurait violé les dispositions par suite de l'impossiblité où il aurait été de les connaître (2) ;

Soit pour y contester l'exécution ou les effets d'actes, dispositions ou conditions non contraires aux lois françaises en vigueur ;

Soit pour y demander l'exécution ou le bénéfice d'actes, dispositions ou conditions contraires aux lois françaises en vigueur.

Les trois articles qui précèdent n'ont en vue que les actes émanés de la libre détermination des parties, (contrats, donations, testaments, etc...) La ligne des prohibitions présenterait une lacune si elle n'atteignait pas les contrats judiciaires, c'est-à-dire les jugements, il y a donc lieu d'en faire l'objet d'une disposition analogue à la suite.

---

(1) Cet article ne différant de l'art. 1er que par la substitution des mots *tous ceux qui habitent le territoire* à ceux *de tous les citoyens*, il n'y aurait pas de raison à ne pas faire un seul article des deux. — Il n'y aurait qu'à transporter dans le texte de l'art. 1 les expressions générales de l'article ci-dessus.

(2) *Sic* Demolombe, I. 73.

Art. 3. *a.* 2. — Nul ne peut se prévaloir en France des dispositions d'une loi étrangère pour s'y soustraire à l'exécution des jugements en matière civile régulièrement obtenus et rendus contre lui à l'étranger, lorsque cette exécution n'est contraire ni aux lois françaises, ni aux usages, ni aux bonnes mœurs, ni à l'ordre public. (V. n° 97. III. IV. V. et art. 546 C. de proc. civ.)

Pour que ces prohibitions ne soient pas lettres mortes, il faut en organiser la force d'application en s'adressant aux agents chargés de la réaliser dans la pratique des faits. Nous repassons ici du territoire des lois civiles sur celui des lois de procédure afin d'y établir d'énergiques défenseurs de la ligne des défenses.

Au Code de procédure : Titre: de l'application des lois.

Art. 3. *a.* 3. — (*art.* 3 *C. Nap.*) Les présidents et juges des juridictions de l'Empire devront,

Lorsqu'il s'agira de statuer sur la validité, la force exécutoire, les effets ou l'exécution des contrats, conventions, promesses, donations, testaments, dispositions ou autres actes privés ou publics, consentis ou passés en pays étrangers, soit des Français, soit par des étrangers,

1° Se régler d'après les lois du pays où ces actes ont été faits, en ce qui concerne la forme, la force probante, l'intention des parties et les présomptions de droit qui peuvent en être la conséquence. (V. n°' 95, 97 VI.)

2° Refuser force exécutoire à ceux de ces actes qui ont été faits, consentis ou passés par des Français dans les cas suivants :

a) — S'ils ne pouvaient pas ou ne devaient pas légalement les faire ou passer en France au moment où ils ont été faits ou passés à l'étranger ;

b). — S'ils n'ont pas été passés suivant les formes prescrites par les lois du pays où ils ont été faits ou passés , — lorsqu'ils n'ont pu y être faits conformément aux lois françaises ;

c). — Si bien que réunissant ces dernières conditions, il est cependant établi que l'acte n'a été ainsi fait ou passé à l'étranger que pour se soustraire à d'autres conditions de la loi française (1).

3° Refuser force exécutoire à ceux de ces actes faits par des étrangers lorsqu'ils sont en opposition avec les lois françaises ou lorsque leurs effets ou leur exécution seraient de nature à porter atteinte à l'ordre public ou aux intérêts français, à moins toutefois qu'il n'en ait été autrement ordonné par les traités en

---

(1) Ainsi décidé par la jurisprudence.

vigueur consentis par le Gouvernement français (V. nᵒˢ 94, 97. III, IV).

4ᵒ Dans tous les autres cas, leur donner force exécutoire dans les formes et sous les conditions de la loi française en vigueur au moment où leur exécution sera demandée ou poursuivie (V. nᵒ 91).

Au même Code. Titre de l'exécution des jugements.

Art 3. a. 4.—(Art. 546 C. de pr. civ.). Les président et juges des juridictions de l'empire devront,

Sur la demande des parties intéressées,

1ᵒ Ordonner, conformément aux lois françaises en vigueur, l'exécution des jugements régulièrement obtenus et rendus en pays étrangers, en matières civiles (1), et ce, dans les cas suivants (2) :

a). — Lorsque ces jugements seront en la forme revêtus des caractères extérieurs qui en garantissent et en constatent la régularité (3),

b). — Lorsque leur exécution n'est pas de nature à violer par ses effets une loi française, les mœurs ou les usages reçus (4) ;

2ᵒ Dans les cas contraires, leur refuser force exécutoire et condamner celui qui la demande aux dépens.

---

(1) En matière pénale les jugements étrangers ne sont point exécutoires en France. — Le principe de la souveraineté absolue des lois répressives et leur caractère essentiellement territorial en bornent les effets à l'intérieur de chaque État. (V. infra., nᵒ 98, in in fine) même en ce qui concerne les incapacités résultant d'une condamnation.

(2) (3)(4) La question de savoir quels effets produisent en France les jugements et les actes émanés de tribunaux ou d'officiers publics étrangers a donné lieu à des controverses nombreuses. Nous nous bornerons à l'énoncé des principales solutions auxquelles elles ont abouti. — Ces jugements ne jouissent pas en France de l'autorité de la chose jugée. (Cass. req. civ. 27 déc. 1852. (S.V. 53. 1. 74.) — Cependant cette solution a été contestée. V. Fœlix, Traité de droit international privé, nᵒˢ 23, 293, 315 à 322, et une note 2, page 102 du t. 1 du Cours de droit civil, d'après Zachariæ, par MM. Aubry et Rau. — On distingue si le jugement est rendu contre un Français ou contre un étranger ; dans le premier cas, le juge, appelé à statuer sur la demande d'exécution du jugement étranger, doit, si la partie demande à débattre ses droits à nouveau, procéder à la révision des motifs et du dispositif de la décision. Bordeaux, 6 avril 1847, (Sir. 48. 2. 183,) et MM. Aubry et Rau, op. cit., p. 103) ; dans le second cas, le juge doit se borner à examiner si l'acte soumis à son appréciation présente les caractères d'un jugement et ne renferme rien de contraire à l'ordre public en France. (Valette, *Revue de droit français et étranger* 1849, VI, p. 597. Paris, 20 nov. 1848, (S.V. 49. 2. 11.) Il a été cependant jugé que même dans ce cas la révision

IV. — Application.

Ainsi que nous l'avons fait pour les dispositions issues de l'art. 2, nous allons éprouver celles que nous venons de déduire de l'art. 3, en les appliquant aux mêmes lois et aux mêmes situations, — abstraction faite, toutefois, de l'art. 8 du Code Napoléon qui reste en dehors de notre étude.

99. Nous n'aurons pas à nous décider, comme la plupart des commentateurs, d'après le caractère *de réalité* et de *personnalité* des lois, mais d'après le caractère *impératif* ou *prohibitif* de leurs dispositions, et la divergence que l'on remarquera entre nos solutions et les leurs, viendra bien moins cependant des distinctions qu'ils font sous ce rapport, que de l'*autorité* qu'ils accordent en France *aux lois personnelles* des étrangers, — autorité que nous rejetons, et qu'ils pourraient rejeter comme nous, puisqu'*aucun texte ne l'impose*. — C'est par là, surtout, que notre système différera de celui que la doctrine et la jurisprudence ont trop souvent consacré.

I. — Lois constitutionnelles et politiques. — L'objet de ces lois est d'organiser la forme du Gouvernement, la division des pouvoirs nationaux, de déterminer les droits et les devoirs politiques des *citoyens* et les conditions d'aptitude à l'exercice des fonctions publiques ; — leur application concernant, par suite, uniquement les *nationaux*, les étrangers ne sauraient ni prétendre aux prérogatives qu'elles confèrent, ni

---

du fond était nécessaire. (Douai 3 janvier, 1845, S. V. 45. 1. 513,) *Contra*. MM. Aubry et Rau, n° 6, p. 104. — Les jugements et sentences arbitrales rendus à l'étranger n'emportent hypothèque judiciaire sur des immeubles situés en France qu'autant qu'ils ont été déclarés exécutoires par un tribunal français. (art. 2123 C. Nap.) Un simple *pareatis* ne suffirait pas. — Les jugements des tribunaux civils étrangers modificatifs de la capacité des personnes ont le même effet en France que dans le pays où ils ont été rendus, sans qu'il soit nécessaire de les faire déclarer exécutoires en France. (*Sic* Aubry et Rau, op. cit., p. 85 et note. — Demolombe, 1. 103. — Demangeat. op. cit., n° 82, p. 374. V. infra, n° 101, III, *in fine*.)

subir les charges qu'elles imposent, à l'exception, toutefois, des *impôts* et des *contributions* qui, pour les étrangers, doivent être considérés jusqu'à un certain point comme la rémunération de la protection que l'Etat accorde à leurs personnes et à leurs biens.

La rubrique ou le texte de ces lois ne permettrait pas d'ailleurs de les étendre à d'autres qu'aux citoyens français.

II. — Lois d'organisation administrative ou judiciaire, de compétence et de procédure, soit en matières politiques ou administratives, soit en matières civiles, commerciales et criminelles. —

Ces lois sont particulièrement absolues et régissent comme une force majeure tous ceux qui habitent le territoire où elles fonctionnent.

100. Elles sont pour les pouvoirs constitués ce qu'est la vapeur à l'organe mécanique, elles en sont la vie et la force dominante, la puissance qui résulte de leur action ne saurait se modifier ni se plier aux conditions des *lois nationales* de ceux qui font appel à leur protection ; — elle s'impose telle qu'elle est, comme s'imposent l'architecture et le service intérieur des édifices où cette protection se manifeste.

Les agents et les ministres de la loi ne connaissent en France que la loi française, nous l'avons déjà trop répété, les lois étrangères n'ont pour eux aucune autorité, elles ne sauraient leur servir de guide que si la loi souveraine qui les régit les leur imposait formellement; — c'est ce que ne fait pas notre art. 3 a. 4. qui ne leur prescrit de se régler d'après les lois étrangères, lors de l'appréciation des actes faits à l'étranger, que pour ce qui, dans ces actes, a dû subir l'empire du milieu législatif où ils se sont produits, — c'est-à-dire pour la forme, la force probante et les présomptions résultant de l'intention des parties ; — la nécessité même des choses commandait cette exception (V. n° 95).

Les étrangers ne sauraient, en conséquence, être admis à se prévaloir en France des lois de leur pays pour demander que l'on fût tenu de procéder à leur égard, en justice, autrement que ne le prescrivent les lois françaises, soit en ce qui concerne la procédure à suivre, soit en ce qui concerne la compétence des tribunaux ou le mode d'exécution forcée qui serait exercé contre eux.

Ce sont là des lois impératives dont l'application ne comporte aucune distinction de nationalité.

III. — Lois concernant la capacité des personnes. — Elles régissent les français même à l'étranger et les étrangers résidant en France (Art. 3. — Art. 3, a. — Art. 3. a. 1. — Art. 3, a, 2).

101. — Les lois qui déterminent la capacité des personnes ont particulièrement cet effet de restreindre l'exercice de la liberté naturelle d'obliger et de s'obliger : Leurs dispositions sont essentiellement prohibitives, elles se rédigent, dans notre système, par les formules *nul ne peut,* — *ou nul ne doit...* suivant que la prohibition est faite dans l'intérêt général ou en vue de l'intérêt privé.

I. — En ce qui concerne les Français à l'étranger.

Le texte de notre art. 3, combiné avec celui des §§. *a. b.* et *c* du n° 2 de l'art. 3. a. 3, leur fait une situation parfaitement tranchée : — Ils seront libres de profiter du bénéfice des lois étrangères, mais il ne sera accordé force exécutoire en France aux actes par eux passés à l'étranger que s'ils ne violent aucune loi française. — Ces lois restent par suite indirectement obligatoires pour les Français au-delà des frontières. — On peut, dès-lors, admettre sur ce point la plupart des solutions consacrées par la jurisprudence à raison des lois dites personnelles, lesquelles sont toujours plus ou moins restrictives de la capacité des personnes.

Le mariage contracté à l'étranger par un Français qui ne posséderait pas les conditions de capacité requises par la loi française, serait en conséquence nul et annulé en France, bien que valable à l'étranger.

Sera également nulle au regard de la loi française, bien que valable à l'étranger, l'obligation contractée par un Français sans les autorisations qu'elle exige pour sa validité.

Il en sera de même d'un testament portant substitution, en ce qui regarde son exécution en France, bien qu'il ait été fait dans un pays où les substitutions n'y seraient point prohibées (1), et de même encore, d'une donation de biens à venir ; — en un mot de tous actes à *effets indirects*, conventions, promesses, dispositions de biens et de droits qui, pour un motif ou pour un autre, *sont interdits en France sans être prohibé à l'étranger* (2).

II. — En ce qui concerne les étrangers en France.

La règle sera exactement la même que celle des Français à l'étranger : — Ils y seront libres de profiter de la protection et du bénéfice des lois françaises, comme aussi de suivre leurs lois nationales en ce qu'elles n'auront rien de contraire à notre législation et à l'ordre public : — Les dispositions combinées de nos articles 3, ne sont que l'expression de cette pensée de justice et de liberté que *tout ce qui ne leur est pas défendu est permis.*

Insistons pour bien faire saisir la simplicité et l'équité de cette théorie.

Il en est des lois comme de toutes les puissances, leur autorité est ombrageuse ; — elles n'admettent chez elles que ce qui affirme ou affermit leur empire : — si elles se concilient sans

---

(1) Pour arriver à cette solution, la plupart des auteurs, en forçant quelque peu leur système, rangent dans la catégorie des statuts réels les lois qui, pour des motifs de justice ou d'économie sociale, prohibent ces sortes de dispositions. (V. MM. Aubry et Rau sur Zacharia, I, p. 74.) Nous ne distinguons pas et sans concessions, les prohibitions d'actes à effets indirects, sont pour nous, quel qu'en soit les motifs, sanctionnées par nos articles.

(2) *Si c'est par la loi du lieu où ils se forment et sont passés que doivent s'apprécier la régularité et la force probante des contrats, c'est par la loi du lieu où ils viennent à exécution que leurs effets se déterminent. Sic.* — Dalloz, répertoire alphabétique, Vᵒ lois nᵒˢ 127 et 138, — jugement du trib. de commerce de Marseille, confirmé par arrêt de la Cour d'Aix du 30 janvier 1861. (S. V. 64. 1. 385. D. P. 64. 1. 166). *Contra.* Cass. civ. 23 février 1864 (S. V. 64. 185). Cet arrêt, rendu contrairement aux conclusions de M. l'avocat général de Marnas, casse l'arrêt d'Aix précité, mais sa décision, sans motifs sur la question législative, qui nous occupe, ne saurait être par nous considéré comme une solution définitive.

efforts avec les *lois privées* des conventions et des jugements qui acceptent leur protectorat et le respectent, elles repoussent et doivent repousser sans distinction *tous les actes directs ou indirects* qui le méconnaîtraient.

Quant aux *actes à effets directs* (crimes, délits ou contraventions), qui font l'objet des lois pénales, pas de difficultés ; — tout le monde est d'accord pour reconnaître que les étrangers ne peuvent se prévaloir, même de leur ignorance, pour se soustraire à l'application de ces sortes de lois.

Pourquoi n'en serait-il pas de même des *lois civiles* prohibitives des *actes à effets indirects* ?

Est-ce que l'autorité du législateur n'est pas également intéressée à ce qu'on respecte, ici comme là, ses barrières ? — La liberté des contrats et des dispositions qu'il réprouve est-elle moins contraire au but social que, sur un autre plan, la liberté des délits et des crimes ? — Nous ne voyons aucune raison bien sérieuse de faire entre l'autorité des lois la plus petite différence : — le texte de nos articles n'en fait pas et comprend sans distinction la violation des *lois civiles* et des *lois pénales*.

Affranchis de leurs lois nationales à la frontière, et ne gardant de leur pays que les liens de droits des contrats et des jugements modificatifs de la capacité juridique, les étrangers entreront donc avec *leur seule liberté naturelle* sous la suzeraineté des lois françaises ; ils devront en conséquence subir très légitimement les conditions de son protectorat aussi bien, dès lors, pour l'exercice actuel ou futur de leur liberté contractuelle, que pour l'*exécution*, en France, des actes passés à l'étranger et des jugements civils qui y auraient modifié leur capacité civile.

102. L'opposition si radicale qui se trouve entre ce système et celui que l'on a trop courtoisement imposé à l'article 3 du Code Napoléon, ne ressortira pas aussi tranchée dans les solutions qui s'en déduisent, par la raison déjà signalée que la jurisprudence et la doctrine ont fait des concessions sur tous les points où le sentiment public et l'équité eussent protesté contre leur logique,

Nous admettrons, par suite, avec elles, que les Orientaux perdraient, en France, la *liberté de la polygamie* que nos mœurs et nos lois repoussent, mais je m'en séparerais, si elles voulaient encore décider, ainsi que la Cour de Paris, le 13 juin 1814 (Sir. 15, 2, 67), que le mariage d'un *moine profès*, originaire d'un pays où les vœux monastiques emportent la mort civile, doit être annulé en France pour le plus grand honneur des lois étrangères (1). Comme l'esclave qui recouvre la liberté en posant le pied sur le sol français, comme le condamné frappé de mort civile par un jugement étranger s'affranchit des effets de sa peine, en passant nos frontières, de même le moine profès doit y retrouver la vie et la liberté. — Est-ce que le législateur qui réprouve l'esclavage et les liens non moins odieux de la perpétuité des vœux monastiques; le législateur qui a aboli le régime inhumain de la mort civile, pourrait en rétablir les effets sans abroger ses lois libérales et déroger à ses meilleurs progrès? et la jurisprudence pourrait elle, sans un texte formel et sous le couvert des lois étrangères, revenir aux abus qui sont proscrits? Non, cela est aujourd'hui impossible; elle violerait la loi dans sa civilisation et ses principes, et le système qui tendrait à la justifier serait un système jugé.

Nous ne partagerions pas davantage le sentiment des auteurs (2) qui pensent que les actes légalement passés en France par des étrangers devraient y être annulés, parce qu'ils n'auraient pas eu, d'après la loi de leur pays, la capacité pour les faire; — le mineur étranger, incapable de transmettre aucune partie de ses biens au regard de sa loi nationale, pourrait très valablement, avec notre système, en disposer dans les limites de notre art. 904 du Code Napoléon pour ceux de ses biens situés en France; tout comme l'étrangère mariée, incapable de s'obliger dans son pays, même avec l'autorisation de son mari, pourrait très valablement, en venant en France, s'affranchir de cette restriction trop absolue, ainsi que l'ont décidé,

---

(1) *Sic* MM. Aubry et Rau sur Zachariæ, t. I, p. 81, 3ᵉ édit.

(2) MM. Aubry et Rau, *loc. cit.* p. 82, *sic.* M. Demolombe, 1, 99, qui reconnait cependant que quelques lois européennes ont décidé que, dans le territoire qu'elles régissent, les étrangers ne pourraient invoquer leurs lois personnelles.

le 17 juillet 1833, la Cour suprême et la Cour de Paris, le 17
juin 1834 (1).

103. — Les solutions que nous allons reproduire sont des
conséquences très logiques dans notre système et des anomalies
dans celui que nous combattons.

« Le juge français, disent MM. Aubry et Rau sur Zachariæ,
« t. I. p. 93. 3° édition, doit, sans égard à la nationalité des
« parties, repousser toute demande fondée sur une convention
« *prohibée par la loi française* ou contraire à l'ordre public
« ou aux bonnes mœurs eu égard à la constitution et au sens
« moral de la nation française (2), mais il ne devrait pas rejeter
« une demande, par cela seul qu'elle serait fondée sur une con-
« vention qui, dans le pays où elle a été formée ou auquel
« appartient l'une des parties, serait considérée comme étant en
« *opposition avec les lois, l'ordre public ou les bonnes mœurs.*

« Ainsi, une convention autorisée par la loi française doit
» être maintenue par le juge français, encore que passée entre
« étrangers et à l'étranger, elle soit *contraire aux lois du pays*
» *où elle a eu lieu.* » C'est là le cas d'application de notre
« article 3 a. 1.) — « Réciproquement, une convention *prohibée*
« *par la loi française*, comme par exemple, la stipulation du
« pacte commissoire dans le contrat de nantissement (Art.
« 2078, 2088 C. Nap.), *doit être annulée*, bien qu'elle soit
« intervenue entre étrangers et dans un pays où la loi autorise
« de pareils actes (art. 791 et 1130, alin. 2), au contraire, il
« pourrait maintenir des conventions ayant pour objet des
« opérations de contrebande à l'étranger, quoiqu'elles eussent

(1) (D.) (P. 1831, 2. 112.— 1833. 1. 303) et— (S. V. 1834 2. 371.) M. Demolombe, t. I, n° 112, combat le principe de ces arrêts et se décide par des considérations de faits dont nous n'avons pas à tenir compte dans l'examen d'une
question, non à résoudre juridiquement, mais législativement, car il s'agit ici de
la loi à refaire.

(2) Arg. art. 6. Fœlix, Traité de droit international privé, Paris 1843, 1 vol.
n° 75. Comparer, Paris, 25 juin 1828 (S. 29. 2. 341). *Quid* d'une convention
formée entre Français et étrangers pour l'exploitation d'une maison de jeu à
l'étranger. V. Pallot. Rev. de droit français et étranger, 1849, t. VI, p. 803.

» été passées dans le pays même dont il s'agissait d'éluder les
» lois et avec des sujets de ce pays (1). »

Tout cela revient à dire que la loi française doit régir en
France l'*exécution des contrats* formés hors de ses frontières et
que les juges auront à leur donner force exécutoire du moment
où ils ne renfermeront *rien de contraire* aux lois françaises en
vigueur, aux bonnes mœurs et à l'ordre public ; — et c'est là
précisément ce que prescrivent les dispositions de nos art. 3, a.
— 3, a, 2. — et 3, a, 3.

104. Mais si les étrangers ou leurs ayant-cause, contre lesquels serait poursuivie l'exécution d'un contrat passé à l'étranger, en contestaient l'existence et le lien de droit, en se fondant
sur l'*incapacité absolue* de ceux qui l'ont formé, d'après quelle
loi auraient, en France, à se décider les juges saisis ? D'après
encore la loi française, et ce par les mêmes motifs que nous avons
développés au sujet de la validité contestée des contrats nés sous
une législation abrogée (V. n° 51), et dont l'exécution serait demandée sous l'empire d'une législation qui a cessé de les prohiber. — Les lois étrangères, ainsi que les lois abrogées, sont
pour les magistrats des lois sans autorité. — Celles-ci parce
qu'elles sont mortes, et les autres, parce qu'elles ne sont pas
nées pour eux. — Nous ne saurions, en conséquence, admettre
cette proposition de MM. Aubry et Rau, « que le juge français
« devrait, dans le cas ci-dessus, prendre pour guide de sa déci-
« sion la loi nationale de ces étrangers. » Une loi non promulguée, dont il ignorera le texte officiel et la jurisprudence pratique, quel guide ! (V. n° 80 *in fine*).

Nous en comprendrions l'utilité si, au lieu d'avoir à apprécier
la validité de l'acte en lui-même, il ne s'agissait que d'en interpréter *le sens*, de déterminer *la portée* de telle ou telle clause,
la *force probante* de telle ou telle autre de ses déclarations ; —
alors, la force des choses y obligeant, le juge pourra regarder à
la loi étrangère et l'interroger comme un témoin du contrat.

_____

(1) Pardessus, Cours de droit commercial, n° 1492. Req. rej., 25 mars 1835
(S. V. 35. 1. 804). Req. rej., 25 août 1835. (S. V. 35. 1. 673).

— Il y regardera donc, non pour l'appliquer, mais uniquement pour la consulter et en apprendre qu'elle a été ou pu être la commune intention des parties contractantes, soit pour ce qu'elles ont *expressément* déclaré, soit pour les clauses *tacites* et les garanties de *droit commun* qu'elles seraient présumées s'être imposées (1) dans le silence de leurs stipulations. — Sous ce rapport aussi. la disposition de notre art. 3, a, 3. § **1**, satisfait à toutes les nécessités de la pratique (2).

105. Un mot au sujet des *jugements* (Art. 3, a, 4).

Les jugements en matières civiles ne sont au fond que des contrats judiciaires (V. n° 130). — Leur exécution en France y subira donc les mêmes règles. — Les étrangers et les Français contractants ne sauraient, en conséquence, être admis à se prévaloir de la loi étrangère pour s'opposer à cette exécution que dans les cas où ces jugements ne seraient pas, en la forme, revêtus des signes extérieurs qui en attestent l'authenticité et la régularité, ou si leur exécution était de nature à produire des effets réprouvés par nos lois, nos mœurs ou nos usages (Art. 3, a, 4). — Dans les cas contraires, les juges leur donneront force exécutoire dans les formes et sous les conditions de la loi française (Art. 546 C. de proc. civ.). — *L'interdit étranger* verra par suite son jugement d'interdiction produire contre lui, en France, tous les effets que la loi française attache à ces sortes de jugements ; — les *faillis étrangers* retrouveront,

---

(1) MM. Aubry et Rau, (*loc. cit.*, p. 94, distinguent entre la loi du lieu où l'acte a été passé, et la loi nationale des parties. — Si les parties sont de nationalités différentes, ce serait, d'après ces auteurs, la première de ces lois qui devrait être suivie pour l'interprétation de la convention ; dans le cas contraire, la seconde leur paraîtrait un meilleur guide, surtout en matière de testament.

(2) La question de savoir si la femme mariée à l'étranger a, dans le silence de son contrat, une hypothèque légale sur les biens que son mari possède en France est fort délicate et très controversée. (V. MM. Aubry et Rau, *loc. cit.* t. I, p. 272, 10 et notes). — 8i cette hypothèque est une garantie de droit commun sous l'empire de la législation du pays où l'union est célébrée, elle frappera les biens du mari, si non, ils en seront affranchis. L'hypothèque légale est une sûreté de droit, ce sont en conséquence les conventions matrimoniales acceptées ou censées acceptées qu'il faut consulter. (V. *infra*, n° **123**.)

sous son empire, les incapacités qui résultent en France des jugements déclaratifs de faillite (1), et les *époux divorcés*, la liberté que leur donnerait un jugement qui aurait prononcé en France l'*annulation* de leur mariage (2).

106. Quant aux *jugements en matière criminelle*, j'en repousserai, avec la jurisprudence unanime, l'exécution sur le sol français, aussi bien pour l'application de la peine que pour les *incapacités civiles* qui pourraient en être la conséquence : — et ce, parce qu'à la différence des jugements civils, qui participent de la nature des contrats, les jugements criminels sont des actes de l'autorité publique, rendus dans un intérêt public, qui tiennent, par suite, plus des *lois publiques* que des *lois privées* des conventions. — Autre motif. — L'autorité publique a seule qualité pour faire exécuter ces jugements; or, comme cette exécution ne peut, d'autre part, être par elle poursuivie que sur *son territoire*, et que l'autorité française ne doit jamais être l'instrument supplémentaire de l'autorité étrangère, il s'en suit qu'elle ne pourrait procéder à cette exécution, d'*office*, sans empiéter sur les droits des magistrats étrangers, ni sur leurs *réquisitions*, sans en accepter la suprématie.

IV. — Lois concernant les contrats de mariage. — Elles régissent les étrangers en France ; et, par quelques-unes de leurs dispositions, les Français à l'étranger (Art. 3).

Il faut distinguer ; car ces lois, à raison de leur objet, se distribuent en trois catégories bien tranchées, savoir :

1o Les lois relatives aux *conventions* matrimoniales ;

2o Les lois concernant les conditions de l'*union* conjugale ;

3o Et les lois réglementaires de sa *célébration* et de sa *constatation*.

(1) *Sic* Demolombe 1, 103. Fælix *op. cit.*, nos 65 et 333. Aubry et Rau , p. 85 et note 33.

(2) Nous assimilons *le jugement de divorce au jugement d'annulation*, parce que l'annulation du mariage est le seul acte similaire du divorce en France.

107. 1°. *Lois relatives aux conventions matrimoniales* :
Leur objet est de fixer la condition juridique des biens des
époux et les obligations qu'ils peuvent réciproquement s'imposer à raison de leur administration : — par cela qu'elles s'a-
dressent aux *citoyens*, comme simples particuliers, ces lois sont
des lois *prohibitives*; — elles sont au contraire *impératives*
lorsqu'elles les dirigent dans l'exercice de la puissance maritale
que le législateur confère (V. n° 54).

Les commentateurs se sont fort divisés sur la question de
savoir dans quelle catégorie de statuts se rangent les lois du régime dotal et notamment celles qui *défendent* d'aliéner les biens
dotaux : — Les uns les considèrent comme étant du *statut réel*,
partant, *obligatoires* seulement pour les biens possédés en
France même par des étrangers (1) ; — d'autres leur contes-
tent ce caractère (2) ; — d'autres enfin, ne classant leurs dispositions ni parmi les *statuts réels* ni parmi les *statuts* personnels,
en font des statuts à part qui, selon l'intention contractuelle,
forment la loi privée des parties, obligatoires pour elles *partout et toujours* (3).

La distinction que nous venons de faire entre les règles prohibitives du régime matrimonial et les *impérations réglementaires* de la puissance maritale fournit une solution plus ration-

---

(1) Duranton, T. I. p. 52.

(2) Demolombe, I. 85. Cet auteur, en discutant l'opinion de M. Duranton,
finit cependant par l'admettre.

(3) MM. Aubry et Rau sur Zachariæ, I. p. 75. notes 17, 18 et page 78, note
20. — La plupart des dispositions du Code Napoléon qui concernent les contrats de mariage ne sont pas à proprement parler des *Lois* (V. 2me partie, n° 80)
mais des clauses contractuelles indiquant les garanties et les restrictions les
plus utiles que les parties peuvent s'imposer pour la protection de leurs intérêts respectifs. — Ces dispositions, lorsque les contractants s'y réfèrent, doivent
en conséquence être considérées comme faisant partie de leurs conventions,
comme insérées dans l'acte destiné à les constater, et dès lors obligatoires pour
je juge à l'étranger, non comme loi française, mais comme *loi privée* des conjoints ; — réciproquement, les lois étrangères, ainsi virtuellement incorporées
dans les contrats étrangers, devront être suivies et appliquées en France lorsqu'elles n'auront, par leurs effets, rien de contraire aux lois françaises et à
l'ordre public. (V. n° 94.)

nelle. — *Prohibitives*, les premières doivent régir tous ceux qui habitent le territoire et les Français à l'étranger ; les secondes, *impératives*, n'obligeront que dans l'enceinte du territoire, ainsi qu'à diverses reprises nous l'avons déjà dit et démontré (V. nº 97, 11).

Dans notre système, la loi du lieu où les contrats doivent réaliser leurs effets en régit seule l'exécution ; c'est donc en vue de la législation sous l'empire de laquelle l'association conjugale se propose d'administrer ou de disposer des biens dotaux, que les parties auront à se régler pour y conformer leurs conventions matrimoniales(1), et non en vue de la législation du lieu où le contrat sera passé, ainsi que des commentateurs l'enseignent.

Le juge, sur les difficultés d'exécution ne doit consulter cette dernière loi, ni pour apprécier la capacité des parties, ni pour vérifier la validité de leurs stipulations, mais à l'effet seulement d'en rechercher le sens et la portée d'après l'intention présumée des parties, et constater la régularité de l'acte et sa force probante. Nous n'avons rien à ajouter à ce que nous avons dit à ce sujet sous le nº 95, non plus qu'à la disposition suffisamment claire du § 1 de notre art. 3, a, 3.

108. — 2º. *Lois concernant les conditions de l'union conjugale :* — Leur objet est de déterminer l'âge avant lequel *on ne peut* contracter mariage, les personnes entre lesquelles le mariage est prohibé, celles sans le consentement desquelles *il ne doit point* être procédé à sa célébration, etc., etc., ainsi que les conditions de publicité qu'elle exige. — Cet énoncé indique assez le caractère des lois de cette catégorie, ce sont des lois essentiellement *prohibitives* et *restrictives de la liberté naturelle.* — Elles régiront, en conséquence, non seulement tous ceux qui habitent le territoire, mais aussi les Français résidant l'étranger.

(1) Les Français qui se marieront à l'étranger avec esprit de retour en France, ainsi que les étrangers qui se marient en France, et retournent après dans leu pays, feront bien de régler leurs conventions d'après leurs lois nationales et d'après celles du lieu où sont situés les biens dotaux.

De cette règle contenue dans les dispositions combinées de nos art. 3, découlent les solutions suivantes :

a). — Les français qui voudront contracter à l'étranger un mariage valide, aux yeux de la loi française, devront en respecter les prohibitions et n'observer la loi étrangère que pour les formes du contrat et les conditions de sa célébration (Art. 3, a.) (1).

b). — Les mariages entre étrangers, contractés dans leurs pays et suivant leur loi nationale, ne réaliseront en France que ceux de leurs effets qui ne seraient en opposition ni avec nos lois, ni avec nos mœurs, ni avec nos usages (Art. 3, a, 1.).

c). — Les étrangers ne sauraient être admis à se prévaloir de leurs lois nationales pour se marier en France contrairement à la loi française (Art. 3. a. 1). On ne pourrait, réciproquement, se fonder sur les empêchements ou les incapacités résultant de ces lois étrangères, si la loi française ne les reconnaît pas, pour s'opposer au mariage qu'ils voudraient contracter conformément à cette dernière loi (Art. 3. a. 1.).

Notre théorie repousse ainsi, de par *la souveraineté des lois, des mœurs et des usages,* qui sont aussi des lois, *la polygamie* (2) et les empêchements fondés sur les *vœux monastiques*

---

(1) Le contrat de mariage par acte sous seing-privé, ou même sans écrit, fait à l'étranger entre Français et étranger et même entre Français est valable en France si les lois du pays où il a été passé n'exigent pas d'acte authentique ou pas d'écrit : — Demolombe, I. 106. Paris, 22 nov. 1828. (Sir. 29. 2. 77.) — Cass. 20 déc. 1841. (S. V. 42, 2, 321). Bordeaux, 14 mars 1850 (S. V. 52, 2, 561). — Nîmes, 23 fév. 1858. (S. V. 58, 2, 385). Cass. 17 janv. 1857. De Valmi. (S. V. 57, 1. 81).

(2) Un musulman qui viendrait en France, avec plusieurs de ses femmes pourrait-il y être actionné par celle qu'il aurait épousée la première à l'effet de faire expulser les autres ? Je ne le pense pas. A la différence du cas examiné sous le no 90 où nous avons mis en présence une femme légitime et une concubine, c'était notre hypothèse, nous sommes ici en présence de femmes ayant le même titre, les mêmes droits et les mêmes qualités de femmes mariées avec cet étranger, elles sont entrées en France avec cette situation juridique, elles sont, en conséquence, vis-à-vis l'une de l'autre toutes légitimes. (V. note 1, no 91).

des moines profès (1); mais ne refusera point *aux époux régulièrement divorcés* à l'étranger la liberté de contracter, de
nouveau, mariage en France (2).

Cette question du droit des *époux divorcés* est encore discutée, on nous permettra d'y revenir :

109. Nous avons précédemment admis que les jugements modificatifs de l'état des personnes, régulièrement rendus à l'é-
tranger, étaient exécutoires en France, lorsque leur exécution
ou leurs effets n'y violaient ni les lois, ni les mœurs, ni les
usages. — Cette solution, bien que non applicable aux
jugements du divorce qui ne *peuvent* produire leurs effets qu'à
l'étranger, leur est néanmoins et par *a fortiori* des plus favorables en ce qui concerne les suites et la condition résultant
de ces effets. — Quel est l'effet immédiat, direct et culminant
d'un jugement ou d'un acte de divorce ? n'est-ce pas *d'annuler,
d'anéantir l'acte de mariage* préexistant ? — Or, cet effet ne
peut avoir lieu que dans le pays où se trouve cet acte, où cet
acte y a force de loi, et cet effet s'y produit le jour même où
l'acte d'annulation, passé en force de chose jugée, est devenu
la loi nouvelle des parties. — Le divorce ne peut, en conséquence, jamais s'accomplir en France ; le seul effet que puisse
y avoir le jugement qui le prononce est uniquement de prouver
légalement *que le mariage est dissous*, que *les conjoints sont
dégagés des liens de l'union.* — C'est avec cette situation et
cette capacité juridique indiscutable, que les époux divorcés
arrivent en France. — N'y seront-ils pas, dès lors, parfaitement
libres d'y contracter un nouveau mariage ? — Au nom de quel
intérêt et de quel principe pourrait-on s'y opposer (n° 93) ? —
Ce n'est point l'exécution de leur acte de divorce qu'ils demanderont, ils ne veulent profiter que de la liberté qu'il leur a

(1) Jugé qu'un étranger peut valablement contracter mariage en France, alors
même qu'il en serait incapable d'après sa loi nationale, s'il ne se trouve dans
aucun cas d'incapacité par rapport à la loi française. Caen, 16 mai 1846. —
(S. V. 52, 1, 417.) — Contra. Paris, 15 juin 1814. (S. V. 15, 2, 67).

(2) Cass. 28 février 1860. (Bubkley). S. V. 60, 1, 210 qui a cassé un arrêt
de la Cour de Paris du 4 juillet 1859. (S. V. 59, 2, 401).

rendue ; nos magistrats ne sauraient donc les repousser, comme ils seraient fondés à le faire dans l'hypothèse que voici :

Autre cas : — Un étranger marié, dans le contrat duquel la loi de son pays a imprimé la *clause tacite du divorce*, vient en France y réclamer devant les tribunaux français le bénéfice de cette condition légale, sous-entendue, et acceptée de son mariage. — C'est l'exécution de son contrat qu'il poursuit, c'est le divorce qu'il demande... Il ne l'obtiendra pas, car cette exécution violerait le principe de l'indissolubilité des mariages qu'a consacrée la loi française (voir le § 3 de notre art. 3, a, 3).

Il en eut été autrement avant la loi qui abolit le divorce en 1816, — il y a plus : — un étranger ou un Français marié à l'étranger , sous *la clause légale de l'indissolubilité des mariages*, c'est l'hypothèse inverse, aurait pu, sous l'empire du Code Napoléon non mutilé (et nonobstant son contrat et sa loi tacite), aussi bien obtenir le bénéfice du divorce que ceux qui s'étaient mariés en France sous la loi qui le repoussait, avant 1789 (V. n° 50).

Ce n'est pas à dire pourtant qn'un Français, marié en France avant 1816 et qui aurait, en 1820, obtenu le divorce en Belgique, eût été, aux yeux de la loi française, légalement dégagé de sa première union et libre d'en contracter une seconde ; — notre système ne va pas jusque là · L'application de notre art. 3 donne ici une solution moins redoutable : « *Les Français ne peuvent légalement faire à l'étranger ce qu'ils ne pourraient légalement faire en France :* » — Que le divorce obtenu en Belgique (1) ait été ou non légalement prononcé, là n'est pas la

---

(1) Dans notre système, un Français pourrait aussi légalement demander et obtenir en Belgique le bénéfice du divorce, qu'un étranger, dont la loi nationale repousse le régime de la séparation de corps, pourrait nonobstant demander et obtenir en France sa séparation de corps, dans les cas que prévoit la loi française, sans que pour cela il s'en suivit que sa loi nationale dût, à son retour dans son pays, consacrer et réaliser les effets du jugement de séparation qu'il aurait obtenu en France. — Chaque loi domine chez elle. Jugé que le mariage contracté en pays étranger par un Français avec une femme divorcée était valable. Nancy, 30 mai 1826. *Contra*. Poitiers 7 janv. 1845. (S. V. 45, 2, 203.) Jugé encore que l'étranger marié dans un pays où le divorce n'est pas permis n'a pu faire prononcer son divorce en France avant 1816. Cass. rej. 25 fév. 1818.

question ; — l'important est uniquement de savoir si le jugement de divorce, prononcé à l'étranger, pourrait annuler en
France l'acte public qui constate le mariage. — Pour cela il
faudrait qu'il fût exécutoire et c'est ce que ne permettraient pas
les prescriptions de nos art. 3 et 3, a, 4. — Le premier invalide
en eux-mêmes tous les actes passés par les Français en violation de la loi nationale et le second ordonne aux juges de refuser
force exécutoire aux actes et jugement dont les effets et l'exécution méconnaîtraient les dispositions de cette loi, — leur loi
souveraine.

110. 3e Enfin, *Les lois qui règlent les formalités à suivre
pour la célébration des mariages et leur constatation.* — Leur
objet est de prescrire aux fonctionnaires qui ont à concourir ou
à procéder à cette célébration ce qu'ils *doivent* faire et exiger
des parties pour sa régularité et sa constatation légale ; — elles
se rangent, par suite, dans l'ordre des *lois impératives* qui
s'imposent à tous ceux, étrangers ou Français, qui recourront au
ministère de ces fonctionnaires (V. nos 29 et 30).

La jurisprudence et la doctrine arrivent à la même solution ,
en rangeant ces lois dans la catégorie des *lois d'ordre public*
qui, aux termes du § 3 de l'art. 3 du Code Napoléon, obligent
tous ceux qui habitent le territoire. — Notre art. 2, en ne distinguant pas, impose cette décision.

**V. — Lois concernant la filiation et la reconnais-
sance des enfants naturels.** — Elles sont, suivant leur
objet, territoriales ou extra-territoriales.

111. La reconnaissance d'un enfant naturel est un fait volontaire de l'homme ; *la filiation* qui en résulte, *un bénéfice de la
loi.* — Par les obligations qu'elle entraîne, cette reconnaissance
constitue une espèce de contrat public pour la constatation
duquel la loi a exigé un acte public (Art. 394 du C. Nap). Ses

(D. A. 10, 89. — S. V. 18, 2, 30). Ces arrêts appliquent la doctrine que nous dis-
cutons.

conséquences font l'objet, dans notre Code, de différentes dispositions (Art. 334 à 342).

Lorsqu'elle détermine dans quels cas et sous quelles conditions *on peut* ou *l'on ne peut* reconnaître un enfant naturel, la loi s'adressant aux simples particuliers, est nécessairement *prohibitive* (V. n° 28 VII), partant obligatoire sur tout le territoire et même au-delà pour les nationaux.

Si elle détermine uniquement les formalités à remplir pour donner à l'acte de reconnaissance ce caractère *public* et de *loi* qui confère les avantages de la *filiation*, sa disposition s'adressera à ses agents ou aux juges. — Elle sera alors *impérative* et comme telle, *exclusivement* territoriale.

Les commentateurs, sans faire cette distinction, les ont toutes rangées dans la catégorie des *statuts personnels* (1), il en résulterait que ces dernières lois seraient obligatoires même à l'étranger : — Heureusement que la maxime *locus regis actum* les a décidé, par une exception qui d'ailleurs s'explique, à borner comme nous aux frontières de l'empire l'application et la force des lois qui règlent la forme de l'acte. — Solution fort juste, nous ne pouvons que l'approuver (Art. 3).

112. Considérés comme *contrats*, les actes de reconnaissance suivront le sort et subiront la règle des contrats, comme les jugements déclaratifs de paternité subiront celle des jugements. En ce qui concerne leur exécution et leurs effets, nous n'aurons qu'à déduire ici les conséquences de propositions précédemment démontrées.

Pour faire à l'étranger des reconnaissances d'enfants naturels valables aux regards de la loi française, les Français devront observer la loi étrangère en ce qui concerne *la forme de l'acte*, s'ils ne peuvent se conformer à la loi française, et les dispo-

---

(1) V. MM. Aubry et Rau sur Zachariæ, *loc. cit.* I, p. 74. — En rangeant dans la catégorie des lois *d'ordre public* les lois qui concernent les actes de l'état-civil parmi lesquelles se placent les lois relatives à la rédaction des actes de reconnaissance, ces deux estimables auteurs pourraient cependant prétendre n'avoir pas classé ces lois parmi les statuts personnels. Dans tous les cas ils n'ont pas suffisamment distingué.

sitions de cette dernière loi, en ce qui concerne la *capacité juridique* et les conditions de cette capacité (Art. 3, a, 3, §, 2 (1).

Les actes de reconnaissance faits à l'étranger par des étrangers seront également valables en France, comme y seront exécutoires les jugements étrangers déclaratifs de paternité, si leurs effets ou leur exécution ne sont pas de nature à violer nos lois, nos mœurs et nos usages (Art. 3, — 3 a, et 3, a, 4). Ces actes et ces jugements ne produiront, dans tous les cas, sous l'action et la protection des lois françaises, que les conséquences de droit que les dispositions de ces lois attachent à ces sortes d'actes ; — parce que les juges ne peuvent appliquer, ou déduire des situations juridiques qu'ils constituent pour ces étrangers, que les conditions et les bénéfices résultant, pour des actes analogues, des lois nationales qui seules les régissent (2).

VI. — Lois concernant la puissance maritale et la puissance paternelle : — Ces lois sont exclusivement et d'une manière absolue territoriales.

113. La puissance maritale et paternelle est, en France comme partout, fondée sur la qualité *d'époux et de père*. — Cette qualité résultant du fait du mariage, ou que le contrat en soit passé, les étrangers *légalement mariés* sont, aux yeux de la loi française, investis de la puissance que ce titre seul confère.

Les lois qui en règlent l'exercice sont essentiellement *impératives* (V. n° 54). Le propre de ces lois est d'obliger tous ceux qui entrent dans le cercle de leur empire. — Les étrangers mariés, époux et père, se trouveront donc, en entrant en France, désinvestis de leurs lois nationales et saisis par loi française pour l'exercice de leur puissance maritale et paternelle.

---

(1) Bien que la loi française exige la forme authentique pour les actes de reconnaissance, il est également admis que la reconnaissance faite à l'étranger par un Français, quoique sous seing-privé, est valable en France, si la loi étrangère du lieu autorise cette forme.

(2) Les enfants d'un étranger polygame seront, par suite, tous légitimes et seront admis comme tels au partage de la succession, bien que nés de mères différentes.

Ils n'auront, en conséquence, sur la personne et les biens de leurs enfants, d'autres droits que ceux que nos lois accordent aux Français, et seront, par contre, soumis à toutes les obligations qu'elles leur imposent (1).

La jurisprudence et la doctrine consacrent les mêmes conclusions, en rangeant les lois dont il s'agit dans la classe des lois d'ordre public (2).

VII. — Lois concernant la minorité, la majorité et l'usufruit légal des père et mère sur les biens de leurs enfants mineurs. — Les unes sont territoriales et les autres extra-territoriales.

114. Il faut encore distinguer entre ces lois ; — elles se divisent en trois catégories, savoir :

1º Les lois concernant la *capacité juridique des mineurs* ;

2º Les lois concernant la *capacité juridique et les devoirs des tuteurs* ;

3º Les lois, enfin, relatives à *la nomination des tuteurs* et à *la surveillance de leur administration*.

Nous allons rapidement motiver une solution à l'égard de chacune d'elles.

115. — 1° *Lois concernant la capacité juridique des mineurs :* — Ces lois ont particulièrement pour but de préciser les actes que les mineurs de 21 ans ne doivent faire ou consentir que sous certaines conditions restrictives de la capacité naturelle d'obliger et de s'obliger. Leurs dispositions nécessairement *prohibitives* régiront, par cela même, non seulement les résidants, mais encore les Français hors du territoire. — Les commentateurs les classent d'ordinaire parmi les *statuts personnels*, et leur solution est en conséquence sur ce point la même que la nôtre (3).

---

(1) « L'étranger jouit en France, sur ses enfants, des droits de la puissance paternelle qui sont une conséquence des devoirs que la nature impose, il jouit des droits de revendication et de correction, et a droit au respect de ses enfants. » MM. Aubry et Rau sur Zachariæ, I, p. 72. et 269.

(2) *Sic.* MM. Aubry et Rau. *Loco citato.*

(3) V. MM. Aubry et Rau sur Zachariæ, I, p. 78, note 7..

L'étranger, affranchi à la frontière de sa loi nationale, entre en France avec sa seule capacité naturelle, c'est dit (n°s 89 et 93). Les lois françaises s'empareront de cette capacité et en régiront, sans obstacle, les conditions et l'exercice, comme elles régissent l'exercice et la condition de toute capacité qui n'a point à leur opposer les lois d'une souveraineté positive prédominante. Les étrangers mineurs de 21 ans subiront, en conséquence, toutes les restrictions que nos lois imposent à tous ceux qui n'ont pas atteint cet âge (1).

Si un acte régulier d'émancipation leur avait déjà conféré une capacité plus étendue, cet acte recevrait, en France, les effets que la loi française attache à ces sortes d'actes, et l'étranger y serait reçu avec la qualité juridique de *mineur émancipé*. Il en serait de même des jugements d'interdiction qui les auraient replacés dans la condition des incapables (n° 92).

116. — 2° *Lois concernant les tuteurs*. — Les lois qui règlent l'exercice de cette fonction (2) domestique qui réalise la puissance tutélaire (n° 54) sont impératives et, à ce titre, territoriales.

La force des choses a, sur ce point, imposé les conséquences de notre système à la jurisprudence ; — il est vrai qu'elle ne les a motivées que par le classement un peu arbitraire de ces lois dans la catégorie encore des *statuts personnels*. — Ainsi il a été décidé, et à bon droit, que le tuteur ou le curateur, investi à l'étranger du gouvernement de la personne et de l'administration des biens d'un mineur ou d'un interdit, avait qualité pour agir en France même contre des Français, sans même être tenu de faire déclarer le jugement d'interdiction exécutoire en France par un tribunal français (3).

117. — 3° *Lois relatives à la nomination des tuteurs, etc.* —

(1) *Contra* MM. Aubry et Rau. *Loc. cit.* 1, p. 81 et 82, n°s 27, 29 et 30. — Voir aussi *supra* ce que nous avons dit sous le n° 85.

(2) L'opinion qui décide qu'il faut être Français et jouir de ses droits civiques pour gérer une tutelle, affirme indirectement que la tutelle est une fonction publique. — Le droit d'être tuteur fait partie de la capacité politique... la tutelle. *Munus publicum*. (V. n° 47).

(3) *Sic* MM. Aubry et Rau. *Loc. cit.* I, p. 86 et notes.

Les dispositions législatives qui ont pour objet d'organiser la protection tutélaire, par la nomination des tuteurs, des subrogés-tuteurs ou des curateurs et la réunion des conseils de famille. s'adressant aux magistrats, seront également *impératives et] territoriales*. La doctrine s'est, ici, tirée d'embarras en rangeant ces lois dans la classe élastique des *lois de police et de sûreté* que l'art. 3 du Code Napoléon déclare souveraines sur tous ceux qui habitent le territoire.

Il a été par suite décidé, et cette solution va de soi dans notre système, que les mineurs étrangers qui se trouveraient en France sans protecteurs légaux, peuvent et doivent y être pourvus, le cas échéant, d'un tuteur, conformément aux lois françaises (1), avec toutes les garanties qu'elles confèrent (2), preuve nouvelle que les magistrats, en France, doivent, sans acception de personnes, obéir aux lois générales qui les commandent, lorsque vient à se produire la circonstance de leur impération.

118. Quant aux **lois constitutives de l'usufruit légal** des père et mère sur les biens de leurs enfants mineurs, une vive controverse s'est élevée à ce sujet sur l'article 384 du Code Napoléon qui semble faire de cet usufruit une prérogative de la puissance paternelle.

MM. Proudhon et Troplong considèrent la disposition de cet article comme formant un *statut réel* qui, aux termes de l'art 3, régirait les immeubles, même ceux possédés en France par des étrangers (3). M. Fœlix se prononce dans le même sens, seulement l'usufruit légal ne pourrait, selon lui, être exercé sur les immeubles des étrangers qu'autant que la loi nationale des parties concourrait à l'accorder avec celle de la situation des

---

(1) *Sic* les mêmes auteurs, I, p. 265 et notes. Mais les magistrats ne pourraient lui choisir pour tuteur un étranger, sauf le père ; car le droit de gérer une tutelle est de droit politique et ne peut être conféré qu'à un citoyen français ou à celui qui est déjà investi de la puissance paternelle, autre fonction. (V. n° 54).

(2) La protection tutélaire serait illusoire et même périlleuse pour le mineur sans la garantie de l'hypothèque légale. V. MM. Aubry et Rau, I, p. **274**, note 64.

(3) Proudhon, I, p. 91. Troplong, *Hypothèques*, II, 429.

biens. — Pour lui la règle de l'art. 384 rentre dans la catégorie hermaphrodite des *statuts-réels-personnels* (1).

Une troisième opinion la présente comme constituant uniquement un statut *personnel* (2). — Les étrangers ne sauraient, en conséquence, au dire de ses partisans, prétendre à ce bénéfice qu'autant que leurs lois nationales le leur accorderait.

Une quatrième opinion ne le refuse enfin, dans aucun cas, aux étrangers, par ce motif que l'usufruit légal est un attribut de la puissance paternelle qui appartient à ceux qui en sont investis, pour les dédommager des charges qu'elle entraîne. — Les lois qui établissent l'usufruit légal ne tiennent ni des *statuts réels*, ni des *statuts personnels*; — elle ont un caractère *sui generis* qui en fait une classe à part. — Elles obligent les juges en France sans obliger les magistrats à l'étranger (3).

Cette manière de voir est la nôtre. Nous partageons, sur ce point, l'opinion de MM. Aubry et Rau. — L'usufruit légal, dans notre système, étant le résultat d'une disposition qui prescrirait au père « *de ne rendre compte et restituer à ses enfants les fruits qu'il aura recueillis de leurs biens qu'à partir du jour où ils auront atteint l'âge de 18 ans* (V. n° 56), un père étranger ne pourrait être contraint à faire le contraire de ce que cette disposition lui prescrirait, en France, en sa qualité de père. — Les étrangers jouiront, en conséquence, de l'usufruit légal des biens français de leurs enfants mineurs, comme d'un attribut de leur puissance paternelle et dans les conditions des lois françaises par application des art. 3, et 3, a, 1.

VIII. — Lois concernant les biens. — Acquisition, usufruit, servitudes, etc. — Ces lois régissent tous ceux qui habitent le territoire et ceux encore, Français ou non, qui résident à l'étranger, relativement à leur capacité de disposer des biens qu'ils possèdent en France.

_____

(1) *Droit international privé* 1843, n°ˢ 36, 43.
(2) Demangeat, *De la condition des étrangers*, n° 82, p. 380.
(3) MM. Aubry et Rau sur Zacharie, I, p. 75, note 18.

119. En tant qu'elles règlent notre liberté de jouir et de disposer des biens qui sont en notre pouvoir, les lois sont *essentiellement prohibitives* (V. n° 28, v) ; elles affectent notre capacité juridique et nous obligent en tout, pour tout et partout ; — comme elles sont souveraines absolues chez elles, leurs dispositions obligent tout ce qui est ou vient sur leur territoire. — Voilà le principe ; la conséquence en sera que les lois françaises régiront en France l'exécution de tous actes qui pourraient, de l'étranger où ils ont été passés, toucher à la condition juridique des biens situés en France.

Dans le système des auteurs sur l'art. 3. du Code Napoléon, les lois concernant les biens se classent dans la catégorie des *statuts réels* qui sont souverains sur le territoire. — Toutes les solutions de ce système rentrent ainsi dans le cercle plus étendu de celui que nous avons proposé. — Les décisions suivantes, par lesquelles MM. Aubry et Rau sur Zachariæ ont, sur ce point, résumé les travaux de la jurisprudence, doivent ici se produire comme un commentaire de nos dispositions (T. 1, p. 86 et 269).

« 1° L'étranger peut acquérir en France, par occupation, par
« accession, par l'effet des conventions, toute espèce de biens
« meubles ou immeubles, d'objets corporels ou incorporels ; il
« peut y stipuler et y consentir, dans les *limites établies* par
« la loi française, toutes servitudes et hypothèques conven-
« tionnelles. Il est également admis à faire valoir dans les or-
« dres ouverts ou dans les distributions faites en France sur
« des étrangers ou sur des Français, les priviléges attachés par
« la loi française, à la qualité de la créance dont il poursuit le
« paiement. — (*sic.* notre art. 3. a).

« 2° Les immeubles qu'un étranger possède en France ne
« peuvent être grevés, même au profit d'un étranger, d'autres
« droits, charges ou services que ceux qui sont admis par la loi
« française ; ils ne peuvent notamment être frappés, par con-
« vention, d'une hypothèque générale, ni grevés de servitudes
« établies en faveur de la personne (Art. 2129 et 689, C. Nap.).
« — *Sic.* notre art. 3, a et 3, a, 1.

« 3° Ces immeubles ne sont susceptibles d'être transmis,
« même à un étranger, qu'à l'aide des moyens de transmissions

« autorisés par la loi française. — Ainsi, la donation de biens
« à venir ou la substitution faite par un étranger, quoique va-
« lable d'après sa loi nationale, reste sans effet quant aux
« biens situés en France, à moins qu'elle ne rentre dans l'un
« des cas où des dispositions de ce genre sont exceptionnelle-
« ment permises par la loi française (1). — (Art. 3, a. 1.)

« 4° L'acquisition de droits quelconques sur de pareils im-
« meubles, eût-elle lieu de la part d'un autre étranger, n'est
« valable et efficace à l'égard des tiers, ni même entre les par-
« ties, qu'autant qu'elle réunit les conditions prescrites par la
« loi française (Art. 3, a 1.).

« 5° Les règles sur la saisie immobilière et sur l'expropria-
« tion pour cause d'utilité publique, s'appliquent aux immeu-
« bles que les étrangers possèdent en France, comme à ceux des
« Français, sous les mêmes conditions et les mêmes formes.

« 6° L'étranger possesseur ou propriétaire en France de
« biens mobiliers ou immobiliers peut, pour la défense et la
« garantie des droits auxquels il prétend en l'une ou l'autre de
« ces qualités, invoquer le bénéfice des lois françaises qui ren-
« trent dans le *statut réel*, parce que l'application de cette
« classe de lois à tous les objets qui se trouvent sur le territoire
« est réclamée dans l'intérêt même de l'indépendance et de la
« sûreté nationale. — Ainsi, par exemple, l'étranger peut,
« comme possesseur d'immeubles situés en France, se prévaloir
« des lois françaises sur les actions possessoires et sur l'usu-
« capion soit de 30 ans, soit de 10 à 20 ans (2). — Ainsi, il est
« également, comme propriétaire de pareils immeubles, auto-
« risé à invoquer les dispositions du code relatives à l'établis-
« sement des servitudes en général (3), de même que l'étranger

---

(1) Duranton, 1, 86, Req. rej. 3 mai 1815. (Sir. 15, 1, 312.

(2) C'était autrefois une question controversée que celle de savoir si l'étranger
est autorisé à se prévaloir de l'usucapion. (Pothier. Prescrip., n° 20.) Aujour-
d'hui les auteurs admettent généralement la solution donnée au texte. Troplong
Prescrip. 1, 35. Demolombe, 1, 243.

(3) Etablies dans l'intérêt de la propriété française, l'application de ces lois
ne saurait dépendre de la nationalité de ceux qui les invoquent ou contre lesquels
elles sont invoquées. — Demangeat, *Revue de législation*, n° 71, p. 323 à 347.

« est admis à se placer sous la protection de la maxime qu'en
« fait de meubles, possession vaut titre (1) ».

IX. — Lois concernant les successions ab intestat.
— Leur autorité est circonscrite dans les limites du territoire
national.

120. L'objet de ces lois est le partage des successions en cas
de contestations entre les ayants-droit (V. n° 58).

Ce partage, c'est l'autorité judiciaire qui le réalise par elle-
même, et par l'intermédiaire d'un notaire dont elle sanctionne
ensuite les opérations.

Qu'il ait à s'adresser aux magistrats ou aux notaires commis
pour leur dire comment il entend que soient effectués les partages, le législateur ne peut, en cette matière, leur imposer sa
volonté régulatrice que par voie d'*impération* (V. n° 28, v.),
ses dispositions, dès lors impératives et souveraines en France,
s'appliqueront sans distinction au partage des biens, que le *de
cujus* ou les héritiers soient français ou étrangers.

Ces lois, dans le système des commentateurs sur l'art. 3,
tiennent encore du *statut réel.* La théorie des statuts réels étant
comme la nôtre, fondée sur la souveraineté des lois nationales,
nous en acceptons toutes les solutions.

En conséquence,

« 1° La dévolution par succession et le partage des immeu-
« bles délaissés en France par un étranger décédé, soit en
« France, soit à l'étranger, sont exclusivement régis par la loi
« française, peu importe que les héritiers soient Français ou
« étrangers. — On procède, en pareil cas, comme si l'étranger
« avait laissé deux successions complètement distinctes, l'une
« en France, l'autre dans sa patrie, et en faisant, pour le règle-
« ment de chacune d'elles, abstraction de l'autre, sous les
« modifications de la loi du 14 juillet 1819 : *Quot sunt bona
« diversis territoriis obnoxia totidem patrimonia intel-
« liguntur* (2).

(1) Demolombe, I, 96. Valette sur Proudhon, 1, p. 99.
(2) V. MM. Aubry et Rau, t. I, p. 90. — Duranton, 1, 90. — Chabot, *de*s
Successions, art. 726. — Demolombe, 1, 79. *Comp.* art. 2. L. 14 juillet 1819.

« 2° Réciproquement. — La dévolution par succession et le
« partage des immeubles qu'un étranger ou même un Français
« a délaissés en pays étranger, ainsi que les modes de disposi-
« tions qu'il a employés, relativement à ces immeubles et la
« mesure dans laquelle il a pu en disposer, se règlent unique-
« ment par la loi de leur situation, sous les modifications tou-
« jours de la loi du 14 juillet 1819 (1).

« 2° La succession mobilière d'un étranger autorisé à éta-
« blir son domicile en France est également régie par la loi
« française, pour les meubles laissés en France (2) ».

« 3° La succession mobilière d'un étranger non autorisé à
« résider en France peut être considérée comme en état de
« transit et non comme s'ouvrant, à proprement parler, en
« France (3); toutefois, si cette succession trouvée en France
« y était réclamée par des héritiers ou successeurs Français, en
« opposition avec des héritiers ou successeurs étrangers, le par-
« tage et la dévolution devraient avoir lieu suivant la loi fran-
« çaise; les magistrats saisis ne connaissent pas d'autres lois (4).

« Les règles ci-dessus, ajoutent MM. Aubry et Rau, au
« savant ouvrage de qui nous les avons empruntées, sont toute-
« fois soumises à certaines modifications dans le cas où la suc-
« cession, composée de biens situés en France et à l'étranger,
« est réclamée soit par des Français, en concours avec des
« étrangers, soit exclusivement par des Français, ainsi que cela
« est prévu par l'art. 2 de la loi du 14 juillet 1819. »

L'application de nos articles conduirait aux mêmes décisions.

**X. — Lois concernant la quotité disponible, les
donations et les testaments.** — Elles régissent tous ceux
qui habitent le territoire, et les Français en pays étrangers.

121. On ne saurait disconvenir que le *but final* et prédomi-

---

(1) V. MM. Aubry et Rau. *Loco citato.* (I. p. 90 *h*).
(2) V. cependant Zachariæ, I, p. 91 et note. — Demolombe, I, 94, 268 bis
Cass. 7 nov. 1826. (Sir. 27, 1, 215). — Paris, 25 mai 1852. (S. V. 52, 2, 289).
(3) (4) Paris, 15 nov. 1833. (Sir. 33, 2, 593). — Bordeaux, 17 août 1855.
(S. V. 55, 2, 257). Comp. rej. Req. 28 juin 1852. — Sir. 52, 1, 537.

naut des lois qui déterminent la réserve, et par contre la quotité disponible, ne soit la conservation des biens dans les familles et leur transmission à ceux que le législateur a désignés ; mais il n'est pas moins évident que *le moyen a été de restreindre le droit naturel de chacun de disposer des biens qui sont sa propriété*, en déclarant que *nul ne pourrait donner ses biens par préciput et hors parts que dans certaines proportions et sous certaines conditions*. — Que sont les lois qui portent une pareille restriction, sinon des lois restrictives de notre capacité juridique, des lois *prohibitives* dont les Français feront bien de respecter l'autorité, même en pays étranger, s'ils veulent plus tard en obtenir protection pour l'exécution en France de leurs actes à l'étranger (V. n° 101) : — Lois qui seront d'ailleurs, pour eux, doublement obligatoires lorsque, par leurs donations ou testaments faits à l'étranger, ils disposeront de biens situés en France, ainsi que nous l'avons déjà dit (1). Il en serait autrement s'ils avaient à disposer des biens qu'ils possèdent hors de France, ils devraient alors se conformer à la loi étrangère du pays où ces biens sont situés.

122. En ce qui concerne les étrangers, la règle ne sera pas différente : — La loi française, arrêtant à la frontière la force exécutoire de leurs lois nationales, s'emparera de leurs biens situés en France et de ceux de leurs actes par lesquels ils en auront disposé, et leur donnera les effets qu'elle y attache, — car la loi française est la seule que les magistrats doivent appliquer en France pour l'exécution des actes venus des pays étrangers.

Cette dernière affirmation serait trop absolue si on n'en exceptait pas les lois étrangères qui régissent la *forme des donations et des testaments*. — Les juges français doivent en effet apprécier par elles la régularité et l'authenticité de ces différents actes. — C'est également par la loi étrangère, sous l'empire ou l'influence de laquelle ils se sont produits, que devront en être interprétés les termes, les clauses et jusqu'au silence pour dé-

(1) Nous disons que ces lois seront doublement obligatoires, parce qu'elles les régiront comme lois de capacité et comme lois de la situation des biens.

couvrir la commune intention des parties. — Ainsi le décident nos art. 3 a, et 3, a, 3.

Sous le mérite de ces observations, nous admettons toutes les solutions que la jurisprudence et la doctrine ont déduites du caractère de *réalité* des lois qui règlent la quotité disponible, la réserve et les rapports.

En conséquence,

1° L'étranger peut disposer des biens qu'il possède en France, conformément à la loi française, encore que le mode de dispositions qu'il entend adopter soit proscrit par la loi de son pays (1). Arg. art. 3.

2° La quotité de biens dont l'étranger peut disposer à titre gratuit, en ce qui concerne les immeubles et les meubles (2) qu'il possède en France, se détermine d'après la loi française et sans égard aux biens qu'il possède à l'étranger. — Ici encore on procède comme si les biens situés en France composaient à eux seuls la succession de l'étranger (3).

3° Les donations de biens à venir ou les substitutions faites par des étrangers, quoique valables d'après leurs lois nationales, resteront sans effet quant aux biens situés en France, à moins d'une disposition particulière de la loi (4).

4° Les donations faites par acte sous seing-privé, dans un pays dont la loi se contente de pareils actes, sont valables même quant aux immeubles situés en France, peu importe qu'ils aient été faits par un étranger ou par un Français en faveur d'un Français ou d'un étranger (5).

« 5° Lorsqu'il s'agit non point d'apprécier la validité de la « donation, mais de l'interpréter ou d'en déterminer les effets « immédiats ou médiats quant au lien d'obligation qui en ré- « sulte (5), le juge français doit, en général, s'attacher à la loi « du pays où l'acte a été passé (6). — Cette règle n'est rigou-

---

(1) Aubry et Rau, 1, p. 90. Cass. 9 mars 1853. — (S. V. 53, 1, 274).

(2) On a fait une distinction au sujet des meubles : — Si l'étranger a, dit-on, obtenu l'autorisation de fixer son domicile en France, ses meubles sont régis par loi française ; dans le cas contraire, par la loi étrangère. — V. Zachariæ, 1, p. 91 et note, et ci-devant au n° 120.

(3) (4) (5) V. Aubry et Rau, 1, p. 90, 91, 98 et notes.

« reusement applicable ni aux testaments, ni aux donations, ni
« aux conventions passés en pays étrangers entre personnes
« appartenant à la même nation ; en pareil cas, le juge devrait
« s'attacher à la loi nationale du testateur ou des parties (1),
« car il est à présumer alors qu'ils s'en sont référés plutôt à la
« loi ou aux usages de leur pays qu'ils ne pouvaient ignorer
« (nemo lex sua ignorare censetur) qu'à ceux d'un pays qu'ils
« n'étaient pas censés connaître (2). »

Ce sont là des solutions qui se déduisent logiquement du
texte seul de nos articles.

XI. — Lois concernant les contrats, leur formation, leurs effets et leur exécution.

— Celles de ces lois qui règlent l'exercice de la liberté contractuelle, étant nécessairement prohibitives (V. nº 50), régissent les Français même à l'étranger. — Quant à celles qui règlent les effets et l'exécution des conventions, elles obligent en France ceux qui en invoquent la protection, quelle que soit leur nationalité, parce que c'est la loi souveraine du lieu où les contrats s'exécutent qui est seule appelée à en régir les effets et l'exécution (Art. 3, a, 3).

Les articles 14 et 15 du code Napoléon attribuent aux tribunaux français la connaissance et l'exécution des contrats passés à l'étranger.

En ce qui concerne la forme et l'interprétation des contrats, c'est ou la loi commune des parties ou celle du pays où le contrat est passé qui doit être suivie (art. 3, à, 3,).

123. Ce sont là des points suffisamment établis par ce qui précède, nous n'avons pas à y revenir. — Il s'est toutefois élevé une question au sujet des contrats de mariage qui a soulevé une assez vive controverse. — On s'est demandé si ces contrats faits en France ou à l'étranger, par des étrangers même avec des Françaises, conféraient ou non, à la femme une *hypothèque légale* sur les biens que le mari possédait en France.

Mon intention n'est ni d'analyser ni de discuter les diverses

(1) (2) V. MM. Aubry et Rau. t. 1. p. 94.

opinions qui se sont produites à ce sujet, on en trouvera l'exposé et la critique dans deux notes du remarquable traité de MM. Aubry et Rau sur Zachariæ, tome 1, p. 272 et 273, notes 60 et 62. — Nous nous bornerons à donner aussi succinctement que possible la solution que nous impose, sur ce point, la logique de notre système, au point de vue exclusif des principes de l'art. 3, et abstraction faite des art. 8 et 2128 du C. Nap., dont nous n'avons pas à nous occuper ici (1).

L'hypothèque légale est une sûreté donnée à la femme contre la mauvaise administration du mari, et un moyen d'obtenir la restitution de ses reprises dotales. A ce dernier point de vue, elle est *un mode d'exécution* de cette clause tacite par laquelle la femme a stipulé la *restitution de sa dot après le mariage.*

D'après les principes précédemment exposés, la loi française ne devra réaliser l'exécution de cette clause par l'action hypothécaire, que si cette action est dans les effets du contrat de mariage.

Pour savoir ce qu'il en est à ce sujet, la première chose à faire est de regarder au contrat, et la seconde, de consulter la loi sous l'empire ou l'influence de laquelle les parties ont contracté, afin d'en découvrir les mutuelles et réciproques intentions.

Si l'hypothèque est, dans le système général de cette loi, une garantie de droit commun destinée à sauvegarder les intérêts des femmes, et si les parties ne *l'ont point écartée*, il est à présumer que leur volonté a été de l'accepter. — L'action hypothécaire se trouve alors virtuellement dans les *effets du contrat de mariage.* — La loi du lieu où son exécution sera demandée devra donc l'accepter, l'accueillir et y faire droit.

---

(1) L'art. 8 du Code Napoléon refuse aux étrangers la jouissance des *droits civils :* — on en a induit que l'hypothèque légale des femmes mariées comme toute hypothèque légale, étant une *création du droit civil*, les femmes étrangères et les mineurs étrangers, ne peuvent en invoquer le bénéfice sur les immeubles que leurs maris ou tuteurs possèdent en France. (V. MM. Aubry et Rau sur Zachariæ, II, p. 601.) — Mais ce n'est pas au point de vue du *bénéfice* résultant de la loi et de *ses créations juridiques* qu'il faut ici se placer pour résoudre la question, c'est surtout au point de vue de *la loi privée* des stipulations matrimoniales et des contrats d'acceptation de tutelle et de leurs *effets* possibles sous l'empire des lois françaises. — Sous la réserve de l'art. 2128, C. Nap.

Si la loi, sous l'influence de laquelle les parties ont contracté, n'admet cette action hypothécaire que si *les parties en ont formellement stipulé la garantie*, le silence de leur contrat devra être considéré comme une clause tacite portant que l'hypothèque légale *n'est point consentie* ; elle ne se trouvera pas alors dans les *effets* de ce contrat.

S'il y a doute ou si la loi de l'une des parties accorde l'hypothèque comme une garantie de droit commun, tandis que la loi de l'autre la refuse, il faudra suivre de préférence cette dernière loi, conformément à cette règle de droit (Art. 1162, C. Nap), qu'il faut interpréter les contrats en faveur de celui qui s'oblige et ici c'est le mari.

Il en sera de même de l'hypothèque légale des mineurs et des interdits. — L'acceptation de la tutelle est un contrat tacite réglementé par la loi, c'est donc, et *à fortiori*, la loi du pays où le tuteur aura été nommé que le juge français devra consulter pour décider si ses pupilles ont une hypothèque légale sur ses biens situés en France (Art. 3, a, 3).

Dans tous les cas et qu'elle que soit leur étendue, les hypothèques résultant des actes passés à l'étranger ne réaliseront en France que ceux des effets que les lois françaises attachent à la garantie hypothécaire. — (V. art. 2128, C. Nap.)

XII. — Lois concernant la forme des actes. —
124. Ces lois sont *impératives* ou *prohibitives* suivant qu'elles s'adressent aux *fonctionnaires*, à raison des actes ou des contrats à la confection desquels ils doivent concourir, ou aux *citoyens*, pour les conditions ou formalités à imposer à leur liberté contractuelle. — Les premières ne règnent que sur le territoire, les secondes rayonnent au-delà et suivent les Français à l'étranger.

Il peut toutefois arriver qu'il y ait, pour eux, à l'étranger, impossibilité matérielle d'observer les formes et les conditions de la loi française. — Dans le silence du Code, sur ce point, la jurisprudence a fait la loi, avec la maxime *Locus regit actum*. — Nos articles 3, a et 3, a, 3 en ont fait la base aussi de leurs dispositions avec cette restriction toutefois admise par tout le monde que les actes passés à l'étranger, suivant les formes de la loi étrangère, devraient être rejetées en France, si les Français ne s'étaient rendus en pays étranger que pour s'affranchir des formalités de la loi française.

XIII. — Lois concernant la prescription.

125. Ce sont là des lois *impératives* et de *procédure*, nous l'avons démontré sous les nos 73, 97 ; — elles obligent en conséquence les juges français, quelle que soit la nationalité de ceux qui en invoquent le bénéfice ; leurs dispositions souveraines en France ne distinguent pas (1).

XIV. — Lois concernant les preuves.

126. Soit qu'elles prescrivent aux magistrats ou à leurs agents la marche à suivre pour découvrir la vérité, soit qu'elles restreignent la liberté des citoyens, dans la justification de leurs prétentions, ces lois n'ayant jamais pour objet que l'action judiciaire devant les tribunaux, ne sont obligatoires que dans leurs circonscriptions, c'est-à-dire en France.

Lorsqu'il s'agira cependant de la preuve d'un fait qui s'est passé à l'étranger, les juges, en ce qui concerne sa constatation légale à l'étranger devront, aux termes de l'art. 3, a, 3, se régler d'après la loi étrangère. — Il a été en conséquence très bien jugé, et notre article conduit à cette décision, que la preuve testimoniale d'une convention purement verbale dont l'objet dépasse 150 fr., avait pu être admise, cette convention ayant été faite dans un pays où la loi n'exige point d'écrits pour ces sortes d'actes, et en autorise la preuve par témoin. — La règle *Locus regit actum* reprend ici tout son empire (1).

XV. — Lois pénales proprement dites et lois civiles concernant les délits civils et les quasi délits. —

Ces lois sont en principe territoriales ; quelques-unes sont, par exception, extra-territoriales.

(1) *Sic*. Troplong. Traité de la prescription no 38. Arrêt d'Aix, 28 juin 1866. Bulletin judiciaire de M. Capdeville, 4e année. p. 179. *contra* MM. Aubry et Rau, 3e édition I. p. 96.

(1). V. MM. Aubry et Rau sur Zacharia t. 1. p. 99, 6e 3e édition.

127. Toutes les solutions que la jurisprudence et la doctrine ont déduites du § 1 de l'art. 3 du C. Napoléon s'emplaceront, sans difficulté aucune, sous le texte de notre art. 3 qui consacre, comme lui, le principe de la *territorialité des lois pénales*.

Ces lois, quoi qu'on en ait dit, sont essentiellement territoriales.

1º Parce que *le législateur* qui les édicte *n'a droit* que dans l'*enceinte du territoire* où elles doivent être promulguées et qu'il ne peut défendre et atteindre les actes contraires au but social que sur ce territoire.

2º Parce que les *agents-organes de sa puissance* ne peuvent en réaliser la force exécutoire *au-delà des frontières*;

3° Parce qu'enfin l'*ordre et la sécurité* générale, que ces lois ont pour but de protéger, n'existent et ne peuvent être troublés que dans les mêmes limites territoriales.

Pour qu'une loi puisse être judiciairement méconnue, la première condition est qu'elle soit régulièrement connue; — il s'en suit qu'une loi pénale ne saurait être violée que là où elle a été régulièrement promulguée. — La violation d'une loi pénale française ne peut donc se comprendre et se produire qu'en France après sa promulgation, nous l'avons déjà dit (V. n° 86).

C'est par leurs effets préjudiciables que les actions prohibées enfreignent les dispositions qui les prohibent; — ces effets, suivant qu'ils sont ou non le résultat instantané de l'acte, réalisent l'infraction *sur les lieux* où il s'est produit ou *dans un autre lieu*.

A la différence des *actes à effets indirects* (V. n° 28, x) qui peuvent venir à effet en France, bien que passés à l'étranger, les actes à *effets directs* (crimes, délits et contraventions) ne peuvent que violer la loi du pays où ils sont commis, puisque leurs effets prohibés s'accomplissent d'ordinaire *sur les lieux* et *à l'instant même de leur perpétration*.

Les crimes et les délits commis à l'étranger ne violent donc jamais que la *loi étrangère* qui les prévoit, — leurs auteurs ne relèvent donc que des tribunaux étrangers, seuls compétents pour les atteindre. — Mais, dira-t-on, si les coupables sont des Français, s'ils se sont réfugiés en France où les lois ont prévu et répriment les actes de la nature de ceux qu'ils ont commis, y jouiront-ils impunis du fruit de leurs méfaits, ne pourra-t-on les y poursuivre ? — Non, car *la loi violée* est la loi du lieu, la *loi étrangère*, et que nos juges sont incompétents pour venger son autorité méconnue ; — non, — car la peine encourue est celle portée par la *loi violée* et que nos magistrats sont sans qualité pour en requérir l'application.

Il en serait autrement si les délits commis à l'étranger mena-çaient en France les intérêts généraux ou la sécurité publique, s'ils y éclataient en scandale dans l'opinion alarmée par la pré-sence ou l'impunité des coupables. Le législateur a prévu ces attaques du dehors, ces méfaits à *longue portée*; — de là les articles 5, 6 et 7 du Code d'instruction criminelle qui autori-sent la poursuite *en France* de certains *malfaiteurs extra-ter-ritoriaux*. — On a vu, dans leurs dispositions, une exception à la règle du §1 de l'art. 3 du C. Napoléon ; n'en seraient-elles pas plutôt une application bien entendue pour la défense nationale ? — Un méfait s'accomplit autant, sinon plus, sur les lieux où se produisent, *in actu*, ses effets directement préjudiciables que sur les lieux où la pensée criminelle l'a projeté et consommé ; — ne peut-on pas dès lors le considérer comme étant *commis* là où il éclate en lésions, en troubles, en alarmes ? — Pour être dans le vrai, on n'aurait pas dû dire des art. 5, 6 et 7 du Code d'instruction criminelle qu'ils autorisaient, *par exception*, la poursuite en France des *crimes commis à l'étranger*, mais seulement qu'ils énuméraient les crimes *commis en France* par des *actes perpétrés à l'étranger*. — La vicieuse rédaction des lois a encore ici donné le change sur leur véritable portée, elle a transformé en *exception* les sages conséquences du principe.

Quoi qu'il en soit, une théorie nouvelle a récemment prévalu : la doctrine « *de l'émancipation rationnelle du droit de punir* » a triomphé du système de 1808 ; — sous l'empire de cette pen-sée qu'il n'y avait rien de contraire au principe de justice, qui fonde le droit de punir, à poursuivre le mal où qu'il ait été commis, les frontières se sont abaissées et l'on a *internationa-lisé* celles de nos lois pénales dont les lois étrangères avaient accepté les prohibitions. — Nous n'avons pas à nous expliquer ici sur les mérites ou les inconvénients de cette innovation qui touche, d'une manière si grave, à la portée du § 1 de l'art. 3 du C. Napoléon, la révision de la loi du 27 juin 1866 n'entre point dans le cadre de notre étude, nous nous bornerons seulement à faire remarquer que si les lois pénales françaises régissent, à l'avenir, sans promulgation à l'étranger, les Français qui y résident ou qui y voyagent, lorsque les lois étrangères en reproduiront les incriminations, encore faudra-t-il qu'une traduction officielle de ces lois vienne mettre les juges du fait à même de vérifier l'identité de ces incriminations avec les nôtres, que de difficultés ne fera-t-elle pas naître, cette question de l'identité des lois, avec des textes traduits, entre des législations rédigées sans méthode... entendues sans unité, appliquées avec des vues différentes ! Nous laissons l'expérience se prononcer sur l'utilité pratique de la loi nouvelle... nous n'avons qu'à nous incliner.

128. Quant **aux délits civils** et **aux quasi délits**, les lois qui les concernent participant de la nature des lois pénales, en ce sens qu'elles sanctionnent, comme elles, tout préjudice causé sans droit, leur application doit être régie d'après les mêmes principes. — Les juges du lieu où se sera réalisé le dommage seront, en conséquence, seuls compétents, en principe, pour connaître de l'action en dédommagement, quelle que soit la nationalité du défendeur ou de sa victime.

La loi naturelle du *neminem lædere* qui est de tous les temps, de tous les pays, partout connue et partout promulguée, pourrait aussi bien justifier l'*émancipation extra territoriale des art. 1382-1386 du C. Napoléon* que la théorie de la justice universelle a justifié l'extension extra territoriale des lois pénales; mais les intérêts privés, suffisamment protégés sur ce point par toutes les législations, n'ont point encore réclamé une pareille dérogation au principe de la souveraineté des lois civiles. Il est vrai que la pratique a trouvé le moyen de s'en passer par l'interprétation extensive, acceptée, des art. 14 et 15 du Code Napoléon : ces articles portent que « les Français et les étrangers « peuvent être traduits devant les tribunaux français pour « l'exécution des *obligations contractées à l'étranger* », *obliga-*

tions contractées, ces deux mots en disaient bien assez pour faire exclure de l'application desdits articles les *obligations qui ne naissent pas ex-contractu*. La jurisprudence et la doctrine ont néanmoins décidé que le mot *obligation* de l'art. 14 ne s'entend pas seulement des obligations résultant de *conventions* mais encore de *tout fait* donnant lieu à action tels que *délits*, *quasi délits*, etc. (1).

Nous ne saurions approuver une semblable solution ; — en principe, la question est surtout ici de savoir de qui relèvent *législativement* les excès de l'activité individuelle ; est-ce au législateur du territoire où ils se produisent, ou au législateur du territoire voisin qu'il appartient d'en ordonner la répression et la réparation, et de protéger ainsi les intérêts et les nationaux du pays où ces excès se sont commis ? Cela ne saurait faire l'objet d'un doute : c'est au législateur de ce dernier pays qu'incombe le *devoir* de protéger, *le droit* de réprimer et de défendre. — Ce seront donc ses lois qui défendront ces actes de lésions et qui détermineront la réparation ; — ce seront par suite *ses lois* qui seront violées par la commission de ces actes ; — les tribunaux qu'il aura institués pour faire exécuter et respecter ses prescriptions seront, en conséquence, seuls compétents pour en venger l'autorité méconnue. — C'était au point de vue de l'application des lois en général qu'il fallait se placer pour résou-

---

(1). Montpellier, 12 juillet 1826. — Paris, 17 novembre 1834. — Cass. rejet 13 déc. 1842 (S. V. 27. 2. 227. — 36. 2. 771. — 43 1. 14), et arrêt d'Aix du 12 mai 1857 (S. V. 1858. 2. 721). *Siz* Pardessus, droit commercial n° 1478 Massé. Droit commercial. t. 2 n 194. Demangeat, *conditions des étrangers* p 405. — Demolombe 1. p. 27. MM. Aubry et Rau sur Zacchariæ. t. VI. dernière édition. p. 313. — Le contraire a cependant été décidé par un arrêt de Paris du 5 juin 1829 (S. 29. 2. 249). — Notre solution ne présenterait quelque embarras, il ne faut pas se le dissimuler, que pour les faits dommageables qui ne seraient commis sur le territoire d'aucune puissance ; tel serait le cas d'une avarie commise en mer contre un navire de commerce en dehors de toute mer territoriale ; dans ce cas, qui a fait l'objet de l'arrêt d'Aix, du 12 mai 1857, cité en la note qui précède, on pourrait décider, sans blesser aucun des principes posés, que le tribunal compétent est celui du domicile de l'auteur de l'avarie ; mais dans notre système, ce cas devrait être l'objet d'une disposition particulière de la loi, afin de ne rien laisser à l'arbitraire de l'interprétation judiciaire.

dre la question posée, et non au point de vue des *droits parti-culiers* qui résultent de leur protection. — La jurisprudence et la doctrine me semblent donc avoir fait fausse route en se préoccupant uniquement de ce petit côté de la difficulté, elles ont, en effet, uniquement considéré l'*obligation* née du préjudice causé, *le droit de créance* qui en dérive pour la partie lésée, la nature de son action, et elles se sont ainsi laissées entraîner à la ranger dans la catégorie de celles que prévoient les articles 14 et 15 du Code Napoléon.

Les lois qui déterminent la nature de la réparation d'un acte lésionnaire et l'étendue de la responsabilité légale, dérivent plus de l'*obligation sociale* pour le législateur d'assurer, sur son territoire, l'inviolabilité des droits placés sous sa protection que de l'*obligation morale*, pour chacun, de réparer le préjudice qu'il a causé. — Sanctionnée par la loi positive, cette obligation donne bien, il est vrai à la partie lésée, *droit* au dédommagement, mais elle ne transforme pas ce droit en *une créance proprement dite* qui réfléchit *en dette privée* contre celui à qui le législateur l'impose : — après la loi, il n'y a plus que le devoir d'en respecter les dispositions ou d'en subir la sanction pénale, cette sanction est une condamnation à des dommages-intérêts, la partie lésée en profite et voilà tout, mais l'intérêt général n'en profite pas moins ; car la *peine de la réparation* préviendra le retour ou l'imitation des faits ou des fautes préjudiciables qui troublent la sécurité.

En théorie législative, les juges français me semblent être, en conséquence, incompétents pour connaître des demandes en dommages-intérêts à raison de *délits civils ou quasi délits commis à l'étranger* (1).

La dignité de chaque pays est assez intéressée à ce que les droits privés ne soient pas impunément violés sur son territoire pour qu'il soit nécessaire de leur accorder en *duplicata* la protection des lois françaises ; — protection qui d'ailleurs ne leur

(1). En ce qui concerne les délits civils, ou quasi-délits commis hors du territoire de la France, mais non commis sur le territoire d'une nation étrangère. Voir la note précédente.

fera jamais défaut, lorsqu'il y aura lieu de faire exécuter en France, soit contre un Français, soit contre un étranger, un jugement prononçant des dommages-intérêts pour la réparation d'un délit ou d'un quasi délit commis hors du territoire. — (V. art. 546 du Code de Procédure civile et n° 105, ci-dessus).

XVI.— Lois concernant la contrainte par corps.— Ce sont là des lois *impératives* et par conséquent obligatoires seulement en France pour tous ceux qui y résident. Voir ce que nous en avons dit sous les n°s 87 et 75. — La contrainte par corps stipulée dans un contrat ou lettre de change souscrits dans un pays où cette garantie peut librement et légalement y être stipulée, ne pourrait être mise à exécution en France que si la loi, en France, autorisait ce mode d'exécution, et dans les cas seuls où elle l'autoriserait...

Pour réaliser d'une manière efficace l'autorité et l'exécution des lois, ce n'eût pas été assez que d'en assurer les effets contre les *lois de l'avenir*, par l'art. 2, ou contre celles de l'*étranger* par l'art. 3, il fallait encore, et surtout les protéger contre l'*action des hommes*: *l'arbitraire de ses ministres et les lois privées des conventions*; — c'est à compléter, sur ces trois points, les lignes de défense du principe de la souveraineté des lois, que sont consacrés les art. 4, 5 et 6 du Code Napoléon dont nous allons étudier les dispositions et la rédaction.

ARTICLE IV.

Le juge qui refusera de juger sous prétexte du silence, de l'obscurité, ou de l'insuffisance de la loi, pourra être poursuivi comme coupable de déni de justice.

129. Cet article contient une règle d'action à la fois *prohibitive* et *impérative*; premier vice, une loi doit être ou toute une ou toute autre. Le législateur s'adresse aux *juges*, il leur *défend* de se refuser à juger et leur *commande* implicitement, il est vrai, de prononcer, nonobstant l'obscurité ou l'insuffisance de la loi, sur toutes les contestations qui leur seront soumises.

A revenir sur la rédaction ainsi *à double voix* de cette disposition, on pourrait très rationnellement la construire soit sur la *formule prohibitive et pénale*, soit sur la *formule impérative* qui manifeste aux fonctionnaires leur devoir.

La formule de l'article ainsi arrêtée, il nous faut en découvrir l'âme, la pensée et le but, afin de dégager, dans ses contours les plus nets, la règle d'action qui s'y trouve déposée.

Que, dans l'orgueil de son œuvre, le législateur en ait ici proclamé l'irréprochable et éternelle perfection ou qu'il ne s'en soit dissimulé ni l'insuffisance ni les lacunes, cela importe peu, le *sous-prétexte* de notre art. 4 n'est au demeurant qu'un tour habile pour les prévoir, sans trop en convenir.

Précisons, en conséquence, à ce point de vue, la situation que sa disposition entrevoit ou suppose.

Une demande est introduite en justice, une requête est présentée au magistrat; — le fait est précis, la situation respective des parties est établie; — pour dire les obligations qui leur en incombent que faut-il? — *La loi.* — On ouvre le code, on fouille le cahos du bulletin des lois, et la loi sur laquelle la demande prétend se fonder n'existe pas, celle dont on invoque le bénéfice, ou dont on poursuit la violation, ne s'applique ni au fait ni à la situation; — on en a dénaturé ou forcé le sens pour y étendre sa portée; ce sens est peut-être difficile à saisir, la disposition de la loi est *obscure*, admettons que le *cas* n'est, par elle, *pas prévu*, qu'il y ait une *lacune*, la prévoyance humaine a des bornes.

A quoi devra se résoudre le juge ?

Pourra-t-il combler cette *lacune*, suppléer à l'*insuffisance de la loi*, en étendre la portée, en compléter ou corriger les dispositions par le sentiment de leur but, les lumières de la raison, les inspirations de la conscience ou l'application des règles du droit naturel ?

On a si souvent reconnu aux ministres de la loi ce droit d'empiéter, ainsi, sur les attributions du législateur que je n'ose soutenir, ici, que ce serait là, de la part du juge qui jugerait de la sorte, méconnaître et violer le principe de la séparation des pouvoirs, non pas interpréter, mais faire ou refaire la loi, et qu'il n'appartient qu'à celui qui l'a faite d'en corriger les imperfections et d'en combler les lacunes... (1). Mieux vaut citer à ce sujet un arrêt récent de la Cour de Rennes qui me semble avoir souverainement affirmé la règle contre la Cour de Cassation qui, sur la question à juger, avait méconnu ses propres principes (2).

« Considérant que le juge ne peut jamais, en matière crimi-
« nelle, même sous prétexte d'analogie, d'interprétation de
« l'intention présumée du législateur ou de la nécessité de faire
« respecter les préceptes les plus sacrés de la morale publique,

(1) La Cour de Cassation l'a ainsi souvent décidé. V. notamment son arrêt du 15 juillet 1807. B. Crim. n° 41.

(2) Il s'agissait de savoir si les art. 13 et 18 de la loi du 17 mai 1819, qui punissent le délit de diffamation, peuvent être appliqués au fait de diffamer la mémoire d'une personne décédée. La cour de cassation a décidé cette question affirmativement par arrêt du 24 mai 1866. (Sir 1866. 1. 657), non sans faire un peu la loi sur ce point, et oublier les principes qu'elle avait souvent proclamés ; la cour de Rennes s'est nettement prononcée contre la doctrine de la cour suprême en confirmant un jugement du tribunal correctionnel de Sougères, qui avait jugé que le fait de diffamer la mémoire des morts ne rentre pas sous l'application de la loi de 1819. — Nous partageons sur ce point l'opinion des premiers juges, mais nous n'acceptons pas ce considérant de leur décision· « Que si, en matière civile, le juge doit suppléer au [silence de la loi, c'est le principe opposé qui régit les matières criminelles. » Nous ne saurions admettre aucune distinction à cet égard.

« étendre la pénalité d'un cas à un autre pour l'appliquer à des
« situations ou à des fautes que la loi n'a pas expressément
« prévues ; qu'il doit au contraire soigneusement la restreindre
« aux faits et circonstances qu'elle a clairement déclaré vouloir
« punir et pour lesquelles elle a été spécialement et exclusive-
« ment édictée ; — considérant que ce principe salutaire, et
« protecteur de la sécurité de tous, ne doit jamais être mé-
« connu, quelles que soient les considérations puissantes qu'on
« pourrait invoquer, soit au nom des sentiments outragés des
« familles, soit au nom de l'ordre social, et qu'il n'est pas donné
« d'*imaginer de doctrine plus périlleuse que celle qui, pour*
« *quelque motif que ce soit, autoriserait le magistrat à ajou-*
« *ter au texte de la loi répressive* que ce n'est pas à lui qu'ap-
« partient le droit de combler, par une interprétation plus ou
« moins spécieuse, *les lacunes évidentes de la loi.* »... confir.
arrêt de Rennes du 22 nov. 1866., Sir. 1865. 2.54.

Ce qui est vrai pour les *lois pénales* ne l'est pas moins pour
les *lois civiles*. — Quelle raison y aurait-il pour distinguer
entre elles ? Ne sont-elles pas également sacrées et souveraines
pour leurs ministres ? Est-ce que le long abus de la pratique sur
ce point pourrait justifier les magistrats gardiens de leur inviolabilité ? non, le premier devoir du juge est de se renfermer
dans la mission que son institution lui assigne, et cette mission
est, il ne faut pas craindre de le répéter, non de juger la loi,
mais de juger suivant la loi faite et promulguée.

Elle est muette ou inapplicable, leur faudra-t-il alors s'abs-
tenir de prononcer ?

C'est à l'embarras de cette situation que le législateur a voulu
pourvoir par son article 4. — Ce qu'il a voulu surtout prévenir
c'est que le cours de la justice pût être jamais suspendu par une
difficulté d'interprétation. — Que ses dispositions soient obscures, incomplètes ou insuffisantes ou que ses lacunes et son
obscurité ne soient que le résultat de l'ignorance ou de l'inintel-
ligence de son texte, il faut que le juge juge, et il devra juger
sous peine d'être poursuivi pour deni de justice.

Il devra juger *suivant la loi* et sans *la faire*, l'art. 4 ne dit
pas comment et réalise ainsi ce que le législateur pensait ne

devoir jamais être *qu'un prétexte*, c'est-à-dire l'*insuffisance de la loi*. — Il était pourtant si facile de le compléter ; — il eut suffi pour cela de prévoir les trois seules situations que son hypothèse comporte ; il eut certainement statué sur chacune d'elles comme il suit :

1er cas : **La loi est claire :** — Le juge devra en observer et appliquer les dispositions, sans y ajouter ni retrancher, si dure, si contraire à l'équité fussent-elles, c'est le cas de notre art. **1.**

2º cas : **La loi est obscure :** — Le juge devra d'abord, en s'éclairant des travaux préparatoires de la loi et de ses précédents, et se pénétrant bien du but de sa disposition, s'efforcer d'en découvrir le sens et la portée, voir ensuite si le fait ou la situation dont il s'agit rentrent dans le cercle normal de son application. — Est-il parvenu à vaincre cette apparente obscurité, la loi est alors devenu *claire*, son application rentre dans notre premier cas ; sinon, sa disposition inapplicable à l'espèce sera, à ce point de vue, une *loi insuffisante* (1).

3ᵉ cas : **La loi est insuffisante** soit, comme nous venons de le dire, que sa disposition est inapplicable à l'espèce, soit que le législateur n'a pas prévu la situation ou le fait soumis à l'appréciation du juge, plus ou moins alors il y a lacune ; — il s'agit pourtant de statuer sans suppléer au silence de la loi, que devra faire le juge ?

Qu'est-il, en fin d'examen, résulté de l'étude de l'affaire, que la loi sur laquelle le demandeur fondait ses prétentions n'est pas applicable ou n'existe pas ; — sa demande est alors mal fondée ; *mal fondée !...* mais les mots suffisent ici pour indiquer au juge ce qu'il doit faire. — Il devra rejeter cette demande mal fondée, — repousser les prétentions mal justifiées, — mettre le défendeur hors d'instance et condamner le demandeur aux dépens. — Et ce ne serait pas là refuser de juger, au contraire,

(1) Nous ne faisons pas du doute un cas spécial, parce qu'il ne peut y avoir doute que lorsque la loi n'est pas sûrement et légalement applicable, et si elle n'est pas avec certitude applicable, c'est qu'elle est insuffisante, et rentre dans la 3ᵉ hypothèse.

puisque le juge aurait jugé que la demande était *injuste* et ne *devait pas être accueillie.*

Voilà ce que le législateur nous semble avoir voulu dire par son art. 4 et ce que sa prescription ne manifeste pas suffisamment. — C'est dans ce sens que nous en avons, en conséquence, rédigé la règle d'action dans la disposition suivante à placer comme les précédentes dans le Code de procédure judiciaire. — Sa formule impérative ainsi le veut.

au Code de procédure. — Section. — Code des juges.

Art. 4. — Les présidents et juges devront,
Lorsqu'il s'agira pour eux de juger,

I. — S'il est par eux reconnu que le fait, le cas, l'objet de la demande ou la situation sur lesquels il s'agit de statuer n'ont été ni prévus, ni réglés par la loi, et ne rentrent pas dans la portée de son application.

1o Dire que la loi sur laquelle le demandeur ou le requérant fonde ses prétentions n'est pas applicable et qu'il n'existe aucune disposition légale qui permette de faire droit à ses conclusions;

2o Déclarer que dans le silence ou l'insuffisance de la législation, il ne leur appartient pas d'en compléter, suppléer, ou corriger les dispositions et moins encore de les étendre à des cas ou à des situations qu'excluent leurs principes, leurs pensées ou leurs termes ;

3o Rejeter la requête et débouter le demandeur de sa demande;

II. — Dans les cas contraires, accueillir cette requête ou cette demande, et statuer conformément à la loi.

La précision de cette règle d'action ne saurait dispenser d'en prévoir la violation, car il n'est loi si claire et si sage qui ne puisse être méconnue.

Cette violation, ne pouvant se réaliser que par un refus de juger, rentre dans la catégorie des infractions dont le législateur ne pourra efficacement prévenir le retour qu'en édictant contre les juges qui méconnaîtraient ainsi leurs devoirs des peines de nature à faire respecter ses prescriptions. — L'art. 185 du Code pénal a sanctionné à cet égard l'impération de l'art. 4 par une disposition à laquelle nous n'aurions à changer qu'un seul mot : le mot *obscurité* qui, en présence de l'article ci-dessus, deviendrait complètement inutile. — *Insuffisance* en dit assez.

Art. 185 du Code pénal. — « Tout juge, ou tribunal, ou « administrateur, ou autorité administrative qui, sous quelque « prétexte que ce soit, même du silence ou de l'insuffisance de « la loi, aura dénié de rendre la justice qu'il doit aux parties, « après en avoir été requis, et qui aura persévéré dans son déni, « après avertissement ou injonction de ses supérieurs... sera « puni d'une amende de 200 fr. à 500 fr. et de l'interdiction de « l'exercice de ses fonctions depuis 5 ans jusqu'à 20 ans. »

Pour les citoyens, nous aurons ensuite la prohibition suivante :

au Code civil. — Titre de l'application des lois.

Art. 4. — Nul ne peut demander aux juges de juger contrairement aux lois en vigueur, ou de suppléer au silence ou à l'insuffisance de leurs dispositions.

ARTICLE V.

Il est défendu aux juges de prononcer par voie de dispositions générales et réglementaires sur les causes qui leur sont soumises.

130. Comme l'art. 4, l'art. 5 contient à la fois une *impération* et une *prohibition*, il pourra donc comme lui manifester, par deux formules différentes, la règle d'action qu'il impose aux juges.

La nécessité de sa disposition se découvre dans ce droit que les anciens parlements s'étaient arrogés de suppléer à l'insuffisance des lois par des arrêts de règlements dans lesquels, « *sous le bon plaisir du roi et tant qu'il ne plairait pas à S. M. d'en disposer autrement,* » ils déclaraient, ainsi que le Préteur à Rome, de quelle manière serait à l'avenir résolue par eux telle ou telle autre difficulté sur tel cas donné que n'avaient ni prévu ni réglé la loi, la coutume ou l'usage.

Le principe constitutionnel de la *séparation des pouvoirs* proclamé en 1789, ne pouvait s'accommoder d'une semblable usurpation des attributions législatives; le législateur rompit sur ce point avec les traditions et les doctrines du passé; — l'article 4 conserva bien à l'autorité judiciaire quelque chose de son ancien pouvoir d'interpréter la législation, mais il était sage d'en fixer les bornes afin de prévenir le retour des anciens abus.

Telle a été la pensée de l'article 5.

Il *commande aux juges* de ne prononcer que sur les causes qui leur sont soumises et dans les limites des conclusions des parties qui les ont saisis. — « Ces conclusions, remarque avec « raison M. Demolombe, sont, dans chaque cause, le principe « et la mesure du pouvoir des juges, elles forment les termes du « contrat judiciaire par lequel les parties sont censées s'être « accordées pour leur soumettre leur différend. » L'art. 480 du Code de procédure civile consacre très expressément d'ailleurs la théorie qui se déduit de l'art. 5 en faisant un moyen de requête civile du fait de la part du juge de s'être écarté des conclusions des parties, soit en accordant plus qu'elles n'ont demandé, soit autre chose, soit en omettant de statuer sur l'un des chefs de leur demande.

Il défend ensuite aux tribunaux de faire de la décision qui viendra résoudre le différend une règle pour la solution à venir de tous les différends semblables.

Les arrêts ne sont bons que pour ceux qui les obtiennent.

Ce n'est pas tout que de poser un principe; — il faut surtout, pour en assurer l'application, l'envisager dans la pratique des faits et voir sur quels points menacés il convient de sanctionner sa force exécutoire. — Les moyens efficaces de sanction se déduisent des moyens possibles de violation. — Comment peut-elle se réaliser? par les deux seuls modes suivants, savoir :

1° Par une *décision* prise par les juges au mépris de leurs devoirs (1) ;

2° Et par la *manifestation de cette décision en la forme que la loi prohibe.*

En matière de sanction on ne peut que réprimer ce que l'on ne peut supprimer. A la détermination prise de méconnaître la règle, à la volonté qui a violé le devoir, le législateur ne peut opposer qu'une *peine* qui en prévienne l'imitation et la récidive. — sa disposition prohibitive se produira nécessairement à cet égard, suivant la formule que nous connaissons des lois pénales, — L'Art. 127 du Code pénal y a pourvu.

Quant à la forme sous laquelle cette détermination s'est manifestée, c'est-à-dire l'*Arrêt de règlement*, rien de plus facile que de l'anéantir. — Rendu en dehors des conditions de la loi et contrairement à ses prescriptions, c'est un acte nul, sans force obligatoire; le législateur en arrêtera dès le principe l'exécution et les effets prohibés en ordonnant à la Cour suprême d'en prononcer l'annulation dans l'intérêt de la loi, — et ses

---

(1) Nous distinguons entre la détermination délictueuse qui porterait les juges à prononcer règlementairement et le résultat de cette détermination qui sera alors la décision réglementaire prohibée. — Cette distinction est nécessaire parce qu'il y a deux faits qui seront l'objet de deux sanctions distinctes. — La décision prise est un fait accompli qui sera puni ; là est le délit. Quant à la *décision rendue*, c'est un acte nul, vicieux, qu'il faut anéantir par l'*annulation.*

impérations pourront, à cet égard, se formuler comme il suit :

à placer au Code de procédure judiciaire. — Code des juges.

Art. 5. — Les présidents et juges des juridictions de l'Empire devront, dans les causes qui leur sont soumises :

1° Prononcer dans les limites des conclusions prises devant eux par les parties ;

2° Et ne jamais statuer par voie de dispositions générales et réglementaires.

même Code. — Code section des procureurs impériaux.

Art. 5, a. — Les procureurs impériaux ou leurs substituts devront, après en avoir référé au procureur général,

1° Signaler au ministre de la justice tous les actes par lesquels l'autorité judiciaire aurait méconnu ou violé les dispositions d'une loi, d'un décret ou d'un règlement en vigueur, ou appliqué les dispositions d'une loi, d'un décret ou d'un règlement abrogé ;

2° Et lui faire connaître en même temps, par un rapport détaillé, les moyens de fait et de droit qui seraient de nature à faire prononcer, dans l'intérêt de la loi, l'annulation de l'acte contraire à ses dispositions.

Les décisions rendues en forme de règlement ou par voie de disposition générale seront donc annulées dans l'intérêt du paragraphe 2 de l'article précédent qui les interdit. — Il reste à frapper la pensée qui a arrêté cette décision, l'intention qui a voulu violer la loi. — Il s'agit de punir les juges... L'art. 127 du Code pénal y a pourvu suffisamment.

131. A propos du droit d'interprétation judiciaire des lois que les art. 4 et 5 confèrent à l'autorité judiciaire, les commentateurs en viennent d'ordinaire à discuter la loi du 1er avril 1837, sur le pouvoir interprétatif de la Cour de cassation.

Nous nous sommes déjà expliqué au sujet de cette loi dans notre première partie, nous n'avons ni à en proposer la réforme ni à nous occuper de sa rédaction ; — Il nous suffira de faire observer, à propos de la Cour dont elle règle les attributions, que la disposition de l'art. 5 du Code Napoléon la régit, ainsi que toutes les autres Cours de l'Empire, seulement comme elle ne relève d'aucune juridiction supérieure, les arrêts de règlement qu'elle rendrait contrairement audit art. 5 ne pourraient être déférés qu'au Sénat, comme violant le principe constitutionnel de la séparation des pouvoirs; — un pareil arrêt émanant de cette haute magistrature, serait en effet, une véritable loi interprétative.

Cette manière de voir ne pourrait être critiquée qu'en se plaçant au point de vue de la pensée initiale qui a inspiré l'institution de la Cour suprême.

On pourrait en effet soutenir, et non sans raison, que cette Cour étant moins un corps judiciaire qu'une section du pouvoir législatif, une assemblée quasi législative instituée pour faire connaître le sens des lois, a le droit de les interpréter législativement ; — le décret qui l'a créée le dit assez en déclarant qu'il sera « *formé à côté du Corps législatif un corps dont la mission sera de fixer le sens des lois et l'uniformité de la jurisprudence.* » — Mais en se plaçant en regard de la loi de 1837, on ne saurait nier que le législateur, revenant sur sa première pensée, n'ait refusé à la Cour suprême la haute mission législative qu'il était dans le plan de la Constitution de 1792 de lui confier, de telle sorte que ses attributions aujourd'hui faussées ou réduites, ne lui donnent pas le droit de « *s'immiscer dans l'exercice de la puissance législative* « *au moyen* » *d'arrêts de règlements.* »

Quelques écrivains ont à ce sujet exprimé le vœu de voir un jour les attributions de cette juridiction développées dans le sens de la pensée qui a fondé son institution. — Nous nous joindrions à eux que ce ne serait pas, de notre part, reconnaître qu'une pareille amélioration remédierait au malaise qu'engendre le système actuel de la confection des lois ; — non, nous l'avons dit, et nous ne cesserons de le redire encore, le progrès à cet égard est moins dans le perfectionnement des juridictions qui doivent appliquer les lois que dans l'adoption d'une méthode rationnelle pour les bien faire : — là est le mal, c'est donc là qu'il faut le remède. — Faisons des lois claires, et pas ne sera besoin d'une institution pour les refaire et les éclaircir.

ARTICLE VI.

On ne peut déroger par des conventions particulières aux lois qui intéressent l'ordre public et les bonnes mœurs.

132. Sous le rapport de la construction, cet article est à très peu de chose près conforme aux principes de rédaction législative que nous avons déduits dans notre première partie. — Il serait à l'abri de toute critique si « la législation ou la doctrine « fournissaient un criterium à l'aide duquel on pût déterminer, « d'une manière certaine, quelles sont les lois qui doivent être « considérées comme intéressant l'ordre public. »

Ce criterium notre système de rédaction le fournit par ses formules.

Les seules lois auxquelles les citoyens, comme simples particuliers, puissent déroger, sont les lois qui règlent l'exercice de leur pouvoir individuel d'agir, de réagir, d'obliger et de s'obliger. — En première ligne se trouvent les *lois pénales* ; elles sont particulièrement *d'ordre public*, on en connaît la formule et cette formule les manifeste suffisamment ; sur ce premier point tout le monde est d'accord ; — viennent ensuite les *lois civiles restrictives de la liberté et du pouvoir de faire les actes à effets indirects*, tels que des conventions, des donations ou autres actes privés ou publics dont la force exécutoire ne se réalise et ne s'impose, en cas de contestation, que par l'intervention et le concours de l'autorité publique.

Ces lois, lorsqu'elles ont en vue la protection de l'ordre public et des bonnes mœurs, se manifestent, on le sait, dans notre système par les expressions caractéristiques de leur formule : *nul ne peut...*, et par les mots *nul ne doit.,,* si l'acte qu'elles concernent n'est prohibé que dans un intérêt privé.

En conséquence, et pour la règle de l'art. 6, ce que *nul ne peut,* nul ne pourra, par des conventions particulières, s'obliger, ni obliger un autre à le faire : — Quant à ce que l'on ne *doit pas faire,* il en sera différemment. La prohibition de cette formule n'inté-

12

ressant pas l'ordre public, ceux qu'elle a pour but de protéger peuvent renoncer à son bénéfice, car il est de règle antique ; *Regula est juris antiqui omnes licenciam habere*, qu'on a toute liberté de renoncer à ce que les lois ont introduit en notre faveur, *his quæ pro se introducta sunt rencontiare*.

Les lois à formule *nul ne peut* se protégeant suffisamment par elles-mêmes contre la législation privée de la puissance contractuelle, il ne reste plus à protéger contre les conventions particulières que les lois pénales et les lois impératives dites lois de procédure, ce qui sera facile en prohibant, sous sanction de nullité absolue avec la formule *nul ne peut*, les actes prévus par les lois pénales et les inactions convenues en dérogation des lois impératives. — Et voici alors l'art, 6.

Art. 6. — Nul ne peut s'obliger ni obliger autrui à faire ce que défendent les lois pénales ou à ne pas faire ce que lui commandent les lois impératives.

Le texte de notre art. 2, a, 3 qui, sur le terrain des lois de la procédure judiciaire, prescrit l'annulation des actes et demandes judiciaires *qu'on ne peut* ou *ne doit* former, introduire ou notifier, exige et suppose, comme complément sur le terrain des *lois civiles* des dispositions prohibitives des demandes en *annulation d'actes* que l'on *ne peut* ou *ne doit pas former*.

Ces dispositions se déduisent de la manière suivante des principes de notre théorie légale des sanctions à la suite de l'art. 6.

au Code civil. — Sanctions civiles.

Art. 6, a. — Nul ne peut demander en justice à ce qu'un fonctionnaire, un magistrat ou une personne publique quelconque s'abstienne de ce qu'il doit faire aux termes des lois en vigueur.

Art. 6, a, 1. — Nul ne peut demander l'annulation d'un contrat ou de tout autre acte privé ou public que si cet acte ou ce contrat est de ceux qu'on ne peut ou qu'on ne doit pas se permettre.

Art. 6, a, 2 — Nul ne peut demander l'annulation ou le rejet d'un contrat ou d'un acte qu'on ne peut se permettre que les personnes ci-après, savoir :

1° Les parties contractantes ou leurs représentants ;

2° Tous individus ayant un intérêt né et actuel à s'opposer aux effets ou à l'exécution même éventuelle desdits actes ;

3o Le procureur impérial dans les cas prévus par les lois,

A la condition toutefois de se conformer aux lois pour les demandes en nullité de mariage et la prescription.

Art. 6, a, 3. — Nul ne peut demander l'annulation d'un contrat ou acte qu'on ne doit pas se permettre, que ceux dans l'intérêt, en considération ou au préjudice desquels lesdits actes ne devaient être ni consentis, ni faits, ni passés ou leurs représentants.

A la condition toutefois de se conformer aux lois pour les demandes en nullité de mariage et la prescription.

Art. 6, a, 4. — Nul ne peut demander en justice l'annulation ou le rejet ou la réformation d'un acte émané d'une personne publique que dans les cas où cet acte n'aurait pas été, par elle, fait comme il devait être fait.

Il ne serait pas sans utilité d'ajouter dans le titre préliminaire une disposition qui, établissant entre les fonctionnaires et les particuliers une ligne bien tranchée de démarcation, empêcherait qu'on ne pût confondre ceux des actes que les fonctionnaires feraient en cette qualité avec ceux qu'ils viendraient à passer comme simples particuliers.

Nous proposerions à cet effet la disposition finale suivante :

Art. 6, a, 5. — Nul ne peut prétendre avoir agi en qualité de personne publique lorsqu'il aura agi en dehors de ses devoirs en faisant plus ou moins ou autrement qu'il ne devait agir aux termes des lois en vigueur.

TITRE PREMIER.

DE LA JOUISSANCE ET DE LA PRIVATION DES DROITS CIVILS.

ARTICLE VII.

L'exercice des droits civils est indépendant de la qualité de citoyen, laquelle ne s'acquiert et ne se conserve que conformément à la loi constitutionnelle.

I.

133. Les mots *qualités de citoyens* expriment dans cet article l'idée synthétique de la *jouissance des droits politiques*. La première partie de sa disposition signifie donc que l'*exercice des droits civils* est *indépendant de la jouissance des droits politiques*. — La loi constitutionnelle à laquelle renvoie la seconde partie, en ce qui concerne l'acquisition et la conservation de ces *droits*, est la constitution du 22 frimaire an VIII, dont les prescriptions sous ce rapport sont tombés en désuétude. Nous n'en parlerons pas.

Droits civils et *droits politiques*, cette distinction exige une explication.

De la liberté naturelle, principe énergique et fécond de la vie sociale, la loi ne peut et ne doit retrancher que ce qui est contraire au but social, nous l'avons démontré (V. n° 45, 2ᵐᵉ partie). Tout ce qui ne sera point par elle défendu devra, par contre, être par elle protégé et respecté.

Ce que la législation respecte et protége est le *droit*.

Dans les limites des prohibitions légales, la liberté individuelle est donc *un droit*, elle est plus, elle est la source même et le fondement du droit, puisque toutes ses manifestations, dans ces mêmes limites, sont également *des droits*. — La liberté d'aller et de venir est *un droit*, comme la liberté d'user chacun du sien en est un autre, ainsi que la liberté d'obliger et de nous obliger.

A ces droits, dont les *lois civiles* règlent l'exercice et assurent l'inviolabilité dans le cercle des intérêts privés, on a donné
le nom de *droits civils*. — La somme de ces droits constitue,
pour ceux qui en sont investis, ce qu'on est convenu d'appeler
leur capacité civile (V. n° 49).

Mais le citoyen n'est pas seulement l'homme de ses intérêts,
il est aussi l'homme de la société et de la cité à laquelle il
appartient ; — à ce titre, il participe au gouvernement de la
chose publique. Dans cette coopération que lui imposent les
statuts constitutionnels, le simple particulier s'efface et sa qualité de *citoyen* devient pour lui une prérogative avec des droits
et des devoirs nouveaux.

C'est à ces *droits*, dont les lois politiques règlent l'exercice en
vue de l'intérêt général, que l'on a donné le nom de *droits politiques* ; — ils se résument tous dans l'aptitude légale d'élire
ou d'être élu aux fonctions de l'ordre législatif, de l'ordre
judiciaire ou de l'ordre administratif et d'être témoin dans les
actes publics ; la somme de ces droits constitue, pour ceux qui
en sont investis, une capacité particulière appelée *capacité politique* ; — la qualité de *citoyen* en est la plus haute expression
et la conséquence (V. n° 47.)

La condition vraiment indispensable pour *exercer un droit*,
est de *l'avoir dans ses droits*; il ne suffirait pas d'en avoir un
autre. — La *capacité politique*, c'est-à-dire le fait d'avoir dans
ses droits les *droits politiques* n'est donc, en principe, ni
indispensable, ni même nécessaire à l'*exercice des droits
civils*. — La logique pouvait ici se passer d'une déclaration du
législateur pour fonder et reconnaître leur indépendance.

A Rome, la *qualité de citoyen* était la condition fondamentale de la capacité civile ; — comme il était à craindre qu'au
sortir d'une révolution qui avait rendu au titre de *citoyen* un
certain prestige, le souvenir des lois romaines n'exagérât son
importance, le législateur de 1804 crut devoir s'expliquer sur
son influence relativement aux droits civils. — Il aurait pu certainement, à l'exemple de certaines constitutions anciennes,
subordonner l'exercice de ces droits à la possession de la capa-

cité politique, il préféra les en rendre indépendants. — Quelles
que furent les raisons de cette résolution, que ne font connaître ni l'exposé des motifs du savant Treilhard ni le
rapport du tribun Garry, nous ne pouvons aujourd'hui que les
approuver, en voyant tout ce que les droits privés ont gagné de
satisfaction à la reconnaissance de leurs franchises.

Mais si la résolution est digne d'éloges, la disposition qui
la manifeste n'en mérite aucun. Malgré sa place dans le Code
et la ferme volonté du législateur d'en faire une loi, l'article 7
en porte le nom sans en avoir la portée et les caractères.

II

134. La loi, dans notre système, est essentiellement une
règle dont le but est de *défendre* ou de *commander un acte*
— un acte extérieur, particulièrement déterminé par les circonstances de *temps*, de *lieux*, de *moyens* et de *relations* qui
peuvent le mieux le définir.

Quel est l'acte que commande ou défend l'art. 7. — On ne
saurait en préciser aucun. — Ce n'est donc pas une loi.

Le propre d'une loi est d'autre part de s'adresser aux
citoyens, ou aux *fonctionnaires;* — auquel de ces deux groupes se rapporte cet article 7, entendu comme nous venons de
le dire.

Aux citoyens ? — Il faudrait pour cela qu'il apportât, par
une *prohibition* quelconque, une restriction à leur liberté
naturelle, ce qu'elle ne fait en aucune façon.

Aux fonctionnaires ? aux magistrats, juges des difficultés
que peut soulever l'exercice des droits civils ? — en quoi notre
article les concerne-t-il ? que leur demande-t-il ? Nous n'avons
pas, diront-ils, à nous en préoccuper. — Il ne suffit pas de
proclamer, par écrit, l'indépendance des droits civils, pour
qu'elle soit, il faut la faire, et pour cela, après avoir constaté
qu'elle n'existe pas par la force même des choses, la réaliser
dans les faits, dire comment et dans quelle situation juridique,
— et c'est ce que le législateur a omis de nous dire. — Agents
passifs et subordonnés de ses impérations, nous ne pouvons

ajouteront-ils , ni les compléter, ni y suppléer ; si elles ordonnent d'exiger la qualité de citoyen comme condition de la validité de tel ou tel acte ou de telle ou telle autre action judiciaire , nous l'exigerons , sinon, non , et l'indépendance des droits civils existera sans qu'il soit même besoin de l'écrire.— L'art. 7 ne s'adresse point à nous... nous n'en avons que faire. — Ce n'est pas pour nous une loi.

On ne peut cependant pas admettre que les savants auteurs du Code aient ici parlé pour ne rien dire ; — sans aucun doute; aussi, inclinons-nous à penser qu'ils ont pris, ainsi que cela leur est plus d'une fois arrivé, un principe de législation pour une règle pratique d'action. L'art. 7, à bien l'examiner, n'est pas en effet autre chose que l'expression d'une bonne résolution par eux prise pour les lois à faire ; la voici dans sa pensée la plus pratique :

« Pour la réglementation des droits civils , l'intérêt général « n'exige pas que la qualité de citoyen soit la condition de leur « exercice, et nous ne l'exigerons pas. »

C'est là une excellente pensée , une règle que le législateur déclare accepter pour l'élaboration de son œuvre ; — règle à laquelle il est resté fidèle, ce qui suffit, règle dont l'expression dès lors parfaitement inutile pourrait être sans inconvénient rejetée du Code où elle n'aurait jamais dû figurer.

Mais ne peut-il pas , répondra-t-on , se rencontrer des situations inconnues et encore imprévues où la disposition de l'art. 7 puisse tout au moins servir à suppléer aux lacunes de l'œuvre législative ?

Avant de faire à cet égard des concessions, ou de répondre qu'il n'appartient qu'au législateur de combler les lacunes de ses codes , précisons et dégageons nettement la situation juridique où l'on semblerait entrevoir l'utilité de l'art. 7. — Elle ne peut d'abord se concevoir qu'à l'occasion de l'exercice contesté d'un droit civil ; nous prendrons un exemple pour la rendre plus saillante.

Mon cohéritier se refuse au partage d'un bien entre nous indivis, je l'assigne pour en faire prononcer sa licitation ; — mon débiteur n'a pas payé à l'échéance, je l'actionne en payement de ce qu'il me doit.

A la barre , *in limine litis*, mon adversaire prend des conclusions tendant à ce qu'avant toutes exceptions et défenses , il soit par moi justifié de ma qualité de citoyen, faute de quoi je serai débouté de ma demande par ce motif que la loi française n'étant faite que pour la protection des intérêts français les *citoyens* français ont seuls droit au bénéfice de sa protection.

Voilà bien, ce me semble, le cas où l'art. 7 pourrait être utilement invoqué pour faire repousser ces prétentions, il est très facile néanmoins de démontrer qu'on pourrait parfaitement s'en passer, il suffit pour cela de supposer qu'il [n'existe pas : voici comment j'y suppléerai.

Je répondrai à mon adversaire :

1° Que la condition à laquelle il voudrait subordonner l'exercice de mon action judiciaire constituerait une restriction de mon droit d'action : — qu'au législateur seul il appartient d'imposer de pareilles rétrictions ; — qu'il faudrait, en conséquence, pour que son exception fût accueillie qu'elle se fondât sur une loi portant que *nul ne peut ester en justice, ni exercer ses droits civils s'il ne justifie préalablement de sa qualité de citoyen*, et qu'on ne trouve aucune disposition de cette nature dans notre législation.

2° Que, en admettant même que, d'après les principes et les précédents de cette législation, cette omission pût être considérée comme une lacune, il n'appartiendrait pas aux juges de la combler, qu'étant tenus par la loi de leur institution de dire droit suivant la loi sur les demandes portées devant eux, ils doivent juger sans se préoccuper de ma *capacité politique*, puisqu'aucun texte n'en a fait la condition de l'introduction de mon action, et que la *capacité civile* suffit pour l'exercice des droits qui en dérivent.

A défaut de l'art. 7, que nous supposons ne pas exister, l'art. 4 suffira largement aux juges pour se prononcer entre ces prétentions opposées.

Que décide cet article 4 ? que lorsque dans une instance judiciaire il est reconnu que l'objet de la contestation n'a été ni réglé, ni prévu par la loi, ce qui est bien notre hypothèse, les juges devront déclarer qu'il n'existe aucune loi qui permette de faire droit aux conclusions de mon adversaire, que, dans le silence de la loi, il ne leur appartient pas d'y suppléer et qu'ils doivent le débouter de ses prétentions; c'est ce qu'ils feront, et ce faisant, ils démontreront mieux que tous les syllogismes que l'art. 7 n'est pas nécessaire pour réaliser dans la pratique l'indépendance des droits civils.

Conclusion : la première partie de la disposition de l'art. 7, ne contient, ainsi que nous l'avons dit, aucune règle d'action proprement dite, on peut donc, nous le répétons, la retrancher sans inconvénient du Code.

III

135. Quant à la deuxième partie de cet article qui renvoie à la loi constitutionnelle pour ce qui concerne la manière d'acquérir ou de perdre la qualité de citoyen, c'est moins encore une loi que l'autre, et d'autant moins une loi que la Constitution de l'an VIII, qui en était la base, a précisément cessé d'être en vigueur pour celle de ses dispositions relative à la qualité de citoyen.

Tout ce qu'on pourrait en retenir d'utile, ce serait son intention : — elle exigerait pour être satisfaite, une définition du terme de *citoyen* entendu dans son sens politique. Les solutions de la jurisprudence permettraient de la formuler de la manière suivante :

Définition à placer au livre des définitions légales.

Sont citoyens :

1o *Les Français d'origine*, mâles, majeurs, non interdits, ni faillis, et non privés de l'exercice de leurs droits civils par une condamnation,

2o *Les Etrangers*, mâles, légalement naturalisés français qui ne sont ni mineurs, ni interdits, ni faillis, ni privés, par une condamnation, de l'exercice de leurs droits civils.

ARTICLE VIII.

Tout Français jouira des droits civils.

I

136 Loi, — droits civils, — liberté civile : — Tels sont encore ici les termes de la série logique dont la conclusion doit être que l'article 8 n'a rien d'une loi.

La loi, règle d'action, implique un pouvoir d'action, un pouvoir libre, — l'activité humaine, — la *liberté*. — Elle en détermine l'exercice normal par des restrictions.

Ce qui reste de la *liberté naturelle* après ces restrictions que la loi lui impose, constitue la *liberté légale*, elle est la plus haute expression du droit individuel et chacune de ses manifestations est *un droit*; — ceux de nos droits dont la loi civile garantit le respect et l'inviolabilité ont reçu le nom de *droits civils*, nous le rappelons (V. no 133.)

Qui dit droit, dit, par conséquent, pouvoir de faire ce qui n'est pas défendu : *Jus est facultas agendi*. — Liberté dans les limites de la loi. — *Sub lege libertas*.

Un pouvoir d'action, tel que la liberté humaine, se conçoit difficilement en dehors de ses *moyens d'action*, lorsque surtout il s'agit de l'étendue de l'action législative, puisque ce n'est que par *l'usage de ses moyens d'action*, que la liberté tombe sous l'empire de la loi. — La doctrine qu'a consacrée l'article 8 a cependant accompli ce tour de force de faire deux entités juridiques distinctes des *droits civils* et de *leur exercice* et de concevoir comme *chose de la loi*, *l'activité individuelle* séparée de ses *moyens d'action*; elle a même fait plus, elle a qualifié de *jouissance* la possession ainsi démembrée de ces droits (1) et l'a définie « une *aptitude légale à l'acquisition de l'exer-* « *cice de ces mêmes droits*. »

(1) La jouissance serait à l'exercice ce que la vie est à ses manifestations. —

La critique aurait fort à reprendre à cette définition, ainsi qu'à la dissection atomistique et idéale sur laquelle elle repose, mieux vaut continuer notre analyse pour en démontrer l'inanité.

Nos docteurs ont retranché des droits civils l'*exercice* qui les manifeste et les réalise, qu'est-il resté sous leur scapel ? — La *jouissance des droits civils*, — c'est-à-dire la liberté séparée de son pouvoir d'agir, — la liberté tronquée, à l'état inerte, moins que cela : la liberté réduite à la conscience d'elle-même, une abstraction, quelque chose pour le psychologue, mais pour le législateur, rien, car la loi est une science de pratique, son domaine est essentiellement la réalité, la chose, l'acte ou le fait et l'activité humaine dans le déploiement de son énergie. — L'exercice du droit tombe donc seul sous son empire, parce que la liberté agissante, seule capable de se dérégler, est seule aussi capable de règles. — Quant à la *jouissance platonique des droits sans actions*, elle échappait à sa puissance de législateur.

L'art. 8 qui assure *cette jouissance* à tous les Français n'a par suite, rien d'une loi, que dit-il, en dernière analyse ? Que tous les Français ont le sentiment de leurs droits civils, — tout ce qu'il faut pour les comprendre et les exercer. — Réflexion plus digne d'un recueil de maximes philosophiques que du livre de nos lois civiles.

II

137. Cet article serait d'autre part sans utilité pratique à supposer qu'il eût pour but unique de consacrer la distinction doctrinale de la *jouissance* et de l'*exercice des droits civils*.

En effet : — Que l'on considère les droits civils comme des

Tous les auteurs n'admettent pas cette distinction entre la jouissance et l'exercice des droits. — Il est en effet des droits dont la jouissance est tellement identifiée à leur exercice, qu'on ne saurait les concevoir divisés : tels sont les droits de contracter mariage, de tester, d'aller et de venir, etc.; la délégation de l'exercice de ces droits serait impossible; celui qui en jouit peut seul les exercer.

facultés concédées par le législateur, ainsi que d'aucuns le prétendent, ou comme cette portion de liberté naturelle qu'il nous laisse dans le cercle de ses prohibitions, — il faut toujours reconnaître que l'idée et l'expression de droits civils impliquent nécessairement l'existence de lois civiles qui en règlent l'exercice. — Mais, *régler l'exercice d'un droit* n'est-ce pas en reconnaître et respecter le fond, c'est-à-dire *la jouissance* ? à quoi bon alors proclamer que tous *les Français avaient la jouissance de leurs droits civils*, — cela était parfaitement inutile. — Considère-t-on cet article 8 comme une explication donnée pour faciliter l'intelligence du système d'après lequel le législateur règle l'exercice de ces droits ; sa disposition alors n'est pas même une loi et, de toute façon, sa place est partout ailleurs que dans le Code.

Si toutefois, et par égard pour la tradition on tenait à conserver, dans le livre de nos lois civiles, la trace des idées génératrices de cet article, et si l'on voulait en déduire une loi-règle d'action, il faudrait trois choses :

1o Considérer que la *jouissance des droits civils* est quelque chose de plus que le sentiment abstrait et tout théorique de la liberté ; et que, sous ces expressions, se découvre, avec le principe de la vie civile, cette *aptitude légale* de la définition de l'école. — Faisons cette concession, nous en verrons la conséquence.

2° Supposer ensuite que cette *aptitude légale* peut être l'occasion ou l'objet d'une action extérieure ou d'une disposition contractuelle de notre puissance juridique.

3o Et déterminer enfin, parmi les actes ou les contrats auxquels cette *jouissance de nos droits détachée de leur exercice* peut ainsi donner lieu, ceux dont l'intérêt général exigerait la prohibition ou la réglementation.

138. Une excursion dans cette voie ne sera pas sans profit pour notre analyse.

La *jouissance* des droits civils peut donc être pour notre capacité juridique un sujet d'action ou de disposition. — Nous l'admettons. — Comment concevoir cette disposition depuis l'usage jusqu'à l'abus ?

Le signe le plus caractéristique de notre puissance sur ce qui est dans nos droits, on l'a dit, c'est d'en abuser. — Comme la loi ne s'attache qu'aux excès pour réglementer notre pouvoir d'action et de disposition, — il n'y a qu'à chercher quel est l'abus (*abusus*), qui, par voie de contrat, de donation, de testament ou de tout autre acte privé à effets indirects, peut être fait de la *jouissance isolée* des droits civils. — Cet abus ne peut se découvrir que dans l'aliénation ou la *renonciation à cette jouissance*.

La *renonciation à la jouissance en général* des droits civils *in globo ;* — voilà l'acte qu'il s'agit d'apprécier : — est-il de ceux que la loi doive tolérer ou défendre? — C'est au point de vue de l'intérêt général qu'il faut se placer pour répondre à cette question, et au point de vue aussi du résultat pratique dudit acte.

Quelle serait la conséquence d'une pareille renonciation ? — Elle entraînerait nécessairement la renonciation à *l'exercice des droits civils,* elle priverait par suite celui qui l'aurait consentie, non seulement de la jouissance, mais aussi de l'exercice de ces mêmes droits, — un semblable contrat, s'il avait force de loi, le frapperait d'interdiction, disons mieux, de *mort civile.*

La mort civile, cette monstruosité de l'ancien régime, proscrite par la loi civile, et ressuscitant par la force des conventions, quelle inconséquence! — Les citoyens, sujets des lois, libres de se placer non au-dessus, mais hors les lois. — Quelle anarchie ! — La liberté restant maîtresse de s'anéantir et de se réduire en esclavage, quel excès ! — il faudrait un législateur insensé pour tolérer de telles folies... Réjouissons-nous de ce que les progrès de la civilisation les ont pour toujours rayées et retranchées de notre puissance juridique ; — mais ne fermons pas pour cela les yeux et profitons des enseignements du passé et de l'histoire... il n'est pas encore si loin de nous le temps où ces renonciations à la vie civile étaient possibles, pour qu'il n'y ait pas lieu d'en craindre le retour; — n'est-il pas encore des législations qui en consacrent la légitimité et des

aspirations qui en exaltent le pieux sacrifice?... Nous voulons
parler du renoncement au monde qu'imposent les extrêmes
rigueurs de la vie monastique et de la prononciation des vœux
religieux qui, en certains pays, entraînent encore, comme dans
notre ancien droit, l'incapacité de la mort civile.

Notre législation a pour jamais enlevé aux vœux religieux (1)
cette puissance de porter atteinte à la capacité juridique des
personnes, mais on pourrait mieux compléter la protection qui
est due à la faiblesse humaine si, en concluant de ces précédents
à la possibilité d'une *renonciation conventionnelle à la jouissance des droits civils*, on en faisait l'objet d'une prohibition
d'ordre public. — Ce serait là le seul moyen, je crois, d'utiliser
les idées génératrices de l'art. 8 car, en faisant inhibition à tous
les Français de renoncer à la jouissance de ces droits, on affir-
merait pratiquement ce que cet article affirme théoriquement,
à savoir : que cette *jouissance des droits civils* est non seulement l'*apanage de tous les Français*, mais *leur apanage inaliénable*, et une pareille disposition me paraîtrait alors pouvoir
très logiquement se formuler de la manière suivante, aux lieu et
place de l'art. 8.

Art. 8. — Nul ne peut renoncer d'une manière générale à la
jouissance de ses droits civils.

139. De cette disposition ainsi *restreinte à la jouissance*, on
pourrait en induire peut-être *a contrario* que la renonciation
générale *à l'exercice* resterait permise. — La prohibition ainsi
entendue laisserait subsister les abus à proscrire. — Faudrait-
il, pour en assurer l'efficacité, l'étendre d'une manière *absolue*
à l'exercice des droits civils, on risquerait alors de paralyser
ainsi l'esprit de transaction qui doit rester libre de renoncer à

(1) La profession religieuse acceptée définitivement par la prononciation des
vœux monastiques solennels, entraînait autrefois la mort civile ; les vœux de
cette nature ayant été supprimés par la loi des 13-19 février 1789, ont cessé d'être
obligatoires, et ne produisent plus aucun effet juridique. Le décret non abrogé
du 18 février 1809, autorise bien les membres des congrégations hospitalières
de femmes, à prononcer des vœux efficaces juridiquement, mais ces vœux dont
la durée est au plus de 5 ans, ne portent aucune atteinte à la capacité civile.

l'exercice de ses droits sur les objets dont il peut disposer ou qu'il aliène ; comment sortir d'embarras ? la difficulté n'est pas insoluble : — il suffirait d'édicter parallèlement, et à la suite de la prohibition *absolue de renoncer à la jouissance*, une interdiction *relative de renoncer à l'exercice* des droits civils. — Ces deux dispositions, en consacrant la distinction doctrinale des art. 7 et 8, auraient cet avantage de laisser à l'activité humaine ce qu'exigent de liberté le développement progressif et la satisfaction légitime de tous les intérêts... Voici comment pourrait être rédigée cette disposition complémentaire.

Art. 8, a. — Nul ne peut renoncer à l'exercice de ses droits civils qu'à *raison d'actes*, de *faits*, ou *de biens déterminés* et pour ce qu'exige la validité des *dispositions permises* de ces biens ou de ces droits.

Les deux dispositions qui précèdent ne signifient pas seulement qu'on ne peut volontairement se placer, ni en état d'interdiction, ni en état de mort civile, elles disent quelque chose de plus, qu'il importe de bien mettre en relief afin de déduire de l'art. 8 toutes les règles utiles qu'il peut contenir.

140. En défendant à chacun de renoncer à la jouissance de ses droits civils, et en ne lui permettant de renoncer à leur exercice que dans certains cas déterminés, la loi reconnaît implicitement que chacun a de ses droits civils une *jouissance inaliénable* et n'en a l'exercice que dans les limites de la loi. — Mais le législateur ne connaît et ne déclare que ce qu'il garantit et protége, nos articles 8 et 8, a, impliquent donc la garantie légale de l'inaliénabilité de la jouissance des droits civils et la protection de leur exercice dans les limites de la loi. C'est là une conséquence qu'aucun législateur n'a jamais déclinée. — Cette garantie et cette protection que sont-elles alors, pour ceux qui en profitent, un *bénéfice, le bénéfice de la loi.* — S'il en est ainsi, et cela ne peut être ni autrement, ni autre chose, l'idée de *bénéfice des lois françaises* se présente comme l'idée corrélative des idées générales qu'expriment les termes de *jouissance* et d'*exercice des droits civils*, de telle sorte, qu'on peut substituer l'une à l'autre sans modification dans la direction de

la pensée. — Dire, en conséquence, comme le fait l'art. 8 du
Code Napoléon que *tous les Français ont la jouissance de leurs
droits civils*, ou comme son art. 13, que les étrangers *jouiront
en France de ces mêmes droits* dans les cas qu'il indique, c'est
implicitement déclarer que les premiers peuvent seuls *prétendre
au bénéfice des lois françaises* en principe et que les seconds
ne sont appelés à y participer que par *exception* et par *faveur*.

Une troisième disposition se dégage ainsi des idées et du
texte de l'art. 8, et s'impose, par la formule, de la manière
suivante :

ART. 8, a, 1. — Nul ne peut prétendre au bénéfice des lois
françaises que les Français (V. exception, art. 13).

Cette disposition, qui pourra se combiner avec la prohibition
analogue que nous déduisons de l'art. 13 de manière à n'en
former qu'une seule, nous conduit tout naturellement à l'examen
de cette question :

Quels individus sont Français ?

Les art. 9, 10, 12 et 18 répondent à cette question par des
indications qui, dans la pratique, ne laissent pas que de présenter quelques difficultés.

ARTICLES 9, 10, 12 et 18.

L'objet de ces articles est de faire connaître quels sont les individus qui constituent cette puissance sociale que désigne l'expression de *les Français* ou *Nation française*.

C'est par voie d'énumération que procède ici le législateur, et il lui était difficile de faire autrement pour préciser et définir la portée de cette qualification.

Un double ordre de faits a déterminé à cet effet les motifs et les lignes de son énumération, à savoir :

Le fait involontaire de la naissance,

Et les faits volontaires de réclamations ou de postulations, indicatifs du désir de faire partie de la nation française, conditions indispensables pour être admis dans son sein.

Au point de vue du premier de ces deux ordres de faits, le caractère tout déclaratif des articles 9, 10, 12 et 18, dont le but est bien plutôt d'indiquer par suite de quelle filiation le fait involontaire de la naissance confère la qualité de Français, que de tracer les règles d'action pour l'obtenir, ne saurait s'accommoder *des formules* propres aux *règles d'action*. — Leur rédaction à nouveau s'en accommodera mieux, en se plaçant au point de vue des faits volontaires auxquels il peut être nécessaire de subordonner l'obtention et la revendication de cette qualité. Mais s'il ne s'agit ici que de dire quels sont les membres qui composent le corps social et les conditions à remplir pour en faire partie, ne touche-t-on pas à sa *constitution?*... la pensée de nos articles ne procède-t-elle pas, dès lors, quelque peu de la pensée organique des *lois constitutionnelles* dont l'expression n'est soumise à aucune formule? — Ainsi l'avaient décidé les auteurs de la Constitution du 22 frimaire an VIII, à laquelle les rédacteurs du Code ont emprunté, en les complétant, le fond et la forme de ces articles. — Nous n'émettrons pas, en conséquence, une opinion bien nouvelle en affirmant que leurs dispositions sont moins des *lois proprement dites* que des prescriptions d'ordre constitutionnel.

La formule qui nous paraît, par suite, convenir le mieux à leur caractère *déclaratif de définitions constitutionnelles*, est celle des définitions, par voie d'énumération, et c'est à ce point de vue que nous nous plaçons pour proposer d'abord la rédaction suivante de la pensée fondamentale de ces articles.

Définition constitutionnelle.

I. — Sont Français d'origine :

1º Les enfants reconnus d'un père Français, en quelque lieu qu'ils soient nés ;

2º Les enfants d'une mère Française, lorsque le père est inconnu, en quelque lieu qu'ils soient nés ;

3º Les enfants nés en France de père et mère restés inconnus ; Décret du 19 janvier 1811 ;

4º Les descendants, à quelque degré qu'ils soient, d'un Français ou d'une Française expatriés avant 1790 pour cause de religion, qui seront rentrés en France et y auront fixé leur domicile (Art. 2. L. des 9-15 décembre 1790).

5º Ceux qui, nés en France d'un étranger né lui-même en France ou, si le père est inconnu, d'une mère étrangère née en France, n'auront pas, dans les délais qui seront fixés par une loi, réclamé la qualité d'étranger par une déclaration faite, soit devant le maire de leur résidence, soit devant les agents diplomatiques ou consulaires accrédités en France par le gouvernement étranger (Loi du 7 fév. 1851).

II. — Sont Français de naissance s'ils en ont réclamé la qualité conformément aux lois françaises :

1º Les enfants nés en France d'un père étranger, ou si le père est inconnu, qui sont nés en France d'une mère étrangère ;

2º Les enfants nés (1), même à l'étranger, d'un père étranger naturalisé Français depuis leur naissance, ou, si le père est resté inconnu, d'une mère étrangère naturalisée Française depuis leur naissance (Art. 2, L. 7 fév. 1851) (V. plus loin pour les distinctions),

III. — Sont Français, mais à partir du jour seulement où ils auront recouvré ou obtenu cette qualité, conformément aux lois :

1º Les enfants nés (1) d'un père Français qui avait perdu cette qualité ou, si le père est resté inconnu, d'une mère Française qui avait perdu cette qualité ;

---

(1) L'art. 10 de la loi de 1851, d'où ce § est tiré, porte : *Les enfants quoique nés en pays étrangers* : ces mots nous semblent inutiles après le § qui le précède et qui est tiré de l'art. 1 de la même loi.

2º Les Français, qui après avoir perdu cette qualité, l'auront recouvrée conformément aux lois françaises ;

3º Les femmes françaises qui après avoir perdu cette qualité par l'effet de leur mariage avec un étranger l'auront, après la dissolution de ce mariage, recouvrée en se conformant aux lois (1).

4º Les femmes étrangères qui auront contracté mariage avec des Français, conformément aux lois.

IV. — Sont Français naturalisés, à partir du jour où le gouvernement leur a accordé des lettres de naturalisation, les étrangers qui les ont obtenues après avoir accompli toutes les conditions auxquelles les lois françaises auront subordonné leur délivrance.

V. — Sont étrangers ou cessent d'être français :

1º Les enfants qui, nés en France ou à l'étranger, d'un père Français ou, si le père est inconnu, d'une mère Française, n'ont pas réclamé la qualité de Français, conformément aux lois françaises, ou ont réclamé la qualité d'étrangers ainsi qu'il est dit au § 5 du n₀ 1 ;

2º Les Français qui auront perdu cette qualité dans les cas prévus par la loi ;

3º Les femmes françaises mariées à des étrangers, pendant toute la durée de leur mariage, et après la dissolution de ces mariages, si elles n'ont pas recouvré leur qualité de Française en se conformant aux lois (2) ;

4º Les Français qui ont obtenu leur naturalisation à l'étranger;

5º Les Français qui, sans esprit de retour, ayant fixé en pays étranger un établissement qui n'aura ni un but ni un caractère commercial, sont reconnus avoir renoncé à leur qualité de Français et l'ont ainsi perdue.

Je m'arrête, cet essai critique suffira, je crois, pour justifier cette opinion qui, au premier abord, aurait pu être taxée de paradoxe, à savoir que le Code Napoléon n'est pas précisément une œuvre d'une perfection qui défie tout perfectionnement, que la plupart des dispositions qu'il contient sont des principes législatifs bien plus que de véritables lois. Un excellent programme pour faire un code.

---

(1) L'art. 10 d'où ce paragraphe est tiré porte : Les enfants *nés en pays étranger*. La jurisprudence ayant reconnu l'inutilité de ces dernières *expressions*, nous les avons supprimées; V. note sous l'art. 10 des lois civiles. *infra*.

(2) Ces §§ bien que conformes au texte de l'art. 12 et 19 devraient être retranchés de cette énumération par ce motif que le législateur français ne peut conférer à personne la qualité d'étranger. — V. note sous l'art. 19.

Quoi qu'il en soit, et pour ne rien omettre de l'application expérimentale de notre théorie, voici maintenant réunis, suivant le plan de codification proposé pour le classement des lois, les articles du Code Napoléon dont nous allons continuer, jusqu'à l'art. 228, la rédaction à nouveau, sans plus d'explications et de préambules.

LIVRE DES LOIS CIVILES

ou

CODE DES CITOYENS

RÉGLEMENTATION DE LEUR LIBERTÉ CIVILE

La loi est pour les citoyens une règle d'action qui leur défend les actes contraires au but social.

Ce qui ne leur est pas défendu est permis.

Le *droit*, pour les citoyens, c'est la liberté naturelle dans les limites de la loi.

Sub lege libertas.

Le caractère des lois civiles est essentiellement prohibitif...

Formules : *Nul ne peut,*
ou *nul ne doit.*

Ensuite la définition ou détermination de l'acte ou des actes prohibés.

Observation.

On trouvera un peu longues quelques-unes des dispositions contenues dans ce livre des lois civiles ; la longueur d'une prohibition ne prouve rien contre notre système de rédaction. — On peut être court lorsque l'acte prohibé est un acte de la *liberté naturelle*, s'exerçant dans une *situation naturelle*, car cet acte a alors un nom dans le langage qui le désigne sans équivoque, et dispense de toute définition ; mais lorsqu'il s'agit de créer une *situation artificielle*, et de faire dans cette situation la part de la *liberté civile*, et d'indiquer les conditions auxquelles on peut profiter des avantages de cette situation, il faut nécessairement définir cette situation, exprimer ces conditions et les différents actes prohibés à raison de cette situation, ce qui est toujours long. — Les longueurs obligées de cette prohibition sont alors uniquement le signe de la règlementation qui complique toute chose.

Nous l'avons déjà dit, et nous devons ici le répéter : L'arbitraire seul s'accommode des lois trop concises : par la briéveté excessive, les lois sont obscures ou incomplètes, et c'est dans l'obscurité, et par les lacunes de leur lettre, que s'impose l'arbitraire de ceux qui les appliquent.

Ce n'est pas en faisant court que l'on fait bien ; c'est en faisant bien que l'on fait court.

TITRE PRÉLIMINAIRE

DE LA PUBLICATION, DES EFFETS ET DE L'APPLICATION DES LOIS EN GÉNÉRAL

Nul n'est censé ignorer les lois publiées. — Exception.

ART. 1. (Art. 1, C. N.) — Nul ne peut (1) prétendre ignorer les lois et les décrets, après les délais et publications ci-dessous indiqués, savoir :

a). — Dans le département de la Seine, un jour après que le bulletin qui en contiendra le texte aura été reçu de l'imprimerie impériale par le garde des sceaux (Ord. 27 novembre 1816).

b). — Dans les autres départements, après le même délai augmenté d'autant de jours qu'il y aura de fois de dizaines complètes de myriamètres entre la ville où la promulgation desdits lois ou décrets a été faite et le chef lieu de chaque département.

c). — Dans toutes les localités où, en cas d'urgence, les publications de ces lois ou décrets auront été faites conformément aux lois (Ord. du 18 janvier 1817.)

On peut néanmoins se prévaloir de l'ignorance de leurs dispositions et demander à en faire preuve, dans les cas où, aux termes des lois en vigueur, les juges *doivent* l'admettre pour protéger la bonne foi contre les conséquences d'une erreur ; — (V. Art. 1. *a. infra*, Code des juges.)

Nul n'est censé ignorer les lois qu'il a faites. — Exception.

ART. 1 *a*. 1. (V, n₀ 12) — Nul ne peut demander à faire preuve de son ignorance d'un jugement, d'un contrat, ou de tout autre acte privé ou public (2) que dans les cas où les juges *doivent* admettre cette preuve, ainsi qu'il est dit en l'art. 1 *a*. du Code des juges.

On ne doit jamais abuser de l'ignorance d'autrui.

ART. 1 a. 2. (V. n° 13.) — Nul ne doit, ni abuser, ni profiter de l'ignorance d'autrui, de ses droits et de ses obligations pour lui faire consentir une renonciation, une acceptation, ou tout autre acte qu'il n'aurait point consenti s'il avait eu préalablement connaissance de ses droits et de ses obligations.

---

(1). *Nul ne peut....* Nul, étranger ou Français, l'article est général.
(2). Que le demandeur en preuve ait, ou non, figuré dans l'acte, *personnellement* ou par *mandataire*, l'article est général et s'ajuste avec l'article I. *a*. ᴢ du code des juges.

Du conflit des lois nouvelles avec les lois anciennes.

ART. 2. (V. p. 65.) — Nul ne peut se prévaloir d'une loi abrogée,

Soit pour s'opposer aux effets ou à l'exécution d'actes, dispositions ou conditions non contraires aux lois en vigueur au moment où leur exécution est demandée (1) ;

Soit pour demander l'exécution ou le bénéfice d'actes, dispositions ou conditions contraires aux lois postérieures en vigueur au moment où leur exécution est demandée (2);

A moins que lesdits actes, dispositions ou conditions n'aient été imposés aux parties (3) par les lois en vigueur à l'époque où ils ont été consentis, auquel cas ils resteront obligatoires s'il n'en a pas été autrement décidé par les lois postérieures en vigueur.

Les lois françaises régissent les Français à l'étranger.

ART. 3. (Art. 3 § 1. C. N.) — Les Français ne peuvent faire en pays étrangers ce qu'ils ne peuvent faire en France et ne doivent y faire aucun des actes qu'ils ne doivent pas faire en France.

Ils ne devront faire à l'étranger les actes non interdits par la loi française qu'en suivant, pour la forme desdits actes, la loi du pays où ils seront passés, — s'ils ne peuvent y être passés conformément aux lois françaises.

Conflit des lois françaises avec les lois étrangères. (5)

ART. 3. *a*. (Art. 3, C. N.) — Nul ne peut se prévaloir, en France, des dispositions des lois étrangères,

Soit pour s'y soustraire à l'application des lois françaises ou s'y justifier d'en avoir méconnu ou violé les dispositions.

Soit pour y contester l'exécution ou les effets d'actes, dispositions ou conditions non contraires aux lois françaises en vigueur (6) ;

Soit pour y demander l'exécution ou le bénéfice d'actes, dispositions ou conditions contraires aux lois françaises en vigueur (7) ;

Soit pour s'y soustraire à l'exécution d'un jugement régulièrement obtenu et rendu à l'étranger en matières civiles, lorsque son exécution n'est contraire ni aux lois françaises en vigueur ni à l'ordre public (Art. 546, C. de proc. civ.)

---

(1). Bien qu'aux termes de la loi sous l'empire de laquelle ils ont été passés, ces actes fussent nuls ou annulables.

(2). Encore bien que ces actes ne fussent ni nuls, ni annulables aux termes de la loi, depuis abrogée, sous laquelles ils ont été passés.

(3). Pour la validité de certains contrats. (V. n° 44).

(4) Il en est des lois du passé par rapport aux lois nouvelles comme des lois étrangères par rapport aux lois françaises.

(5). Comparez cet article 4 avec l'article 2. — C'est le même système.

(6) (7). Et ce, que les dits actes aient été faits à l'étranger suivant ou non la loi du pays ; — L'article est on ne peut plus général.

Souveraineté des lois françaises malgré leurs imperfections

Art. 4. (Art. 4, C. N.) — Nul ne peut demander à ce que les juges statuent contrairement aux lois en vigueur, ou suppléent au silence ou à l'insuffisance de leurs dispositions.

L'art. 5 du code Napoléon concerne exclusivement les juges, — on en trouvera la disposition rédigée à nouveau au code de procédure judiciaire.

On ne peut, par voie judiciaire, déroger aux lois publiques.

Art. 6. (Art. 6, C. N.) — Nul ne peut s'obliger, ni obliger autrui à ne pas faire ce que lui commandent les lois impératives ni à faire ou consentir ce que défendent les lois pénales, ou ce qu'*on ne peut* ni faire, ni consentir d'après les lois civiles (1).

On ne peut, par voie judiciaire, déroger aux lois impératives.

Art. 6, *a*. (V. n° 132, *in fine*). — Nul ne peut demander en justice à ce qu'un fonctionnaire, un magistrat ou un agent quelconque de la loi s'abstienne de *ce qu'il doit faire* aux termes des lois en vigueur de son ministère ou de ses fonctions.

Sanctions des lois civiles. — Nullités.

Art. 6, *a*, 1. — Nul ne peut demander l'annulation (2) d'un contrat ou de tout autre acte privé ou public (3) que si ce contrat ou cet acte est au nombre de ceux qu'on ne peut *ou qu'on ne doit pas* se permettre aux termes des lois en vigueur (4).

Nullité absolue ou d'ordre public.

Art. 6, *a*, 2. (V. n° 132.) — Nul ne peut demander l'annulation (2) d'un contrat ou de tout autre acte *qu'on ne peut se permettre*, que les personnes ci-après, savoir :
1° Les parties contractantes ou leurs représentants;
2° Tous individus ayant intérêt né et actuel à s'opposer aux effets ou à l'exécution même éventuels desdits actes ;
3° Les procureurs impériaux dans les cas prévus par la loi.
A la condition toutefois, pour les personnes ci-dessus dési-

(1). Nous modifions ici la rédaction première de notre article 6 nonobstant nos observations sous le n° 132, nous plaçons, sous la protection de son texte un peu plus étendu l'inviolabilité des lois civiles d'ordre public aussi bien que des lois pénales ; ce peut être là, pour les lois civiles, une précaution inutile ainsi que nous l'avons dit précédemment, mais *quod abundat non nocet ;* — Il vaut mieux avoir deux protections qu'une seule.
(2). On pourrait ajouter : *contester l'exécution ou s'opposer aux effets*, ou *contester la validité* pour cadrer avec l'article 2 du Code de proc. judiciaire.
(3). Terme général indiquant tout acte emportant condition, promesses, obligation, donation, dispositions quelconques de biens ou de droit, c'est ce que nous avons précédemment nommé *actes à effets indirects*.
(4). Pour mieux raccorder ces dispositions avec l'article 2 on pourrait ajouter : au *moment où ils ont été faits ou passés et prohibés au moment où leur exécution est demandée :* — mais cela se comprend de reste par le rapprochement.

gnées, de se conformer aux conditions spéciales de la loi en ce qui concerne les contrats de mariage et la prescription (1).

Nullité relative ou d'intérêts privés.

Art. 6, *a*, 3. (V. n° 132). — Nul ne peut demander l'annulation d'un acte ou contrat *qu'on ne doit pas se permettre,* que ceux dans l'intérêt, en considération ou au préjudice desquels lesdits actes privés ou publics ne devaient être ni consentis, ni faits, ni passés, ou leurs représentants.

A la condition de se conformer aux lois spéciales en ce qui concerne les demandes en nullité de mariage et la prescription.

Qui fait ce qu'il doit fait bien.

Art. 6, *a*, 4). (V. n° 132.) — Nul ne peut demander en justice l'annulation, le rejet ou la réformation d'un acte émané d'une personne publique que dans les cas où cet acte n'aurait pas été, par elle, fait comme *il devait l'être* aux termes des lois en vigueur.

Les fonctionnaires n'ont pouvoirs hors leurs devoirs.

Art. 6, *a*, 3. (V. n° 132.) — Nul ne peut prétendre avoir agi en qualité de personne publique, lorsqu'il aura agi en dehors de ses devoirs en faisant plus ou moins ou autrement qu'il ne *devait faire* aux termes des lois, de son ministère ou de sa fonction.

LIVRE I. — DES PERSONNES.

TITRE I.   DE LA JOUISSANCE ET DE LA PRIVATION DES DROITS CIVILS

CHAPITRE I.   DE LA JOUISSANCE DES DROITS CIVILS

Art. 7. Définition ou disposition constitutionnelle à placer dans le livre des définitions ou dans la constitution.

Les Français ont la jouissance inaliénable des droits civils.

Art. 8. (Art. 8, C. N.). — Nul ne peut renoncer d'une manière générale ou indéterminée à la jouissance de ses droits civils. (V. n° 138).

L'exercice des droits civils n'est pas inaliénable.

Art. 8. *a*. (V. n° 139). — Nul ne peut renoncer à l'exercice de ses droits civils qu'à raison d'actes, de faits ou de biens déter-

---

(1). Nous considérerions comme rentrant dans les délais de la prescription les délais fixés par l'art. 1304 pour l'exercice de l'action en rescision et par l'article 1674. — C'est là toutefois une question controversée.

minés, et pour ce qu'exige la validité des contrats ou dispositions régulières de ces biens ou de ces droits.

Les Français jouissent des droits civils ; — les étrangers en certains cas.

ART. 8. *a*. I. (Art. 8. 11. 13. C. N.) — Nul ne peut prétendre au bénéfice des lois françaises que les personnes ci-après, savoir :

1º Les Français ou les naturalisés français qui n'ont point perdu cette qualité ;

2º Les étrangers qui, avec l'autorisation du gouvernement, ont fixé leur domicile réel en France et ce, tant qu'ils y résident en vertu de cette autorisation ;

Les étrangers non *domiciliés* en France ne peuvent prétendre au bénéfice des lois françaises que dans la mesure où le bénéfice de leurs lois nationales est accordé aux Français, en vertu de traités observés (1) ;

En l'absence de tout traité de réciprocité, lesdits étrangers ne pourront prétendre en France qu'aux bénéfices des *lois civiles* que les dispositions de ces lois leur accordent soit directement, soit par voie de conséquence, ou que leur application suppose (2).

Des Français d'origine et par le bienfait des lois.

ART. 9. (Art. 9 et 10 C. N. et L. du 25 mars 1849). — Nul ne peut contester la qualité de Français aux individus ci-après désignés, savoir :

1º Aux enfants légitimes ou naturels d'un père Français (3) ;

2º Aux enfants d'une mère Française, et de père inconnu (4) ;

3º Aux enfants nés en France de père et de mère restés inconnus (5) ;

4º Aux descendants d'un Français ou d'une Française expatriés pour cause de religion avant 1790, qui auront fixé leur domicile en France ; loi du 15 décembre 1790.

(1) (2). Il s'est élevé une controverse au sujet de l'art. 11 du code Nap. 1er système : Les étrangers non domiciliés sont en principe privés de la jouissance des droits civils ; — ils ne jouissent par exception que de ceux qui leur sont concédés : (Demante. T. I. 240). — 2e système : La jouissance est au contraire la règle ; — l'inaptitude est l'exception ; certains droits civils sont réservés aux Français, les étrangers non domiciliés ne peuvent prétendre à les exercer que si un traité de réciprocité les leur concède. — (V. Mourlon. T. I. nº 131-134). — Notre rédaction consacre le 1er système qui me semble le plus conforme à l'esprit de la loi. (V. Demolombe. I. nº 240). — Les bénéfices des lois françaises qui ne sont point accordés aux étrangers non domiciliés, sont 1º qu'ils ne jouissent pas du privilége *actor sequitur forum rei*. 2º Ils sont comme demandeurs tenus à fournir caution, 3º ils ne jouissent pas du bénéfice de cession de biens. Art. 905. C. de proc. Civ. 4º Ils sont plus exposés que les Français à la contrainte par corps. Le 17 avril 1832.

(1) (2) En quelque lieu qu'ils soient nés, l'origine est le principe de la nationalité.

(3) (4). Par exception *le sol*, par le bienfait de la loi, confère la nationalité.

(5). Voir note sous l'art. 10 ci-après, au sujet de la suppression des mots : *nés en pays étrangers*.

5° A ceux qui, nés en France, d'un étranger né lui-même
en France, — ou de père inconnu et de mère étrangère née en
France, — n'auront pas réclamé la qualité d'étranger ainsi
qu'il est dit en l'art. 19 a. 1. (*L. du 25 mars 1849*).

6° Aux enfants nés en France d'un père étranger ou d'une
mère inconnue, et de mère étrangère — lorsqu'ils auront réclamé
la qualité de Français, conformément à l'art. 9 a.

7° Aux enfants nés d'un père étranger naturalisé Français
depuis leur naissance — ou de père inconnu et de mère naturalisée Française depuis leur naissance, — lorsqu'ils auront
réclamé la qualité de Français conformément à l'art. 9 a.

8° Aux enfants nés (*V. notre article 10*) d'un père qui a
perdu cette qualité — ou de père inconnu et de mère Française
qui a perdu cette qualité, — lorsqu'ils auront recouvré cette
qualité, conformément à l'art. 10 ci-après.

9° Les Français ou les Françaises qui, après avoir perdu
cette qualité, l'auront recouvrée, conformément aux lois françaises.

10° Les femmes étrangères unies en mariage à des Français.

11° Les étrangers qui auront obtenu la qualité de Français,
par la voie de naturalisation ou par l'effet d'une incorporation
de territoire; à moins, que les individus désignés, dans les deux §§
ci-dessus n'aient perdu la qualité de Français dans les cas
prévus par l'art. 1 des lois pénales, auquel cas cette qualité
pourra leur être contestée.

De la réclamation de la qualité de Français.

ART. 9. a. (*Art. 9. C. N. et L. du 25 mars 1849*). — Nul ne
peut *réclamer* la qualité de Français, que les individus
ci-après, savoir :

1° Les individus nés en France, de père étranger ou de père
inconnu et de mère étrangère,

2° Les individus nés d'un étranger qui, depuis leur naissance, s'est fait naturaliser Français, ou, si le père est inconnu,
d'une mère devenue Française depuis leur naissance;

Ils ne pourront légalement faire leur réclamation que sous les
conditions suivantes, savoir :

A. — Dans les cas où ils résident en France,

1° Qu'ils se présentent devant le Maire de leur résidence
dans l'année qui suivra le jour où ils auront atteint leur
21ᵉ année, à moins qu'ils ne justifient :

a). — Avoir servi ou servir dans les armées françaises ;

b). — Ou avoir satisfait à la loi du recrutement sans avoir
excipé de la qualité d'étranger ;

c). — Ou qu'une année ne s'est pas écoulée, depuis le jour
où leur père, ou à défaut de père, leur mère s'est fait
naturaliser Français, ou a recouvré la qualité de Français;

Auxquels cas, ils pourront réclamer la qualité de Français,
même après leur 22ᵉ année ;

2º Et qu'ils la réclament devant le Maire en lui déclarant en outre, que leur intention est de fixer leur domicile en France.

B. — En cas de résidence à l'étranger,

1º Que s'ils se présentent devant l'agent diplomatique ou consulaire français, dans l'année qui suivra le jour où ils auront atteint leur 21ᵉ année, à moins qu'ils se trouvent dans l'un des cas des §§ *a.*, *b.*, *c.*, ci-dessus, auxquels cas ils pourront réclamer la qualité de Français, même après leur 22ᵉ année ;

2º Qu'ils réclament devant eux ladite qualité, en prenant en outre, devant eux, l'engagement par écrit de fixer leur domicile en France, dans l'année ;

3º Et qu'ils établissent effectivement leur domicile réel en France, dans l'année, à compter de leur soumission (1).

Conditions pour recouvrer la qualité de Français.

ART. 10. (*Art. 10 et 18 C. N.*) — Nul ne peut *recouvrer* la qualité de Français, que les individus ci-après, savoir ;

1º Les individus nés d'un père Français (1) qui a perdu cette qualité, ou de père inconnu et de mère Française ayant perdu cette qualité.

2º Les Français qui ont perdu cette qualité.

Les premiers ne pourront la recouvrer qu'en remplissant les conditions et les formalités des §§ a. et b. de l'art. 9 et qu'à partir du jour où ces conditions et ces formalités remplies, ils auront fixé leur domicile en France, conformément à l'art. 9.

Les seconds ne pourront également la recouvrer que pour l'avenir, à partir du jour où ils auront rempli la double condition ci-après, savoir :

1º D'être rentrés en France avec l'autorisation de l'Empereur.

2º Et d'y avoir fixé leur domicile réel en déclarant devant le Maire de leur commune :

a) Que leur intention est de fixer leur domicile en France;

b) Qu'ils renoncent à toute distinction contraire à la loi française.

Les Français qui auront perdu leur qualité dans les cas de l'art. des lois pénales ne pourront recouvrer la qualité de Français que par la voie de la naturalisation.

Art. 11. Cet article n'est pas à sa place après l'art. 10, Sa disposition se retrouve fondue dans l'art. 8 ci-devant.

Art. 12. — La disposition de cet article est comprise dans l'art. 9 ci-dessus. Voir nº 10 de cet article.

Art. 13. — Disposition que nous avons reportée plus loin ; — elle concerne l'établissement des domiciles des étrangers. V. Art. 106.

(1) L'art 10 porte : Les individus *nés en pays étrangers*, en fallait-il conclure qu'ils sont de plein droit Français en naissant en France ; — la jurisprudence a répondu négativement, à quoi bon alors ces mots : en *pays étrangers* ?... nous les avons supprimés.

Compétence des tribunaux français à l'égard des étrangers.

ART. 14. (*Art. 14. C. N.*) — Nul ne peut citer les étrangers (1) devant les tribunaux français que pour les causes ci-après; savoir :

1° Pour l'exécution des actes par eux passés, soit en France, soit à l'étranger, avec des Français (2).

2° Ou pour obtenir réparation des dommages par eux causés en France, ou de celui par eux causés à des Français en des lieux non dépendants d'une puissance régie par les lois positives (3).

Il en serait toutefois autrement si les traités internationaux en vigueur avaient refusé juridiction aux tribunaux français sur ces étrangers.

Suite.

ART. 15. (*Art. 15 et 16. C. N.*) — Les étrangers non domiciliés en France ne peuvent citer les Français devant les tribunaux français que pour les causes ci-après, et sous la condition qui suit ; savoir :

1° Pour l'exécution en France des obligations ou dispositions par eux consenties soit en France, soit à l'étranger, même avec des étrangers (2).

2° Ou pour la réparation des dommages par eux causés, soit en France, soit en des lieux non dépendant d'une puissance régie par des lois non positives (3).

A la condition toutefois dans l'un et l'autre cas que l'étranger demandeur ou intervenant fournira, sur la demande du Français cité, bonne et solvable caution pour le paiement des frais et dommages-intérêts auxquels il pourrait être condamné, à l'exception néanmoins des cas suivants, savoir :

a). — S'il s'agit d'une affaire commerciale ;

b). — Si l'étranger possède en France des immeubles suffisants pour assurer le paiement desdits frais et dommages-intérêts ;

c). — Si enfin les traités internationaux en vigueur dispensent l'étranger demandeur de fournir caution.

Art. 16 — compris ci dessus.

(1). Résidant ou non en France.
(2) (3). Il faudrait ajouter pour être complet : et pour *l'exercice de tous les droits que les lois françaises leur reconnaissent, soit directement, soit par voie de conséquence,* comme nous avons dit en l'art. 8. *a*. 1. § dernier. L'abrogation de la loi du 14 juillet 1819 leur a conféré le droit d'acquérir par succession, ils peuvent donc citer en justice pour le partage des successions...
(3) (3) Voir n° 128. *supra et note.*

CHAPITRE II.

De la privation des droits civils

Sect. I. — De la privation des droits civils par la perte de la qualité de Français.

Art. 17 et 21. — Par la nature des actes qu'ils prévoient ou semblent prohiber, aussi bien que pour la façon quasi pénale de leur sanction, ces articles paraissent appartenir à la catégorie des lois pénales ; — sous le mérite de cette observation, nous renvoyons ces deux dispositions à se classer dans le livre des lois pénales.

Art. 18. Dispositions comprises dans celles de notre Art. 10.

Des Françaises mariées avec des étrangers.

ART. 19. (Art. 19. C. N.) — Les Françaises légalement mariées avec des étrangers ne pourront, pendant la durée de leur union avec eux, se prévaloir de leur qualité de Française (1).

Elles ne pourront, après sa dissolution, en recouvrer les bénéfices (2) que si elles résident en France à ce moment et dans le cas contraire qu'après avoir rempli la double condition ci-après, savoir :

1º D'être rentrées en France avec l'autorisation de l'Empereur.

2º Et d'avoir déclaré devant le Maire de la commune où leur intention est de résider, que leur intention est de fixer leur domicile en France.

Elles pourront néanmoins s'affranchir de ces formalités pour recouvrer les bénéfices de la qualité de Françaises en se remariant avec un Français.

Acquisition de la qualité de Français.

ART. 19, a. (Art. 19. C. N.) — Les étrangers ne peuvent en dehors des cas des art. 9 et 10, obtenir la qualité de Français que par la naturalisation.

Les femmes étrangères ne peuvent, en dehors des mêmes cas, l'obtenir que par la naturalisation ou par le fait de leur mariage avec des Français.

(1) (2). La loi française ne peut conférer à personne une nationalité autre que la nationalité française; — on a plus d'une fois signalé comme outrepassant les pouvoirs du législateur la disposition de l'art. 18 qui confère à la femme Française épouse d'un étranger la nationalité de son époux . — Notre rédaction échappe à ce reproche, le mariage suspendra pour cette femme le bénéfice attaché par la loi à la qualité de Français et ce sera ce bénéfice et non la qualité qu'elle recouvrera en remplissant les conditions de notre article 19 ; — Cette qualité lui reste et doit lui rester, car il serait odieux que le mariage avec un étranger fût puni comme l'affiliation non autorisée dans une corporation étrangère . — Le mariage n'est pas un délit.

Réclamation de la qualité d'étranger.

ART. 19, a, 1. (L. du 7 février 1851). — Nul ne peut acquérir ou conserver la qualité d'étranger par voie de réclamation d'état que les individus nés en France d'un étranger qui y était né ou de père inconnu et de mère étrangère née en France, et ce en remplissant les formalités ci-après, savoir :

1° De se présenter dans l'année qui suivra le jour où ils auront atteint leur 21ᵉ année soit devant le Maire de leur résidence, soit devant l'agent diplomatique ou consulaire accrédité par le gouvernement français auprès du gouvernement de la nation à laquelle leur père ou mère ont appartenu ;

2° Et de réclamer devant eux la qualité d'étranger.

Art. 20 et 21. — Compris en l'article 9.

Section II. — De la privation des droits civils par suite de condamnations.

Art. 22 à 23. — Les 12 articles de cette Section ayant pour objet de déterminer les incapacités résultant ou plutôt constituant l'état de mort civilement sont aujourd'hui sans application, abrogés qu'ils ont été par la loi du 1ᵉʳ Mai 1854 qui a rayé de nos codes la peine de la mort civile ; — nous n'avons par conséquent pas à nous en occuper.

TITRE II· DES ACTES DE L'ÉTAT-CIVIL.

Le législateur s'occupe, dans le titre II, d'organiser un système de preuves légales pour la constatation des principaux événements de la vie humaine et des états qui en sont la conséquence : la naissance, la filiation, le mariage et la mort.

Le chapitre 1 est consacré, sous la rubrique : des dispositions générales, à prescrire la tenue de certains registres dits de l'état civil, à faire connaître les conditions communes de la rédaction régulière des procès-verbaux qualifiés actes de l'état civil et à édicter les peines qui seront encourues pour les omissions ou les actions qui entraveraient la tenue régulière de ces actes.

CHAPITRE II. — Des actes de naissances. — Art. 55 à 62.

CHAPITRE III. — Des actes de mariage. — Art. 63 à 76.

CHAPITRE IV. — Des actes de décès. — Art. 77 à 87.

Ces trois chapitres spéciaux sont affectés à l'indication des règles particulières à suivre pour la rédaction des trois sortes d'actes que doivent contenir les registres de l'état civil.

Le CHAPITRE V est relatif à la rédaction des actes de l'état civil concernant les militaires. — Art. 88 à 98.

Et le CHAPITRE VI et dernier trace les règles à suivre pour la rectification des actes de l'état civil. — Art. 99 à 101.

Notre intention n'est pas de soumettre à notre système de rédaction les 68 articles de ce titre : — leur rédaction à nouveau n'offrirait qu'un très médiocre intérêt ; lois de procédure administrative, puisque leurs prescriptions s'adressent aux maires chargés de la tenue et de la rédaction des actes de l'état civil, la formule qui s'imposerait à leur manifestation est celle que nous avons déjà employée, savoir :

Les Maires dans leurs communes devront :
1°......................... En indiquant successivement, en des paragra-
2°........................ phes distincts chaque acte et pour ainsi dire,
3°........................ chacun des mouvements que l'officier de l'état
4°........................ civil devra exécuter.
Lorsqu'ils seront requis de constater la naissance... le décès... ou (s'il s'agit des mariages) de procéder à la célébration des mariages.

Nous nous bornerons, en conséquence, à dégager des divers chapitres de ce titre II les principales dispositions qui régissent sur ce point les simples particuliers, afin de les amener à se prêter et à concourir à la rédaction régulière des actes de l'état civil — soit par la perspective des avantages qu'ils en retireront rapprochés du dommage qui résulterait, par contre, pour eux et pour tous de l'absence de toute constatation légale de la naissance, de la filiation, des mariages et des décès, — soit par des peines suffisantes pour les porter à faire les déclarations qu'il importe d'obtenir et de constater en des procès-verbaux faisant foi jusqu'à inscription de faux.

Ces dispositions concernant les citoyens trouveront leur place dans le Code pénal lorsqu'elles édicteront des peines. — Voici quelles sont celles qui doivent être classées dans le code des lois civiles ; — nous ne donnons que les plus importantes pour abréger.

14

Preuve des naissances et des décès.

ART. 45. (Art. 45, 46, 47, C. N.) — Nul ne peut prouver en justice :

Soit le fait de la naissance ou du décès d'une personne, soit la date ou le lieu de cette naissance ou de ce décès, que par les modes de preuve ci-après, savoir :

I. — Si cette naissance ou ce décès ont eu lieu en France ou en mer à bord d'un bâtiment français,

1° Par la représentation d'une copie des actes de l'état civil, constatant le fait ou la date de ces naissances ou décès, délivrée par le dépositaire de ces actes, et déclarée par lui conforme aux originaux sous sa signature légalisée par le président du tribunal de l'arrondissement, (Art. 45 C. Nap.)

2° Ou par titres et, notamment, par les registres et papiers émanés des père et mère décédés, ainsi que par témoins (1) dans les cas suivants, savoir : (Art. 46 C. N.)

    a). — S'il n'a pas existé ou s'il n'a pas été tenu des registres de l'état civil dans la commune desdites naissances ou décès.

    b). — Ou, si après avoir existé, ces registres ont été perdus ou soustraits, ou lacérés ou si les actes relatifs aux dites

---

(1). L'art. 46 du Code Nap. porte que s'il n'a pas existé de registres les naissances et les décès *pourront être prouvés* tant par titres que par témoins.....
Pourront être prouvés.... Quelques auteurs ont vu dans ces dernières expressions l'intention du législateur de laisser aux juges un pouvoir discrétionnaire pour admettre ou rejeter l'une ou l'autre de ces preuves.

La doctrine qui se place au point de vue des juges en cette matière me semble faire fausse voie : Qu'a voulu le législateur en attribuant force probante jusqu'à inscription de faux, aux actes de l'état-civil ? — il a voulu instituer un système de preuve, supérieur à tous les autres ; — qu'avait-il à faire pour le faire prévaloir dans la pratique et obliger les citoyens à concourir à la rédaction de ces actes ? une chose bien simple et parfaitement efficace, c'était de déclarer qu'on ne *pourrait prouver* les naissances, les décès et les mariages *que par les actes de l'état-civil* ; — et c'est ce qu'il a fait. — Les dispositions des art. 45 et suivants destinés à assurer le but de la loi ne sont donc et ne pourraient être que des *restrictions à la liberté en matière de preuves* de telle sorte que, sans cette nécessité de protéger le mode légal de preuve institué par le Code Napoléon, le législateur aurait respecté et laissé entière *la liberté pour chacun de prouver* les naissances, les mariages et les décès.

S'il en est ainsi, ne faut-il pas reconnaître que cette liberté reprend ses droits, lorsque le but du législateur n'a plus à les redouter ?... Les registres de l'état-civil ont disparu, ou n'ont jamais existé ; — il n'y a plus ici à faire prévaloir le mode légal de la preuve préférée et instituée par les créateurs des registres de l'état-civil puisqu'elle est impossible... Alors on rentre dans le droit commun de la liberté et toutes preuves sont permises.

Ce n'est pas d'ailleurs du côté des juges qu'il faut se placer pour interpréter sainement l'art. 46. Cet article ne les concerne pas... il règle le mode de preuve : or à qui incombe le fardeau de la preuve ? à la partie, c'est donc à elle que la loi s'adresse ; ses expressions : *les naissances et décès pourront être prouvés*, c'est à elle qu'elles s'appliquent : c'est à elle qu'est laissé le pouvoir, *la liberté*; la prohibition disparaît, toutes preuves doivent être admises, et la seule qui doive prévaloir, c'est la plus probante, la plus convaincante, de toutes: les titres ou les témoins.

naissances ou décès ont été dénaturés, détruits, falsifiés ou sont devenus illisibles ;

II. — Si cette naissance ou ce décès ont eu lieu à l'étranger, (Art. 47. C. N.)

1° Par la représentation d'une copie régulière des actes rédigés à l'étranger, conformément aux lois du pays , à l'effet de constater lesdites naissances ou décès, et délivrée conformément aux lois de ce pays ;

2° Ou par la représentation d'une copie des actes de l'état civil reçus à l'étranger conformément à la loi française par les agents diplomatiques ou consulaires français ;

3° Ou ainsi qu'il est dit au n° 2 du § ci-dessus, si, dans le pays où ont eu lieu les dites naissances ou décès, il n'existait au moment de ces naissances ou décès aucun moyen légal ou obligatoire de les constater.

Constatation légale des naissances et des décès. — Conditions.

ART. 45. a. (Art. 34 à 78. C. N.) — Nul ne peut requérir ni obtenir la constatation légale de la naissance ou du décès d'une personne qu'en remplissant les conditions ci-après, savoir :

1° De se présenter, en personne ou par un fondé de pouvoir spécial , accompagné de 2 témoins, mâles et majeurs, devant l'officier de l'état civil du lieu , et ce :

a). — Dans les trois jours de la naissance à constater,

b). — Dans les 24 heures du décès à constater,

2° De lui déclarer, s'il s'agit d'une naissance,

a). — Les jour, heure et lieu de la naissance ;

b). — Le sexe de l'enfant nouveau né, en le lui présentant ;

c). — Les prénoms qui lui ont été choisis ;

d). — Les noms, prénoms, profession et domicile de ses père et mère — si la mère est mariée, dans le cas contraire, les noms, prénoms, profession et domicile de qui le reconnaîtra pour son fils ou sa fille ;

e). — Les noms, prénoms, profession et domicile du déclarant et des témoins ;

3° De lui déclarer, s'il s'agit d'un décès ;

a). — Les jour, heure et lieu du décès ;

b). — Les noms, prénoms, profession et domicile de la personne décédée, la date et le lieu de sa naissance s'ils sont connus du déclarant ;

c). — Les noms, prénoms, profession et domicile du conjoint de la personne décédée ou de ses père et mère, s'ils sont connus du déclarant ;

d). — Les noms , prénoms, profession et domicile du déclarant et des témoins.

De la rectification des actes de l'état civil.

Art. 99 (Art. 99, C. N). — Nul ne peut demander la rectification d'un acte de l'état civil, que les personnes intéressées (1).

Le procureur impérial devra, néanmoins, demander cette rectification dans les cas où le lui prescriront les lois en vigueur (V. infra., art. 6. Code des Proc. imp.).

Art. 100. (Art. 100, C. N.) — Nul ne peut demander la rectification d'un acte de l'état civil que devant le tribunal du lieu où l'acte a été dressé et pour les causes ci-après, savoir :

1º S'il s'agit de rectifier une indication inexacte ou incomplète des noms, des prénoms, des dates et des faits que l'acte doit contenir ou constater ;

2º Ou s'il s'agit d'y faire radier une énonciation qu'il ne devrait pas contenir ;

3º Ou s'il s'agit de réparer des altérations faites après coup ou de fausses énonciations mentionnées après coup dans l'acte.

Art. 101. (Art. 101, C. N.) — Nul ne peut se prévaloir d'un jugement de rectification d'un acte de l'état civil, à l'égard des personnes qui ne l'ont point requis ou qui n'ont pas été appelées dans l'instance en rectifications.

TITRE III. DU DOMICILE

I. — Du domicile acquis.

Art. 102. (Art. 102, C. N.) — Nul ne peut prétendre que le domicile réel des personnes domiciliées en France ne se trouve pas (2)

1º Soit au lieu où se trouve leur principal établissement ;

2º Soit au lieu où elles auront transféré leur domicile réel ;

3º Soit, en certains cas, au domicile qui leur est imposé par les lois.

---

(1). Si l'art. 99 a voulu dire que le ministère public ne pouvait demander la rectification des actes de l'état civil, que les parties intéressées le pouvaient seules, il n'était besoin dans notre système d'aucune disposition pour qu'il en fût ainsi ; — le silence eût suffi, car ce qui n'est pas défendu est permis. — Quant au procureur impérial, comme il ne peut que ce qui lui est formellement prescrit, il suffisait de ne rien lui prescrire pour qu'il n'eût pas droit de provoquer ces rectifications — si on voulait, au contraire lui conférer ce droit, il n'y avait qu'à lui en préciser les cas, ainsi que nous le ferons dans l'article du code de procédure où seront déterminés ses devoirs fonctionnels.

(2). Nous avions autrement rédigé cet article comme suit : *Nul ne peut constituer son domicile réel dans un lieu autre que celui où il a son principal établissement qu'en transférant ailleurs ce domicile ;* — mais cette rédaction ne disait pas assez que le domicile réel était au lieu du principal établissement. — V. Code des juges, art. 102.

Art. 102 *a*. (Art. 102, C. N.) — Nul ne peut constituer ni acquérir en France plus d'un domicile réel.

Changement de domicile réel.

ART. 103. (Art. 103 à 105, C. N.) — Nul ne peut prétendre que son domicile réel a été transféré d'un lieu dans un autre, s'il ne justifie :

1o Par témoins ou autrement, d'une habitation réelle dans le lieu où il prétend que ce domicile a été transféré (1),

2o Et de l'intention de fixer ce domicile dans ce lieu, en prouvant cette intention,

    a). — Soit par les circonstances mêmes du déplacement,

    b). — Soit par la production des copies des deux procès-verbaux de changement de domicile dressés, l'un par le maire de la commune abandonnée, et l'autre par celui de la commune préférée, conformément aux art. 102 et 103, du Code des maires.

Domicile réel des étrangers en France.

ART. 103, *a*. (Art. 13, C. N.) — Les étrangers ne peuvent constituer ni acquérir en France un domicile réel sans autorisation du Gouvernement.

Ils ne peuvent prétendre l'avoir conservé après que cette autorisation de résider en France leur aura été retirée.

Art. 104 et 105. compris en l'art. 103 ci-dessus.

II. — Domiciles imposés par la loi.

Domicile réel des fonctionnaires à vie.

ART. 106. (Art. 106, 107, C. N.) — Les fonctionnaires à vie ou inamovibles ne peuvent ni conserver, ni constituer, ni transférer leur domicile réel dans un lieu autre que celui où ils sont tenus de résider habituellement pour l'exercice de leurs fonctions (2).

Domicile réel des femmes mariées.

ART. 108. (Art. 108, C. N.) — Les femmes mariées ne peuvent, pendant la durée de leur mariage, constituer ni avoir un domicile réel distinct de celui de leurs maris (3).

Domicile réel des mineurs non émancipés.

ART. 108, *a*. (Art. 108, C. N.) — Les mineurs de 21 ans ne

---

(1). Si court qu'ait été le fait de cette habitation réelle, jointe à l'intention.

(2). Quant aux autres fonctionnaires, ils restent sous l'empire des art. 102 et 103.

(3). Les femmes qu'un jugement de séparation de corps affranchit de l'obligation d'habiter avec leur mari peuvent avoir une habitation ou résidence distincte.

peuvent, avant leur émancipation, constituer ni avoir un domicile réel distinct de celui de leur père ou mère ou après leur décès, de leur tuteur (1).

Domicile réel des interdits.

Art. 108, a, 1. (Art. 108, C. N.) — Les interdits ne peuvent constituer ni avoir un domicile réel distinct de celui de leur tuteur.

Domicile réel des domestiques et ouvriers.

Art. 109. (Art. 109, C. N.) — Les majeurs non interdits et les mineurs émancipés qui travaillent habituellement chez autrui, ne peuvent, pendant qu'ils demeurent dans la maison de la personne chez qui ils servent ou travaillent, constituer ni avoir un domicile réel distinct de celui de cette personne.

Domicile des hoiries ou successions.

Art. 110. (Art. 110, C. N.) — Nul ne peut porter une demande en justice concernant une succession devant un tribunal autre que celui de l'arrondissement où le défunt avait son domicile réel au moment de son décès.

III. — Du domicile conventionnel.

Art. 111. (Art. 111, C. N.) — Nul ne peut constituer un ou plusieurs domiciles conventionnels qu'en désignant expressément, soit dans l'acte à raison duquel cette élection de domicile est faite, soit dans un acte spécial, le lieu où l'on consent que soient faites les significations, demandes et poursuites relatives à cet acte et dont on accepte les juridictions.

TITRE IV. DES ABSENTS

J'étais sur le point d'entreprendre la rédaction du titre de l'absence; ses dispositions ne me paraissaient pas offrir des difficultés particulières; les règles qui s'en dégageaient, concernant les citoyens, se pliaient assez facilement à nos formules :

Nul ne peut demander à ce qu'il soit judiciairement pourvu à l'administration des biens d'un absent que les personnes intéressées et dans les cas suivants : etc., 1° 2°...

Nul ne peut demander qu'une personne soit déclarée absente que les parties intéressées et dans les cas suivants, etc. 1° 2°...

Nul ne peut demander à être mis en possession provisoire ou définitive des biens d'un absent que... etc., et dans les cas ci-après, etc., et sous les conditions suivantes :

L'énumération des cas et des conditions venaient à la suite.

(1). Ou des personnes ou établissements où ils sont placés.

J'en étais là, lorsqu'un magistrat qui veut bien s'intéresser à mes travaux, me dit :

« Vous ne pouvez à vous seul réviser tout le Code Napoléon ; vos
« forces n'y suffiraient pas, bornez l'expérimentation de votre sys-
« tème aux titres les plus importants, les plus usuels, éprouvez vos
« formules sur les textes les plus connus. — Le titre de l'absence
« n'est certainement pas sans utilité, mais à votre place je lui pré-
« férerais un autre titre d'un intérêt bien autrement considérable,
« et sur lequel l'application de votre système aurait une portée plus
« significative et plus décisive, à savoir : Le titre XVIII du Livre III
« sur les priviléges et les hypothèques..... Cette partie de notre
« législation présente des difficultés sérieuses et nombreuses qui
« seront des pierres de touche si elles ne sont pas des pierres
« d'achoppement..... Laissez là le titre de l'absence, et travaillez à
« faire entrer notre système hypothécaire dans vos formules ; qu'il
« en sorte clairement exprimé en règles d'actions *prohibitives et*
« *impératives*, et votre démonstration sera complète. »

J'acceptais.

Et voilà pourquoi nous n'avons pas continué la rédaction du titre de l'absence et que nous donnerons plus loin en son lieu et place la rédaction du titre des hypothèques et des priviléges.

TITRE V.   DU MARIAGE.

CHAPITRE I.   DES QUALITÉS ET CONDITIONS REQUISES POUR CONTRACTER MARIAGE.

De l'âge requis pour le mariage. — Dispenses.

Art. 144. (Art. 144 et 145, C. N.) — L'homme, avant 18 ans révolus et la femme avant quinze ans révolus, ne peuvent contracter (1) mariage sans l'autorisation du Chef de l'Etat.

---

(1). Les autorisations auxquelles nos lois subordonnent la validité de certaines conventions ne sont pas ordinairement exigées pour donner à celui qui doit être autorisé (mineur ou femme) la *capacité contractuelle.* — La femme mariée qui pour s'obliger doit être autorisée par son mari ou par justice n'est pas dépourvue de cette puissance de vouloir qui constitue le *consentement*, et engendre le *lien de droit* ; la preuve en est que les contrats qu'elle consentirait sans autorisation ne sont pas *nuls d'une nullité absolue* et qu'ils peuvent être ratifiés. — Il n'en est pas de même de la *dispense* exigée par l'art. 145 pour la validité des mariages, avant l'âge fixé par l'art. 144, (laquelle dispense n'est à la bien considérer *qu'une autorisation du Souverain*), tout mariage contracté sans cette autorisation est nul et *absolument nul...* L'autorisation semblerait

Art. 145. — Compris en l'article. ci-dessus.

Pas de mariage sans consentement.

Art. 146. (Art. 146, C. N.) — Nul ne peut donner valable consentement à un mariage, s'il n'a pas l'usage de la raison.

Le consentement doit être réciproque et manifesté.

Art. 146, *a.* (Art. 146 et 180, C. N.)— Nul ne peut contracter mariage avec qui n'y consent point expressément ou qui ne peut valablement y consentir.

Le consentement doit être libre et exempt d'erreur.

Art. 146, *a.* (Art. 180, C. N.) — Nul ne doit contracter mariage avec qui n'y consent que sous l'empire de la violence ou d'une erreur sur sa personne.

La bigamie est interdite.

Art. 147. (Art. 147, C. N.) — Nul ne peut consentir un second mariage avant la dissolution du premier.

On ne doit pas se marier sans le consentement de ses père et mère.

Art. 148. (Art. 148 à l'art. 158, C. N.) — Nul ne doit contracter mariage sans le consentement de ses père et mère ou ascendants, dans l'ordre suivant :

1º De ses père et mère, ou de son père seul si la mère ne consent; — ou de celui des deux qui pourra donner valable consentement si l'autre ne peut, est mort ou est absent;

2º De ses aïeuls et aïeules,— si ses père et mère sont morts, absents ou dans l'impossibilité de manifester leur volonté; — en cas de dissentiment entre aïeul et aïeule, le consentement de l'aïeul suffit;

Ou de celui des aïeul et aïeule qui peut donner valable consentement, si l'autre ne peut, est mort ou absent;

3º Et ainsi de suite, en remontant des ascendants les plus proches aux plus éloignés dans les deux lignes, en suivant les mêmes règles;

4º Et de n'importe quel ascendant, en cas de dissentiment entre les ascendants de même degré dans les deux lignes.

Néanmoins, en cas de refus du consentement demandé, ainsi qu'il est dit ci-dessus, les fils, après l'âge de 25 ans, et les filles âgées de 21 ans révolus *pourront* requérir la célébration de leur mariage (1) sous les conditions ci-après, savoir :

---

donc être une condition non de la validité du contrat, mais du pouvoir même *de consentir.* — Ne vaudrait-il pas mieux alors substituer le verbe *consentir* à celui de *contracter* de l'art. 144 ?. nous posons la question en maintenant néanmoins le verbe consacré par le législateur.

(1). Demander le consentement de ses ascendants est un devoir moral ; — la loi qui le sanctionne doit se rédiger suivant la formule du devoir : *nul ne doit* ; — quant à la condition des actes respectueux, le devoir n'est pas leur principe . — C'est une formalité imposée par la loi à l'effet de constater que le

A. — Pour les fils *avant 30 ans révolus*, et les filles *avant 25 ans révolus*,

    a). — D'avoir, par trois actes respectueux, mais formels, notifiés de mois en mois, par le ministère d'un notaire, demandé conseil à celui ou à ceux de leur père, mère ou ascendant, dont le consentement doit être obtenu ;

    b). — Et d'avoir laissé un mois s'écouler depuis la notification du dernier acte.

B. — Pour les fils, *après 30 ans révolus*, et les filles *après 25 ans révolus*,

    a). — D'avoir, par un acte respectueux mais formel, notifié ainsi qu'il est dit ci-dessus, demandé conseil à celui ou à ceux qui refusent leur consentement;

    b). — Et d'avoir laissé un mois s'écouler depuis la notification.

Art. 149 à 154. — Compris en l'article précédent.

Art. 155 à 157. — Relatifs aux maires, renvoyés au code des maires.

Suite. — Enfants naturels ayant père ou mère.

ART. 158. (Art. 158, C. N.) — Les enfants naturels, légalement reconnus, ne doivent pas contracter mariage sans le consentement de leur père ou mère qui les ont reconnus, ainsi qu'il est dit au § 1ᵉʳ de l'art. 148, ou à défaut, en cas de refus, sans leur avoir demandé conseil par voie d'actes respectueux conformément aux dispositions des §§ A et B de cet article.

Suite. — Enfants naturels sans père ni mère.

ART. 159. (Art. 159, C. N.) — Les enfants mineurs de 21 ans qui n'ont point été reconnus ou dont les père ou mère qui les ont reconnus sont morts, absents ou dans l'impossibilité de manifester leur volonté, ne doivent pas contracter mariage sans le consentement d'un tuteur *ad hoc* nommé par le tribunal de leur domicile.

Suite. — Enfants légitimes sans père ni mère.

ART. 160. (Art. 160, C. N.) — Les enfants légitimes mineurs de 21 ans, dont les père, mère ou ascendants sont morts, absents

---

consentement a été vainement sollicité : — Cette formalité est ainsi une condition, non de la *capacité contractuelle*, mais uniquement de la *célébration du mariage* ; — elle ne peut alors être autre chose. — Les enfants ont l'âge des contrats, leur consentement a toutes les qualités voulues pour être générateur d'un lien juridique, il n'y a plus de devoir moral à sanctionner, au contraire, le refus est presque immoral ; il ne reste que les convenances. — La loi ne saurait donc faire des actes respectueux que la condition du *pouvoir légal de requérir* la célébration. — Le verbe *pourra* est donc logique dans cette partie de notre article qui est une exception à la première, mais ce pouvoir restitué à la liberté est soumis à des conditions. — Le verbe *pourra* signifie à ce point de vue : ne *pourra requérir* et sa sanction sera la nullité de la réquisition ; de là empêchement *prohibitif*.

ou dans l'impossibilité de manifester leur volonté, ne doivent pas contracter mariage sans le consentement de leur conseil de famille.

Alliances prohibées. — Ligne directe.

ART. 161. (Art. 161, et 348, C. N.) — Nul ne peut consentir à s'unir en mariage (1),

Ni avec ses ascendants ou descendants légitimes ou naturels' ou adoptifs,

Ni avec les conjoints survivants desdits ascendants ou descendants,

Ni avec ses frère et sœur légitimes ou naturels ou adoptifs.

Alliances prohibées. Ligne collatérale.

ART. 162. (Art. 162, 163, 164 C. N.) — Nul ne peut, sans en avoir obtenu l'autorisation du Gouvernement, contracter mariage,

Ni avec les conjoints survivants de ses frère ou sœur légitimes ou naturels,

Ni avec son oncle ou sa tante, son neveu ou sa nièce légitimes.

Engagements militaires.

ART. 162, a. (Décret du 28 août 1808 et 25 mars 1852.) — Les militaires des armées de terre ou de mer, ou les individus qui leur sont assimilés, ne peuvent requérir la célébration du mariage par eux consenti sans avoir obtenu le consentement du ministre de la guerre, ou de la marine ou de leurs supérieurs.

Engagements religieux. (2)

ART. 162, a, 1. (Décret du 18 février 1807.) — Les religieuses de l'ordre des Sœurs hospitalières qui, conformément aux dispositions du décret de 1807 (3), se sont engagées devant l'officier de l'état civil à rester célibataires pendant le temps fixé par ce décret, ne peuvent, avant l'expiration du temps pour lequel elles se sont légalement engagées, requérir la célébration du mariage qu'elles auraient consenti.

CHAPITRE II.   DES FORMALITÉS RELATIVES A LA CÉLÉBRATION.

Validité du contrat, conditions de sa célébration.

ART. 165. (Art. 145, C. N.) — Nul ne peut requérir la célé-

(1). Ce qui implique l'impuissance légale de donner valable consentement.

(2) Aucune loi n'interdit le mariage aux prêtres catholiques ; aucun texte n'interdit aux maires de les marier. — On est d'accord pour reconnaître qu'une fois célébré, le mariage d'un prêtre ne peut être invalidé. Il en est cependant qui pensent que les officiers de l'état-civil peuvent se refuser à le célébrer. Marcadé I. p. 442. Aubry et Rau. 4 p. 84. (Contra. Bugnet. Demolombe.)

(3). Elles peuvent après 16 ans contracter des vœux annuels et après 21 ans des vœux de 5 ans.

bration d'un mariage que l'une ou l'autre des parties ne peut ni ne doit contracter (1).

Commune où le mariage doit être célébré.

Art. 165, *a.* (Art. 165 C. N.) — Nul ne peut requérir la célé-bration d'un mariage que dans l'une des communes ci-après désignées, savoir :

Soit la commune du domicile réel de l'un des futurs époux,

Soit la commune où l'un d'eux a fixé sa résidence depuis 6 mois par une résidence réelle et continue.

Publications qui doivent précéder sa célébration

Art. 166. (Art. 166, 168, C. N.) — Nul ne peut requérir cé-lébration d'un mariage qui n'a pas été précédé de deux publi-cations faites conformément à la loi par les maires des com-munes ci-après, savoir :

1o Des communes où les futurs époux ont leur domicile réel, ou de celles où ils résident depuis 6 mois par une habitation effective et continue :

2o Et des communes du domicile réel des personnes dont les futurs époux doivent obtenir le consentement pour contrac-ter mariage.

Il pourra, toutefois, être procédé à la célébration après une seule publication faite dans chacune de ces communes, lorsque dispense de la deuxième aura été obtenue du procureur impérial.

Art. 167, 168 et 169. — Compris en l'art. ci-dessus.

Délais entre les publications et la célébration.

Art. 169, *a.* (Art. 65 C. N.) — Nul ne peut requérir célébration d'un mariage régulièrement publié, s'il s'est écoulé moins de deux jours ou plus d'une année après sa dernière publication.

Mariage des Français à l'étranger.

Art. 170, *a* (Art. 170 et 171 C. N.). — Les Français ne peu-vent contracter mariage en pays étranger que sous les condi-tions ci-après, savoir :

1o Que le mariage eût pu être légalement contracté en France ;

2o Que les conditions imposées par la loi française pour sa validité aient été remplies ;

3o Que sa célébration à l'étranger ait été précédée de publi-cations faites en France, conformément à la loi (1) :

---

(1) Cette condition des publications en France est-elle exigée à peine de nul-lité ? Cette question très controversée a donné lieu à trois systèmes.

1er système : Le défaut de publication n'entraîne pas la nullité du mariage, parce que dit-on, cette formalité est de reste sanctionnée par l'amende contre l'of-ficier de l'état-civil et les parties (art. 192 et 193); mais cette sanction, n'atteignant ni les fonctionnaires à l'étranger, ni les époux indigents ; il s'en suit que cette disposition de la loi resterait sans sanction si les mariages célébrés à l'étranger, sans publications en France, étaient valables. — Donc il faut conclure à la nul-lité comme sanction pour que cette condition ne soit pas une lettre morte.

2e système : Les nullités ne se suppléent point et ne s'induisent pas *à contra-*

4° Qu'il ait été célébré suivant les formes légales du pays ;

5° Et que, dans les 3 mois après le retour desdits Français en France, copie régulière de l'acte de célébration de mariage ait été transmise au maire du lieu de leur domicile pour être transcrit sur les registres de l'état civil (1).

Art. 171, compris en l'article ci-dessus.

Conditions de la célébration. — Déclarations.

ART. 171, a (Art. 165-74, 212, 214, 208, C. N). — Nul ne peut contracter mariage s'il ne remplit pas les formalités ci-après, savoir :

1° De se présenter avec son futur conjoint et quatre témoins mâles et majeurs devant le maire de la commune où l'une des parties a son domicile réel ou une résidence effective depuis six mois (Art. 74, 37 C. N.) (2);

2° De justifier, conformément aux lois, de l'accomplissement de toutes les formalités et conditions exigées pour la validité des mariages ;

3° De déclarer enfin publiquement devant lui lors de la célébration (165) :

A. — Que son intention est de prendre pour conjoint la personne avec laquelle il se présente (Art. 146, C. N.),

B. — Et de s'obliger conjointement avec elle, et pour toute la durée de la vie (3),

    I. — L'homme,

        a). — A recevoir dans son domicile la femme qu'il déclare ainsi prendre pour épouse (Art. 312) ;

        b). — A lui fournir tout ce qui lui sera nécessaire pour les besoins de la vie suivant ses facultés et son état (Art. 214) ;

        c). — A l'assister, secourir et protéger (Art. 213) ;

        d). — A lui être fidèle (Art. 212) ;

        e). — A nourrir et entretenir les enfants légitimes qui naîtront d'elle pendant le mariage, tant qu'ils seront dans le besoin, et à les élever (Art. 203) ;

rin, aucun texte ne la prononçant comme sanction de cette obligation des publications, leur omission n'entraîne pas nullité du mariage.

3e système : Le mariage à l'étranger non précédé de publications en France n'étant ni nécessairement valable, ni nécessairement nul, les juges sont souverains pour le maintenir ou l'annuler suivant les circonstances.

Le 1er système est le seul dont les conclusions sont conformes au véritable système législatif qui ne doit laisser aucune disposition sans sanction. — C'est aussi celui auquel nous avons donné la préférence dans la rédaction à nouveau de l'art. 170.

(1) Cette condition de l'art. 172 n'a pas de sanction directe.

(2) Par l'art. 165, la réquisition adressée à un maire incompétent est nulle, et par l'art. ci-dessus le mariage contracté par un maire incompétent serait nul (V. l'art. 190).

(3) Ce qui exclut la possibilité légale de contracter mariage pour un temps, ou sous condition potestative, ou avec faculté de modifier, après la célébration, les obligations et devoirs du mariage.

f). A fournir, suivant ses facultés, des aliments à son beau-père, à sa belle-mère non remariée, et autres ascendants de sa femme qui seront dans le besoin, et ce, pendant la vie de sa femme et des enfants qu'il aura d'elle (Art. 206 C. N.).

II. — La femme,

a). — A habiter dans le domicile de l'homme qu'elle déclare ainsi prendre pour époux ;

b). A le suivre partout où il jugera à propos de résider (Art. 212) ;

c). — A lui procurer secours et assistance (Art. 212) ;

d). — A lui être obéissante et fidèle (Art. 212) ;

e). — A nourrir, entretenir ses enfants dans le besoin et à les élever (Art. 203) ;

f). — A fournir des aliments, suivant ses facultés, au père, à la mère non remariée et aux autres ascendants de son époux qui seraient dans le besoin et ce, pendant la vie dudit époux et des enfants communs (Art. 206 et 208).

Le droit aux aliments et à l'assistance entre époux est inaliénable.

ART. 171, *a*, 1 (Art. 207, C. N. arg.)— Les époux ne peuvent renoncer au bénéfice qui résulte pour eux des obligations qu'ils ont contractées lors de la célébration de leur mariage, non plus qu'au droit qu'ils ont de se contraindre réciproquement à leur exécution, ni céder lesdits droits ou bénéfices (1).

La créance alimentaire sur les époux est inaliénable.

ART. 171, *a*, 2 (Art. 210, 211, C. N.) — Les père, mère et les enfants légitimes des individus unis par le mariage, ne peuvent renoncer au bénéfice qui résulte pour eux des obligations par eux contractées lors de la célébration de leur mariage, non plus qu'au droit qu'ils ont de les contraindre à leur exécution, ni céder lesdits droits ou bénéfices (2).

(1) (2) Entre la créance alimentaire dont les art. 171. A, 1 et A. 2. prohibent la cession et la renonciation et la créance alimentaire, reconnue et affirmée par l'art. 205 ci-après, il existe une différence qu'il importe de remarquer.

La première résulte de la *volonté des parties*, des stipulations imposées il est vrai par la loi pour la validité du contrat de mariage, mais néanmoins *volontairement et librement acceptées* par les conjoints ; tandis que la seconde résulte de la *puissance de la loi* affirmant et proclamant l'impossibilité sociale de refuser des aliments à ceux que désigne l'art. 205.

Cette dernière créance directement imposée par une loi à formule *nul ne doit* est suffisamment protégée contre les stipulations qui pourraient l'éluder, son inaliénabilité et son incessibilité sont ainsi affirmées par la formule même de la disposition qui l'impose.

Il n'en est pas de même de l'autre, et voilà pourquoi nous avons cru devoir l'affirmer par les deux articles 171 A, 1 et A, 2, dont les dispositions, sans cela, seraient inutiles à la suite de l'art. 265 (V. *infra* nos observations sous l'art. 211). La jurisprudence a consacré la règle de l'inaliénabilité et de l'incessibilité du droit aux aliments. Quelques auteurs ont cependant proposé de distinguer sur ce point entre la créance alimentaire résultant d'un devoir imposé par la loi ou

CHAPITRE III. DES OPPOSITIONS AUX MARIAGES.

Moment légal des oppositions.

Art. 172 (Arg. art. 67, C. N). — Nul ne peut former opposition à la célébration d'un mariage, avant qu'ait eu lieu sa première publication.

Qui peut former opposition. — Conditions et formalités.

Art. 172 (Art. 172, 175, C. N) -- Nul ne peut former opposition à la célébration d'un mariage publié que les personnes ci-après, savoir :

1o La personne engagée par mariage valide avec l'une des parties contractantes ;

2o Leur père, à défaut de père, leur mère, à défaut des père et mère, ceux de leurs ascendants auxquels lesdites parties devaient demander consentement ou conseil, ainsi qu'il est dit en l'art. 148.

3o A défaut des père, mère et ascendants ci-dessus désignés :

Les frères ou sœurs, les oncles ou tantes des parties contractantes ;

Leurs cousins ou cousines-germains majeurs ;

Et enfin leurs tuteurs ou curateurs autorisés à cet effet par le conseil de famille.

Les personnes désignées dans le § 3 ne pourront, toutefois, former opposition au mariage que dans les cas et sous les conditions ci-après, savoir :

a). — Lorsque le consentement du conseil de famille requis par l'art. 160 n'a pas été obtenu ;

b). — Lorsque l'opposition est fondée sur l'état de démence des futurs époux et qu'elle est faite par l'opposant avec engagement formel de provoquer l'interdiction et d'y faire statuer dans le délai fixé par le jugement à intervenir sur la demande en main levée de l'opposition.

c). — Et sous la condition expresse de motiver leur opposition.

Art 173, 174, 175. — Compris dans la disposition ci-dessus.
Art. 196. — Concernant la rédaction des actes d'opposition. — Renvoyé au code des officiers ministériels.

Condition de la main levée des oppositions.

Art. 177 (Art. 177, C. N) — Nul ne peut obtenir main-levée d'une opposition à son mariage, qu'à la condition :

1o De porter la demande en main-levée devant le tribunal du

de l'obligation acceptée lors de la célébration du mariage et les créances d'aliments résultant d'une convention particulière, d'une donation ou d'un legs ; dans ces derniers cas seulement, les créances alimentaires pourraient être cédées, aliénées, et faire l'objet d'une renonciation.

omicile élu par l'opposant dans le lieu où le mariage doit être célébré et mentionné dans son acte d'opposition ;

2° Et de prouver :

Soit que l'opposant n'avait pas qualité pour former opposition ;

Soit que son opposition n'a pas été formée conformément à la loi ;

Soit qu'elle n'est ni sérieuse, ni fondée.

Art. 198, 179. — Concernant les juges. Voir au Code de procédure judiciaire

---

CHAPITRE IV· DES DEMANDES EN NULLITÉ DE MARIAGE.

Mariages entachés de violence ou d'erreur.

ART. 180 (Art. 180 C. N) — Nul ne peut demander l'annulation d'un mariage contracté sous l'empire de la violence ou d'une erreur sur la personne (1) que :

1° Dans le premier cas, l'époux dont le consentement n'a pas été libre ;

2° Et dans le second, celui des époux qui a été induit en erreur.

A la condition, toutefois, qu'il n'y a pas eu cohabitation continue pendant 6 mois, sans réclamation dudit époux depuis le jour où il aura acquis sa pleine liberté ou reconnu son erreur (Art. 181, C. N).

Art. 181. — Compris en l'article précédent.

Mariage contracté sans le consentement des ascendants.

ART. 182 (Art. 182, 183 C. N.) — Nul ne peut demander

---

(1) L'application de l'art. 168 du Code Napoléon a soulevé de graves controverses sur ce qu'il faut entendre par ces mots : *erreur sur la personne* (Voir Mourlon t. 1. p. 345. et les auteurs qu'il cite).

Premier système. — L'art. 180 n'a en vue que la personne physique.

Deuxième système . — Il prévoit et l'erreur physique sur la personne. et l'erreur sur la personne civile, c'est-à-dire l'erreur sur les qualités constitutives de la personnalité au point de vue du mariage, c'est-à-dire celles qui, physiquement et moralement, le rendent propre au mariage.

Troisième système : — La loi, dans l'art. 180, ne vise que la personne civile ou sociale. — L'erreur sur la personne physique détruisant et ne laissant rien subsister du consentement au mariage avec la personne autre que celle que *l'on voulait épouser*, rentre dans les cas prévus de l'art. 146. — Le mariage dans ce cas n'est plus simplement entaché d'une nullité relative, mais d'une nullité absolue. Ce système le plus logique des trois au point de vue rigoureux des principes et de la théorie, ne saurait prévaloir en présence des termes des art. 146 et 180, qui sanctionnent sans distinction aucune par une *nullité relative* la prohibition de l'art. 180, — et des idées émises lors de la discussion de cet article.

Le second système aurait l'inconvénient de trop laisser à l'arbitraire des juges en leur abandonnant le soin de déterminer quelles sont les qualités qui déterminent le consentement au mariage et constituent les qualités matrimoniales. — Je me rallierais à ce système si, comme le propose M. Mourlon, on restreignait ces qualités à celles qui individualisent la personne dans la famille et la société. V. Mourlon. t. 1. note. page 347 l'annulation d'un mariage contracté sans le consentement des père, mère, ascendants, tuteur ou conseil de famille, exigé par les art. 148, 159 et 160 que les personnes ci-après, savoir :

1º Celui des époux qui ne devait pas, sans ce consentement, contracter mariage, si toutefois il a réclamé avant qu'il se soit écoulé une année à partir du jour où ce consentement ne lui aurait plus été indispensable ;

2º Ceux des père, mère, ascendants, tuteur ou conseil de famille, sans le consentement desquels le mariage ne devait pas être contracté.

Mais à la condition toutefois par eux (Art. 183),

a). — De n'avoir pas approuvé tacitement ou expressément le mariage depuis sa célébration ;

b). — Et d'avoir demandé son annulation dans l'année, à partir du jour où ils auront eu connaissance du mariage célébré sans leur consentement.

Art. **183**. Compris en l'article précédent.

Mariages contractés avant l'âge voulu par la loi.

Art. 184 (Art. 184, 187 C. N.) — Nul ne peut demander l'annulation d'un mariage contracté contrairement à l'art. 144, avant l'âge fixé, que les personnes ci-après, savoir :

1º Les époux ou l'un d'eux ;

2º Le procureur impérial ;

3º Ceux des père, mère ou ascendants de l'un des époux qui n'ont point consenti au mariage ;

4º Et toutes autres personnes ayant un intérêt né et actuel à son annulation ;

A la condition, toutefois, pour les personnes désignées dans les paragraphes ci-dessus, d'avoir saisi le tribunal compétent de leur demande dans les délais suivants , savoir :

a). — Avant qu'il se soit écoulé six mois depuis que l'époux ou les époux ont atteint l'âge fixé par l'art. 144 (Art. 185, 1º).

b). — Ou avant qu'il se soit écoulé le même délai depuis le jour où aura conçu l'épouse mineure de 15 ans (Art. 185, 2º).

Les parents collatéraux de l'un ou de l'autre époux, ainsi que les enfants nés du précédent mariage de l'un des deux ne pourront, néanmoins, demander l'annulation dudit mariage que dans les deux cas suivants, savoir :

a). — Après le décès de l'époux, leur parent (Art. 187),

b). — Si, alors, ils ont un intérêt né et actuel à faire prononcer l'annulation du mariage (Art. 184, 187).

Mariages incestueux.

Art. 184, *a* (Art. 184, 187, C. N.) — Nul ne peut demander l'annulation d'un mariage contracté entre parents aux degrés prohibés contrairement aux art. 161 et 162, que les personnes ci-après, savoir :

1º Les époux ou l'un d'eux;

2º Le Procureur impérial;

3º Les père, mère, ascendants ou tuteur;

4º Et tous individus ayant un intérêt né et actuel à l'annulation du mariage;

Les parents collatéraux de l'un ou de l'autre époux, ainsi que les enfants nés du précédent mariage de l'un d'eux, ne pourront, toutefois, demander cette annulation que dans les deux cas suivants, savoir : (Art. 184, 187).

a). — Après le décès de l'époux, leur parent,

b). — Si alors ils ont un intérêt né et actuel à faire prononcer l'annulation du mariage.

Art. 185, 186, 187.., compris dans les articles précédents.

Mariage-Bigamie.

Art. 188 (Art. 188, 190, C. N.). — Nul ne peut demander l'annulation d'un mariage contracté par un individu encore engagé dans les biens d'un mariage antérieur légalement contracté, que les personnes ci-après, savoir :

1º Les époux ou l'une des deux parties dans le second mariage;

2º L'époux au préjudice duquel a été contracté ce second mariage, ou son fondé de pouvoir spécial muni des preuves de son existence, dans le cas où ce mariage aurait été contracté après jugement définitif prononçant la déclaration d'absence dudit époux (Art. 139) (1).

3º Le Procureur impérial;

4º Les père, mère, ascendants ou tuteur, soit des époux qui ont contracté le second mariage, soit de l'époux au préjudice duquel il a été contracté;

5º Et tous individus ayant un intérêt né et actuel à l'annulation dudit mariage,

Les parents collatéraux desdits époux, ainsi que les enfants nés du précédent mariage de l'un d'eux, ne pourront, toutefois, demander l'annulation du second mariage que dans les deux cas suivants, savoir (Art. 187, C. N.) :

a). — Après le décès de l'époux, leur parent, partie dans le second mariage.

b). — Si, alors, ils ont un intérêt né et actuel à en faire prononcer l'annulation.

Art 189. — Au code de procédure judiciaire, section-code des Juges.

Art. 190. — Au même code, section-code des procureurs impériaux.

Art. 191. — Sanction de nullité comprise dans la généralité des art. 6. a. 2. 3

Art. 192. — Sanction pénal. — Au code pénal des fonctionnaires.

Art. 193. — Au code pénal des citoyens.

(1). Une controverse s'est élevée sur l'art. 155 qui semble restreindre à *l'époux seul* le droit d'attaquer le mariage ; — nous préférons l'opinion qui l'étend, à celle qui le restreint.

Les articles 194. 195 196 et suivants qui concernent la preuve de la célébration des mariages, ne sont pas à leur place dans un chapitre intitulé des
demandes en nullité de mariage ; — on pourrait les classer sous une rubrique
mieux appropriée à leur objet qui est de faire connaître les avantages qui résultent
de l'observation des lois relatives à la célébration des mariages, de la rédaction du
procès-verbal qui la constate, — et les difficultés qu'il y a pour y suppléer
lorsqu'il s'agit d'en prouver l'existence et d'en réclamer les effets.

Preuve de la célébration des mariages ; — effets.

ART. 194. (Art. 194, 46, 194 C. N.) — Nul ne peut réclamer
le titre d'époux ou les effets civils du mariage qu'à la condition
d'en prouver la célébration comme il suit :

1° Par la représentation d'une copie de l'acte de célébration
régulièrement inscrit sur les registres de l'état civil, délivrée par leur dépositaire et par lui déclarée conforme à
l'original, sous sa signature légalisée par le président du
tribunal (Art. 194) ;

2° Par témoins déclarant que les époux ont toujours vécu
publiquement comme mari et femme, dans le cas où l'acte
de célébration de leur mariage, représenté, se trouvera être
irrégulier (Art. 195) ;

3° Par titres, et notamment par les registres et papiers émanés
des père et mère décédés, ainsi que par témoins, dans les
cas suivants (1) :

    a). — S'il n'a pas existé ou s'il n'a pas été tenu de
registre de l'état civil dans la commune où le mariage
a été célébré.

    b). — Ou si, après avoir existé, ces registres ont été per-
dus, détruits ou soustraits, ou si l'acte de célébration
dont il s'agit a été dénaturé, détruit, falsifié ou est
devenu illisible ;

4° Par la représentation enfin d'un extrait de jugement rendu
à la suite d'une procédure criminelle, constatant que l'acte
de célébration a existé, dans les cas où il a été détruit,
soustrait, dénaturé, ou est devenu illisible par suite d'un fait
criminel ou délictueux (Art. 198).

Néanmoins les enfants, dont la légitimité étant contestée, ne
pourraient pas représenter l'acte de célébration du mariage de
leur père et mère décédés, absents ou en démence ou qui n'y
suppléeraient pas ainsi qu'il est dit ci-dessus, pourront encore y
suppléer en prouvant par témoins ou autrement (Art. 197) :

    a). — Que leur père et mère sont morts, ou absents ou en
démence, et ne peuvent leur faire connaître le lieu et l'époque
où leur mariage a été célébré ;

    b). — Qu'ils ont toujours vécu publiquement comme mari
et femme ;

    c). — Qu'ils ont, eux, toujours été en possession d'état
d'enfants légitimes ;

(1) Voir la note sous l'art. 43, concernant les actes de naissance et de décès.

d). — Enfin, que cette possession d'état n'est pas contredite par leur acte de naissance.

Art. 195. Compris en l'article précédent. V. nº 2.

Effets de la possession d'état.

ART. 196. (Art. 196 C. N.) — Les conjoints qui auront toujours publiquement vécu comme mari et femme ne pourront, lorsque l'acte de célébration de leur mariage sera représenté, demander la nullité dudit acte, si, nonobstant ses irrégularités, il constate que leur mariage a été célébré par l'officier de l'état civil compétent (Art. 171 § ci-dessus) (1).

Art. 199 et 200. — Au Code de procédure. — Chapitre des actions civiles .

Effets des mariages annulés. — Des mariages putatifs.

ART. 201. (Art. 201 et 202 C. N.) — Nul ne peut réclamer les effets civils d'un mariage annulé que les personnes ci-après, savoir :

1° Les époux, s'ils l'ont contracté de bonne foi.

2º Ou celui des deux qui a contracté de bonne foi, si la bonne foi n'existe que de la part de l'un d'eux ;

3° Et dans tous les cas, les enfants légitimes et non désavoués nés avant l'annulation du mariage ou dans les dix mois qui ont suivi le jour où la cohabitation a, de fait, cessé entre les époux.

Art. 202. Compris en l'article ci-dessus.

CHAPITRE V. DES OBLIGATIONS QUI NAISSENT DU MARIAGE

Art. 203. — Compris en l'art. 171. Obligations stipulées §§ II. *a*, *b*, *c*, *d*, *e*, *f*.

La dot n'est pas un devoir.

ART. 204. (Art. 204 C. N.) — Les enfants ne peuvent actionner leur père, mère ou ascendants pour les faire condamner à pourvoir à leur établissement par mariage ou autrement.

Pension alimentaire. — Par qui due.

ART. 205. (Art. 205 C. N.) — Nul ne peut réclamer des aliments que dans les cas où ils lui sont dus (1) et dans ce cas,

---

(1). L'art. 165 déclare nulle la réquisition de célébrer un mariage adressée a un maire autre que celui qu'il désigne. L'art. 171 fait plus, il déclare *qu'on ne peut contracter mariage devant un maire incompétent.* — Voilà pourquoi la possession d'état pourra couvrir toutes les irrégularités de l'acte de célébration autres que celles résultant de l'incompétence de l'officier de l'état civil qui est sanctionnée par la nullité absolue du mariage.

(1) Soit en vertu d'un contrat, d'un testament, d'une donation ou d'une loi, le texte est général.

il ne peut les réclamer que de celui ou de ceux qui sont obligés à les lui fournir ou qui ne doivent pas les lui refuser.

De ceux auxquels est due une pension alimentaire et d'entretien.

ART. 205 a. (Art. 205, 206 et 207. C. N.) — Nul ne doit refuser des aliments aux personnes ci-après désignées qui, se trouvant dans le besoin, ne pourraient subvenir à leur subsistance, savoir :

1° Ses père et mère légitimes, adoptifs, naturels, adultérins ou incestueux (1).

2° Ses autres ascendants et ascendantes légitimes ;

3° Ses enfants légitimes, adoptifs, naturels, adultérins ou incestueux (2) ;

4° Ses gendres ou belles-filles et leurs père, mère et ascendants, mais pendant la vie seulement de l'époux qui produisait l'affinité ou des enfants issus de son mariage avec lesdits gendres ou belles-filles.

On ne doit toutefois des aliments aux personnes ci-desus qu'en proportion de sa fortune, et de leurs besoins et dans l'ordre de la parenté. — Les plus proches parents étant préférés et obligés avant les plus éloignés (3).

Aliments dus aux enfants adultérins et incestueux.

ART. 205 à. 1. (Art. 162. C. N.) — Nul ne doit refuser des aliments aux enfants adultérins ou incestueux de celui dont on est héritier ou légataire ; il ne les leur doit toutefois qu'en proportion de ce qu'il a retiré de la succession et des besoins de l'enfant qui les réclame.

Art. 206 et 207. — Compris en l'art. 171, — obligations stipulées §§ 1 II. Lett. f. f.

Art. 208. — Concernant les juges, V. au code de procédure judiciaire.

Décharge ou réduction de pensions alimentaires

ART. 209. (Art. 209, 210 et 211. C. N.) — Nul ne peut demander en justice à être déchargé de tout ou partie d'une pension alimentaire ou d'entretien qui lui est imposée, qu'à la condition de justifier.

1° Soit qu'il se trouve dans l'impossibilité d'en continuer ou supporter le service ;

2° Soit que celui à qui il est tenu de fournir des aliments ou l'entretien n'est plus dans le besoin ou dans les conditions stipulées pour l'exécution de cette obligation.

Sans préjudice de la faculté laissée au tribunal dans les cas prévus par l'art. 209 du Code de procédure judiciaire de subs-

(1). (2). Nous ajoutons : *naturels, adultérins* et *incestueux* bien que ce chapitre, par sa rubrique, ne concerne que les enfants *légitimes*, parce que la jurisprudence a étendu les dispositions de ce chapitre à tous enfants légitimes ou naturels.

(3). Question controversée, mais solution équitable.

tituer, à l'obligation de payer ladite pension, l'obligation pour le débiteur de recevoir dans sa demeure celui à qui elle est due, de l'y nourrir et entretenir (Art. 210, 211).

Art. 210. et 211. — Compris ou du moins visés en l'article précédent. — Voir au code de procédure judiciaire, section des juges, la rédaction formulaire de ces articles.

Observation.

A la suite de l'art. 171, nous avons, par deux prohibitions, affirmé et consacré l'inaliénabilité du droit à la pension alimentaire et d'entretien résultant du contrat de mariage pour les époux, leurs enfants et leurs ascendants; serait-il nécessaire de reproduire ici ces prohibitions à raison du même droit résultant des art. 205 ?

Nous ne le pensons pas, par ce motif que la généralité de la formule exclut la restriction ou cession ou renonciation du droit. — *Nul ne doit refuser des aliments.* — Le refus, quelle que soit sa cause, sera toujours aux yeux de la justice un acte nul, un refus non admissible ; — et l'acte de renonciation, sans effet juridique. (V. Note sous les art. 171. *a.* et *a.* 2.)

--- --- ---

CHAPITRE VI.   DES DROITS ET DEVOIRS RESPECTIFS DES ÉPOUX.

Art. 212.)   Les devoirs des époux qui font l'objet de ces trois articles
Art. 213. {   ont été spécifiés en l'art. 171. I. II. Lettre *c.* et *d*, sous
Art. 214.)   forme d'obligations stipulées par les époux en se mariant.

Incapacité des femmes mariées pour plaider. — Exceptions.

ART. 215. (Art. 215, 216, 218, 221, 222, 224, C. N.) — Les femmes mariées ne doivent pas ester en justice, sans avoir obtenu :

Soit l'autorisation spéciale et par écrit de leurs maris ;

Soit l'autorisation par jugement du tribunal de leur domicile réel suivant les cas et les distinctions ci-après, savoir :

I. Majeure. — La femme ne devra pas ester en justice sans l'autorisation du tribunal, dans les cas suivants, savoir (1) :

1° Si le mari est mineur, interdit, absent ou dans l'impossibilité de manifester sa volonté, ou s'il s'agit d'une action pour laquelle il ne pourrait lui-même ester en justice, sans assistance de tuteur, curateur ou conseil ;

(1). L'expression ne devra impliquer la sanction de nullité relative, conformément à l'art. 222.

2° Ou , s'il subit une condamnation afflictive ou infa‑
mante , à laquelle il aurait été condamné , même par
contumace ;

3° Ou enfin, s'il refuse sans motifs sérieux son autorisa‑
tion (Art. 215 C. N.).

Dans tous les autres cas, elle ne devra pas ester en
justice sans justifier avoir obtenu l'autorisation de
son mari.

II Mineure. — (1) La femme ne *pourra* (2) ester en jus‑
tice avec la seule autorisation de son mari que dans les cas
suivants, savoir:

1° S'il s'agit d'intenter une action immobilière ou d'y
défendre (Art. 482.)

2° Ou s'il s'agit de répondre à une demande en partage
(Art. 460, 465.)

3° Ou enfin s'il s'agit de recevoir son compte de tutelle
ou d'en obtenir la reddition (Art. 482.)

Dans tous les autres cas, elle ne devra ester en justice que
sous les conditions ci-après :

A. — D'être autorisée par son mari majeur (3), autorisé lui-
même par le conseil de famille sur délibération homo‑
loguée par le tribunal, ainsi qu'il est prescrit pour les
mineurs émancipés (Art. 464);

B. — D'être assisté d'un curateur *ad hoc* (Art. 2208 § 3)
(Arg. Art. 420, 2°.)

a). — Si le mari a des intérêts opposés à ceux de sa
femme dans l'instance à introduire ;

b). — Si, en cas d'expropriation immobilière de ses
propres, le mari refuse de procéder avec elle , ou s'il
est mineur ;

c). — Dans tous les autres cas, ainsi que dans les cas
spécifiés sous les n°ˢ 1, 2 et 3 du § I ci-dessus, d'avoir
obtenu l'autorisation du tribunal (4).

III Majeures ou Mineures. — Les femmes mariées pour‑
ront néanmoins introduire une demande en justice, et y
ester sans autorisation de leur mari , ou du tribunal dans
les cas suivants, savoir :

1° S'il s'agit d'obtenir l'autorisation du tribunal pour
suppléer à l'autorisation de leur mari, ainsi qu'il est
dit ci-dessus (Art. 218).

---

(1). Le code ne prévoit pas dans les dispositions du Chap. III, le cas de mino‑
rité de la femme.

(2). L'expression *ne pourra* équivaut à *ne devra* impliquant sanction de
nullité relative ; il s'agit en effet d'indiquer un cas d'exception à la prohibi‑
tion sous entendue d'ester en justice sans autorisation de justice.

(3). Si le mari était mineur on rentrerait dans le cas du § I. n° 1°

(4) Les art. 223 et 224 ne distinguent pas entre les femmes majeures et mi‑
neures.

2° Il s'agit de faire nommer un tuteur *ad hoc* dans le cas du § *b* ci-dessus ;

3° S'il s'agit de répondre à une poursuite en matière criminelle, correctionnelle ou de simple police. (Art. 216,) ou à l'action en réparation de leurs délits ou quasi délits (Art. 216, C. N.) (1) ;

4° S'il s'agit de déposer en justice comme témoin ;

5° S'il s'agit de présenter requête au président du tribunal pour obtenir de lui, conformément à l'art. 875 du C. de proc. civile, un permis de citer leurs maris en justice aux fins d'obtenir leur séparation de corps ;

6° S'il s'agit de l'exécution des obligations par elles, ou envers elles, contractées lors de la célébration de leur mariage, ou de celles dont elles sont tenues, ou dont on est tenu envers elles aux termes des lois en vigueur (Art. 171 *a*, 205 *a*, ci-dessus) (2).

Suite.

Art. 215 *a*. (3). — Nul ne doit procéder en justice contre une femme mariée, sans avoir obtenu, pour elle, l'autorisation sans laquelle elle ne doit pas ester en justice, aux termes des lois en vigueur.

Art. 216... compris en l'article 215.

Incapacité des femmes mariées pour s'obliger. — Exceptions.

Art. 217. (Art. 217, 219, 220 à 226 C. N.) — Les femmes mariées ne doivent :

1° Ni consentir, ni faire aucun acte privé ou public emportant, pour ou contre elles, — soit obligation, aliénation ou acquisition à titre gratuit ou onéreux, — soit transaction, paiement ou décharge, — soit renonciation, acceptation ou disposition quelconque de biens ou de droits (4) ;

---

(1). Ainsi décidé par la plupart des auteurs.

(2.) Ni la jurisprudence, ni la doctrine n'admettent cette exception à la prohibition générale de l'art. 215. — Nous ne l'indiquons ici que comme une lacune à corriger, et une conséquence forcée des obligations que la loi elle-même impose. — Pourquoi, par exemple, refuser aux femmes mariées le libre accès des tribunaux pour obtenir des aliments que la loi leur accorde ? — Pourquoi ceux à qui elles ne doivent pas les refuser seraient-ils tenu d'obtenir préalablement l'autorisation de leurs maris ou de justice ? — Est-ce que cette dernière peut, si le mari n'autorise point, refuser de les autoriser ? — A quoi bon les obliger alors à demander l'autorisation. Pourquoi ces entraves, ces frais et ces retards ?

(3). — Cette disposition est la conséquence de l'art. 215. — Si la femme ne doit pas ester en justice sans autorisation, il faut qu'on ne puisse pas la citer sans avoir obtenu, pour elle, l'autorisation exigée, sans cela on pourrait prendre contre elle des jugements par défaut.

(4). Nous avons développé la pensée prohibitive contenue dans l'art. 217 dont les termes et la rédaction ont donné lieu à quelques controverses, sur le point de savoir si la femme est ou non *capable de contracter des obligations personnelles*. le mot *obliger* manque en effet dans l'art. 217... mais la pensée s'y trouve, cela nous suffit.

2° Ni accepter une exécution testamentaire, (Art. 1029. C. N.)

3° Ni faire le négoce séparément de leur mari (Art. 4, du C. de comm.),

Sans avoir obtenu :

Soit l'autorisation spéciale de leurs maris ou leur concours à l'acte,

Soit l'autorisation par jugement du tribunal de leur domicile réel, suivant le cas et les distinctions ci-après :

I. Majeure, la femme mariée ne doit se permettre aucun des actes ci-dessus sans l'autorisation du tribunal, dans les cas suivants, savoir :

1° Si son mari est mineur, interdit, absent ou dans l'impossibilité de manifester sa volonté : — ou s'il s'agit d'actes qu'il ne devrait pas faire ou consentir lui-même sans assistance de tuteur, curateur ou conseil (1) ;

2° Ou s'il subit une peine afflictive ou infamante à laquelle il aurait été condamné même par contumace :

3° Ou, enfin, s'il refuse, sans motifs suffisants, son autorisation (Art. 218. C. N.), — à moins qu'il ne s'agisse pour elle,

    a). — soit d'engager, d'aliéner ou de donner ses biens dotaux pour l'établissement des enfants communs, (Art. 1556, C. N.)

    b). — soit d'accepter une exécution testamentaire, lorsqu'elle n'est point séparée de biens d'avec son mari, (Art. 1027, C. N.)

    c.) — Soit de faire le commerce (Art. 4, C de Com.);

Auxquels cas, l'autorisation du mari ne peut être suppléée par celle du tribunal.

II. Mineure (2), la femme mariée ne doit se permettre aucun des actes énumérés ci-dessus que sous les conditions suivantes, savoir :

A. D'être autorisée par le tribunal dans les cas spécifiés sous les n°s 1, 2 et 3 du § 1, ci-dessus (3).

B. Dans tous les autres cas, et notamment dans les cas spécifiés sous les lettres *a*), *b*), *c*.' du n° 3 du § I ci-dessus, — d'être autorisée par son mari majeur, lui-même autorisé par le conseil de famille sur la délibération homologuée par le tribunal ainsi qu'il est prescrit

---

(1). Ainsi décidé par plusieurs auteurs.

(2). Les art. 223 et 224, ne distinguent pas, comme nous, entre les femmes mineures et majeures.

(3). Quelques auteurs pensent que, dans ces cas, le mari, qui est le curateur légal de sa femme mineure alors émancipée par le mariage, que le mari, disons-nous, ne pouvant plus, dans ces cas, l'assister, il serait plus conforme à l'esprit de la loi qu'elle fût assistée par un curateur *ad hoc*. — Que cette solution soit dans la ligne de la théorie légale en matière d'émancipation, cela peut-être, mais les art. 223 et 224, ne distinguant pas entre les femmes mineures et majeures, exigent alors l'autorisation du tribunal.

pour les mineurs émancipés: (Art. 483, 484, 457, 458, 461, 462, 463, 467, C. N.)

C. Et, en outre, s'il s'agit, pour elle, de faire le commerce. (Art. 2. C. d. Com.).

a). — D'y être autorisée par son père ou, en cas de décès, d'absence, d'interdiction, par sa mère vivante, si, toutefois elle n'est ni interdite, ni absente, auquel cas, suffira l'autorisation du mari autorisé, ainsi qu'il est dit ci-dessus, lettre B,

b). — Et d'avoir fait afficher, au tribunal de commerce du lieu où elle veut faire le commerce, ladite autorisation, régulièrement enregistrée ;

La femme mineure pourra, néanmoins, avec la seule autorisation de son mari *majeur*, consentir et réaliser les actes suivants, savoir :

1° Recevoir son compte de tutelle et en donner décharge (Art. 480, 484, C. N.) ;

2° Recevoir un capital mobilier et en donner décharge (Ar. 482, C. N.) :

3° Faire emploi du capital mobilier reçu (Art. 482 C. N.) :

4° Aliéner une inscription de rente de moins de 50 fr. (L. du 24 mars 1805.) ;

5° Accepter des donations (Art. 934, C. N.).

III. Majeures ou Mineures, les femmes mariées pourront, néanmoins, faire, consentir et réaliser, sans autorisation de leur mari ou de justice, les actes ci-après, savoir :

1° Tous actes d'administraction relativement à *ceux* de leurs biens dont elles se sont, par leur contrat de mariage, réservé l'administration,

2° Tous actes d'administration, relativement à *tous leurs biens* dans les cas suivants, savoir :

a). — Si, par leur contrat de mariage, leur mari leur ont consenti une *autorisation générale* d'administrer, (Art. 223, 1538, 1988, C. N.),

b). — Ou si elles sont mariées sous le régime de la séparation de biens,

c). — Ou enfin, si un jugement définitif les a placées sous ce régime ;

3° Tous actes de dispositions de leurs mobiliers, pour l'administration des biens dont elles ont l'administration ;

4° Tous actes d'obligations en ce qui concerne leur négoce, lorsqu'elles ont été déjà légalement autorisées à faire ledit négoce (Art. 220, C. N.) :

Elles ne seront pas réputées autorisées à faire le négoce, si elles ne font que détailler les marchandises du commerce de leurs maris (Art. 220 § 2) :

5° Tous actes conservatoires de leur fortune acquise et de

leurs droits ; tels que sommations pour mettre en demeure, protêts, inscriptions, etc. (1)

6° Tous actes réalisant les droits et prérogatives que les lois en vigueur leur confèrent par des dispositions expresses, tels que (2) :

    a). — Les droits résultant, en certains cas pour elles, de la puissance paternelle (Art. 141 et 507, C. N.),

    b). — Le droit de donner leur consentement aux mariages de leurs enfants ou petits enfants. (Art. 148, 149, C. N.),

    c). — Le droit d'accepter, pour eux les donations qui leur sont offertes (Art. 935, C. N.),

    d). — Le droit de faire transcrire les donations qu'elles ont légalement acceptées pour leur compte (Art. 940, C. N.),

    e). — Le droit de révoquer les donations par elles faites à leur mari pendant le mariage (Art 1096 C. N.),

    f). — Le droit de faire inscrire leur hypothèque légale (Art. 2139),

    g). — Le droit de reconnaître les enfants naturels nés d'elles avant leurs mariages (Art. 337. C. N.) ;

7° Et toutes leurs dispositions testamentaires (Art. 226. C. N.)

Suite.

Art. 217 *a*. (3). — Nul ne doit consentir, ni faire, avec des femmes mariées, aucun des actes spécifiés dans le § I de l'art. 217, si elles n'ont pas obtenu préalablement l'autorisation de leurs maris ou du tribunal, ainsi qu'il est dit dans cet article.

Art. 218, 219, 221, 222, 223, 224. — Les dispositions de ces articles sont comprises dans les deux art. 215 et 217 ci-dessus.

Qui peut se prévaloir de la nullité des actes des femmes mariées.

Art. 225. (Art. 225 C. N.) — Nul ne peut demander le rejet ou l'annulation des actes consentis ou passés, des demandes introduites, ou des jugements rendus ou obtenus contrairement aux dispositions des art. 215, 215 *a*, 217 et 217 *a*, que les personnes ci-après, savoir (4) :

    1° La femme mariée,

    2° Ou son mari,

    3° Ou leurs héritiers.

Art. 226. — Compris en l'art. 217.

(1) Opinion de la plupart des auteurs.

(2) Conséquence forcée de la loi qui leur confère ces droits. Opinion de tous les auteurs.

(3) Cette disposition est la conséquence de celle qui la précède. V. note art. 215 *a*.

(4) On pourrait autrement rédiger cet article, par exemple, comme il suit : Nul autre que le mari, sa femme ou ses héritiers ne peuvent demander l'annulation ou le rejet des actes, demandes ou jugements, etc.

Cas ou la femme en s'obligeant oblige son mari.

ART. 226 a. (Art. 220, 1409, 1419, C. N.) — Les femmes mariées ne peuvent, par les obligations qu'elles contractent ou les jugements qui les obligent, obliger leurs maris que dans les cas suivants, savoir :

1° Si, mariées sous le régime de la communauté, elles ont été autorisées par leurs maris pour lesdits actes ou jugements (Art. 1409 et 1419 C. N.) ;

2° Ou si, bien que non autorisées pour lesdits actes ou jugements, elles sont mariées sous le même régime et ont été autorisées à être marchandes publiques et que lesdits actes ou jugements concernent leur négoce (Art. 220 C. N. et Art. 5 C. de Com.).

Leurs maris ne pourront, dans ces cas, prétendre n'être pas obligés sur leurs biens par les engagements ou obligations résultants desdits actes ou jugements.

CHAPITRE VII. DE LA DISSOLUTION DU MARIAGE.

La mort seule dissout le mariage.

ART. 227. (Art. 227, C. N.) — Nul ne peut demander en justice qu'un mariage légalement contracté soit, avant le décès de l'un des époux, déclaré dissout (1), ni prétendre que ledit mariage est dissout autrement que par le décès de l'un des époux.

CHAPITRE VIII. DES SECONDS MARIAGES.

ART 228. (Art. 228, C. N.) -- Les femmes ne peuvent requérir la célébration d'un nouveau mariage qu'elles contractent, qu'après qu'il s'est écoulé 10 mois révolus depuis la dissolution de leur précédent mariage (2).

---

(1). Cette première partie exprime la prohibition résultant de la loi du 8 mai 1816 qui a aboli le divorce.

(2). L'art. 228 emploie la formule ne peut contracter pour l'interdiction qu'il dicte ; sa rédaction semblerait devoir entraîner la nullité du mariage contracté au mépris de sa disposition. — La doctrine et la jurisprudence se sont néanmoins prononcées en faveur de sa validité par ces motifs très fondés que l'expression ne peut contracter n'emporte pas, dans notre législation, la sanction de la nullité absolue du contrat et qu'aucune disposition ne commande aux juges de prononcer l'annulation des mariages célébrés contrairement à l'art. 228.

Quelle sera alors la sanction ?

Nous allons maintenant classer, dans le Code des *fonctionnaires* qu'elles concernent, les règles qui se déduisent pour eux des articles du Code Napoléon dont nous venons de rédiger les dispositions en vue des *citoyens*.

La peine de la nullité d'un acte est le signe, la conséquence de l'incapacité civile de le consentir ; — en refusant cette sanction à l'art. **228**, le législateur a, par cela même, déclaré qu'il ne ferait pas du délai des 10 mois de veuvage une condition de la capacité juridique de la femme qui se remarie ; — c'est-à-dire un empêchement dirimant de son mariage.

Comment prévenir l'accomplissement des remariages, et obliger les veuves à retarder leur nouvelle union ? Par un moyen bien simple et des plus efficaces, au lieu de faire du délai de dix mois une condition de la validité du contrat, il suffira d'en faire une condition *pour l'officier de l'état-civil de procéder à sa célébration.*

Le refus du magistrat requis de procéder à cette célébration, avant l'expiration de dix mois, obligera invinciblement la veuve à attendre l'accomplissement de cette condition, et s'il y procédait *avant*, la violation de loi étant alors non le fait de la femme, mais de l'officier de l'état civil, c'est sur lui seul que devrait retomber la responsabilité de la désobéissance à la loi ; — cette théorie a été consacrée par le code ; — voilà pourquoi le législateur, par l'art. 194 du Code pénal, punit l'officier de l'état civil, sans invalider le mariage, et voilà pourquoi voulant faire de la condition de dix mois une condition, non de la validité du contrat, mais de la célébration, nous substituons aux expressions ne *peuvent contracter* de l'art. **228**, celles de ne *peuvent requérir la célébration* qui, impliquant la nullité absolue seulement de la *réquisition* adressée à l'officier de l'état civil avant les dix mois de veuvage, le dégagent de l'obligation de procéder à la célébration, et lui imposent par suite *le devoir d'y surseoir* ; — notre disposition ainsi comprise, produira, pour nous servir des termes consacrés, un empêchement *prohibitif de la célébration*, au lieu d'un empêchement *dirimant du contrat* qu'implique la rédaction erronée de l'art. **228**, par la formule ne *peuvent contracter.*

LIVRE DE LOIS DE PROCÉDURE

ou

CODE DES FONCTIONNAIRES

DEVOIRS DES FONCTIONS ADMINISTRATIVES ET JUDICIAIRES

————⋙◆⋘————

PREMIÈRE PARTIE

LOIS DE PROCÉDURE ADMINISTRATIVE

————

La loi, pour les fonctionnaires, est une règle d'action qui leur commande les actes qu'ils *doivent réaliser*.

Ce qui n'est pas commandé aux fonctionnaires leur est défendu.

La droit est pour eux dans le *devoir* d'agir suivant la loi. *Tantum permissum quantum prescriptum.*

Le caractère des lois de procédure est essentiellement impératif.

Formule. — Le *nom du fonctionnaire...* puis l'expression *devra...* ensuite la définition ou détermination de l'acte commandé par ses moyens, son but, ses effets ou l'énumération des actes partiels destinée à réaliser l'acte — but de la disposition

Le corps des lois de procédure se divise en deux grands codes parfaitement distincts, savoir :

I. Le Code des lois de procédure administrative , dans les codes-sections duquel se classeront les articles ci-après, rédigés à nouveau du Code Napoléon, savoir :

1º. Au Code des préfets, 2 articles.

2º. Au Code des maires, 15 articles.

3º. Au Code des agents français à l'étranger, 3 articles.

II. Le Code des lois de procédure judiciaire, dans les codes-sections duquel se classeront les articles ci-après tirés du Code Napoléon, savoir :

1·. Au Code des juges, 24 articles.

2·. Au Code des procureurs impériaux, 7 articles.

3·. Au Code des juges de paix, 2 articles.

4·. Au Code des notaires, 2 articles.

5·. Au Code des officiers ministériels, 2 articles.

I. — CODE DES PRÉFETS.

Publication des lois urgentes.

Art. 1 (art. 4. ord. 27 nov. 1816. art. 1 ord. 18 janvier 1817) — Les Préfets, dans leurs départements respectif, devront :

Lorsque, sur l'ordre du Pouvoir exécutif prescrivant de faire procéder d'urgence à la publication d'une loi ou d'un décret, le Garde des Sceaux leur aura transmis une copie certifiée exacte des dites loi ou décret :

1° Prendre un arrêté ordonnant l'impression et affiche où besoin sera de ces lois et décrets ;

2° En faire faire sans délai la copie ou l'impression ;

3° En transmettre 20 exemplaires au moins à chacun des Maires de leur département, avec injonction de les faire afficher, dès leur réception, dans les lieux les plus exposés aux regards du public, après avoir fait publier par le crieur public le texte desdites lois ou décrets ;

4° Et faire du tout dresser procès-verbal et le transmettre au garde des sceaux, et en adresser une copie au premier Président de la Cour Impériale du ressort.

Les lois sont exécutoires à partir de leur publication.

Art. I. a. (art. 1. C. N.) — Les préfets, dans leur département, devront chacun dans la limite de leurs attributions :

1° Surveiller et réaliser la force exécutoire des lois ou décrets à partir du jour de leur promulgation , en observer et appliquer les dispositions sans y ajouter ni retrancher, et contraindre, par les voies légales, tous ceux qui habitent leur département , à l'exception des représentants des puissances étrangères qui sont régis par des lois spéciales, à les observer et ce du jour où leur promulgation en sera connue ;

2° Et tenir cette promulgation pour légalement connue,

a) — Dans le département de la Seine, un jour après que le bulletin qui en contiendra le texte aura été reçu de l'imprimerie impériale par le Garde des Sceaux (ord. 27 nov. 1816.)

b) — Dans leurs départements, après le même délai augmenté d'autant de jours qu'il y aura de fois de dizaines complètes de myriamètres entre la ville où la promulgation a été faite et le chef-lieu de leur département.

c) — En cas d'urgence, dans toutes les localités où les publications des dites lois ou décrets auront été faites d'urgence conformément à la loi. (Ord. du 18 janvier 1817.)

Art. 2 à 228. — On ne trouve dans cette série des articles du Code Napoléon dont aucune autre disposition applicable aux préfets.

. . . .

II. — CODE DES MAIRES.

Art. 1. (Ord. 27 novembre 1816, Art. 4.) — Les Maires, dans leurs communes respectives, devront,

Lorsque le préfet leur aura adressé la copie ou l'exemplaire d'une loi ou d'un décret avec injonction de faire procéder d'urgence à leur publication,

1° Faire faire, s'il en est besoin, des copies ou l'impression desdites lois ou décrets,

2° Les faire afficher sur les monuments publics et dans les lieux les plus exposés aux regards du public, après en avoir fait publier le texte à haute voix par le crieur public,

3° Dresser du tout procès-verbal et le transmettre au préfet

Les lois sont exécutoires à partir de leur promulgation.

Art. 1. (Art. 1, C. N.) — Les Maires, dans leurs communes devront, chacun dans les limites de leurs attributions,

1° Surveiller et réaliser la force exécutoire des lois et décrets à partir du jour où leur promulgation sera légalement connue dans la commune, en observer et appliquer les dispositions, etc. comme pour les préfets. — V. art. 1.

2° Et tenir cette promulgation pour connue.

a)... b)... c)... (comme en l'art. 1, Code des préfets.)

Art 2 à 9. — Les dispositions des art. 2 à 9 du Code Napoléon ne contiennent aucune règle concernant les Maires. — Ces articles régissent soit les citoyens, soit les magistrats ou officiers de l'ordre judiciaire ; — voir leurs dispositions rédigées à nouveau dans le livre des lois civiles ou dans celui des lois de procédure judiciaire.

CHAPITRE II. DES RÉCLAMATIONS DE NATIONALITÉ.

Réclamation de la qualité de Français.

Art. 9. (Art. 9, 10 C. N.) — Les Maires devront :

Lorsqu'ils en seront requis par un habitant de leur commune qui se présentera devant eux pour réclamer la qualité de Français,

1° Recevoir cette réclamation, et en dresser acte si le requérant justifie préalablement être âgé de plus de 21 ans et de moins de 22 ans, à moins que passé cet âge, il ne justifie :

a). — Avoir servi ou servir encore dans les armées françaises,

b). — Ou avoir satisfait à la loi du recrutement sans exciper de son extranéité.

ç). — Ou qu'il ne s'est pas écoulé une année depuis le jour où son père, à défaut de père connu, sa mère, s'est fait naturaliser Français ou a recouvré la qualité de Français.

2° Dans tous les autres cas, ou à défaut de ces justifications, déclarer au requérant n'y avoir lieu de recevoir sa déclaration, ni de lui en donner acte. (1) ;

Réclamations de la qualité d'étranger.

Art. 9 *a*. — (L. du 7 février 1851.) Les Maires devront :

Lorsqu'ils en seront requis par un habitant de leur commune qui se présentera devant eux pour réclamer la qualité d'étranger (2),

1° Recevoir sa déclaration et en dresser acte, s'il justifie, par acte faisant foi en justice, être âgé de plus de 21 ans et de moins de 22 ans.

2° Dans tous les autres cas, et à défaut de cette justification, déclarer au requérant n'y avoir lieu de recevoir sa réclamation, ni de lui en donner acte.

Les art. 10, et suivants jusqu'à l'article 22 ne concernent pas les maires.

Les art. 22 à 23, relatifs à la mort civile sont abrogés.

TITRE II· DES ACTES DE L'ÉTAT CIVIL·

La plupart des articles 34 à 100, qui composent le titre II, concernent les Maires.

Notre formule : les Maires devront... se prête trop facilement à l'indication de toutes les formalités que le Code Napoléon exige, pour la rédaction et la tenue des actes et des registres de l'état civil, pour qu'il y ait intérêt et profit à donner ici la rédaction à

---

(1) (2) Nous ne subordonnons pas la rédaction du procès-verbal de la réclamation de nationalité à l'obligation de justifier des circonstances de filiation qui lui confèrent sa validité légale, par ce motif qu'il y aurait, je crois, quelque danger à rendre les maires juges d'une quasi question d'état. — il y a en effet deux points bien distincts pour le réclamant :

1°. *Peut-il légalement réclamer la qualité de Français ou d'étranger ?....* Question de capacité, — la formule de nos articles 9 *a* et 19, *a*. des lois civiles, V. ci-devant, l'indique assez par les expressions *nul ne peut* ; cette question, les tribunaux seuls doivent la juger.

2°. *A-t-il réclamé légalement cette qualité ?* Question de formalité. L'officier qui reçoit la réclamation doit et peut être, sans inconvénient, juge de l'accomplissement des conditions auxquelles la loi subordonne la rédaction de son procès-verbal, — il ne sera forcé d'agir et d'obéir que si les réclamants le mettent en mouvement par une réquisition légale, c'est-à-dire après avoir rempli toutes les formalités auxquelles la loi les soumet ; — pour agir légalement, il faudra donc qu'il soit juge de la légalité de la réquisition qui lui fait un devoir de recevoir la réclamation. — Cela ne saurait être autrement.

16

nouveau des 76 articles de ce titre : — Notre système n'y gagnerait rien et notre travail s'en accroîtrait sans compensation. — On verra plus loin au titre du Mariage combien cette formule se plie à toutes les exigences de la rédaction des actes de l'état civil.

TITRE III. DU DOMICILE.

Tenue d'un registre de changement de domicile.

ART. 102. (Article nouveau.) - Les Maires devront :

1o Tenir un registre spécial destiné à recevoir leurs procès-verbaux des déclarations de changement et de constitution de domicile ;

2o Inscrire sur ce registre leurs dits procès-verbaux, de suite, sans aucun blanc, en se conformant pour le surplus aux dispositions générales de la loi relative à la tenue des actes de l'état-civil ;

3o Et délivrer copie des procès-verbaux inscrits sur ce registre, ainsi que des mentions portées en marge à quiconque en fera la demande, après avoir versé la somme de 2 fr. 50 pour tous droits.

Changement de domicile.

ART. 103. (Art. 103, 104, C. N.) — Les Maires devront.

Lorsqu'un habitant de leur commune les requerra de constater que son intention est de transporter son domicile réel dans une autre commune,

1o recevoir la déclaration qui leur sera faite de cette intention à la condition pour le déclarant :

a). — De justifier avoir son domicile réel dans leur commune,

b). — Et, après avoir fait connaître ses nom, prénoms, profession et famille, de faire connaître le lieu où il a l'intention de transporter son domicile,

2o Adresser ensuite copie déclarée conforme de ce procès-verbal au Maire de la commune, où le déclarant a l'intention de transférer son domicile.

Suite.

ART. 104. (Art. 104, 105, C. N.) — Les Maires devront :

Lorsqu'un individu non domicilié dans leur commune les requerra de constater que son intention est d'établir son domicile réel dans leur commune,

1o Recevoir sa déclaration et en dresser procès-verbal, si le requérant représente une copie conforme et légalisée, par le président du tribunal, du procès-verbal de la déclaration de changement de domicile dressé par le Maire de la commune où il était précédemment domicilié ;

2o Adresser copie conforme de son procès-verbal au Maire de la commune où le déclarant était précédemment domicilié, pour être mentionnée en marge de la déclaration à lui faite du changement de domicile.

Suite.

ART. 104 a. (Art. 13 C. N.) — Les Maires devront :

Lorsqu'un étranger non domicilié et non résidant en France les requerra de constater son intention de fixer son domicile dans leur commune,

1o Recevoir sa déclaration, et en dresser procès-verbal, si le requérant justifie avoir obtenu du gouvernement l'autorisation de fixer son domicile en France ou d'y résider;

2o Adresser ensuite copie conforme de ce procès-verbal au Ministre de l'intérieur par l'intermédiaire du préfet.

Aucune autre disposition de ce titre III du domicile ne concerne les Maires.

TITRE IV. DE L'ABSENCE.

Nous passons le titre de l'absence, nous avons, dans le livre des lois civiles, dit pourquoi : ses dispositions, pour la plupart consacrées à faire connaître la marche à suivre pour obtenir l'envoi en possession des biens d'un absent, la déclaration d'absence, etc., concernent, d'ailleurs, bien plus les citoyens, les juges et les officiers ministériels que les Maires.

TITRE V· DU MARIAGE:-

CHAPITRE I. -- DES CONDITIONS POUR CONTRACTER LE MARIAGE.

ART. 144 à 164. — Les 20 articles de ce chapitre contiennent pour la plupart des dispositions prohibitives qui, rédigées suivant nos formules, *nul ne peut* ou *nul ne doit*, ont trouvé leur place dans le Code des lois civiles.

Bien que concernant les citoyens, les Maires ne devront pas les ignorer. L'art. 165, ci-dessus, leur fait même un devoir d'en consulter les dispositions avant de procéder à la célébration des mariages, en leur faisant inhibition expresse d'y procéder entre parties qui ne *pourraient ou ne devraient pas contracter mariage*. — Cette inhibition ajoute ainsi , par l'inaction et le refus qu'elle impose au fonctionnaire, une sanction à la sanction de nullité qu'impliquent les formules *nul ne peut* ou *nul ne doit*. — Cette sanction d'inaction , qui se réalise par le fait d'un tiers, ne sera pas la moins efficace pour prévenir la violation des dispositions contenues dans le chapitre premier. — L'empêchement dérivant du contrat produit ainsi un empêchement prohibitif de la célébration.

CHAPITRE II -- FORMALITÉS RELATIVES A LA CÉLÉBRATION DU MARIAGE.

Maires compétents pour faire les publications.

ART. 165. (Art. 165 et T. C. N.) — Les Maires , dans leurs communes devront, lorsqu'ils seront requis de faire les publications d'un mariage :

I. — Déclarer être prêts à procéder auxdites publications si le requérant, après leur avoir justifié

    1° Des noms, prénoms , profession, âge et domicile des futurs époux (1),

    2° Des noms , prénoms , professions , âge et domicile de leurs père et mère (2),

    3° Des noms , prénoms, professions des personnes sans le consentement desquelles le mariage ne doit pas être célébré , ou auxquelles les futurs époux sont tenus de demander conseil (3),

Leur fournit la preuve que dans leur commune se trouve :

Soit le domicile réel de l'un des futurs époux, ou le lieu de sa dernière résidence, ou celui où il réside depuis 6 mois par une habitation réelle et continue;

Soit le lieu du domicile réel de celles des personnes auxquelles les futurs époux doivent demander conseil ou consentement avant de contracter mariage.

II. — Dans le cas contraire, se déclarer incompétents pour faire les publications requises, et renvoyer le requérant à se pourvoir auprès des Maires compétents.

Mode et formalités des publications.

ART. 165 *a*. (Art. 74 C. N.) — Les Maires compétents pour faire les publications d'un mariage devront,

Lorsqu'ils seront requis d'y procéder,

----

(1). (2). (3) — Ces noms et qualités sont indispensables au maire pour rédiger les procès-verbaux de publication et vérifier sa compétence. — Dans la pratique, on procède ainsi, car cela ne peut être autrement ; — quel inconvénient verrait-on à ce que la loi le dise ?

1° Procéder à la 1ʳᵉ publication dudit mariage, le dimanche qui aura suivi le jour où ils en auront été requis, et ce : — en annonçant devant la porte de la maison commune le mariage projeté, ainsi que les noms, âge et domicile des futurs époux et de leurs père et mère:

2° Constater, le jour même, l'accomplissement de cette formalité sur un registre spécial, par un acte contenant :

a). — Les jour, lieu et heure de la publication,

b). — Les noms, prénoms, profession, âge et domicile des futurs époux et ceux de leurs père et mère,

c). — La qualité de majeur ou de mineur desdits futurs époux,

3° Apposer, le même jour sur la porte de la maison commune, un extrait de cet acte et l'y laisser affiché jusqu'au samedi suivant, inclusivement ;

4° Renouveler cette 1ʳᵉ publication le dimanche suivant en accomplissant les mêmes formalités ; — à moins d'en avoir été dispensé par le procureur impérial de l'arrondissement où le mariage doit être célébré;

5° Afficher également l'extrait de l'acte constatant cette 2ᵉ publication et le laisser affiché jusqu'au mardi suivant (1).

6° En cas de dispense de la 2ᵉ publication, mentionner cette dispense en marge de l'extrait de l'acte de la 1ʳᵉ publication et laisser ledit extrait affiché jusqu'au jour de la célébration du mariage (2).

Maires compétents pour la célébration des mariages.

ART. 165 *a* I. (Art. 165 C. N.) — Les Maires, dans leurs communes, devront,

Lorsqu'ils seront requis de procéder à la célébration d'un mariage :

1° Déclarer être prêts à y procéder conformément à la loi, si le requérant ou tout autre pour lui, leur fournit la preuve que dans leur commune se trouve :

Soit le domicile réel de l'une ou de l'autre des parties contractantes ;

Soit le lieu de résidence de l'un ou de l'autre, acquise par 6 mois d'habitation réelle et continue ;

2° Dans le cas contraire, se déclarer incompétents et renvoyer le requérant ou les parties contractantes devant l'un des Maires compétents pour procéder à la célébration dudit mariage.

(1). Nous ne mettons pas : « Le laisser jusqu'au jour de la célébration du mariage, » par ce motif que les futurs, ayant un délai d'une année pour faire procéder à la célébration, l'extrait pourrait rester affiché pendant une année, ce qui, dans les grandes villes, produirait une certaine confusion dans le tableau des affiches.

(2). L'inconvénient signalé dans la note ci-dessus n'est pas à craindre en cas de dispense qui n'est demandée et accordée que parce qu'il y a urgence pour la célébration,

Fixation du jour de la célébration.

Art. 165, *a*, 2. (*nouveau*) — Les Maires compétents pou procéder à la célébration d'un mariage, devront :

I. — Refuser de procéder à la célébration dans les cas suivants, savoir :

    1° Si les parties ne *peuvent* ou ne *doivent* pas contracter mariage (1);

    2° Ou si elles ne justifient pas de leur identité (2);

II. — Dans tous les autres cas,

    1° — Les admettre à faire les justifications nécessaires à la célébration (3) :

    2° — Leur fixer le jour auquel, s'il y a lieu, il y sera par lui procédé ;

    3° — S'assurer ensuite de la liberté du consentement des parties, ainsi que de la régularité et de l'authenticité des pièces par eux ou pour eux produites (4).

Oppositions au Mariage.

Art. 165 *a*, 3. (Art. 66, 69, C. N.) — Les Maires, dans leurs communes, devront,

Lorsque des actes d'opposition à la célébration d'un mariage publiés ou des actes de main-levée d'opposition leur seront notifiés,

    1° Apposer leur *visa* au bas de l'original de la signification ;

    2₀ Faire, sans délai, mention sommaire desdites oppositions sur le registre des publications ;

    3° — En cas de signification d'actes ou de jugements de main-levée d'opposition, en faire mention en marge de la mention de l'opposition ;

    4° — Annexer les copies desdites significations au registre des publications.

Conditions voulues pour la célébration des Mariages.

Art. 165, a, 4. (Art. 70 à 76.) — Les maires compétents devront, le jour fixé par eux pour la célébration d'un mariage,

I. — Recevoir les parties, leurs parents, témoins et amis dans la salle de la maison commune destinée à la célébra-

---

(1). En faisant de la capacité contractuelle des parties la condition de la mise en mouvement du fonctionnaire chargé de solenniser leurs conventions et de leur donner force exécutoire, on sanctionne par un empêchement réel toutes les dispositions rédigées suivant les formules *Nul ne peut* ou *nul ne doit.*

(2). Condition *sine quâ non* pour la célébration.

(3). Justifications préalables et sommaires à l'effet de s'assurer si la célébration est possible et ne risque pas d'être, au dernier moment, entravée ou suspendue : — Le Maire devra vérifier si les parties contractantes ont rempli les formalités exigées par la loi et si elles sont munies de toutes les pièces justificatives nécessaires pour procéder à la célébration.

(4) L'officier de l'état-civil ne doit rien négliger pour s'assurer si le consentement des parties n'est ni surpris, ni contraint.

tion des mariages, et procéder à la célébration, après l'accomplissement des conditions ci-après, savoir :

1o Si la future épouse, qui contracte un second mariage, fournit la preuve qu'il s'est écoulé plus de dix mois depuis la dissolution de son précédent mariage (1);

2o Si les futurs, alliés ou parents au degré d'oncles, de nièces, de tantes ou de neveux, de beaux-frères ou de belles-sœurs, justifient de l'autorisation du Chef de l'Etat par la représentation de la lettre de dispense (2);

3° Si le futur époux, appartenant à l'armée, justifie de l'autorisation de contracter mariage, accordée par le ministre de la guerre ou de la marine (3);

4o Si la future épouse, antérieurement admise dans l'ordre des Sœurs hospitalières, fournit la preuve que le temps de son engagement religieux s'est écoulé depuis la prononciation de ses vœux ou de leur renouvellement (4);

5o Si le futur époux, âgé de moins de dix-huit ans, et la future épouse, âgée de moins de quinze ans, justifient avoir obtenu du Chef de l'Etat autorisation de contracter mariage, en représentant la lettre de dispense (5).

6o Si le futur époux ou la future épouse, mineurs de vingt-un ans, enfants légitimes n'ayant plus ni père, ni mère, ni ascendants, ou dont lesdits père et mère ou ascendants sont dans l'impossibilité de manifester leur volonté, justifient avoir obtenu, pour contracter mariage, le consentement de leur conseil de famille (6);

7o Si le futur époux, mineur de 21 ans, enfant naturel non-reconnu, ou dont les père et mère, après l'avoir reconnu, sont morts, sont absents ou dans l'impossibilité de manifester leur volonté, justifie avoir obtenu le consentement d'un tuteur *ad hoc* nommé par son conseil de famille (Art. 148 et 149, C. N.);

8o Si le futur époux, âgé de moins de vingt-cinq ans, et la future épouse, mineure de 21 ans justifient, par des actes authentiques passés devant notaire ou par des déclarations légalement constatées, avoir obtenu le consentement à leur mariage des personnes sans le consentement desquelles ils ne doivent pas contracter mariage (Art. 148, C. N.);

9o Si le futur époux, âgé de plus de 25 ans et de moins de 30 ans, ou la future épouse, âgée de plus de 21, ans et de moins de 25 ans, qui ne justifient pas avoir obtenu le consentement de leur père, mère ou ascendants, ainsi qu'il est dit en l'art. 148 des lois civiles, fournit la preuve légale des faits suivants, savoir :

a). Ou que celui dont il devait obtenir le consentement

(1). Voir note sous l'art. 228. (2). art. 163 (3) décrets. 28 août 1808, 25 mars 1852 et décret de 1 mars 1854 sur la gendarmerie. (4) Décret, 18 février 1807, (5) art. 144. (6) art. 158 ci-dessus, Lois civiles.

est mort, absent ou dans l'impossibilité de manifester sa volonté;

b). — Ou, dans le cas contraire, qu'il lui a demandé conseil par trois actes respectueux, notifiés conformément à la loi, et qu'il s'est écoulé un mois depuis la notification du dernier acte respectueux (9);

10o Si le futur époux, âgé de plus de 30 ans, et la future épouse âgée de plus de 25 ans, fournit la preuve légale dans le cas du paragraphe précédent,

a). — Ou que celui de ses père, mère, ascendants ou ascendantes dont il avait obtenu le consentement, est mort, absent, ou dans l'impossibilité de manifester sa volonté,

b). — Ou qu'il lui a été demandé conseil par un acte respectueux, notifié conformément à la loi, et qu'il s'est, depuis, écoulé le délai d'un mois (9);

11o Si les futurs époux fournissent la preuve, par des certificats émanés des Maires compétents, que les publications de mariage ont été régulièrement faites depuis moins d'une année et depuis plus de deux jours dans les communes ci-après, savoir : (10).

a). — Dans la commune où le mariage est à célébrer,

b). — Dans la commune de la dernière résidence ou du dernier domicile réel des futurs époux,

c). — Et dans celles du domicile réel des personnes auxquelles les futurs époux doivent demander consentement ou conseil pour contracter mariage, ainsi qu'il est dit en l'art. 148;

12o Si les futurs époux justifient, en outre,

a). — Qu'il n'a été formé aucune opposition à leur mariage par un certificat de non opposition délivré par les Maires. qui ont fait les publications;

b). — Ou en cas d'opposition, qu'ils en ont obtenu main levée; — soit par la représentation d'un extrait de jugement de main levée passé en force de chose jugée; — soit par une déclaration de l'opposant déclarant renoncer à son opposition au moment de la célébration, ou constaté par acte notarié (11).

II. — Surseoir à la célébration, si les futurs époux ne remplissent pas toutes conditions ci-dessus, ou si leurs justifications ou pièces produites ne satisfont pas aux conditions de la loi.

Célébration des mariages. — Formalités.

ART. 165, *a*. 5 (Art. 70 à 76, C. N.) —Les Maires compétents devront, en procédant à la célébration des mariages, en pré-

(8) (9). 148 et 159. — Ci-dessus, Lois civile.
(10) Art, 166.169. 165. A. ci-dessus, Lois civile.
(11) V. Art. 3, ci-dessus codes des lois pénales. art. 68. C. nap.

sence des parties, de leurs témoins, parents et amis réunis dans la salle des mariages de la maison commune :

1° Ordonner que les portes du lieu où le mariage est sur le point d'être célébré soient tenues ouvertes au public (1),

2° Se faire remettre les actes de naissance des futurs époux, ou, à défaut, les actes de notoriété dressés, pour y suppléer, par les juges de paix compétents et dûment homologués par le tribunal, et tous autres actes relatifs à l'état civil des époux futurs ou à l'accomplissement des formalités préalables à la célébration du mariage; et en donner à haute voix lecture aux parties (2);

3° Interpeller les futurs époux, ainsi que les personnes qui ont donné leur consentement au mariage, si elles sont présentes, d'avoir à déclarer s'il a été fait des conventions matrimoniales, la date de ces conventions, le nom et le lieu de résidence du notaire qui les a reçues (3);

4° Faire lecture aux parties des dispositions légales indiquant les devoirs et les obligations auxquels elles se soumettent par leur contrat de mariage (4);

5° Demander séparément et successivement aux parties si elles consentent librement, l'homme, à prendre pour épouse la femme avec laquelle il se présente devant lui, la femme, à prendre pour mari l'homme avec lequel elle se présente devant lui, et s'ils acceptent l'un et l'autre toutes les obligations et tous les devoirs indiqués par la loi dont il leur a donné lecture (5);

6° Surseoir à la célébration du mariage, si l'une des parties contractantes refuse de manifester publiquement son consentement ou déclare ne pas consentir librement au mariage, ou ne pas accepter les obligations et les devoirs que la loi attache à leur union (6);

7° Dans le cas contraire, prononcer ces mots : Au nom de la loi, vous êtes unis en mariage (7);

8° Constater immédiatement après, l'accomplissement de toutes ces formalités sur un registre spécial par un acte énonçant (Art. 76, C. N.) :

    a). — Les lieu, jour et heure de la célébration,

    b). — Les noms, prénoms, profession, âge et domicile des époux,

    c). — Leur qualité de majeur ou de mineur,

    d). — Les noms, prénoms, profession, âge et domicile des père, mère et ascendants qui ont donné leur consentement,

    e). — Le consentement verbal ou écrit des père, mère,

---

(1) Art. 75. C. Nap. — et 171 des lois civiles ci-dessus, § 3.
(2). Art. 70 et 71. 76 63 69. 166. 152 et surv. C. nap.
(3). Art. 75. C. Nap. (4) (5.) 75 et 76. C. nap. (6) art. 165. C. civil ci-dessus. art. 145. C. Nap. (7) Art. 75, code Nap.

aïeul, aïeule et celui du conseil de famille ou du tuteur dans le cas où il est requis,

f). — Les actes respectueux, s'il en a été fait,

g). — Les publications faites dans les divers domiciles ou résidences,

h). — Les oppositions, s'il y en a eu, leur main levée, ou la mention qu'il n'y a pas eu opposition,

i). — La déclaration faite sur l'interpellation prescrite par le n° 3, qu'il a été ou qu'il n'a pas été fait de contrat de mariage et autant que possible la date du contrat, s'il existe, ainsi que les nom et lieu de résidence du notaire qui l'aura reçu,

j). — La lecture prescrite par le n° 4,

k). — La déclaration publique des époux que leur volonté a été de s'unir en mariage et d'accepter les obligations et devoirs du mariage,

l). — Le prononcé de leur union,

m). — La remise de tous actes ou pièces probantes nécessaires à la célébration du mariage (1),

n). — Les noms, prénoms, profession, âge, domicile des témoins et leurs déclarations s'ils sont parents ou alliés des parties, de quel côté et à quel degré,

9° inviter les parties, les parents présents, les déclarants et les témoins, à signer l'acte ainsi dressé, après qu'il leur en aura été donné lecture, et le signer après eux,

10° Viser les pièces produites, les énumérer au bas de l'acte, et les annexer audit acte :

11° Indiquer les motifs du refus de celles des parties, des déclarants et des témoins qui n'auront pu ou voulu signer.

Preuves légales de l'absence des ascendants en cas de mariage.

ART. 165, *a*, 5. (Art. 155, C. N.) — Les maires compétents devront n'accepter, comme preuve de l'absence d'un ascendant dans les cas des §§ 9 et 10, lettres *a) a)* de l'art. 165, *a*, 4, que les pièces ou actes ci-après, savoir :

1° L'extrait du jugement déclarant l'absence dudit ascendant ou tout au moins ordonnant l'enquête destinée à la constater;

2° Ou, à défaut desdits jugements, un acte de notoriété délivré par le juge de paix du lieu où l'ascendant a eu son dernier domicile connu, constatant sa disparition sur la déclaration de quatre témoins appelés par lui d'office.

(8). Actes de naissance, actes de décès, certificats de publication, — de non opposition, de main levée d'opposition, — original d'acte respectueux, — ou du consentement des pères mères ou aïeuls. — Jugements déclaratifs de l'absence des ascendants. etc. .

I. -- CODE DES AGENTS CONSULAIRES.

Les art. 1 à 9 du C. Napoléon, sont étrangers aux agents diplomatiques.

Réclamation de la qualité de Français.

ART. 1. (Art. 9 et 10 C. N.) — Les agents diplomatiques ou consulaires français à l'étranger devront,

Sur la réquisition de qui se présentera devant eux pour réclamer la qualité de Français,

1o. — Recevoir cette réclamation et en dresser acte, si le requérant justifie, par des actes faisant foi, être âgé de plus de 21 ans et de moins de 22 ans, à moins que passé cet âge, il ne justifie :

   a). — Avoir servi ou servir encore dans les armées françaises,

   b). — Ou avoir satisfait en France à la loi du recrutement,

   c). — Ou qu'il ne s'est pas écoulé une année depuis le jour où son père ou, à défaut de père connu, sa mère, a obtenu ou recouvré la qualité de Français;

2o Dans tous les autres cas ou, à défaut de ces justifications, déclarer au requérant n'y avoir lieu à réclamation.

Suite.

ART. 2. (Art. 9 et 10, C. N.) — Les agents diplomatiques ou consulaires français à l'étranger devront,

Sur la réquisition de ceux qui réclameront devant eux la qualité de Français, déclarant faire soumission de se fixer en France,

1o Recevoir cette soumission et leur réclamation de qualité, en dresser acte et leur en délivrer copie,

2o. Transmettre immédiatement copie de ladite soumission au ministre de l'Intérieur, en France.

Réclamation de la qualité d'étranger.

ART. 3. L. 7 février 1851.) — Les agents diplomatiques ou consulaires français devront, sur la réquisition de qui se présentera pour réclamer la qualité d'étranger,

1o Recevoir cette déclaration et en dresser acte si le requérant justifie être âgé de plus de 21 ans et de moins de 22 ans,

2o A défaut, ou passé cet âge, déclarer n'y avoir lieu à recevoir sa réclamation.

Aucun autre article du code ne concerne les agents diplomatiques et consulaires.

DEUXIÈME PARTIE

LOIS DE PROCÉDURE JUDICIAIRE

Avertissement

Nous croyons devoir prévenir ceux qui pourraient s'étonner de voir se reproduire, dans le livre des lois *impératives de procédure*, concernant exclusivement les *fonctionnaires*, des dispositions qui ont, *sous forme prohibitive*, précédemment figuré dans le livre des lois civiles concernant *les citoyens*, que cette reproduction, loin d'être une répétition inutile, est une conséquence forcée de notre système de rédaction et de codification.

Les fonctionnaires et les citoyens ne se meuvent pas dans des sphères isolées et sans points de contact. — Au contraire, la vie civile leur impose des rapports nécessaires et réitérés.

La puissance fonctionnelle est la seule par laquelle le législateur puisse diriger et contenir la force individuelle. — *Il la dirige* vers telle ou telle pratique utile en faisant, de cette pratique, la condition de sa protection et du concours des fonctionnaires; — *Il la contient* par l'énergique coaction au moyen de laquelle ces fonctionnaires obligent les citoyens à respecter les lois.

N'est-il pas dès lors logique et forcé, lorque la mise en mouvement des fonctionnaires est ainsi subordonnée à telle ou telle action des citoyens, à telle ou telle situation juridique résultant de leurs libres déterminations, de faire connaître aux uns et aux autres ces actes, ces situations et ces déterminations?

Par l'inaction qu'elles imposent aux fonctionnaires, lorsque les citoyens ne remplissent pas certaines formalités ou conditions, aussi bien que que par la réaction qu'elles commandent pour la répression de certains de leurs actes, les lois de procédure sont ainsi le complément des lois civiles.

Il n'y a donc pas à s'étonner que, sur ces points communs où les citoyens se rencontrent avec les fonctionnaires, les lois rédigées, pour ainsi dire, en partie double, s'ajustent par des dispositions communes à reproduire pour les uns et pour les autres.

CODE DES JUGES

Les lois publiques, exécutoires à partir de leur promulgation.

ART. 1. (Art. 1, C. N.) — Les magistrats et officiers de l'ordre judiciaire devront, chacun dans la limite de leurs attributions respectives,

1° Surveiller et réaliser la force exécutoire des lois et décrets à partir de leur promulgation légalement connue ;

2° En observer et appliquer les dispositions, sans y ajouter ni retrancher;

3° Et contraindre, par les voies légales, tous ceux qui habitent le territoire (à l'exception des représentants des puissances étrangères régis par des lois spéciales) à les observer et exécuter dans les parties de l'empire où leur promulgation eu pourra être connue ;

4° Et tenir cette promulgation pour connue:

a). — Dans le département de la Seine, un jour après que le bulletin officiel qui en contiendra le texte, aura été reçu de l'imprimerie impériale par le Garde des Sceaux (Ord. 27 novembre 1816.)

b). — Dans les autres départements, après le même délai augmenté d'autant de jours qu'il y aura de fois de dizaines complètes de myriamètres entre la ville où la promulgation aura été faite et le chef-lieu de chaque département;

c). — En cas d'urgence, dans toutes les localités, après les publications qui y auront été faites de cette loi ou décret conformément aux lois.

Les lois privées, exécutoires à partir de leur notification.

ART. 1 a. (V. n° 12.) — Les magistrats et officiers de l'ordre judiciaire, devront, chacun dans la limite de leurs attributions respectives:

Surveiller et réaliser la force exécutoire des jugements passés en force de chose jugée ou exécutoire d'urgence, ainsi que celle des contrats ou autres actes portant formule exécutoire,

Et ce, du moment où ils en auront été légalement requis après l'accomplissement de toutes les formalités exigées, par les lois en vigueur, pour la mise à exécution desdits jugements, contrats ou autres actes privés ou publics.

Nul n'est censé ignorer les lois publiques. — Exception.

ART. 1. a 1, (V. n° 12.) — Les présidents et juges devront:

Lorsqu'une partie, pour se faire relever des conséquences préjudiciables de son ignorance d'une loi ou d'un décret régulièrement publiées, demandera à prouver son ignorance de leurs dispositions,

I. — Admettre cette preuve dans les cas suivants, savoir :

1º Si, à raison d'actes, conditions ou dispositions qui, en dehors de toute obligation naturelle et de toute transaction, n'auraient eu pour cause que l'erreur, (Art. 1110, C. N.) la preuve de cette ignorance doit faire preuve de l'erreur ; lorsque, toutefois, cette ignorance ne peut être imputée à calcul ou à faute à celui qui s'en prévaut ;

2º Si, pour répéter ce qui a été indûment payé en dehors de toute obligation naturelle et de toute transaction, (Art. 1377, C. N), la preuve demandée a pour but d'établir que le paiement de l'indû n'a eu pour cause que l'ignorance desdits loi ou décret;

3º Si la preuve de cette ignorance a pour but de prouver la bonne foi du demandeur, dans les cas où la loi subordonne, à la preuve de cette bonne foi, le bénéfice de certaines de ses dispositions.

II. — Dans tous les autres cas, déclarer que nul n'est censé ignorer la loi et les décrets publiés, rejeter la demande en preuve.

Nul n'est censé ignorer les lois privées qu'il a faites. — Exception.

ART. 1. a. 2. (V. nº 13.) — Les présidents et juges saisis, devront :

Lorsqu'une partie demandera à prouver son ignorance d'un jugement passé en force de chose jugée, d'une convention ou de tout autre acte privé ou public, pour se faire relever des conséquences d'un acte ou d'une situation qu'il n'aurait ni accepté, ni consentis en connaissance desdits actes ou jugements,

I. — Si le demandeur en preuve a été partie ou a figuré à un titre quelconque dans lesdits actes ou jugements (1),

1º Admettre la preuve dans les cas suivants:

a). — S'il apparaît que ledit demandeur a été trompé sur la nature, le but, l'objet ou le contenu desdits actes par les manœuvres de celui qui s'en prévaut ou de ses ayant causes et,

b). — S'il est, en outre, reconnu que son ignorance de leurs dispositions a pu être, en dehors de toute obligation naturelle et de toute transaction, une des causes déterminantes de l'acte attaqué ou du consentement par lequel s'est formé le lieu de droit dont la validité est contestée;

2º Dans tous les autres cas, déclarer que nul n'est censé ignorer les actes qu'il a consentis ou auxquels il a concouru, et rejeter la demande en preuve,

II. — Si le demandeur en preuve n'a pas figuré dans lesdits actes ou jugements qu'il prétend ignorer,

(1.). Personnellement ou par mandataire la disposition générale.

1° Admettre la preuve dans les cas suivants, savoir:

a). — S'il apparait que l'ignorance desdits actes ou jugements a été, en dehors de toute obligation naturelle et de toute transaction, la cause déterminante de l'acte attaqué ou du consentement par lequel s'est formé le lien de droit dont la validité est contestée ; — à moins toutefois que cette ignorance ne puisse être imputée à faute ou à calcul à celui qui s'en prévaut ;

b). — Ou si lesdits actes ou jugements ont été frauduleusement cachés au demandeur en preuve, ou s'ils ne lui ont pas été communiqués quand ils auraient dû l'être, ou s'ils n'ont été découverts qu'après la passation de l'acte ou le jugement dont la validité ou l'exécution est contestée.

2° Dans tous les autres cas, déclarer la demande en preuve non recevable, et la rejeter.

De l'application des lois nouvelles de procédure, etc.

ART. 2. (Art. 2, C. N. Art. 1041, C. p. civ.) — Les présidents et juges devront,

Lorsqu'une loi nouvelle viendra abroger ou modifier les dispositions des lois de procédure, de compétence, d'organisation judiciaire ou de toute autre loi impérative,

I. — Continuer à procéder suivant la loi ancienne pour

1° — L'instruction et la mise à fin des instances dont ils sont saisis (1).

2° — Le partage et la liquidation à terminer,

a). — Soit des successions ouvertes avant la publication de la loi nouvelle,

b). — Soit des sociétés ou communautés dissoutes avant sa publication ;

A moins que les parties en cause ne soient toutes d'accord pour demander qu'il soit procédé et statué à leur égard suivant cette dernière loi.

II. — Dans ce dernier cas, et dans tous les autres cas non spécifiés ci-dessus, appliquer la loi nouvelle et procéder suivant ses dispositions.

De l'application des lois civiles nouvelles.

Art. 2 (Art. 2. C. N.) — Les présidents et juges devront,

Lorsqu'il s'agira de statuer sur la validité, la force exécutoire, les effets ou l'exécution des contrats, conditions, dispositions, ou de tous autres actes privés ou publics, ainsi que sur la léga-

---

(1). C'est une question controversée que celle de savoir si les procès commencés doivent être continués suivant les lois nouvelles devant les juridictions nouvelles auxqu'elles ils sont déférés. En faveur de l'application des lois nouvelles en matières criminelles et correctionelles V. Caen, 16 avril 1821, B. Cr. n° 85, contra, du moins par induction, un motif d'un arrêt de Cass. du 10 mars 1822. B. Cr. n° 73.

17

lité et la force exécutoire des actes émanant des personnes publiques,

1° Statuer d'après les lois de l'époque où ces actes ont été faits, en ce qui concerne la forme, la preuve, l'intention des parties ou des disposants et les présomptions de droit qui peuvent en être la conséquence ; (V. n° 45.)

2° Annuler d'office ceux de ces actes, ou celles de leurs dispositions que l'une ou l'autre des parties *ne pouvait légalement se permettre* à l'époque où ils ont été faits ou sont devenus irrévocables, — si la loi qui les interdisait n'est pas abrogée au moment où leur exécution est poursuivie ;

3° Annuler, sur la demande des parties intéressées, (1) et à leur égard seulement, ceux de ces actes ou celles de leurs dispositions que l'une ou l'autre des parties *ne devait ni provoquer , ni se permettre* à l'époque où ils ont été faits ou sont devenus irrévocables, — si la loi qui les interdisait n'a pas été abrogée au moment où leur exécution est poursuivie;

4° Dans le cas où les lois qui prohibaient lesdits actes sont abrogées au moment où leur exécution est demandée, — ou encore si lesdits actes n'étaient pas défendus au moment où ils ont été faits, et ne le sont pas au moment où leur exécution est demandée, (2) — leur donner force exécutoire et ordonner leur exécution dans les formes et sous les conditions de la loi en vigueur à l'époque où cette exécution aura lieu ;

5° Refuser force exécutoire à ceux de ces actes qui, prohibés ou non prohibés au moment où ils ont été faits, contreviendraient par leurs effets aux lois en vigueur au moment où leur exécution est poursuivie , à moins que les dispositions dont il s'agit ne fussent la reproduction, directe ou par référence, des dispositions mêmes de la loi sous l'empire de laquelle ces actes ont été passés, lorsque cette loi a rédigé les stipulations, réglé la forme et imposé aux parties les conditions de ces sortes d'actes (V. n° 44.);

Dans ce dernier cas la loi ancienne sera suivie et appliquée, si la loi nouvelle n'en a pas autrement décidé;

6° Déclarer nuls et annuler soit d'office soit sur la demande des parties, les actes des fonctionnaires, des officiers ministériels et de toutes personnes ayant un caractère public par eux accomplis en dehors des formes et des conditions de la loi en vigueur au moment où ils ont été faits, et condamner, s'il y a lieu, le fonctionnaire ou l'agent responsable au paiement des frais et des dommages intérêts qui pourraient être dus à raison de l'annulation desdits actes et des déchéances qu'ils auraient

(1). Des parties intéressées, et bien entendu, qui ont droit ou capacité de la demander et qui peuvent le demander aux termes de l'art. 6 des lois civiles. Voyez art. 6 à et 6 a 2. des lois civiles.

(2). Ce § pourrait être comme il suit plus brièvement rédigé : « Si les dits actes n'ont rien de contraire et ne sont pas défendus par les lois au moment où leur exécution est demandée. »

entraînés par suite de leur irrégularité· (Art. 1031. C. pr. civ.)

Le tout sans préjudice des peines disciplinaires qui pourraient être encourues.

De l'application des lois pénales nouvelles.

ABT. 2 *a*. 1. (Art. 3, C. pén. Art. 7 décret 27 juillet 1810.) — Les présidents et juges devront,

Lorsqu'il s'agira de statuer sur la poursuite d'un fait prévu et puni par une loi pénale antérieurement publiée,

1º Appliquer les peines de cette loi , si elle n'est pas abrogée:

2º En cas d'abrogation , déclarer l'auteur du fait absous et ordonner sa mise en liberté s'il n'est détenu pour autre cause;

3° Et dans le cas où la pénalité de la loi qui a prévu ledit fait aurait seule été modifiée avant le jugement définitif par une loi nouvelle, appliquer cette dernière loi si les peines qu'elle a édictées sont moins rigoureuses que celles de la loi antérieure, dans le cas contraire, appliquer les peines de cette dernière loi bien qu'abrogée.

Des lois civiles, prohibitions d'actes judiciaires, sanction.

ART. 2 *a*. 2 (1) — Les présidents et juges devront,

Lorsqu'il s'agira de statuer sur la validité ou les effets d'un acte judiciaire quelconque ou d'une demande, réclamation ou requête adressée soit à eux-mêmes, soit à un magistrat, fonctionnaire, officier ou agent de l'ordre administratif ou judiciaire;

1º Rejeter ou annuler, sur la demande des intéressés, du ministère public, ou d'office, conformément aux lois en vigueur, ceux de ces actes que l'on ne pouvait légalement se permettre, former ou produire au moment où ils ont été produits, formés ou notifiés, si la loi qui les interdisait n'est pas depuis abrogée;

2º Rejeter ou annuler ceux de ces actes qu'on ne devait ni produire , ni former, ni se permettre au moment où ils ont été produits, formés ou notifiés sous la double condition ci-après , savoir :

    a). — Que leur rejet ou annulation sera demandé par ceux dans l'intérêt, en considération ou au préjudice desquels lesdits actes étaient interdits, ou par ceux que la loi désigne comme pouvant seuls en demander le rejet ou l'annulation,

    b). — Et que la loi qui interdisait lesdits actes n'est pas abrogée au moment où leur annulation ou rejet est demandé;

3° Dans les cas contraires aux §§ 1 et 2 ci-dessus, déclarer lesdits actes valables, ordonner qu'il y sera donné suite et effet conformément aux lois en vigueur, et condamner les contestants qui succombent, aux dépens.

(1). Cet article correspond en partie aux articles 6. *a*, des lois civiles.

Art. 2, *a*, 3. (V. n° 74.) — Les présidents juges devront .
Lorsqu'il s'agira de statuer sur les réparations civiles à raison
d'un fait dommageable dont une loi antérieurement promulguée
prescrit la réparation,

 1° Accorder les réparations qu'ils jugeront être dues en vertu
  de cette loi, si elle n'est pas abrogée par une loi nouvelle;

 2° En cas d'abrogation, mettre le défendeur hors de cause et
  le condamner aux dépens à moins que la loi nouvelle n'en ait
  autrement ordonné;

 3° Et dans le cas où la loi nouvelle aurait seulement modifié
  le mode de réparations, l'emploi, la durée ou les conditions des voies de contrainte, appliquer les dispositions de
  cette dernière loi, si les modes et conditions desdites réparations ou contraintes sont moins rigoureux que ceux de la
  loi sous l'empire de laquelle s'est produit le fait dommageable. — Dans le cas contraire, appliquer cette dernière loi.

De l'empire des lois françaises à l'étranger

Art. 3. (Art. 3 C. N.) — Les présidents et juges devront ,
Lorsqu'il s'agira de statuer sur la validité, la force exécutoire, les effets ou l'exécution des contrats, conditions, dispositions ou autres actes privés ou publics consentis ou passés en
pays étranger, soit par des Français, soit par des étrangers ou
passés en France par des étrangers ,

 1° Statuer d'après les lois du pays où ces actes ont été faits.
  en ce qui concerne la forme, la force probante, l'intention
  des parties et les présomptions de droit qui peuvent en
  être la conséquence;

 2° *Pour ceux de ces actes consentis ou passés par des Français,* — leur refuser force exécutoire ainsi qu'il est dit en
  l'art. 2, *a*, dans les cas suivants, savoir :

   a). — S'ils ne pouvaient ou ne devaient pas légalement
    être faits ou passés par eux, en France, au moment
    où ils ont été faits ou passés à l'étranger ;

   b). — Si, lorsqu'ils n'ont pu y être passés conformément
    à la loi française, ils n'ont pas été passés suivant les
    formes prescrites par les lois du pays où ils ont été passés:

   c). — Si, bien que réunissant ces dernières conditions,
    il est cependant établi que l'acte n'a été ainsi fait ou
    passé à l'étranger que pour se soustraire à certaines
    conditions ou formalités exigées par la loi française.

 3° *Pour ceux de ces actes consentis ou passés par des étrangers,* — leur refuser force exécutoire lorsqu'ils sont en opposition avec les lois françaises ou lorsque leurs effets ou
  exécution seraient de nature à porter atteinte à l'ordre
  public ou à des intérêts français, à moins qu'il n'en ait été
  autrement ordonné par les traités en vigueur;

 4° Dans tous les autres cas, leur donner force exécutoire dans les cas et sous les conditions de la loi française en vigueur au moment où leur exécution sera demandée.

Exécution des jugements étrangers

Art. 3, *a*. (Art. 546 C. proc. civ.) — Les présidents et juges saisis devront,

Sur la demande des parties intéressées,

1° Ordonner, conformément aux lois françaises, l'exécution des jugements régulièrement obtenus et rendus à l'étranger en matières civiles,

    a). — Lorsqu'ils seront revêtus des caractères extérieurs et de forme qui en garantissent la régularité ;

    b). — Lorsque les lois, les mœurs ou les usages en France ne s'opposent pas à leur exécution ;

2° Dans les cas contraires, leur refuser force exécutoire.

Silence et insuffisance des lois.

ART. 4. (Art. 4, C. N.) — Les présidents et juges saisis devront,

Lorsqu'il s'agira pour eux de juger,

I. S'il est reconnu que le fait, le cas, l'objet de la demande, le point à décider, la situation sur lesquels il s'agit de statuer n'ont été ni prévus, ni réglés par la loi et ne rentrent pas dans la portée de son application :

1° Dire que la loi sur laquelle la partie en cause ou le requérant fonde ses prétentions n'est pas applicable, et qu'il n'existe aucune disposition légale qui prescrit de faire droit à ses conclusions ;

2° Déclarer que dans le silence ou l'insuffisance de la législation, il ne leur appartient pas d'en compléter, suppléer ou corriger les dispositions et moins encore de les étendre à des cas ou à des situations qu'excluent les termes et les prévisions du législateur ;

3° Rejeter la requête ou débouter la partie en cause de ses prétentions et conclusions.

II. — Dans le cas contraire, accueillir ces requêtes, conclusions et prétentions, et statuer conformément à la loi.

Etendu du pouvoir des juges.

ART. 5. (Art. 5 C. N.) — Les présidents et juges saisis devront,

Dans les causes qui leur seront soumises,

1° Prononcer, dans les limites des conclusions des parties, sans omettre aucun chef de leur demande ni accorder plus qu'il n'est demandé de part ou d'autre ;

2° Et ne jamais statuer par voie de dispositions générales et réglementaires.

L'art. 6 concerne exclusivement les citoyens. — Voir au code des lois civiles.

CHAPITRE 1. DE LA JOUISSANCE DES DROITS CIVILS.

Art. 7. — Définition ou disposition constitutionnelle à placer dans le livre des définitions ou dans la constitution.

Art. 8 — Les dispositions qui se sont dégagées de l'article 6 du code Napoléon , (V. n° 139.) concernent exclusivement les citoyens ; ce sont des prohibitions rédigées suivant la formule : *Nul ne peut*, dont les articles 2 ci-dessus prescrivent aux magistrats d'assurer l'inviolabilité en leur faisant *impérativement un devoir d'annuler*, de rejeter tous actes que *nul ne peut faire*. — Ces articles, en visant la caractéristique de ces lois civiles, en forment et en réalisent la sanction civile.

De la perte et de la conservation ou de l'acquisition de la qualité de Français

De ceux qui ont la qualité de Français et d'étrangers.

ART. 9. (Art. 9 à 18 C. N.) — Les présidents et juges devront, Lorsqu'il s'agira de statuer sur une question de nationalité,

I. — Déclarer être Français *depuis leur naissance* :

1o Les enfants reconnus d'un père Français ou, si le père est inconnu, d'une mère Française, en quelque pays qu'ils soient nés ;

2o Les enfants nés en France de père et de mère restés inconnus ;

3o Les descendants des Français expatriés avant 1790 pour cause de religion, qui seront rentrés en France et y seront domiciliés ;

4o Ceux qui, nés en France, d'un père étranger né lui-même en France, ou de père inconnu et de mère étrangère née en France, n'auront pas réclamé la qualité d'étranger, ainsi qu'il est dit en l'art. 19 *a*, 1 du Code des lois civiles (l. 25 mars 1849), et en l'art. 9, *a*, des lois de procédure, Code des maires.

5o Les enfants nés en France d'un père étranger ou de père inconnu et de mère étrangère, lorsqu'ils auront réclamé la qualité de Français, conformément à l'art. 9 des lois de procédure, Code des maires;

6o Les enfants nés d'un père étranger (1) naturalisé Français depuis leur naissance, ou de père inconnu et de mère étrangère naturalisée Française depuis leur naissance, lorsqu'ils auront réclamé la qualité de Français, conformément à l'art. 9 des lois de procédure, Code des maires:

---

(1). L'art. 10 du C. N. porte *nés en pays étrangers*.... en fallait-il conclure qu'ils sont de plein droit Français en naissant en France.... La jurisprudence ayant répondu négativement et déclaré ces mots inutiles, nous les avons supprimés.

I. — Déclarer être Français *depuis le jour où ils auront recouvré ou acquis la qualité de Français·*

  1º Les enfants nés d'un Français qui a perdu cette qualité, ou de père inconnu et de mère Française qui a perdu cette qualité, lorsqu'ils auront recouvré cette qualité conformément à l'art 10 des lois, Code des maires ;

  2º Les Français ou Françaises qui, ayant perdu cette qualité, l'auront recouvrée conformément aux lois françaises ;

  3₀ La femme française qui, ayant perdu sa qualité de Française par l'effet de son mariage avec un étranger recouvre cette qualité conformément aux lois françaises (1) ;

  4º La femme étrangère qui contracte mariage avec un Français, et ce, à partir de la célébration ;

  5º Les étrangers naturalisés Français à partir du jour où leur auront été légalement délivrées leurs lettres de naturalisation.

III. — Déclarer être étrangers *depuis leur naissance* :

  1₀ Ceux qui, dans les cas du § I nos 4 auront réclamé la qualité d'étrangers conformément à l'art. 9, a du Code des maires ;

  2₀ Ceux qui, dans les cas des no 5 et 66 du même § n'auront pas réclamé la qualité de Français, conformément à l'art. 9 du Code des maires ;

  3º Ceux qui, dans le cas du nº 1 du § II ci-dessus, n'auront pas recouvré la qualité de Français conformément à l'art. 9 du Code des maires.

IV. — Déclarer être étranger et avoir cessé d'être Français *à partir d'un jour déterminé* :

  1º Les Français qui ont perdu cette qualité, et ce, à partir du jour où ils auront été déclarés déchus de cette qualité ;

  2º La femme française qui épouse un étranger, et ce, depuis la célébration de son mariage (2) ;

  3₀ Les Français naturalisés étrangers, et ce, à partir du jour où ils ont obtenu l'acte de naturalisation étrangère.

Art. 10 à 16. — Des dispositions de ces articles ne se dégagent que des règles concernant, soit les citoyens, soit les officiers de l'état-civil : ce sont là des lois civiles ou des lois administratives, voir en conséquence au code de ces lois.

---

(1) (2). Pour être conséquent avec nous-mêmes, nous devrions supprimer de cette énumération, ces deux §§. — N'avons-nous pas hasardé, pour résoudre certaines difficultés, cette proposition que la Française, par son mariage avec un étranger, ne perd pas en réalité la qualité de Française, mais seulement et temporairement les bénéfices attachés à cette qualité. — V. note sous l'art. 19. — Nous les maintenons, néanmoins, ces §§ dans notre texte, par déférence pour la législation.

CHAPITRE II. DE LA PRIVATION DES DROITS CIVILS.

Section I. De la privation des droits civils par la perte de la qualité de Français.

Art. 17. — Nous l'avons dit dans le code des lois civiles, cet art. 17, par la nature des actes qu'il prévoit et la façon quasi-pénale de la sanction qui le caractérise, appartient, ainsi que l'art. 21, à la catégorie des lois pénales en formes civiles. — Nous en renvoyons plus loin la rédaction, elle trouvera sa place dans le livre consacré à ces sortes de lois pénales.

Art. 18 et 19. — Ces articles, concernant les citoyens et les maires, ont été classés dans le livre des lois civiles et dans celui des lois administratives, Code des Maires.

Art. 10. — Compris en l'art. 9 ci-dessus V. § II. et § III.

Art. 21. — Renvoyé au code des lois pénales en forme civile.

Deux décrets impériaux, sur l'inconstitutionnalité desquels il est impossible de se faire illusion, rendus, l'un le 6 avril 1809 et l'autre le 26 août 1811, ont, sur ce point, modifié notre titre et ajouté au Code Napoléon. On s'accorde assez généralement à les considérer comme abrogés (1) à l'exception de quelques-unes de leurs dispositions, parmi lesquelles il y a lieu de retenir celle l'art. 7 du titre II qui fixe la compétence de la juridiction chargée de prononcer la déchéance des droits civils encourue par les faits que les art. 17 et 21 prohibent sous la sanction de la perte de la qualité de Français.

Voici cette disposition rédigée suivant nos formules ; — c'est la seule qui puisse trouver sa place ici comme complément des art. 18 et 21.

Privation de la qualité de Français.

Art. 21, a. (Art. 7, déc. du 26 août 1811). — Les présidents et conseillers des cours impériales devront,

Lorsque le procureur général ou les parties civiles intéressées, leur demanderont de constater qu'un Français a perdu sa qualité de Français,

(1) Ces décrets sont-ils abrogés ? — Voir à ce sujet Legat, code des étrangers, p. 35, Marcadé 1, p. 196, Aubry et Rau sur Zachariæ I. p. 237... La jurisprudence s'est divisée sur cette question. Voir les arrêts cités pour et contre dans le Code Napoléon annoté par Gilbert sous l'art 17. — Proudhon, traité de l'usufruit, t. 4 — n° 1980, et Guichard, droit civil n° 307, considèrent ces deux décrets comme tombés en désuétude. — La loi du 4 mai 1854, qui a abrogé la mort civile, a simplement abrogé plusieurs des dispositions du décret de 1809 qui faisait une application de cette peine.

1₀ Accueillir la demande ou requête, si dans le ressort de la Cour se trouve le lieu du dernier domicile du Français dont il s'agit.

Dans le cas contraire renvoyer le procureur général à se pourvoir devant la cour compétente.

2° La demande admise, ordonner la preuve des faits s'ils sont de nature à entraîner la perte de la qualité de Français,

Dans le cas contraire, dire n'y avoir lieu à l'ordonner et débouter le procureur général ou la partie de leur demande;

3° Si lesdits faits sont établis à sa charge, déclarer ledit Français, régulièrement cité et admis à contester par toute preuve contraire les faits qui lui sont imputés, déchu de sa qualité de Français, par application de l'art. 1 des lois pénales en forme civile.

Dans le cas contrarie, débouter le Procureur général ou la partie civile et les condamner aux dépens.

Section II. Art. 22 à 34, relatifs à la mort civile, abrogés par la loi du 4 mai 1854.

––––––––

TITRE II. DES ACTES DE L'ÉTAT-CIVIL.

Art. 34 à 101. — Ces articles concernent presque exclusivement les citoyens et les officiers de l'état-civil ; — ces art. 73 et 99 régissant les juges doivent trouver leur place ici.

Homologation d'actes de notoriété.

Art. 73. (Art. 73 C. N.) — Les présidents et juges devront:
Lorsque homologation leur sera demandée d'un acte de notoriété destiné à suppléer un acte de naissance :

I. — Accueillir la demande ou requête , s'il est devant eux justifié,

1° Que ledit acte a été délivré par le juge de paix du lieu de la naissance ou du dernier domicile de celui dont il doit suppléer l'acte de naissance,

2° Que ledit acte constate suffisamment qu'il a été délivré,

a). — Pour servir à la célébration du mariage de ce dernier,

b). — Et à défaut de son acte de naissance qu'il lui a été impossible de se procurer;

3° Et enfin , que son mariage doit être célébré dans l'arrondissement du tribunal.

II. — A défaut de ces justifications, déclarer la demande ou requête non recevable , la rejeter, et condamner les requérants aux dépens.

III. — Dans le cas contraire , homologuer ledit acte , dans les cas suivants :

1° Si les déclarations qu'il constate paraissent suffisantes pour suppléer aux énonciations de l'acte de naissance qui ne peut être représenté,

2° Et si les causes qui sont indiquées comme empêchant de le rapporter leur paraissent également suffisantes.

IV. — Dans les cas contraires, refuser leur homologation, rejeter la demande et condamner le requérant aux dépens.

Rectification des actes de l'état-civil.

ART. 99. (Art. 99, C. N.) — Les présidents et juges devront :

Lorsque rectification leur sera demandée d'un acte de l'état-civil,

1° Accueillir la demande ou requête s'il est devant eux justifié :

    a) Que l'acte à rectifier a été rédigé dans l'arrondissement du tribunal civil;

    b) Que les demandeurs ou requérants ont intérêt né et actuel à obtenir sa rectification;

    c) Et si le procureur impérial, demandant la rectification, la requiert dans les cas où la loi lui fait un devoir de le demander.

2° Faute de ces justifications, déclarer la demande non recevable, la rejeter et condamner le requérant aux dépens (1).

3° Dans le cas contraire, ordonner, s'il y a lieu, que les parties intéressées à la rectification et non en cause seront appelées.

4° Admettre ensuite, s'il y a lieu, les demandeurs à prouver :

    a) Que l'acte contient l'erreur, l'inexactitude, l'omission, l'altération ou falsification ou les énonciations interdites à rectifier ou supprimer;

    b) Que la rectification proposée est conforme aux faits que l'acte doit constater et en rectifiera ou régularisera la rédaction;

5° Admettre, s'il y a lieu, les parties intéressées à faire la preuve contraire;

6° Donner la parole au ministère public et en écouter les conclusions et réquisitions;

7° Ordonner la rectification demandée si elle est reconnue fondée, utile ou nécessaire;

8° Et dans le cas contraire, refuser la rectification demandée, et condamner les demandeurs ou requérants aux dépens (2).

---

(1) (2). L'art. 99 porte qu'il sera statué sur les demandes en rectification d'acte, sauf l'appel; — cette réserve de l'appel est dans notre système de rédaction parfaitement inutile.

L'appel n'étant pas interdit aux parties leur est nécessairement permis. L'acte d'appel par lequel elles saisiront la cour n'étant pas de ceux que les juges de l'appel puissent annuler, — ils seront saisis, et devront juger, aux termes de l'article 5 ci-dessus, dans les limites de leurs conclusions.

TITRE III. DU DOMICILE ART. 101 A 110.

I. Du domicile réel, volontaire ou légal.

Art. 102. (Art. 102 à 110, C. N.) — Les présidents et juges saisis, devront,

Lorsqu'il s'agira de déterminer en quel lieu se trouve, en France, le domicile réel des personnes,

Déclarer :

1° Que le domicile réel des majeurs non interdits ou des mineurs émancipés est au lieu où se trouve leur principal établissement, ou,

2° En cas de changement de domicile, qu'il est au lieu où ils auront, de fait et d'intention, transféré et établi leur domicile en se conformant aux lois;

3o Dans le cas où lesdits majeurs ou mineurs émancipés travaillent ou servent habituellement chez autrui et y demeurent, — dire que leur domicile se trouve au domicile de la personne chez qui ils travaillent et demeurent;

4° Dans le cas où lesdits majeurs ont été investis de fonctions permanentes et non révocables, — dire que leur domicile réel se trouve au lieu où ils sont appelés à exercer leurs fonctions;

5o Que celui des interdits se trouve au domicile de leur tuteur;

6° Que celui des mineurs est au domicile de leur père et mère ou à défaut de leur tuteur.

7o Que celui des femmes mariées est au domicile de leur mari ;

8° Que celui dont le domicile réel est inconnu est au lieu de son dernier domicile ou de sa résidence actuelle.

9° Que celui d'une société, ou de tout établissement reconnu comme personne morale, se trouve au lieu désigné comme siége principal par l'acte de société ou de constitution;

10° Que celui des étrangers autorisés à fixer leur domicile en France est au lieu où ils ont, conformément aux lois, déclaré fixer leur domicile.

II. Du domicile conventionnel.

Art. 102 a. (Art. 110, C. N.) — Les présidents et juges devront,

Lorsqu'il s'agira de déterminer en quel lieu se trouve le domicile conventionnel élu pour l'exécution d'un acte ou convention,

Dire qu'il est au lieu régulièrement convenu et choisi par les parties et désigné, soit dans ledit acte ou convention, soit dans un acte spécial.

TITRE IV. DE L'ABSENCE.

Nous avons dit dans le livre des lois civiles pourquoi nous n'avions pas donné suite à notre projet de soumettre les dispositions de ce titre à notre système de rédaction formulaire.

Parmi les 84 articles qui composent ce titre (Art. 144 à 228) nous n'en trouvons que huit qui concernent spécialement les juges ou dont il puisse se dégager des règles utiles pour la direction du pouvoir judiciaire. Ce sont :

1o Les art. 177, 178 et 179 concernant les oppositions ;

2o L'art. 189, relatif à une question préjudicielle en matière de demandes en annulation de mariage ;

3o Les art. 208, 209 210 et 211 qui fixent les règles à suivre pour statuer sur les demandes de pensions alimentaires.

Toutes les dispositions de ce titre concernant les citoyens se trouvent sanctionnées sur le terrain judiciaire par les art. 2 ou 3 qui font un devoir d'annuler les contrats de mariage ou tous autres actes y relatifs que les parties ne pouvaient ou ne devaient pas faire. — Nous passons, en conséquence, à la rédaction à nouveau et suivant nos formules des articles ci-dessus énumérés.

Main levée d'opposition à mariage.

ART. 177. (Art. 177 à 179, C. N.) — Les présidents et juges régulièrement saisis d'une demande en main levée d'opposition à mariage devront,

Dans les 10 jours à partir de la demande ou de la citation d'appel, en cas d'appel :

1o Prononcer la main-levée de l'opposition, s'il est devant eux prouvé,

a). — Soit que l'opposant n'avait pas qualité :

b). — Soit que l'opposition n'est ni sérieuse, ni fondée ;

2o Dans le cas contraire, rejeter la demande en main levée et maintenir l'opposition ;

3o Dans l'un et l'autre cas, condamner la partie qui succombe aux dépens, et s'il y a lieu, à des dommages-intérêts, à l'exception toutefois des ascendants qui ne seront jamais condamnés à des dommages-intérêts.

Annulation de mariages nuls pour bigamie

ART. 189. (Art. 189, C. N.) — Les présidents et juges, devront :

Lorsqu'il s'agira de statuer sur une demande en annulation d'un second mariage contracté avant la dissolution du premier ;

1. — Surseoir à statuer si les parties contractantes dans le second mariage opposent la nullité du mariage pré-

cédent, et ordonner qu'il sera préalablement procédé à
l'examen et au jugement de la validité du premier mariage;

II. — Si le premier mariage est ensuite jugé valide, statuer
sur la demande en annulation du second mariage, conformément aux dispositions de l'art. 2 ;

III. — Dans le cas contraire, déclarer n'y avoir lieu à procéder à l'examen et au jugement de cette demande.

Demande de pension alimentaire.

ART. 208. (Art. 208 à 210, C. N.) — Les présidents et juges
devront,

Lorsqu'il s'agira de statuer sur une demande de pension alimentaire ou d'entretien,

I. — Débouter le demandeur si celui à qui il réclame ladite
pension justifie,

   Soit ne pas la devoir,

   Soit ne pas pouvoir la servir ;

II. — Dans le cas contraire : — Condamner le débiteur de
la pension à recevoir, chez lui, celui à qui elle est due, à le
nourrir et entretenir suivant ses moyens, dans les cas
suivants, savoir :

   1° S'il justifie ne pouvoir autrement s'acquitter de son
   obligation (1) ;

   2° Ou si, étant le père, ou la mère, ou l'ascendant en
   ligne directe de celui à qui est due la pension, il offre
   de le recevoir chez lui, de le nourrir et entretenir suivant sa fortune et son état (2);

III. — Dans les cas contraires, statuer comme il suit :

   1°. Déterminer

   a). — Le montant de la pension d'après les besoins
   de celui qui la réclame, la fortune de celui qui la
   doit, et le degré de leur parenté réciproque (1);

   b). — Le mode et les termes des paiements de la pension à payer;

   2° Et condamner le débiteur à en payer les termes suivant le mode déterminé par le jugement;

IV. — Dans les cas où un ou plusieurs créanciers de pensions
alimentaires la réclament ou peuvent la réclamer d'un ou
plusieurs individus tenus de la leur servir;

   1° Déclarer les époux (2) tenus avant tous autres à servir la pension demandée par leur conjoint; — ordon-

---

(1). Si le père ou la mère débiteur de la dette alimentaire envers ses enfants, n'offre pas de les recevoir, il peut néanmoins y être contraint, s'il est reconnu qu'il ne peut pas autrement pourvoir à leur subsistance.

(2). A moins qu'à raison de leurs dispositions respectives, la cohabitation ne
présentât, pour l'un ou pour l'autre, quelques dangers ou inconvénients ; dans
ce cas, l'offre ne sera pas considérée comme sérieuse et acceptable.

ner, s'il y a lieu, leur mise en cause, (3) et lorsqu'ils sont en cause, les condamner à servir la pension suivant leurs facultés et leur état (Art. 214, C. N.);

2° A défaut des conjoints, ou en cas d'insuffisance de leurs facultés, statuer séparément ainsi qu'il est dit dans les §§ I, II et III ci-dessus, à l'égard de chacun des parents ou alliés obligés à la pension;

3° Et en répartir sur eux la charge et le service,

a). — D'après les besoins de ceux qui la réclament et la fortune de ceux qui la doivent,

b). — Et d'après la proximité de la parenté ou de l'alliance qui les unit. Les plus proches parents étant plus obligés et devant être préférés aux plus éloignés, (3) et ces derniers aux alliés.

Demande en diminution de pension alimentaire.

Art. 209. (Art. 210, 211, C. N.) — Les présidents et juges devront :

Lorsqu'il s'agira de statuer sur une demande en diminution ou décharge de pension alimentaire ou d'entretien,

I. — Statuer conformément au § II de l'article précédent, dans les cas prévus audit §,

II. — Diminuer le montant de la pension, s'il est, par celui qui la doit, justifié soit qu'il se trouve dans l'impossibilité d'en continuer le service au taux fixé, soit que celui à qui elle est due peut en supporter la diminution;

III. — Ou même décharger entièrement le débiteur du service de la pension s'il est par lui justifié :

Soit qu'il ne peut en servir aucune,

Soit que celui à qui il la doit n'est plus dans le besoin ou dans les conditions stipulées ou voulues pour l'exécution de son obligation.

1. Question controversée, mais décision équitable pour combler sur ce point. les lacunes de notre législation. V. MM. Aubry et Rau sur Zachariæ t. 4. p 620-632.

(2). Même séparés, les époux sont tenus de la dette alimentaire dont ils ont accepté le devoir par leur contrat de mariage.

(3). C'est encore une question controversée que celle de savoir si l'on peut mettre en cause les codébiteurs de la pension alimentaire ou d'entretien ; — la cour de cassation a décidé le contraire par arrêt du 15 juillet 1861, Rej. (D. P. 61. 9. 469) en se fondant sur ce que la dette d'aliment que la loi met à la charge de plusieurs n'est, ni solidaire ni indivisible ; la cour de Pau, faisant à cet égard la part de certaines situations, a décidé que l'on peut du moins tenir compte de la cote part dont ils pourraient être tenus dans la dette d'aliment, pour déterminer le montant qui doit être mis à la charge du débiteur en cause. Pau, 15 avril 1861. (D. P. 62. 2. 14.)

CODE DES PROCUREURS IMPÉRIAUX.

Art. 1. Devoirs généraux des procureurs impériaux pour l'exécution des lois: même texte que celui de l'art. 1. concernant les présidents et juges. — Inutile à reproduire ici.

Conflit des lois anciennes avec les lois nouvelles.

ART. 2. (Art. 2, C. N). — Les procureurs impériaux devront :
Dans toute instance engagée à raison des effets, de l'exécution ou de l'interprétation des contrats, conditions, dispositions, demandes, requêtes, prétentions, réclamations, conclusions ou à raison de la légalité ou de la force exécutoire des actes émanant des personnes publiques.

1º. Demander l'annulation de ceux de ces actes ou de celles de leurs dispositions ou conditions que les parties ou l'une d'elles ne pouvaient ni provoquer, ni se permettre au moment où ils ont été faits, formés, où sont devenus irrévocables, si toutefois les lois qui les interdisaient ne sont pas abrogées;

2º. Demander que force exécutoire soit refusée à ceux de ces actes ou à celle de leurs dispositions ou conditions qui, prohibées ou non au moment où ils ont été faits, formés ou sont devenus irrévocables, contreviendraient par leurs effets ou exécutions aux lois en vigueur.

A moins que les dits actes, dispositions ou conditions n'aient été imposés aux parties par les lois en vigueur au moment du contrat;

3º. Demander l'annulation des actes des fonctionnaires, et de toutes personnes ayant agi avec un caractère public par eux accomplis en dehors des formes et conditions de la loi, et requérir, s'il y a lieu, leur condamnation au paiement des frais et dommages intérêts auxquels pourraient donner lieu l'annulation, le préjudice causé et les frais pour les refaire, sans préjudice des peines disciplinaires encourues.

Art. 3. — Concerne les juges. — Voir au code des juges.

Actes contraires aux lois.

Art. 3. (art. 4 C. Nap.) — Les procureurs impériaux devront après en avoir référé au procureur général,

1º. Signaler au ministre de la justice tous les actes par lesquels l'autorité judiciaire aurait méconnu ou violé les dispositions d'une loi ou décret ou d'un règlement en vigueur, ou appliqué les dispositions d'une loi, d'un décret ou d'un règlement abrogé,

2º. Et lui faire connaître, par un rapport détaillé, les moyens de fait et de droit de nature à faire prononcer, dans l'intérêt de la loi, l'annulation de l'acte contraire à ses dispositions.

Art. 5 et 6. — Ces articles concernent, soit les juges , soit les citoyens, V. au livre des lois civiles et au Code des juges.

Dans les différents chapitres du livre 1er du Code Napoléon, nous ne trouvons plus que les art. 53, 101 , 184, qui se rapportant aux procureurs impériaux puissent être classés dans leur code.

Vérification des actes de l'état-civil.

ART. 4. (Art. 53, C. N.) — Les procureurs impériaux devront : Toutes les années, lors du dépôt au greffe des registres de l'état civil :

1º Vérifier l'état desdits registres et des actes qu'ils contiennent, à l'effet d'en relever et constater les irrégularités ou les omissions.

2º Dresser procès-verbal de leur vérification et de leurs constations ;

3º Poursuivre, s'il y a lieu, les maires auteurs des irrégularités et omissions constatées, sans qu'il soit nécessaire de demander l'autorisation du Conseil d'Etat, et requérir contre eux l'application des peines par eux encourues.

Rectifications des actes de l'état-civil.

ART. 6. (Art. 100, C. N.)—Les procureurs impériaux devront, 1º Demander, par voie de requête, au Tribunal, la rectification des actes de l'état civil dans les cas suivants :

  a). — S'il s'agit de rétablir ou remplacer en masse des registres perdus, détruits, non tenus ou dont les actes ont été falsifiés, dénaturés ou rendus illisibles ;

  b). — S'il s'agit de remplacer un acte de naissance perdu, détruit ou non rédigé d'un individu qui se prévaudrait de l'absence de tout acte régulier le concernant pour se soustraire au service militaire;

  c). — S'il s'agit de régulariser des actes dénaturés par suite d'un délit de suppression d'état ou de les remplacer s'ils ont été détruits, falsifiés ou rendus illisibles;

  d). — S'il s'agit d'un acte de l'état civil concernant un indigent ;

  e). — S'il s'agit de rectifier, dans les actes de célébration de mariage , la déclaration des parties concernant l'existence d'un contrat notarié ou de réparer l'omission de cette déclaration ;

2º Donner ses conclusions sur toutes demandes formées par les parties intéressées tendant à la rectification des actes de l'état civil ;

3º Et transmettre ensuite le jugement de rectification au maire de la commune où l'acte a été dressé pour être par lui inscrit sur le registre, en marge de l'acte ainsi rectifié.

Dispense de publications pour mariage.

ART. 7. (Art. 172, C. N.) — Les procureurs impériaux devront ,
A la requête de ceux qui, devant faire célébrer leur mariage
dans leur arrondissement, leur demanderont à ce qu'il puisse
être procédé à sa célébration après une seule publication ,

1º Autoriser la célébration sur première publication, s'il
existe de graves motifs pour dispenser de la seconde ;

2º Donner immédiatement avis aux maires qui ont à faire la
deuxième publication de la dispense accordée ;

3º Et, s'il n'existe pas de motifs suffisants pour l'accorder, mettre au bas de la requête n'y avoir lieu d'accorder, et signer.

Annulation des mariages nuls.

ART. 8. (Art. 184, C. N.) — Les procureurs impériaux, dans
l'arrondissement desquels ont été célébrés des mariages que
l'une ou l'autre des parties ne pouvaient contracter, devront :

1º Requérir l'annulation de ces mariages, soit pendant, soit
après la vie des conjoints, à la condition toutefois,

a). — Que la loi qui interdisait lesdits mariages n'a pas
été abrogée avant le décès desdits conjoints,

b). — Et qu'on se trouve dans les délais et les conditions
sous lesquels la loi confère au procureur impérial le
pouvoir de faire annuler lesdits mariages ;

2º Et en cas d'annulation, faire condamner lesdits conjoints
à se séparer s'ils cohabitent ensemble.

Action civile pour altération d'actes.

ART. 9. (Art. 107, C. N.) — Les procureurs impériaux devront ,
Lorsque l'acte de célébration d'un mariage aura été anéanti
ou altéré par un fait criminel, délictueux ou frauduleux,

1º Poursuivre l'auteur de l'altération ou de la destruction dudit
acte ;

2º Et diriger, en présence des parties intéressées, contre ses
héritiers, l'action en réparation du préjudice causé par leur
auteur et ce, dans les cas suivants seulement, savoir :

a). — Si l'auteur , étant alors l'officier de l'état civil, est
décédé avant que son crime, son délit ou sa fraude
aient été découverts,

b). — Et si les parties intéressées à la réparation du préjudice qui leur a été causé, par son fait, réclament ou
requièrent des poursuites contre ses héritiers.

. . . .

Nous ne trouvons plus, jusqu'à l'art. 228 auquel nous avons
borné notre expérimentation, aucune disposition qui concerne
les procureurs impériaux.

18

—◊◇◊—

CODE DES JUGES DE PAIX.

Art. 1. — L'art. 1, placé en tête du code des juges, devrait être reproduit ici en substituant les mots : les juges de paix devront, à ceux : des présidents et juges devront. — C'est là un article général concernant toutes les fonctions.

De l'art. 1 à l'art. 228 que nous posons comme limite à notre essai, nous ne trouvons que les art. 71 et 155 qui puissent être classés dans le code des juges de paix.

Actes de notoriété pour mariages.

Art. 1. (Art. 71, C. N.) — Les juges de paix devront,

Lorsqu'un acte de notoriété leur sera demandé à l'effet de suppléer un acte de naissance qu'on est dans l'impossibilité de se procurer,

I. — Accueillir la demande, s'il est, par l'impétrant, justifié :
    1º Qu'il est né ou qu'il est domicilié dans leur canton ;
    2º Qu'il ne peut se procurer son acte de naissance ;
    3º Et que l'acte de notoriété qu'il demande doit servir à la célébration de son mariage ;

II. — La demande accueillie, recevoir, sous la foi du serment, la déclaration de sept témoins de l'un ou de l'autre sexe, parents ou non parents du demandeur, qui leur seront désignés comme pouvant faire connaître :
    1º Le lieu et la date de sa naissance ;
    2º Les causes qui l'empêchent de s'en procurer l'acte ;
    3º Et toute circonstance concernant sa véritable filiation.

III. — Dresser, si sept témoins attestent les faits ci-dessus, acte de leurs déclarations, lequel devra contenir :
    1º Les nom, prénoms, profession et domicile du requérant ;
    2º Sa déclaration que c'est uniquement pour servir à la célébration de son mariage qu'il demande l'acte de notoriété ;
    3º Les nom, prénoms, profession et domicile de la personne avec laquelle il se propose de contracter mariage ;
    4º Les noms, s'ils sont connus, de ses père et mère ;
    5º Les noms, prénoms, profession, domicile et âge des sept témoins dont ils ont reçu la déclaration sous la foi du serment ;
    6º Leurs déclarations en ce qui concerne
        a). — Le lieu et, autant que possible, la date de la naissance du requérant ;
        b). — Les noms de ses père et mère,
        c). — Les causes qui empêchent de rapporter son acte de naissance ;
    7º Inviter les témoins à signer, faire mention de leur refus, en cas de refus et signer avec eux ;

8º Et transmettre ensuite au procureur impérial ledit
acte de notoriété pour être homologué par le Tribunal.

IV. Dans le cas où ne se présenteraient pas sept témoins attestant sous serment les faits indiqués sous les lettres *a*, *b*, *c*,
— surseoir à dresser ledit acte jusqu'à l'accomplissement
de cette formalité.

Acte de notoriété constatant l'absence

ART. 2. (Art. 155, C. N.) — Les juges de paix devront,
Lorsqu'en vue de la célébration d'un mariage ils seront requis
de constater, par un acte de notoriété, l'absence de ceux sans le
consentement desquels il ne doit pas être contracté,

I. — Accueillir la requête, s'il est par le requérant justifié :

    1º Que dans leur canton se trouve le domicile de celui
      dont il s'agit de constater l'absence ;

    2º Qu'un jugement déclaratif de l'absence, ou ordonnant
      l'enquête à l'effet de la constater, n'a pas été rendu,

II. — La requête accueillie, recevoir, sous la foi du serment,
la déclaration de quatre témoins par eux appelés d'office et
attestant :

    1º Qu'ils connaissent le requérant et l'ascendant sans
      le consentement duquel il ne devrait pas contracter
      mariage, s'il n'était pas absent ;

    2º Que ce dernier est absent de son domicile, sans que
      le lieu actuel de sa résidence leur soit connu ;

    3º Qu'il est absent depuis telle époque ;

    4º Qu'il est le père, la mère, l'aïeul ou l'aïeule du re-
      quérant ;

    5º Que jusqu'à ce jour son absence n'a pas été déclarée
      par jugement.

III. Dresser acte desdites déclarations et en donner un extrait
au requérant.

CODE DES NOTAIRES.

Art. 1. — Comme l'article 1 du code des magistrats.

Actes respectueux.

ART. 1, *a*. (Art. 184 et suiv., C. N.) — Les notaires, dans leurs circonscriptions, devront :

A la requête de ceux qui voudront, par actes respectueux, demander conseil à leur père, mère, ascendant ou ascendante refusant leur consentement à leur mariage,

1o Rédiger, en termes respectueux, mais formels, l'acte par lequel conseil doit être demandé auxdits père, mère, ascendant ou ascendante,

2o Se transporter, accompagné d'un autre notaire, ou de deux témoins pris dans la commune, au domicile de la personne à qui l'acte doit être notifié ;

3o Lui adresser les représentations que la situation leur suggérera pour obtenir son consentement au mariage projeté et, en cas de refus, lui laisser copie de l'acte respectueux ;

4o Dresser ensuite procès-verbal de cette notification au bas de l'original de l'acte notifié et le signer avec les témoins.

Acte de consentement des père, mère, ascendant.

ART. 2. (Art. 184 et suiv. C. N.) — Les notaires, dans leur arrondissement, devront ,

A la requête de qui leur demandera de constater, par acte authentique, leur consentement à un mariage projeté ;

1o Se refuser à constater ledit consentement si les comparants ne justifient pas de leur identité, de leur qualité, et ne déclarent pas, devant lui, consentir au mariage dont il s'agit ;

2o Dans le cas contraire, dresser acte authentique contenant :

a). — Les noms, prénoms, profession et domicile des comparants et des témoins ;

b). — La constatation de la déclaration formelle du consentement donné par les comparants ;

c). — Et les noms. prénoms, profession et domicile des futurs conjoints au mariage desquels est donné le consentement.

. . . .
. . . .

CODE DES OFFICIERS MINISTÉRIELS.

L'art. 1. Sera placé également en tête du Code des officiers ministériels. De l'art. 1 à l'art. 228, il n'est que les dispositions des art. 102, 110 et 172, qui puissent dégager des lois utiles pour les officiers ministériels.

Notification à domicile.

Art. 1. (Art. 102-110, C. N.) — Les officiers ministériels devront :

Pour les significations, à domicile, qu'ils auront à faire des actes leur ministère,

Signifier lesdits actes aux lieux indiqués dans l'art. 103 du Code des juges, comme étant le lieu où se trouve le domicile des personnes auxquelles lesdits actes doivent être notifiés.

Oppositions à mariage.

Art. 2. (Art. 172, C. N.) — Les officiers ministériels devront,

A la demande de qui les requerra de signifier un acte d'opposition à un mariage publié :

1° Rédiger, le jour même, l'acte d'opposition, lequel contiendra, à peine de nullité, les énonciations suivantes, outre les énonciations ordinaires :

a). — L'énonciation de la qualité qui donne au requérant le pouvoir de former opposition, et des circonstances qui lui confèrent ce pouvoir, lorsque l'opposition est formée par d'autres que par les ascendants de l'un des conjoints ;

b). — Au cas où l'opposition est faite par un procureur fondé, la qualité du requérant et la mention de l'acte authentique de procuration spéciale ;

c). — Election de domicile dans le lieu où le mariage doit être célébré ;

d). — Les motifs de l'opposition, à moins que l'opposant ne soit un ascendant de l'un des futurs époux, auquel cas l'indication de sa qualité suffit ;

e). — La signature, sur l'original, des opposants ou de leur fondé de pouvoirs ;

2° Et signifier le lendemain, au plus tard, les copies également signées par l'opposant ou son fondé de pouvoirs avec copie de la procuration,

a). — A la personne ou au domicile des futurs conjoint,

b). Et aux officiers de l'état civil compétents pour procéder à la célébration du mariage.

LIVRE DES LOIS DE SANCTIONS

CIVILES ET PÉNALES

Quatre sortes de lois se classent dans ce livre :

1° Les lois répressives des crimes et délits, — leur formule, est : — *Quiconque sera reconnu coupable de... ou d'avoir...* (définition du fait)... *sera puni de...* (indication de la peine) ;

2° Lois répressives des contraventions, leur formule est : — *Quiconque sera convaincu de... ou d'avoir...* (définition du fait)... *sera puni de...* (indication de la peine) ;

3° Lois concernant les délits civils, leur formule est : — *Quiconque aura, avec intention de nuire, causé sans droit un dommage à autrui, en... ou par...* (définir le fait dommageable)... *sera pour la réparation, condamné à...* (indiquer la nature de la réparation)... *et ce avec exécution par la contrainte par corps;*

3° Lois concernant les quasi-délits, leur formule est : — *Quiconque aura causé, sans droit, un dommage à autrui, en... ou par...* (définir le fait dommageable... *sera, pour la réparation, condamné à...* (indiquer la nature de la réparation).

Observation

Dans les codes dont nous venons d'indiquer le mode de formation, codes qui se distribuent en deux grands corps de lois, savoir :

Le corps des lois de procédure et le *corps des lois civiles* ou des citoyens, se sont classées, d'après les formules de leur rédaction :

1° Les *lois impératives* des fonctionnaires ;

2° Les *lois prohibitives d'actes à effets indirects* des citoyens.

Il nous reste à classer les dispositions *prohibitives d'actes à effets directs* qui se dégagent des articles 1 à 228 du Code Napoléon, à la révision desquels nous avons appliqué nos formules.

Ces dispositions vont à leur tour se distribuer en deux classes :

Les unes ont, en effet, pour but de défendre et prévenir ces actes à effets directs qui, n'étant réprimés que par des *peines civiles*, sont pour cette raison nommés *délits civils* ou *quasi délits*. Le code qui les réunira peut s'appeler le code des *délits civils ou quasi délits* ou des *sanctions civiles*.

Les autres prévoient ces actes à *effets directs* réprimés par des *peines criminelles, correctionnelles ou de simple police* et qualifiés pour ce motif *crimes, délits et contraventions*..... comme il en est, parmi elles, qui concernent exclusivement les *citoyens* non fonctionnaires, et d'autres qui ne s'appliquent et ne peuvent s'appliquer *qu'aux fonctionnaires*, nous les avons réparties, et elles doivent se répartir, en deux catégories distinctes, pour composer :

Les premières : — Le *code pénal des citoyens* ;

Les secondes : — Le *code pénal des fonctionnaires*.

Ce qui nous donne trois nouveaux codes avec le code ci-dessus indiqué, *des délits ou quasi délits* — qu'on pourrait tout aussi bien désigner, à raison de sa rédaction, par le nom de code des *lois civiles, à formules pénales*.

CODE DES SANCTIONS CIVILES

OU

Des délits civils ou quasi délits.

———

I.

Le *Citoyen* non fonctionnaire qui fait ce que la loi lui *défend* et le *Fonctionnaire* qui ne fait pas ce qu'elle lui *commande* se permettent, l'un et l'autre, ce qui ne leur est pas permis ; — l'action du premier, aussi bien que l'inaction du second sont des faits qui se produisent alors en dehors de leurs droits et par conséquent contre le droit ; — ils constituent quelquefois le *délit* et toujours la *faute*.

Si cette action ou cette inaction occasionne un dommage, un dédommagement est dû aux intérêts lésés ; — ainsi le veulent la justice et le principe protecteur de la garantie sociale des droits de chacun et de tous. — Ce dédommagement ne peut régulièrement s'obtenir que par l'intervention de l'autorité publique, laquelle ne doit l'accorder que si une loi lui *commande* de con-*damner à des dommages-intérêts quiconque, par son fait ou par sa faute, aurait occasionné un préjudice à autrui*..

Cette loi se trouve dans le chapitre 2 du titre 4 du livre III, (art. 1382 et suivants) du Code Napoléon, nous voudrions placer les dispositions qui s'en déduisent en tête du Code des sanctions civiles, elles sanctionneraient au point de vue des intérêts privés *toutes* les lois *prohibitives d'actes à effets indirects* et *toutes les impérations* qui régissent les fonctionnaires.

Nous allons essayer de dégager celles dont la complète démonstration de notre théorie législative exige la manifestation par nos *formules des lois civiles à formes pénales* ; — elles formeront le titre préliminaire de notre Code ; — après, viendront les prohibitions spéciales, soit aux citoyens, soit à chaque ordre particulier de fonctionnaires et prévoyant certains faits préjudiciables, déterminés, dont l'intérêt général réclamerait la répression.

II

Titre préliminaire : — Les dispositions à classer sous ce premier titre seront *générales*, sous le rapport des personnes ; elles concerneront, nous venons de le dire, les citoyens et les fonctionnaires et se rapporteront à ceux de leurs actes qui seraient de nature à porter *sans droit un préjudice à autrui*.

Que l'acte ait été omis ou commis *sans droit* (*qui suo jure utitur non facit injuriam*) et qu'il ait occasionné *un préjudice*, telle est la double condition de l'application des lois pénales à sanctions civiles. — Sous les désignations usuelles de délits civils et de quasi délits, les cinq articles de notre titre préliminaire vont prévoir et punir *cinq moyens* de dommage, savoir :

1º La *commission des actes qu'on ne peut ou qu'on ne doit pas se permettre*, — abus de pouvoir ou actes arbitraires : — en reproduisant les expressions ne *peut* ou ne *doit* caractéristiques des lois civiles, l'article 1, qui punira ces actes, sanctionnera du coup par surcroît, *toutes* les dispositions par lesquelles les lois *civiles* apportent des restrictions à la liberté contractuelle des particuliers sous sanction de nullité. (Voir art. 6, *a*. Lois civiles.

2º Le *refus d'exécuter une convention légalement formée ;* art. 2.

3º L'*adoption d'une procédure irrégulière*, soit à l'occasion de l'exercice d'un droit ou de l'exercice d'une fonction ; art. 3.

4º Enfin, *tout acte quelconque* du moment où il porte préjudice ; art. 4.

L'auteur responsable en doit la réparation ; les articles 1 à 5 ci-après, le condamnent, à cet effet, à payer dans un temps déterminé, aux parties intéressées et sur leur demande :

1º D'abord une *indemnité pécuniaire* dont le tribunal déterminera la quotité, d'après la perte subie et le gain manqué (*Lucrum cessans, dammum emergens*). — 2º Ensuite et en outre : Les frais qu'auront entraînés le rétablissement des lieux et des choses ou la réformation des actes irréguliers, la résolution des contrats ou leur exécution forcée par autrui, ou les procédures recommencées, etc., etc.

Le tout sans préjudice des *peines disciplinaires* que les fonctionnaires auraient encourues pour inobservation de la loi et de leur prise à partie en cas de dol, de fraude ou d'abus.

L'art. 5 prescrira ensuite aux juges de prononcer l'exécution des condamnations à des dommages-intérêts par la voie de la contrainte par corps, lorsqu'une intention frauduleuse ou malfaisante aura présidé à l'accomplissement des actes préjudiciables. — Cet article sera, par sa généralité, applicable à tous les actes dommageables et dans toutes les situations : — *malitiis non est indulgendum*, — à tout dommage, il faut un dédommagement, à toute malice une peine ; — nous ne saurions en conséquence approuver la suppression absolue de la contrainte par corps. — Cette dure voie d'exécution me paraitrait devoir être réservée aux cas où s'est produit, avec intention de nuire, un acte préjudiciable prévu par une loi pénale ou une loi civile. — Elle distinguerait les *délits* des *quasi-délits*.

Sous le mérite des observations qui précèdent, voici quelle serait, dans notre système, la rédaction des prohibitions dont nous venons d'indiquer les linéaments.

TITRE PRÉLIMINAIRE. DÉLITS CIVILS ET QUASI DÉLITS

1. Quasi Délits,

Actes excédant la capacité civile.

ART. 1. (Art. 1382, C. N.) — Quiconque aura causé, sans droit, un préjudice à autrui, en faisant un acte qu'il ne pouvait ou ne devait pas légalement se permettre sera, sur la demande des parties intéressées, condamné par le tribunal compétent :

1° A payer aux parties lésées, dans le délai de 6 mois, une indemnité pécuniaire que le tribunal arbitrera d'après la perte ou le mal subi et le profit manqué par suite de l'acte passé ou accompli ;

2° Au paiement des frais qu'auront entraînés l'annulation ou la réformation des actes accomplis contrairement à la loi ou le rétablissement des lieux et des choses dans leur premier état.

Refus de satisfaire à ses engagements.

ART. 2. (Art. 1136. 1142, 1146, C. N.) — Quiconque aura causé, sans droit, un préjudice à autrui, en refusant d'exécuter une convention légalement consentie par lui ou par ceux dont il exerce les droits et doit exécuter les obligations, sera, sur la demande des parties intéressées, condamné par le tribunal compétent :

1º A payer aux parties lésées, dans un délai de 1 à 6 mois, les frais qu'aura entraîné la résolution de ladite convention ou son exécution par des tiers ;

2° Et, en outre, à payer dans le même délai, aux mêmes parties, une indemnité pécuniaire que le tribunal arbitrera d'après la perte ou le mal subi et le profit manqué par suite de l'inexécution de la convention ou de sa résolution (1).

Actes accomplis contrairement aux lois.

ART. 3. — Quiconque aura causé, sans droit, un préjudice à autrui en procédant contrairement à la loi ou sans en remplir les conditions ou formalités, soit dans l'exercice de ses droits, soit dans l'exercice de ses fonctions, sera, sur la demande des parties intéressées, condamné par le tribunal compétent ;

1º A payer aux parties intéressées, dans le délai de un à deux mois, les frais qu'aura entraînés l'annulation ou la réformation des actes irréguliers, ainsi que les frais des actes ou procédures nécessaires pour rétablir les choses en leur état régulier;

2º Et, en outre, à payer, dans le même délai, aux mêmes parties, une indemnité pécuniaire que le tribunal arbitrera d'après la perte subie ou le gain manqué par suite de l'irrégularité desdits actes (2).

Sans préjudice des peines disciplinaires que les fonctionnaires ou officiers ministériels auraient encourues pour inobservation de la loi.

Dommage causé d'une manière quelconque.

ART. 4. (Art. 1382, C. N.) — Quiconque aura causé, sans droit, un préjudice à autrui, par quelque moyen que ce soit, sera sur la demande des parties intéressées, condamné par le tribunal compétent :

1º A rétablir, à ses frais dans un délai déterminé, les lieux, les choses et les personnes dans leur premier état ou situation, ou à payer, dans le délai de 1 à 6 mois, aux parties intéressées, la somme que le tribunal arbitrera pour ce rétablissement ;

2° Et, en outre, à payer, dans le même délai, aux mêmes parties, les dommages-intérêts que le tribunal arbitrera s'il y a lieu.

Sans préjudice des peines qui auraient pû être encourues à

---

(1) (2) Pour ceux que la répétition de cette disposition choquerait, nous ferons observer qu'elle serait réduite à ces mots : des dommages-intérêts, si, parvenus dans la confection du Code des juges à l'indication des règles qu'ils devraient suivre au sujet des actions civiles, nous avions déjà manifesté la prescription qui leur commanderait de fixer le montant de l'indemnité pécuniaire, d'après la perte ou le mal subi ou le profit manqué par suite du fait ou de l'inaction préjudiciable.

raison du fait préjudiciable, s'il constituait un crime, un délit ou une contravention.

---

2. Délits Civils.

Dommage causé méchamment d'une manière quelconque.

ART. 5. (Art. 1382. Arg. Art. 2059 et suiv. C. N. et Art. 905 C. de proc. civ.) — Quiconque aura, avec intention de nuire, causé, sans droit, un préjudice à autrui de *quelque manière ou par quelque moyen* que ce soit, sera, sur la demande des parties intéressées, condamné par le tribunal compétent :

1º Aux restitutions, rétablissements de lieux, de choses et de personnes et aux réparations civiles que le fait comportera conformément aux dispositions qui précèdent,

2° Et à être ensuite incarcéré et détenu dans la prison civile pour dettes, conformément aux lois sur la contrainte par corps, pendant le temps que le tribunal fixera, s'il n'a pas été, dans les délais fixés, satisfait aux condamnations prononcées.

Les dispositions qui précèdent ne sont pas déduites de la partie du Code Napoléon à laquelle nous avons borné notre application expérimentale, mais des principes généraux en matière de délits civils et de quasi délits, — Ces dispositions étaient nécessaires pour faire comprendre notre système de sanction exposé dans notre première partie.

Nous passons maintenant aux articles 1 à 228 du Code Napoléon. — Quelles prohibitions comprennent-ils qui puissent faire l'objet d'une disposition prohibitive civile à formule pénale ?

III

Dans le titre préliminaire du Code Napoléon, pas plus que dans le titre premier de son premier livre, on ne rencontre un article ayant pour but de défendre aux citoyens un acte à *effets directs* de nature à constituer un délit civil ou un quasi délit.

Quant à ces prescriptions que les fonctionnaires pourraient violer par une inaction ou un refus préjudiciable, elles sont toutes déjà sanctionnées par la disposition de l'art. 3 qui précède.

Dans le titre deuxième, nous ne trouvons que les articles 51, 52 et 176 dont les dispositions spéciales pouvaient peut-être se classer dans le présent Code, nous disons peut-être, car sans forcer la lettre des articles du titre préliminaire, leur rédaction est assez large pour comprendre les actes prévus par ces articles 51, 52 et 176 — nous allons en donner cependant la rédaction à nouveau puisque les auteurs du Code les ont laissés subsister à côté de l'article 1382 dont la généralité les absorbait également.

Fautes ou faux des officiers de l'état-civil.

ART. 6. (Art. 51 et 52 C. N.) — Les officiers de l'état civil ou tous autres dépositaires des registres ou actes de l'état civil qui auront causé, sans droit, un préjudice à autrui,

Soit par l'effet, conséquence ou suite des faux, altérations ou surcharges qu'ils auront commis ou laissé commettre sur les actes ou registres de l'état civil ;

Soit par suite de l'inscription de ces actes sur une feuille volante ou autrement que sur le registre à ce destiné ;

Soit par l'effet ou conséquence d'un accident, autre que ceux de force majeure à la suite desquels lesdits registres ou actes auront disparu, se seront dégradés ou seront devenus incomplets ou illisibles ;

Seront condamnés par le tribunal compétent, sur la demande des intéressés,

1° Au rétablissement des actes et aux frais qu'entraîne ce rétablissement;

2° A tels dommages intérêts que le tribunal arbitrera au profit des parties lésées,

3° Et, si le fait préjudiciable a été commis avec intention de nuire, à l'exécution du jugement par la voie de la contrainte par corps, conformément à l'art. 5 ci-dessus.

Actes d'opposition à mariage nuls — Responsabilité des huissiers.

ART. 7 (Art. 176 C. N.) — Les huissiers qui, faute de se conformer aux dispositions de l'art. 176, seront causes qu'un acte d'opposition à mariage par eux signifié a été déclaré nul, et aura ainsi causé un préjudice à l'opposant, sera, sur la demande de ce dernier, condamné par le tribunal compétent,

1° A payer à l'opposant le montant des frais par lui exposés dans l'instance à laquelle a donné lieu la nullité de l'acte d'opposition.

2° A lui payer en outre, pour la réparation une indemnité pécuniaire que le tribunal fixera d'après le préjudice causé,

3° Et s'il y a lieu, à l'interdiction de son ministère pendant le temps que le tribunal déterminera.

Dans le titre des hypothèques que nous avons soumis à notre système de rédaction, et dont on trouvera plus loin les dispositions, nous trouvons deux articles prévoyant deux délits civils, sous le nom de stellionnat, ce sont les art. 2059 et 2136. On nous permettra d'en réunir ici, par anticipation, les prohibitions dans l'article suivant, dont la place naturelle est dans le présent livre des lois pénales.

Cas de stellionnat.

ART. 8. (Art. 2059, 2136, C N.) — Quiconque, avec intention de nuire aura causé sans droit un préjudice à autrui,

Soit en présentant comme libres des biens hypothéqués;

Soit en déclarant des hypothèques moindres que celles dont ces biens étaient chargés;

Soit en conférant une hypothèque sur un immeuble qu'il savait ne pas lui appartenir, et, sur lesquels il n'avait pas mandat de conférer hypothèque par le propriétaire.

Soit en consentant ou en laissant prendre sur ses immeubles des priviléges ou des hypothèques sans déclarer qu'ils étaient affectés à l'hypothèque légale des femmes mariées ou des mineurs ou des interdits : Lorsque étant le mari de ces femmes ou tuteur de ces mineurs et interdits il aura manqué de requérir ou de faire faire les inscriptions de leur hypothèque, sur ses immeubles;

Sera condamné par le tribunal compétent, sur la demande des intéressés :

1° A tels dommages-intérêts que le tribunal arbitrera au profit des parties lésées.

2° Aux frais des instances auxquelles leur faute aura donné lieu;

3° Et, en outre, à l'exécution des condamnations ci-dessus par la voie de la contrainte par corps, ainsi qu'il est dit en l'art. 5 ci-dessus.

Observation

Les six premiers titres du Livre I du Code Napoléon, présentent peu de dispositions desquelles on puisse dégager des prohibitions à classer dans le code des *délits civils et des quasi délits*... On en trouverait davantage dans les titres suivants et plus encore dans les titres du Livre II concernant les biens ; mais comme nous avons limité notre démonstration expérimentale au titre du mariage et des hypothèques, que nos forces et nos occupations ne nous permettaient pas de dépasser, nous nous bornerons à indiquer ici les articles du code de 1804 qui nous paraissent contenir des prohibitions d'actes *à effets directs* à pouvoir se classer dans le code des *délits civils et des quasi délits.*. ce sont :

1º Les art. 371 à 382 concernant la puissance paternelle ;

2º Les art. 554, 555, 570 et 577 concernant le droit d'accession ;

3º Les art 592, 600, 605, 617 et 618 concernant l'usufruit ;

4º Les art. 640, 643 et 644 concernant les servitudes ;

5º Les art. 637 à 660, 662, 671 à 679 concernant la mitoyenneté ;

6º Les art. 681 concernant l'égoût des toits ;

7º Les art. 701 et 702 sur l'usage des servitudes.

Au fond de ces articles ou dans les pensées qui les confinent, s'entrevoient *des prohibitions de faits, d'actes à effets directs et dommageables*, des restrictions de la liberté naturelle d'agir, de faire ou de jouir de sa chose dont les violations préjudiciables ne sont pas assez graves pour faire l'objet de dispositions pénales ; et que le législateur se borne à sanctionner par les peines civiles : des dommages-intérêts, des déchéances de droits, des rétablissements de lieux et de choses.....

I. CODE DES LOIS PÉNALES

Concernant les citoyens.

De l'art. 1 à l'art. 228 du Code Napoléon on ne trouve que les articles 6, 17, 55, 56, 58, 192, 193 qui puissent donner des dispositions de nature à pouvoir prendre place dans le Code des lois pénales concernant les citoyens.

Leur rédaction à nouveau, suivant notre formule, depuis longtemps en usage d'ailleurs, est des plus facile.

Article 6.

L'art. 6 du Code Napoléon déclare nulles les conventions privées par lesquelles il pourrait être dérogé *aux lois intéressant l'ordre public.* A bien pénétrer dans la pensée de cet article on y découvre l'idée d'une disposition pénale ; — il suffit pour s'en convaincre de se poser cette question : — comment pourrait-on, par une convention, par un accord entre une ou plusieurs personnes, *déroger à une loi pénale?* — Et l'on entrevoit immédiatement une série de conventions ténébreuses, de pactes secrets, comme des complots, ayant pour objet des faits prévus et punis par les lois répressives : — Mandats, commissions criminelles, promesses qui rentrent plus ou moins dans cette catégorie de faits qui constituent la *complicité,* les *provocations coupables,* les *propositions de complots,* les *concerts frauduleux,* les *offres agréées des corrupteurs,* les *subornations de témoins,* etc., etc. Les auteurs du Code pénal de 1810 ayant ainsi dispersé, dans des dispositions diverses, les prévisions de délits et de crimes comprises dans la pensée de l'art. 6 et n'en ayant pas déduit une prohibition générale, nous nous abstiendrons comme eux de proposer ici une prohibition synthétique des cas particuliers qu'ils ont prévus, ce serait entreprendre sur le Code pénal dont la révision ne rentre pas dans les lignes de notre démonstration. — Nous passons en conséquence à la rédaction de l'art. 17.

19

Services militaires — Établissement à l'Étranger — Naturalisation.

ART. 1. (Art. 17. C. N.) — Les Français qui seront reconnus avoir :

Soit accepté, sans autorisation de l'Empereur, des fonctions publiques conférées par un gouvernement étranger, ou du service militaire chez l'étranger, ou leur affiliation dans une corporation militaire étrangère;

Soit fondé à l'étranger, sans esprit de retour, un établissement qui n'aura ni un but, ni un caractère commercial;

Soit acquis leur naturalisation en pays étranger;

Seront déclarés par jugement, soit d'office, soit sur la demande de toute partie intéressée, avoir perdu leur qualité de Français.

ART. 55, 56 et 58. — Le Code pénal de 1810 a sanctionné les prescriptions de ces articles par des dispositions à la rédaction desquelles nous n'avons rien à reprendre. — Le législateur, nous l'avons dit plus d'une fois, est depuis longtemps en possession des formules rationnelles pour la manifestation des lois pénales ; — nous nous bornons donc à renvoyer aux articles 346, 347, 358 et 359 du Code pénal.

Mariages clandestins ou par Maire incompétent.

ART. 2. (Art. 192 D. N.) — Quiconque sera reconnu avoir obtenu ou consenti à ce qu'il fût procédé clandestinement à son mariage, ou au mariage de son fils ou fille ou à ce qu'il y fût procédé publiquement dans une commune où ni l'une, ni l'autre partie contractante n'avait son domicile ou une résidence réelle et effective de 6 mois, sera condamné à une amende proportionnée à sa fortune.

Mariages sans publications préalables.

ART. 3. (Art. 193 C. N.) — Quiconque sera reconnu avoir obtenu ou consenti qu'il fût procédé à son mariage, ou au mariage de ceux qui sont sous sa puissance, lorsque ce mariage n'a pas été précédé de deux publications, ou d'une publication en cas de dispense de la seconde, ou lorsqu'il a été célébré sans que les intervalles pour les publications et célébration du mariage aient été observés, sera condamné à une amende proportionnée à sa fortune.

II. CODE DES LOIS PÉNALES

Concernant les fonctionnaires

La formule des lois impératives qui régissent les fonctionnaires a cela de particulièrement commode qu'elle permet de les sanctionner *toutes* par une *seule disposition* pénale, il n'y a pour cela qu'à rappeler, dans sa rédaction, l'expression *doit*, *devront* ou *devra* qui en est la caractéristique.

Voici cette disposition qui naturellement s'impose comme le premier article du Code pénal des fonctionnaires.

ART. 1. (Art. 50 C. N.) — Tout fonctionnaire de l'ordre administratif ou judiciaire (agent, expert, etc.) qui sera convaincu d'avoir manqué à ses *devoirs* en omettant ce qu'il devait faire ou en faisant plus ou moins ou autrement qu'il ne devait, en vertu de la loi de son ministère ou de sa fonction, sera puni :

1º de 1 jour à 6 mois de prison et de 1 fr. à 1,000 fr. d'amende;

2º Ou, s'il y a lieu, de peines disciplinaires sans préjudice des dommages-intérêts, s'il y a lieu.

Cette disposition sanctionne bien d'une manière générale l'art. 1 du Code Napoléon. Il en est toutefois une autre qui, pour mieux assurer l'exécution des devoirs que cet article impose aux fonctionnaires, pourrait ici, au second rang, trouver sa place; le Code pénal de 1810 nous en fournit les données dans ses articles 124 et 130. — Ces articles concourrent, en effet, par plus d'un point, à fortifier la force exécutoire de l'art. 1 du Code Napoléon et de la règle impérative qui s'en dégage : ils déclarent, par le § Ier de l'art. 127, certains magistrats de l'ordre judiciaire ou administratif coupables de forfaiture à raison des mesures ou délibérations qu'ils viendraient à prendre, pour arrêter ou suspendre l'exécution des lois ou affaiblir leur autorité. — Cette incrimination qui rappelle les excès et les abus d'une époque dont le retour, je crois, n'est plus à redouter, n'a rien perdu de son utilité préventive, il n'y aurait qu'à en généraliser les expressions pour satisfaire sur ce point aux conclusions de la logique.

De la mise à exécution des lois.

Art. 2. (Art. 1, 5, C. N. Art. 127 et 130 C. pénal.) — Les ministres et grands dignitaires de l'empire, — les magistrats de l'ordre administratif ou judiciaire et tous autres fonctionnaires ou agents du pouvoir exécutif,

Qui se seront immiscé volontairement dans l'exercice du pouvoir législatif ou qui en auront paralysé les actes, hors des cas prévus par la loi,

Soit au moyen de règlements contenant des prohibitions ou impérations ou interprétations sous forme de lois ou décrets (sanction de l'art. 5 du C. N.),

Soit par des mesures destinées à arrêter ou à suspendre l'exécution d'une loi ou d'un décret promulgué, publié ou légalement rendu exécutoire,

Soit en provoquant des délibérations de cours, tribunaux ou autres corps judiciaires ou administratifs sur la question de savoir si les lois ou décrets promulgués doivent ou non être publiés ou exécutés, soit même en assistant à ces délibérations,

Seront déclarés coupables de forfaiture et punis de la peine de la dégradation civique.

Dans les titres du Code Napoléon que nous avons soumis à l'application expérimentale de notre système de rédaction, nous ne trouvons que les art. 68, 76 § 100, 156, 157, 176, 192 qui puissent être rangés dans le Code pénal des fonctionnaires. — Nous ne parlons pas de l'art. 4, concernant les dénis de justice. l'art. 185 du Code pénal en a formulé la pensée d'une manière rationnelle, nous n'avons pas à le reprendre pour le rédiger à nouveau.

Célébrations irrégulières des mariages.

Art. 3. (Art 68 C. N.) — L'officier de l'état civil qui sera reconnu avoir procédé à la célébration d'un mariage avant que main levée de l'opposition formée contre ce mariage ne lui ait été notifiée, ou que l'opposant n'ait, devant lui, déclaré se désister de son opposition, sera condamné :

1o A une amende de 1 fr. 300 fr.

2° Et s'il y a lieu à des dommages-intérêts.

Suite.

Art. 4. (76 § 10 C. N.) — L'officier de l'état civil qui sera reconnu avoir omis, en procédant à la célébration d'un mariage ou à sa constatation,

Soit d'interpeller les futurs époux, ainsi que les personnes qui autorisent le mariage, si elles sont présentes, d'avoir à déclarer s'il a été fait un contrat de mariage et, dans le cas de l'affirmative, la date de ce contrat, ainsi que les noms et le lieu et la résidence du notaire qui l'aura reçu (1);

Soit d'énoncer dans l'acte de célébration la déclaration faite par les parties à l'interpellation rappelée ci-dessus,

Sera condamné :

1° A une amende de 1 à 100 fr.

2° Et s'il y a lieu à la rectification de l'acte de célébration.

Célébration des mariages sans consentement des ascendants.

ART. 5. (Art. 156 C. N.) — Les officiers de l'état civil qui seront reconnus avoir procédé à la célébration d'un mariage contracté par un fils n'ayant pas atteint l'âge de 25 ans accomplis ou par une fille n'ayant pas atteint 21 ans accomplis, sans le consentement de leurs pères et mères, aïeuls, aïeules, ou celui de la famille, dans les cas où ils sont requis, ou sans que les consentements soient énoncés dans l'acte de célébration, seront condamnés :

1° A une amende de 1 à 300 fr.

2° Et, en outre, à un emprisonnement de 1 jour à 6 mois.

ART. 6. (Art. 157 C. N.) — Les officiers de l'état civil qui seront reconnus avoir procédé à la célébration d'un mariage par un fils majeur de 25 ans, ou une fille majeure de 21 ans, sans le consentement de leurs pères, mères ou ascendants et sans que des actes respectueux leur aient été signifiés conformément à la loi, seront condamnés :

1° A une amende de 1 fr. à 300 fr.

2° Et, en outre, à un emprisonnement de 1 jour à 1 mois.

Mariages clandestins ou célébrés par un Maire incompétent.

ART. 7. (Art. 193 et 165 C. N.) — L'officier de l'état civil qui sera reconnu avoir procédé clandestinement à la célébration d'un mariage ou d'y avoir procédé publiquement dans le cas où aucune des parties contractantes n'avait son domicile ou une résidence réelle et effective de 6 mois dans sa commune, sera condamné à une amende de 1 à 300. fr.

Mariage célébré sans publications préalables.

ART. 8. (Art. 192 C. N.) — L'officier de l'état civil qui sera reconnu avoir procédé à la célébration d'un mariage qui n'a pas été précédé de deux publications requises par la loi, ou d'une publication en cas de dispense de la deuxième, ou d'avoir procédé à sa célébration sans avoir observé les intervalles prescrits dans les publications et célébration, sera condamné à une amende de 1 à 300 fr.

---

(1) L'art. 76 C. Nap. ne prononce l'amende qu'à raison de l'omission de l'énonciation, et non point à raison de l'omission même de l'interpellation que cette énonciation doit constater, c'est que l'omission de l'une implique l'autre.

AUTRE ESSAI.

APPLICATION EXPÉRIMENTALE DE NOTRE SYSTÈME DE RÉDACTION

SUR

le titre XVIII des priviléges et hypothèques

I. LOIS CIVILES

A classer dans le Code des lois civiles

DES PRIVILÉGES ET DES HYPOTHÈQUES.

On ne saurait trop le répéter : Il ne faut dans les Codes que lois !

Nous entendons par loi, une *règle d'action*, et par action, un *acte extérieur* de l'individu qui *agit et qui veut* ; — à ce point de vue du règlement de l'activité individuelle, la loi ne peut que *défendre* ou *commander* des actes ; — nous l'avons, je crois, suffisamment démontré. — Les Codes ne devraient, en conséquence, contenir que des dispositions prohibitives ou impératives :

Prohibitives pour les citoyens, simples particuliers,

Impératives pour les citoyens fonctionnaires, agissant au nom et dans le cercle des intérêts généraux.

Elles ne sont pourtant pas rares dans notre législation, les dispositions qui n'ont d'une loi que le titre ou l'apparence.

Prenons quelques exemples dans le titre XVIII du livre III du Code Napoléon dont je vais tenter la rédaction à nouveau, suivant mes formules. — C'est le titre consacré aux priviléges ou aux hypothèques,

Art. 2092. — Quiconque s'est obligé personnellement, est tenu de remplir son engagement sur tous ses biens mobiliers et immobiliers, présents et à venir.

Cette maxime est fort honnête assurément : — un grammairien pourrait peut-être y trouver à reprendre (1), mais un moraliste applaudirait. — J'avoue, cependant, qu'une règle bien nette qui nous fixerait sur les moyens à employer pour contraindre nos débiteurs récalcitrants ou de mauvaise foi à remplir leurs engagements sur tous leurs biens, ferait bien mieux notre affaire. — Le législateur le dit plus loin, je le sais, et même ailleurs ; à quoi bon alors le conseil de cet article ? —

---

(1) « Remplir ses engagements sur ses biens » est une tournure sur la hardiesse de laquelle l'habitude nous a pour ainsi dire blasés, mais qui ne saurait échapper à la critique au point de vue grammatical ; — il eut été plus correct de dire exécuter ses engagements avec le prix ou au moyen de ses biens.....

Sa disposition est un précepte dont on aurait pu se passer, — sa place est partout ailleurs que dans un Code.

On pourrait en dire autant de l'article qui le suit :

Art. 2093. — Les biens du débiteur sont le gage commun de ses créanciers. Le prix s'en distribue entre eux par contribution (c'est-à-dire proportionnellement au montant de leurs créances), à moins qu'il n'y ait entre les créanciers des causes *légitimes* de préférence ; — *légitimes* pour *légales*.

Proposition fort sage encore!... n'aimeriez-vous pas mieux pourtant, hommes pratiques, une disposition, longue ou courte, peu importe, qui nous énumérerait bien nettement toutes les créances qui doivent être payées *avant les autres* et celles qui doivent être payées *par concurrence et au marc le franc*, et qui mettrait ainsi en *action* la règle restée à l'état de résolution et de programme dans cet article 2093 ? — Plus d'hésitations alors pour la distribution du gage commun ; plus de difficultés ; au lieu de laisser la jurisprudence faire la loi entre les prétentions opposées des intérêts en conflits, la loi serait toute faite et nous l'appliquerions... Il est vrai que sur ces points les guides ne manquent pas à la jurisprudence... L'art. 2094 lui enseigne « que les causes de préférence sont les *priviléges* et les *hypothèques* ; » que « les *priviléges peuvent être sur les meubles ou les immeubles*. » — L'art. 2099, « qu'ils sont *généraux* ou *particuliers* ; » — mais tout cela n'est pas et ne vaut pas le verbe qui commande ou qui défend et fixe les citoyens sur leurs droits et dicte aux juges leurs devoirs.

Que ces dispositions soient utiles ; — je me garderai d'en disconvenir ; — si utiles néanmoins qu'elles puissent être, il n'est cependant personne qui n'eût pardonné au législateur de les avoir conservées dans les profondeurs de ses pensées à la condition d'en dégager les lois-règles d'action qu'elles contiennent ; — l'énumération des art. 2101, 2102 et 2103 eût été complétée et divisée en deux articles consacrés, l'un aux priviléges sur les meubles; l'autre aux causes de préférence sur le prix des immeubles, deux autres articles, que l'on voudrait trouver dans le Code eussent déterminé le *rang des créances privilégiées entre elles* relativement aux meubles, et relativement aux immeubles, et la jurisprudence et la doctrine n'en seraient pas aujourd'hui à s'épuiser en efforts arbitraires d'un côté, pour découvrir, dans la définition de l'art. 2096, le secret des causes de préférence afin de fixer le rang des priviléges entre eux, et de l'autre, pour combler en cette matière les regrettables lacunes de la loi.

Le chapitre des hypothèques n'est pas moins fécond que celui des priviléges en dispositions que nous voudrions voir éliminer.

En première ligne, c'est l'art. 2114 qui donne de l'hypothèque une définition dont chaque terme exige lui-même une définition.

Puis viennent les dispositions d'ordre des art. 2115, 2116 et l'énumération avec définition de l'art. 2117. — Les praticiens se passeraient-ils de commentaires pour comprendre et préciser la portée de ces indications ?... Que dire ensuite de l'art. 2119. « *Les meubles n'ont pas de suite par hypothèque.* » est-là une loi française ?..... est-ce même là du français ?

Les professeurs et les étudiants de nos écoles feront certainement profit de ces archaïsmes, de ces indications, de ces propositions, de ces divisions et de ces définitions pour découvrir et suivre la tradition et les progrès historiques des théories législatives. — Mais encore une fois, la place de ces dispositions n'était pas dans le livre de nos lois civiles : — *non erat hic locus!* — Elle était dans l'exposé des motifs de la loi hypothécaire : — C'est en effet dans cette annexe indispensable de chaque loi que devraient figurer les maximes, les propositions, les principes et tous ces articles qui, ne manifestant aucune règle pratique d'action, appartiendraient par leur but et leur pensée, à l'œuvre théorique et d'élaboration de la législation.

Nous verrions en conséquence, sans regrets, éliminer du Code les articles suivants, savoir :

1° Les art. 2092, 2093, 2096 et 2104 qui expriment bien moins des lois proprement dites, que des maximes de droit, des principes de législation et de morale que les traditions de la jurisprudence ont trop imposés au législateur de 1804 ; — la place de ces dispositions se trouvera dans la *partie juridique* de l'exposé des motifs de la loi nouvelle qui reprendrait à nouveau la législation sur ce point; (V. 2ᵉ partie nᵒˢ 64 à 69).

2° Les art. 2094, 2099, 2100, 2115 et 2120, qui sont uniquement des dispositions d'ordre pour la division plus théorique que réellement pratique de la matière ; — le rédacteur de l'exposé des motifs ne sera pas embarrassé pour les enchâsser dans la *partie analytique* de cet exposé consacré à faire connaître les lignes générales du système de la loi ; (V. 2ᵉ partie, n° 69).

3° Les art. 2095 et 2114 qui donnent la définition du privilége et de l'hypothèque : — ils ont leur place toute trouvée au *chapitre des définitions* que devrait toujours contenir l'exposé des motifs; (V. 2ᵉ partie nᵒˢ 70 à 74).

Bien que notre système de rédaction puisse se passer de toute définition, nos dispositions portant presque toujours avec elles le sens et la portée de leurs termes, nous proposerions cependant de substituer aux définitions un peu trop abstraites des art. 2095 et 2114, les définitions plus pratiques que voici :

I. Définition des créances privilégiées

On entend par *créances privilégiées*, celles que la loi désigne pour être payées *avant toutes autres* sur le prix des biens meubles ou immeubles du débiteur.

Le *privilége* est l'avantage qui résulte pour le créancier d'une créance privilégiée d'être payée, *avant les autres* créanciers, sur le prix des biens meubles ou immeubles du débiteur affectés par la loi à son payement.

Je dis que le privilége est un *avantage* et non *un droit*, ainsi que le déclare l'art. 2095, et voici pourquoi :

Un droit, considéré dans celui qui l'exerce, n'est et ne peut être qu'un *pouvoir d'action*, puissance d'agir dont le principe réside dans sa personne ; — je l'ai établi ailleurs. — La priorité qui résulte du privilége se réalisant, indépendamment de la personne et de son action, par l'*action seule du juge* qui, sur l'ordre de la loi, colloque les créances privilégiées en première ligne, la priorité, dis-je, est bien plus un effet attaché à la qualification légale de la créance, qu'à la puissance d'agir du créancier ; son rôle est ici tout passif ; — le pouvoir d'action est toute entier dans le juge qui examine, et détermine le rang des créances; ce n'est pas, en effet, en vertu d'un droit direct que ce créancier obtiendra d'être payé avant les autres, mais en vertu du *devoir imposé au juge par la loi*; — c'est l'effet de ce *devoir accompli* qui réalisera le *bénéfice de préférence*, lequel est ainsi bien plus *un avantage*, *une concession de la loi*, qu'un *droit antérieur* qu'elle consacre ou réglemente ; — en principe le seul vrai *droit du créancier* est d'être payé; et chaque créancier a le même droit, le privilége est une exception au droit, c'est-à-dire une *faveur*, — le contraire d'un droit (V. n° 71.)

Il est vrai que du moment où la loi a établi des distinctions et imposé aux juges de faire entre eux des collocations par *préférence*, le créancier peut exiger que le juge remplisse son devoir; — *peut!* — s'il *peut légalement*, il y a *pouvoir d'action* et partant un *droit*... mais le droit qui lui compte à ce point de vue n'est plus le *droit du privilége*; c'est le droit qu'ont tous les citoyens au bénéfice de l'*exécution des lois* en général.

II. Définition des créances hypothécaires

On entend par *créance hypothécaire* celle que la loi, ou la volonté des parties, a désignée comme devant être payée *avant les créances chirographaires*, sur le prix à provenir des biens immeubles affectés, par la loi, ou la volonté des parties au payement de ladite créance.

On entend par *créance chirographaire* ou cédulaire ou ordinaire celle qui n'est ni privilégiée, ni hypothécaire.

L'hypothèque est l'*avantage* qui résulte pour le créancier hypothécaire d'être payé *avant les créanciers chirographaires* sur le prix des immeubles qui ont été affectés au paiement de sa créance hypothécaire.

La définition que l'art. 2114 donne de l'hypothèque n'est rien moins que claire : — L'hypothèque, y est-il dit, est un *droit réel*; — qu'est-ce qu'un droit réel ? controverse : il « *suit les immeubles...* » qu'est-ce *qu'un droit qui suit* ? autre controverse sur le droit de suite : — ne serait-il pas plus simple de laisser les abstractions et les subtilités de l'ancienne jurisprudence, et de définir l'hypothèque au point de vue pratique des parties ?... que signifient ces mots : *consentir une hypothèque* ? sinon, consentir à ce que le créancier hypothécaire soit payé avant soi sur le prix à provenir de l'immeuble qu'on hypothèque, s'il vient plus tard à être vendu. *L'hypothèque conventionnelle* est donc l'affectation du prix de l'immeuble, comme gage spécial de garantie, au payement de la créance hypothécaire; — voilà sa définition vraie. Au point de vue de qui la concède, c'est un *droit* qu'il a exercé; mais pour celui à qui elle est concédée, l'hypothèque n'est que l'avantage de *primer* celui qui la lui a conférée, ou ses ayants-causes. (V. n° 71.)

Quant à *l'hypothèque légale*, si on peut jusqu'à un certain point entrevoir dans son principe le germe d'un *droit* (1), d'un droit conféré *par la volonté contractuelle*, la théorie légale qui l'impose aujourd'hui aux parties, comme une conséquence de certains contrats, l'a trop assimilé *aux priviléges* pour qu'on puisse lui appliquer ce que nous venons de dire des hypothèques conventionnelles, nous nous en référons donc à ce que nous avons dit plus haut et sous le n° 71.

Une des conséquences des hypothèques et des priviléges est de conserver, sur l'immeuble qui en est grevé et, ce en quelque main qu'il passe, le droit, pour le créancier hypothécaire ou privilégié, d'être payé par préférence, et de pouvoir surenchérir, c'est ce qu'on nomme le *droit de suite*, il n'en sera pas question dans les articles qui vont suivre, ils ne concerneront que *le bénéfice de préférence*.

(1) L'hypothèque légale est-elle, comme l'enseignent bon nombre d'auteurs, un produit exclusif de la loi civile? — La liberté contractuelle n'a-t-elle pas eu quelque peu sa part dans cette création? — Notre ancienne jurisprudence avait admis que les contrats réguliers reçus par les notaires conféraient hypothèque sur tous les biens présent et à venir, quand bien même l'hypothèque n'y eut pas été expressément stipulée. — La convention d'hypothèque y était toujours *sous-entendue* (Pothier, hypothèque, n° 60). L'hypothèque légale est ainsi entrée dans les mœurs contractuelles comme un sous-entendu de la volonté des parties. Ce *sous-entendu*, cette clause tacite de garantie attachée par la pratique aux contrats notariés, le législateur la leur a retirée, en ne la laissant qu'aux contrats de mariage, de tutelle et d'acceptation de certaines charges. — En la conservant aux contrats de mariage qui déjà l'avaient de par la pratique, la loi en a bien, jusqu'à un certain point, modifié le caractère originaire, mais elle ne l'a point cependant si bien effacé qu'il ne puisse ressortir comme une garantie tacite résultant de l'intention des parties, lorsqu'il s'agit de contrats dont la formation n'est plus régie par les lois françaises.. Tels sont les contrats du mariage des étrangers. V. n° **123** et notes sous l'art. 38 *infra*.

TITRE XVIII. DES PRIVILÉGES ET DES HYPOTHÈQUES,

Du bénéfice de préférence résultant des créances privilégiées et hypothécaires

CHAPITRE I. DISPOSITIONS GÉNÉRALES (1)

Section unique. Des conditions et de l'étendue du bénéfice de préférence.

1re Condition : — Que la créance soit privilégiée ou hypothécaire.

ART. 1. (Art. 2092, 2094 C. N.) — Nul ne peut demander à être payé par préférence sur le prix des **biens meubles** de son débiteur, que si la créance est comprise dans la classe des créances privilégiées sur les meubles (2).

Suite.

ART. 2. (Art. 2092, 2094, C. N.) — Nul ne peut demander à être payé par préférence sur le prix des **biens immeubles** de son débiteur, que si la créance est comprise dans la classe (3),

Soit des créances privilégiées sur les immeubles,
Soit des créances hypothécaires.

2e Condition : — Inscription ; -- Délais ; -- Exceptions.

ART. 3. (Art. 2106, 2107, 2134, C. N.) — Nul ne peut réclamer le paiement par préférence d'une créance privilégiée sur les immeubles ou d'une créance hypothécaire qu'à la condition :

1o Que cette créance aura été régulièrement inscrite sur ces immeubles au bureau de la conservation des priviléges et hypothèques de l'arrondissement où ces immeubles sont situés ;

2o Et que cette inscription aura été régulièrement inscrite dans les délais fixés par la loi (4) à l'exception cependant des créances ci-après, savoir :

A. — Des créances privilégiées énumérées sous les §§ I, II, no 2 de l'art. 1 du Code des juges, ci-dessus, lesquelles sont dispensées de toute inscription (5) :

---

(1) Nous ne suivrons pas, dans cet essai, l'ordre fort incorrect et peu logique du code. Nous n'en conserverons pas même la série numérique ainsi que nous l'avons fait pour notre essai sur les art. 1 à 228 parce que cela nous obligerait, ici, à trop de renvois et d'explications sur la place et l'interversion des articles.

(2) (3) Une disposition spéciale énumérera, au Code des Juges *infra*, les créances privilégiées sur les meubles et les immeubles et les créances hypo-thécaires.

(4) L'art. 2 du Code des Juges ou de Procédure judiciaire déterminera plus loin, dans ses §§ III et VII, les différents délais fixés par les lois en vigueur pour l'inscription des priviléges et des hypothèques.

(5) Les créances dont il s'agit sont les créances de l'art. 2101 du Code Napoléon et celles qui leur sont assimilées par les lois spéciales ; l'inscription n'est pas nécessaire pour conserver au créancier *le bénéfice de préférence* attaché par la loi à ces sortes de créances ; -- mais il en est autrement pour

B. — Et des créances des interdits, des mineurs, des femmes mariées, spécifiées aux art. 14 et 15, ci-après, lesquelles sont dispensées de toute inscription, pendant les périodes ci-après, savoir :

 a). — Pendant toute la durée de la tutelle du mariage, et encore,

 b). — Pendant une année après la cessation de l'une et la dissolution de l'autre (Art. 6. L. du 25 mars 1855.)

Sauf le cas, néanmoins, où, pendant ces périodes, les formalités prescrites par l'art. 2194 du C. Nap., pour la purge des hypothèques légales, viendraient rendre obligatoire l'inscription de ces créances;

3° Ou enfin, mais seulement pour les créances à hypothèques légales non inscrites dans les délais ci-dessus, qu'elles auront été produites dans l'ordre, dans les délais fixés sous le § VIII de l'art. 2 du C. des juges, lettre A. n° 1 et 2 et lettre B. (1).

Des priviléges généraux sur les meubles.

ART. 4. (Art. 2092, 2094, C. N.) — Nul ne peut demander à être payé par préférence sur le prix de *tous* les biens mobiliers du débiteur, que si la créance est comprise dans la classe des créances privilégiées sur la *généralité* des meubles.

Des priviléges spéciaux sur les meubles et les immeubles.

ART. 5. (Art. 2092-2094, C. N.) — Nul ne peut, à raison d'une créance qui n'est privilégiée que sur *certains* immeubles, demander à être payé par préférence sur le prix d'autres meubles ou d'autres immeubles.

Priviléges généraux et hypothèques générales sur les immeubles.

ART. 6. (Art. 2104-2112 C. N.)—Nul ne peut demander à être payé par préférence sur le prix de *tous* les immeubles tant présents qu'à venir de son débiteur que si la créance est comprise dans la classe,

Soit des créances privilégiées sur la généralité des immeubles,

Soit des créances avec hypothèques légales sur la généralité des immeubles,

Soit des créances garanties par une hypothèque judiciaire,

Soit des créances avec hypothèques conventionnelles sur tous les immeubles du débiteur.

---

conserver ce bénéfice contre les *tiers acquéreurs* de l'immeuble ainsi que le *droit de surenchère*, en d'autres termes : *Le droit de suite*; -- ces créances, pour conserver leurs avantages à ce point de vue, doivent être inscrites dans les délais fixés pour les inscriptions hypothécaires. Paul, Pont, commentaire du titre des priviléges et des hypothèques. N° 313, 1122. Mourlon, répétitions sur le Code Napoléon N° 711 et suivants.

(1) Faute d'inscription, ces créances produites dans l'ordre en temps utile seront encore colloquées comme hypothécaires, mais après toutes les créances inscrites; -- le défaut d'inscription leur fait perdre leur rang.

Des hypothèques spéciales.

ART. 7. — Nul ne peut, à raison d'une créance qui n'est garantie que par une hypothèque spéciale sur certains immeubles déterminés, demander à être payé par préférence sur le prix d'autres immeubles.

Du rang entre eux des priviléges et des hypothèques.

ART. 8. — Nul ne peut demander, lors de la distribution du prix des biens de son débiteur, à être colloqué, pour le payement de sa créance, à un rang supérieur à celui que la loi assigne à sa créance par les art. 3 et 7 du Code des juges.

Enumération des biens susceptibles d'hypothèques ou de priviléges.

ART. 9. (Art. 2,118 C. N.) — Nul ne peut prétendre être payé, par préférence, d'une créance privilégiée sur les immeubles ou hypothécaire, que sur le prix des biens immeubles ci-après désignés qui auront été affectés à son payement, soit par la loi, soit par la convention des parties, savoir :

1º Tous les biens immobiliers qui sont dans le commerce (1), leurs accessoires réputés immeubles et leurs fruits ou produits immobilisés, ainsi qu'il est dit aux art. 682 et 685 du C. de proc. civile. (2).

2º L'usufruit des mêmes biens et de leurs accessoires pendant le temps de sa durée ;

3º La plus value de ces mêmes biens résultant :
Soit de travaux, de constructions, de réparations de bâtiments, canaux ou autres ouvrages quelconques (Art. 2103)
Soit de travaux de dessèchement de marais (Art. 23, L. du 16 sept. 1807),
Soit de travaux de drainage (Art. 3, L. du 17 juillet 1856);

4º Les mines concédées et leurs accessoires déclarés immeubles par l'art. 8 de la loi du 21 avril 1810 (V. art. 20 et 21).

5º Les actions de la Banque de France immobilisées, ainsi qu'il est dit en l'art. 16 de la loi du 16 janvier 1808 (3).

(1) Par *biens immobiliers qui sont dans le commerce*, il faut particulièrement entendre les immeubles qui peuvent être vendus aux enchères sur expropriation forcée. Le principal avantage de l'hypothèque est de conférer le droit de faire vendre aux enchères les biens affectés au paiement de la créance qu'elle garantit afin de réaliser, sur le prix, le paiement par préférence. — Un bien qui ne pourrait être ainsi converti en argent ne serait pas susceptible d'hypothèque.

(2) L'art. 682 du Code de Procédure civile porte que les fruits naturels ou industriels recueillis postérieurement à la transcription de la saisie, ou leur prix, seront immobilisés pour être distribués par ordre d'hypothèque. L'art. 685 dispose pareillement à l'égard des loyers et fermages... *Sic* de la différence à payer par le fol-enchérisseur art. 710 et 740 du Code de Procédure civile.

(3) Quant aux actions immobilières de la Compagnie des Canaux d'Orléans et de Loing qui avaient été aussi déclarées susceptibles d'être hypothéquées, par le décret du 16 mars 1810, — il n'y a pas à les mentionner dans notre énumération, attendu qu'en vertu de la loi du 1er août 1860, elles ont été rachetées, et que ce rachat a été définitivement opéré par *la loi du 29 mai 1865* et qu'il n'en existe plus.

CHAPITRE II. DE LA CONSTITUTION DES PRIVILÉGES ET DES HYPOTHÉQUES.

Section I. Constitution des priviléges.

La loi seule crée et confère les priviléges.

Art. 10. (Art. 2094-2098. C. N). — Nul ne peut prétendre au bénéfice des priviléges ci-après spécifiés que les personnes ci-dessous désignées, savoir :

1o **Au bénéfice du privilége général** sur tous les meubles et, en cas d'insuffisance, sur tous les immeubles d'un débiteur, — que ceux qui auront, sur lui, une des créances spécifiées sous les §§ I et II de l'art. 1 du Code des juges.

2o **Au bénéfice du privilége particulier** sur les meubles d'un débiteur, — que ceux qui auront sur lui une des créances spécifiées sous le §IV de l'art. 1 du Code des juges.

3o **Au bénéfice du privilége particulier** sur les immeubles d'un débiteur, — que ceux qui auront, sur lui, une des créances du § II de l'art. 2 du Code des juges.

Suite.

Art. 11 (Art. 2094-2095. C. N.) — Nul ne peut transporter, sur le prix d'autres meubles ou d'autres immeubles, le bénéfice d'une créance privilégiée sur le prix d'autres meubles ou d'autres immeubles (1).

Transport ou cession des priviléges.

Art. 12. — Nul ne peut conférer ou concéder à un tiers les avantages d'un privilége, que le propriétaire d'une créance privilégiée en subrogeant ce tiers au bénéfice de son privilége, ou en lui cédant son rang d'ancienneté, ainsi qu'il est dit en l'art. 40 ci-dessus (2 .

Exception à la règle que la loi seule confère les priviléges.

Art. 13. (Art. 2073-2102. C. N.) — Nul ne peut affecter le prix d'une chose mobilière au paiement d'une créance, qu'en donnant cette chose en gage au créancier pour la garantie de sa créance, ainsi qu'il est dit en l'art 2076. C. Nap.

(1) Par exemple, la convention par laquelle un locateur, en désaccord sur le loyer avec son locataire, consentirait à l'enlèvement, par ce dernier, des meubles garnissant les lieux, à charge par lui de consigner, entre les mains d'un tiers, somme suffisante pour assurer le payement des loyers à cette condition expresse que ledit locateur serait payé sur ladite somme par préférence à tous autres, ne conférerait aucun privilége à ce dernier sur la somme consignée, et ne transférerait pas sur cette somme le privilége qui frappait les meubles enlevés.

(2) Cass. 12 décembre 1831. (Rej. S. V. 32.1.275. D. P. 33.1.33.)

Section II. De la constitution des hypothèques.

I. Des hypothèques établies par la loi (1).

I. Des hypothèques légales générales.

La loi confère les hypothèques légales.

Art. 14. (Art. 2121-2117 C. N, et L. 3 sept. 1807). — Nul ne peut prétendre au bénéfice des hypothèques *légales* que les personnes ci-après, pour la sûreté des créances ci-dessous spécifiées savoir :

I. *Les mineurs et les interdits* : — Pour sûreté des créances qu'ils pourront avoir contre leurs tuteurs à raison de leur gestion ;

A la condition qu'inscription en aura été prise en temps utile et ainsi qu'il est dit en l'art 3 ci-dessus, § B.

II. *Les femmes mariées* : — Pour sûreté des créances qu'elles pourraient avoir contre leurs maris à raison,

a). — Soit de leur dot ou de leurs reprises dotales ;

b). — Soit des indemnités à elles dues pour dettes contractées avec leurs maris ou pour toute autre cause,

c). — Soit du remploi de leurs biens propres aliénés pendant le mariage ;

d). — Soit de l'exécution des conventions matrimoniales;

A la condition qu'inscription en aura été prise en temps utile ainsi qu'il est dit en l'art. 3 ci-dessus, § B.

Les femmes, dont les maris sont commerçants au moment de leur mariage ou qui le seront devenus dans l'année après sa célébration, ne pourront, toutefois, en cas de faillite, prétendre au bénéfice de l'hypothèque légale que pour sûreté des créances spécifiées sous le n° 2 de l'art. 15 ci-après (Art. 490 C. de com.).

III. *L'Etat, le département, les communes et les établissements publics* : — Pour sûreté des créances qu'ils pourraient avoir contre leurs receveurs comptables à raison de leur gestion ou de leur comptabilité; (lois du 5 septembre 1807, art. 6).

(1) La loi, par le devoir qu'elle impose au juge de colloquer une créance *avant une autre*, et la *volonté des parties*, autre loi, stipulant qu'une créance sera payée *avant une autre*, engendrent seules la cause juridique de la *préférence hypothécaire*. — L'*hypothèque judiciaire* n'est, à bien la considérer, qu'une sorte d'*hypothèque légale*, puisque c'est la loi qui la crée et l'attache aux jugements. — On ne peut en dire autant de l'hypothèque *conventionnelle*, il y a ici une puissance génératrice de droits, indépendante de la loi, qui ne relève d'elle que pour les limites que l'intérêt général exige : — Dans la sphère de la liberté qui lui est laissée, la volonté des parties est souveraine et a force de loi; c'est pour cela que, renonçant à la division tripartite du Code, nous ne distinguerons que deux catégories bien tranchées dans les hypothèques savoir : les *hypothèques établies par la loi*, comprenant les hypothèques légales et *judiciaires* et les hypothèques établies par la volonté des parties ou, *conventionnelles*.

Et à la condition qu'inscription aura été prise en temps utile.

IV. *Le Trésor public* : — Pour le remboursement des frais dont la condamnation a été prononcée à son profit, en matière criminelle, correctionnelle ou de simple police, dans le cas où sa créance privilégiée, quant à ce, n'ayant pas été inscrite dans les 2 mois à partir de la condamnation, aurait été cependant inscrite dans les délais fixés pour les créances hypothécaires, en l'art. 2, § VIII du code des juges. (Art. 2113 du C. N, et loi du 5 septembre 1807).

Les *bénéficiaires des hypothèques légales* ci-dessus établies ne pourront, toutefois, en réclamer le bénéfice que *sur les immeubles ci-après* énumérés, savoir (1) :

1° Pour l'hypothèque légale des *mineurs et des interdits* :

a). — Sur tous les immeubles dont les tuteurs étaient propriétaires au moment de leur nomination ;

b). — Et sur ceux qu'ils ont acquis par la suite soit avant, soit après leur tutelle ;

2° Pour l'hypothèque légale des *femmes mariées*,

a'). — Sur tous les immeubles de leur mari au moment du mariage ;

b'). — Sur ceux même qui leur auraient été donnés par le contrat de mariage avec clause de retour ;

c'). — Et sur ceux encore qui leur seraient advenus, à quelque titre que ce soit, pendant le mariage et même après sa dissolution, à l'exception des immeubles à eux donnés ou légués à charge de les rendre aux enfants nés ou à naître, si le testateur ou le donateur n'en a pas autrement ordonné (Art. 1054. C. N.).

3° Pour l'hypothèque de l'*Etat, du département, des communes, etc.*,

a''). — Sur tous les immeubles de leurs receveurs comptables au moment de leur nomination :

b''). — Et sur tous ceux qui leur seront advenus, à quelque titre que ce soit, par la suite ;

4° Pour l'hypothèque du *Trésor public* pour les frais de justice :

a'''). — Sur tous les biens des condamnés au moment de leur condamnation,

b'''). — Et sur tous ceux qui leur seront advenus par la suite, à quelque titre que ce soit.

_____

(1) Nous aurions pu rédiger autrement cet article, en plaçant après les divisions et les paragraphes qui précèdent, les divisions et paragraphes qui suivent cette seconde partie de l'article.. nous rédigerons ainsi l'article suivant.

II. Des hypothèques spéciales.

Énumération des bénéficiaires des hypothèques légales spéciales.

ART. 15. (Art. 2117, 2113, 2140, 2145, 1047 C. N. art. 560, C. Comm). — Nul ne peut prétendre au bénéfice de l'hypothèque *légale spéciale* que les personnes ci-après désignées, pour la sûreté des créances ci-dessous spécifiées et sur les biens qui vont leur être affectés, savoir :

1o *Les personnes désignées en l'article précédent* dont l'hypothèque générale aura été légalement réduite ou restreinte (Voir art. 48 à 52 ci-dessus) ; leur hypothèque, alors spéciale, portera, — pour sûreté des créances spécifiées audit article, — sur les immeubles auxquels leur hypothèque légale aura été restreinte,

Et sous les mêmes conditions pour l'inscription ;

2o *Les femmes mariées dont les maris commerçants* le jour du mariage, ou qui le sont devenus dans l'année qui a suivi sa célébration, auront été déclarés en état de faillite;

Pour sûreté des créances qu'elles pourraient avoir contre eux à raison seulement des objets suivants, savoir : (Art. 563, C. Com,)

    a). — Des deniers et effets mobiliers qu'elles auront apportés en dot ou qui leur seront advenus depuis le mariage par succession et donation ou dont elles prouveront, par actes ayant date certaine, que la délivrance ou le payement ont été faits à leurs maris ;

    b). — Des remplois de leurs biens aliénés pendant le mariage ;

    c). — De l'indemnité des dettes par elles contractées avec leurs maris;

    Leur hypothèque portera sur les seuls biens immeubles que possédaient leurs maris au moment du mariage et sur ceux qui leur seront advenus depuis par succession ou donation;

    Et à la condition que lesdites créances de leurs femmes auront été inscrites, sur eux, en temps utile, ainsi qu'il est dit en l'art. 3 ci-dessus.

3o *Les légataires particuliers*, pour sûreté de la délivrance de leurs legs; — ils auront hypothèque, sur les seuls immeubles de la succession dont seront détenteurs les héritiers ou légataires débiteurs desdits legs; (Art. 1017, C. Nap.)

A la condition qu'il en aura été pris inscription sur lesdits immeubles ;

4o *La masse des créanciers* des commerçants déclarés en état de faillite; elle aura — pour sûreté de leurs créances admises au passif de la faillite, — hypothèque sur tous ceux des immeubles du failli sur lesquels il aura été pris inscription· par les syndics de la faillite. (Art. 490 et 517 C. Com. (1).

III. Des hypothèques légales judiciaires.

Créances emportant l'hypothèque judiciaire.

ART. 16. (Art. 2116, 2133. C. N.) — Nul ne peut prétendre au bénéfice de l'hypothèque *judiciaire* que les créanciers des créances suivantes, savoir :

1° Les créances résultant de *jugements* soit contradictoires, soit par défaut, mais non périmés, soit définitifs, soit provisoires, prononcés par une juridiction française compétente, — si inscription en a été prise en temps utile ;

2° Les créances résultant de reconnaissances ou *vérifications* faites en jugement des signatures apposées à un acte obligatoire sous seing privé, et pour lesquelles il aura été pris inscription en temps utile, mais seulement après l'échéance ou l'exigibilité de l'obligation à moins qu'il n'y ait eu stipulations contraires ; (L. 3 sept. 1807.)

3° Les créances résultant de *décisions arbitrales*, revêtues de l'ordonnance judiciaire d'exécution, lorsqu'elles auront été régulièrement inscrites en temps utile ;

4° Les créances résultant de *jugements rendus à l'étranger*, et ce, dans les cas suivants seulement, savoir :

a). — Lorsque ces jugements auront été déclarés exécutoires en France par un tribunal français,

b). — Ou lorsque les traités ou les lois politiques confèrent à ces jugements force exécutoire en France,

c). — A la condition, dans tous les cas, d'avoir été inscrites en France en temps utile.

Néanmoins, si les jugements ou décisions des n°s 1, 2, 3 et 4 ci-dessus n'ont été, soit en France, soit à l'étranger, rendus qu'*après le jour de la cessation du paiement* du débiteur commerçant, ou même *dans les dix jours* qui auront précédé, et pour dettes *antérieurement contractées*, — celui qui les aurait obtenus ne pourra réclamer, contre la masse des créanciers, le bénéfice de l'hypothèque judiciaire qui en résulte. (Art. 446 C. Com.)

Disposition commune à toutes hypothèques légales.

ART. 17. — Nul ne peut conférer à un créancier chirographaire les avantages d'une hypothèque légale, que les bénéficiaires des hypothèques établies par les art. 14, 15 et

---

(1) C'est là une hypothèque qui participe plus de l'hypothèque spéciale que de l'hypothèque générale, parce qu'elle atteint l'immeuble par l'inscription, laquelle n'est prise que sur ceux des immeubles dont les syndics découvrent l'existence.

2116 ci-dessus, en subrogeant ledit créancier au bénéfice de leurs hypothèques ou en lui cédant le rang d'antériorité que son inscription ou la loi leur assure.

II. Des hypothèques établies par la volonté des parties ou hypothèques conventionnelles.

L'hypothèque conventionnelle résulte des conventions.

Art. 18. (Art. 2117 § 3, 2124 et 2133 C. N.) — Nul ne peut, pour le payement d'une créance, prétendre au bénéfice de l'hypothèque *conventionnelle*, que si son débiteur, ou un autre, pour lui, a *spécialement affecté* le prix d'un ou de plusieurs, ou de tous ses immeubles au paiement de cette créance, en vertu d'une convention légalement formée.

1° Conditions de Capacité.

Être propriétaire ou son mandataire : Exceptions.

Art. 19. (Art. 2124, 1988, 457, 1421, 1507. C. N.) — Nul ne peut conférer hypothèque sur les biens d'autrui, pour la garantie de sa dette ou de la dette d'autrui, s'il n'en a reçu le pouvoir du *propriétaire* des biens à hypothéquer, par mandat exprès et notarié (1), sauf toutefois les exceptions ci-après, savoir :

1° Les pères et mères, administrateurs légaux de leurs enfants mineurs, — les tuteurs, pour leurs mineurs ou interdits, — et les curateurs, pour leurs pupilles émancipés, peuvent, chacun au nom et dans l'intérêt (2) de ceux qu'ils représentent, hypothéquer leurs biens lorsqu'ils y ont été autorisés par délibération du conseil de famille homologuée par le tribunal civil de leur domicile (2) ;

2° Les maris peuvent hypothéquer les biens suivants de leurs femmes, savoir :

   a). — Ceux des biens de leurs femmes qui sont dans la communauté ; (Art. 1421.)

   b). — Ceux de leurs biens qui auront été, en tout ou en partie, mis dans la communauté par une clause d'ameublissement. — Ils peuvent les hypothéquer jusqu'à concurrence de la portion ameublie ; (Art. 1507.)

   c). — Ceux des biens personnels de leurs femmes communes en biens, à l'hypothèque desquels elles auront consentis ; (Art. 2124 et 1428, C. N.)

---

(1) Pas n'est besoin de dire, comme l'art. 2124 du Code Napoléon : *qui ne peut aliéner, ne peut hypothéquer* ; cela résulte suffisamment *a contrario* de notre rédaction.

(2) Le conseil de famille aux termes de l'art. 457 du Code Napoléon « ne doit accorder cette autorisation qu'en cas de *nécessité absolue constatée par des comptes et en vue d'un avantage évident.* »

d). — Ceux de leurs biens stipulés, dans le contrat de mariage, susceptibles d'être hypothéqués par le mari.

— Ils ne devront pas, cependant, dans ce dernier cas, constituer l'hypothèque sans avoir obtenu le consentement de leur femme, à moins qu'ils n'en ait été dispensés par le contrat de mariage.

3° (Art. 2126. C. N.) — Les envoyés en possession provisoire des biens d'un absent peuvent, dans l'intérêt de l'absent, (Arg. art. 132 et art. 2126, nonobstant, art. 127), conférer hypothèque sur ses biens, après y avoir été autorisés par jugement du tribunal du domicile de cet absent;

4° (Art. 132 C. N.) — Les envoyés en possession définitive des biens des absents peuvent les hypothéquer.

N'être ni mineurs ni interdits.

ART. 20. (Art. 2126, 457 du C. N.) — Les mineurs ni les interdits ne peuvent (1), en aucun cas, conférer hypothèque sur leurs biens.

(1) Nous avons longtemps hésité entre la formule prohibitive *absolue* : NE PEUT et celle des prohibitions *relatives* : NE DOIT. — C'est en effet une question fort controversée que celle de savoir si l'hypothèque consentie par un mineur ou un interdit est entachée d'une *nullité* simplement *relative* ou d'une *nullité absolue*.

Pour *la nullité absolue*, — V. Grenier, t. 1.42. — Battur, 1.160. — De Fréminville : *de la minorité*, n. 926. — Martou. III. 979. Zacharie, t. II. § 266, texte et note, 12. § 339, note 27. *Sic.* Paris, 23 juillet 1838. (S. V. 39.2 5.) Douai, 18 mai 1840. (S. V. 40.2.289.)

Pour *la nullité relative*, — MM. Toullier, VII. 524, — Merlin, questions, V° Hypothèques. - Troplong, 2.487,—Paul Pont, n° 612, et MM. Aubry et Rau. — I. II, p. 723, — se fondent sur ce que la généralité de l'art. 1338 du Code Napoléon permet aux incapables de couvrir la nullité de leurs actes par un acte de confirmation, et que cette confirmation donnée par le mineur devenu majeur, propriétaire encore des biens par lui hypothéqués, remonte au jour de la constitution hypothécaire et la valide même aux regards des créanciers auxquels il aurait, depuis sa majorité et avant la confirmation, conféré de nouvelles hypothèques; — ils ajoutent que ces créanciers, avertis par l'inscription, seraient mal venus à prétendre que la ratification leur préjudicie, attendu que, connaissant l'article 1338, ils n'ignoraient pas le droit du majeur de valider les actes invalides passés pendant sa minorité.

Les considérations développées à l'appui de cette opinion nous auraient peut-être déterminé à adopter la formule de *la nullité relative*, si la théorie de la ratification déduite de l'art. 1338 fournissait *un criterium* infaillible pour se prononcer sur la question de savoir comment on peut connaître si une prohibition est *d'ordre public* ou *d'ordre privé* ; — en l'absence de ce *criterium*, il m'a semblé que puisque le législateur avait tant fait que de créer *une quasi fonction publique*, la *tutelle*, pour assurer et réaliser la protection que la société doit aux incapables, cette protection était *d'ordre et d'intérêt publics*, et que, pour que cette protection fût toujours efficace, il était logique *d'interdire d'une manière absolue aux mineurs et interdits* le droit de conférer hypothèque, droit d'une si haute importance, que la loi, en le réservant exclusivement aux *tuteurs*, exige encore qu'ils soient *autorisés par le conseil de famille et par justice*.

Il est vrai que dans notre système, la formule *ne peut*, entraînant la *nullité absolue*, conférera au ministère public, aux termes de notre art. 6 à 5, le droit de provoquer l'annulation de l'hypothèque concédée par un incapable, en en imposant au tribunal le devoir de l'annuler d'office, et que la pratique actuelle ne va pas encore jusque là. Sur le terrain de la loi faite, nous devrions nous

Leurs pères, administrateurs légaux de leurs biens, et leurs tuteurs, peuvent *seuls* les hypothéquer, ainsi qu'il est dit au n° 1 de l'art. 19 qui précède.

Capacité des mineurs émancipés.

ART. 21. (Art. 484 et 483 du C. N.) — Les mineurs émancipés ne doivent pas (1) conférer des hypothèques sur leurs biens sans l'assistance et l'autorisation de leurs curateurs, lesquels ne peuvent les autoriser, ni consentir la constitution hypothécaire, qu'après y avoir été eux-mêmes autorisés par délibération du conseil de famille homologuée par le tribunal civil de leur domicile.

Néanmoins, les mineurs émancipés et autorisés conformément à l'article 2 du Code de commerce pourront, à raison de leur négoce, conférer hypothèque sur leurs biens sans nouvelle autorisation (Art. 6, C. de commerce.)

Capacité des femmes mariées.

ART. 22. (Art. 1424, 1554, 1555, 1507, C. N.) — Les femmes mariées, même autorisées, ne peuvent constituer des hypothèques que sur ceux de leurs biens ci-après spécifiés, et sous les conditions suivantes :

I. Pour les femmes mariées sous le régime dotal. — Elles ne peuvent conférer hypothèque que sur les biens ci-après, savoir :

1° Sur leurs biens immeubles paraphernaux,

2° Et sur leurs biens immeubles dotaux déclarés aliénables, sans remploi ni emploi, par le contrat de ma-

incliner.. mais n'oublions pas que nous sommes ici sur le domaine législatif des lois à compléter : quel mal y aurait-il à ce que le ministère public, chargé d'assurer l'inscription, en certain cas, de l'hypothèque légale des incapables, fût aussi chargé de provoquer l'annulation et la radiation des hypothèques invalides qui pourraient leur préjudicier ?

(1) Pourquoi, après avoir adopté en l'art. 20 la formule de la *nullité absolue* à l'égard des *mineurs.*, adoptons-nous ici celle des prohibitions *relatives* pour les *mineurs émancipés,* en présence de l'art. 484 du C. N. qui ne distingue pas entre eux ? Parce que la loi reconnaît aux *mineurs émancipés,* et aux *femmes mariées,* qui leur sont assimilées, une certaine capacité de contracter, d'administrer, d'obliger et de s'obliger, qu'elle refuse aux mineurs non émancipés ; parce que la femme mariée, autorisée par son mari, peut hypothéquer, et que le mineur, même avec l'autorisation de son tuteur, ne le pourrait pas — (l'hypothèque ne peut être conférée que par le tuteur, agissant *pour et au nom du mineur*). — Parce que le mineur émancipé, autorisé à faire le commerce, peut hypothéquer ses biens. — Parce qu'enfin l'autorisation du mari, pour la femme mariée, n'étant pas une condition de *capacité, mais* simplement de convenance et de conseils, cette condition n'engendre pour elle *qu'un devoir sanctionné par une nullité relative,* (art. 222 du C. Nap.) et qu'il y a, à la fois, convenance et logique de ne faire aucune différence, entre les *mineurs émancipés* par les conseils de famille et les *mineurs émancipés par le mariage,* en ce qui concerne les hypothèques conventionnelles. — La sanction de nullité relative protégera d'ailleurs suffisamment les mineurs émancipés, sans préjudice de l'action en rescision, pour cause de lésion, des art. 1305 et suivants du C. N., qui ont admis, dans une certaine mesure, la maxime : *minor restituitur non tanquam minor sed tanquam læsus.*

riage (1) ; ou sur ceux qu'elles ont déclarés pouvoir être hypothéqués ;

3° Quant à leurs biens immeubles dotaux inaliénables, elles ne peuvent les grever d'hypothèques que dans les cas suivants, savoir :

a). — S'il s'agit, au moyen de la constitution d'hypothèque, d'établir les enfants qu'elles auraient eu de mariages antérieurs ;

b). — Ou s'il s'agit, au moyen de cette constitution, d'établir les enfants communs, quand les pères ne s'y refusent pas ;

c). — Et dans tous les cas spécifiés par l'art. 1558 du C. Napoléon.

II. Pour les femmes mariées sous tout autre régime que le régime dotal. — Elles pourront conférer hypothèque sur tous leurs biens à l'exception, savoir :

1° De leurs biens stipulés inaliénables, ou aliénables à charge de remploi, par le contrat de mariage ; — à moins qu'elles n'aient été autorisées à les hypothéquer ou aliéner sans remploi par le tribunal, dans les cas des art. 1555, 1556 1558 du C. Nap. ;

2° De leurs biens immeubles ou des portions de ces biens qu'elles auraient, par leur contrat de mariage, placés dans la communauté par une clause d'ameublissement, sauf le cas prévu par l'article suivant.

Dans tous les cas où les femmes mariées *pourront* conférer hypothèques, elles ne *devront* pas (2) effectuer la constitution hypothécaire sans y avoir été autorisées par leurs maris ou par justice conformément à l'art. 217.

Néanmoins, les femmes qui, avec l'exprès consentement de leurs maris, seront marchandes publiques, resteront libres de conférer hypothèque sur leurs biens sans nouvelle autorisation de leurs maris ou de justice à cette double condition :

a). — Que les immeubles à hypothéquer ne seront pas dotaux sous le régime dotal ou inaliénables sous un autre régime, et

b). — Que la constitution hypothécaire aura lieu à raison de leur négoce (Art. 7. C. com.).

Suite.

ART. 23. (Art. 1427, C. N.) — Les femmes mariées ne peuvent conférer hypothèque sur les biens de la communauté,

(1) Question controversée : Bon nombre d'auteurs pensent que les immeubles dotaux, stipulés aliénables par contrat de mariage, ne peuvent pas être hypothéqués.. le pouvoir d'aliéner n'emportant pas celui d'hypothéquer. Cass. ch. réunies, 29 mai 1839. (S. V. 39.1.444.) *Contra*, Troplong, t. IV, n° 3363.

(2) Cette expression, *devront*, entraîne seulement la nullité relative de la constitution hypothécaire. — Voir ce que nous disons à ce sujet à la note 2, sous l'art. 21 et note 1, sous l'article 14.

même (1) pour tirer leurs maris de prison, ou pour l'établissement de leurs enfants en l'absence de leurs maris, qu'après avoir été autorisées par le tribunal de leur domicile à engager ainsi les biens de la communauté.

Capacité des majeurs sous conseil judiciaire.

Art. 24. (Art. 513, C. N.) — Les majeurs pourvus d'un conseil judiciaire ne doivent pas conférer hypothèques, sans l'assistance de leur conseil, lorsque le jugement qui le leur a imposé porte que lesdits majeurs ne pourront, sans cette assistance, conférer hypothèque, et sauf néanmoins le cas où il en aurait été ensuite autrement ordonné.

Propriétaire sous condition résolutoire, etc.

Art. 25. (Art. 2125, C. N.) — Nul ne peut, lorsqu'il n'a sur l'immeuble ou les immeubles qu'il veut hypothéquer, qu'un droit de propriété ou d'usufruit suspendu par une condition, ou résoluble dans certains cas ou sujet à rescission, conférer une hypothèque qui ne soit pas soumise aux mêmes conditions ou à la même rescission.

Constitution d'hypothèque par les commerçants.

Art. 26. (Art. 446, C. de Com.) — Les commerçants déclarés en état de cessation de paiement, ou qui sont en état de faillite déclarée, ne doivent pas conférer, au préjudice de la masse de leurs créanciers, des hypothèques conventionnelles, même pour la garantie de dettes antérieures au jour fixé par le jugement comme étant l'époque de leur cessation de paiement.

Suite.

Art. 27. (Art. 446, 448, C. N.) — Nul ne doit se prévaloir, contre la masse des créanciers d'un commerçant en état de faillite ou de cessation de paiement, du bénéfice des hypothèques ci-après, savoir:

1o Des hypothèques conventionnelles ou judiciaires consenties par lui, ou contre lui obtenues, depuis le jour fixé par le jugement comme étant l'époque de la cessation de ses paiements ou dans les 10 jours qui ont précédé;

2o Des hypothèques conventionnelles ou judiciaires par lui consenties, ou contre lui obtenues, avant cette période, mais inscrites pendant ou après, s'il s'est écoulé plus de 15 jours entre la date de l'acte constitutif de l'hypothèque et celle de

---

(1) L'art. 1427 du C. Nap. semble accorder à la femme le pouvoir d'hypothéquer dans d'autres cas, le mot *même* implique en effet cette idée, mais si l'on considère que l'incapacité de la femme est *la règle*, on sera porté à restreindre la disposition aux cas qu'elle prévoit, tant pis pour le législateur si son texte n'est pas explicite. — V. sur la question de savoir si l'inaliénabilité de l'art. 1554 dérive de l'indisponibilité des biens dotaux ou de l'incapacité de la femme, une dissertation de M. Gide. *Revue critique*, t. xxix, p. 79, et au même tome, un article de M. Bertauld.

l'inscription (1), déduction faite d'un jour par chaque cinq myriamètres de distance entre le lieu où le droit d'hypothèque aura été acquis et le lieu où l'inscription aura été prise ; — à moins que, pour les hypothèques inscrites après ces délais, il ne soit établi :

a). — Que leur inscription n'a pas été ainsi retardée pour favoriser la dissimulation d'une partie du passif ou des charges du débiteur (2),

b). — Et qu'elle a été régulièrement prise avant le jour où a été prononcé le jugement déclaratif de la faillite (3). (Art. 2146, C. N. et 448, C. Com.)

Auxquels cas le bénéfice de cette inscription pourra être réclamé contre la masse des créanciers (4).

2° Conditions concernant les biens.

Les meubles n'ont pas de suite par hypothèque.

ART. 29. (Art. 2119 C. N.) — Nul ne peut conférer hypothèque sur des biens meubles.

Des immeubles susceptibles d'être hypothéqués.

ART. 30. (Art. 2118 C. N.) — Nul ne peut conférer hypothèque sur des biens immeubles qui ne seraient pas de la nature de ceux qui sont spécifiés en l'art. 9 ci-dessus.

Hypothèques sur les biens à venir (5).

ART. 31. (Art. 2130. C. N.) — Nul ne peut consentir hypothèque sur les biens à venir qu'il pourra acquérir, que dans les cas et sous les conditions ci-après, savoir :

1° Que ses biens immeubles présents et libres sont insuffisants pour assurer le paiement intégral de la créance à garantir;

2° Ou que ses immeubles présents et déjà affectés à la garantie de la créance ont péri ou ont subi des dégradations telles qu'ils sont devenus insuffisants :

3° Et à la condition que cette insuffisance sera reconnue dans l'acte destiné à constater la constitution hypothécaire.

---

(1) L'art. 448 du C. de Com. porte : *ce délai sera augmenté d'un jour*, etc. Notre rédaction par les mots : *déduction faite d'un jour*, etc., nous paraît rendre plus logiquement la même idée.

(2) (3) La faculté d'appréciation que le terme *pourront* de l'art 448 du C. de Com. semble conférer aux juges, me paraît cependant impliquer l'idée qu'ils ne *devront* déclarer l'inscription *nulle* que dans le cas où sa tardiveté a eu pour effet de dissimuler une partie des dettes ou des charges du débiteur ; — telle est du moins la pensée qui ressort de la discussion de la loi en 1838.

(4) Notre formule, *nul ne doit se prévaloir.. (ne doit)* exprime l'idée de nullité *relative* des actes indiqués dans les § 1er et 2 de notre article que prononce l'art. 446, en disant : sont nuls *relativement* à la masse, etc.

(5) Le débiteur qui n'a pas de biens présents peut-il hypothéquer ses biens à venir ? Cette question est controversée, deux solutions ont été présentées. — Ceux qui tiennent pour la négative se fondent sur les termes de l'art. 2130 du C. Nap. qui n'autorise l'hypothèque des biens à venir que lorsque les biens présents *sont insuffisants*, les partisans de l'affirmative soutiennent que l'insuffisance commence à zéro biens.

Indivisibilité de l'hypothèque.

Art. 32. (Art. 2125, C. N.) — Nul ne peut, en conférant une hypothèque, ou après l'avoir conférée, stipuler, ni prétendre qu'elle n'affecte pas d'une manière indivisible les biens hypothéqués dans leur totalité, dans chacune de leurs parties et dans toutes leurs améliorations (Art. 2133 C. N.).

3° Conditions concernant les créances.

La créance doit être certaine et déterminée,

Art. 33. (Art. 2133, C. N.) — Nul ne peut conférer hypothèque pour la garantie d'une créance qui ne serait pas certaine et d'une valeur déterminée, ou s'il s'agit de garantir l'exécution d'une obligation, si son exécution ne peut pas donner lieu à une créance appréciable, certaine et d'une valeur déterminée (1).

Des créances conditionnelles ou indéterminées.

Art. 34. (Art. 2132, C. N.) -- Nul ne peut réclamer le bénéfice d'une hypothèque garantissant une obligation conditionnelle quant à son existence, ou indéterminée quant à sa valeur, que jusqu'à concurrence de la valeur estimative qui lui aura été expressément donnée par le créancier dans son inscription, ou de celle à laquelle le tribunal l'aura réduite sur la demande du débiteur.

4° Conditions concernant la forme de l'acte.

Art. 35. (Art. 2127, 2129, 2130, C. N.) — Nul ne peut réclamer le bénéfice d'une hypothèque conventionnelle, si elle ne lui a pas été légalement consentie, ou si la convention qui l'établit n'a pas été régulièrement constatée par acte passé, en forme authentique, par devant notaire et contenant les énonciations ci-après, savoir (2) :

1° Le montant de la créance garantie, ou l'estimation en argent de la créance qui pourra résulter de l'inexécution de l'obligation garantie, si cette estimation est possible;

2° La désignation spéciale et précise, par leur nature et leur situation, de chacun des immeubles hypothéqués (3);

3° La déclaration de celui qui confère l'hypothèque, qu'il consent à affecter, au paiement de ladite créance, le prix à provenir des immeubles hypothéqués pour être, le créancier, payé sur ce prix par préférence.

(1) Par créance *certaine*, il faut entendre, dans l'art. 2133 du C. Nap , une créance dont l'existence soit certaine : — il n'y a pas hypothèque valable, s'il n'y a pas de dettes. — Mais on peut garantir, par une hypothèque, des créances à *quantum* indéterminé.

(2) Outre les énonciations ordinaires prescrites pour la rédaction des actes notariés, telles que les noms des parties, des témoins, s'il y a lieu, de la formule exécutoire, etc.

(3) La spécialité est une condition essentielle de la constitution de l'hypothèque; elle est aussi une condition essentielle à la validité de l'inscription. (Art. 2148 du C. Nap.)

4o Et dans les cas où l'hypothèque serait conférée sur les biens à venir:

  a). — La déclaration des parties reconnaissant l'insuffisance des biens présents hypothéqués à la garantie hypothécaire de la créance, ainsi qu'il est dit en l'art. 2131 ci-dessus,

  b). — Et la déclaration de celui qui confère l'hypothèque, qu'il consent à ce que chacun des biens immeubles qu'il acquérera par la suite soit et demeure affecté à mesure des acquisitions.

Supplément d'hypothèques.

ART. 36. (Art. 2131, C. N.) — Nul ne peut exiger, avant son échéance, le remboursement d'une créance hypothécaire, que dans le cas où l'immeuble ou les immeubles affectés à son paiement ont péri ou éprouvé des dégradations telles qu'ils sont devenus insuffisants pour assurer ce paiement ; à moins cependant que le débiteur ne consente légalement, sur ses autres immeubles présents et libres, et, en cas d'insuffisance, sur ceux qu'il pourra acquérir par la suite, un supplément d'hypothèque qui assure le paiement de la créance.

Suite,

ART. 37. (Art. 2131, C. N.) — Nul ne peut demander en justice un supplément d'hypothèque, que dans les cas où les immeubles affectés au paiement de sa créance sont devenus insuffisants, ainsi qu'il est dit en l'art. 36 ci-dessus.

Constitution d'hypothèques par actes faits à l'étranger.

ART. 38. (Art. 2128, C. N.) — Nul ne peut, par un acte même authentique passé à l'étranger suivant les lois du pays, constituer une hypothèque sur ses immeubles situés en France ; — à moins que les traités ou les lois politiques n'en aient autrement ordonné (1).

_____

(1) Au point de vue exclusif des principes de l'art. 3 du Code Napoléon nous avons, sous le no 123, page 158, admis que, par le fait de leurs mariages, les femmes étrangères acquièrent, sur les immeubles que leurs maris possèdent en France, une hypothèque pour la garantie de leurs dots, lorsque toutefois cette hypothèque se trouve, par l'intention explicite ou présumée des parties, dans les effets de leurs conventions matrimoniales.

Cette décision que nous a imposée la logique de notre théorie sur l'art. 3 (V. no 93 et 97), doit être maintenue en ce qui concerne les femmes françaises ou étrangères qui épousent en France, des étrangers ; — quand à celles dont le mariage est célébré à l'étranger, — les idées politiques qui, dans les art. 8 et 2128 du C. Nap., ont malheureusement déterminé le législateur à refuser aux contrats passés à l'étranger les effets juridiques que les principes en auraient déduits, nous obligent à modifier quelque peu notre solution première et à reconnaître, à ce point de vue spécial des mariages célébrés à l'étranger, que l'hypothèque, garantie de la dot, qui pourra en résulter, ne portera sur les immeubles que les maris possèdent en France que sous cette double condition, savoir :

1o Que cette hypothèque se trouvera, ainsi que nous l'avons dit sous le

CHAPITRE III. DE LA TRANSMISSION OU DISPOSITION DU BÉNÉFICE DE PRÉFÉRENCE

RÉSULTANT DES PRIVILÉGES ET DES HYPOTHÉQUES.

Qui peut se prévaloir des hypothèques et des priviléges.

Art. 39. — Nul ne peut réclamer le bénéfice de préférence résultant d'une créance privilégiée ou hypothécaire, que le créancier originaire ou ses représentants, et après lui les personnes ci-après, savoir:

1° Celui ou ceux à qui elle aura été légalement transmise par l'effet, soit d'un partage ou d'une succession, soit d'une donation, soit d'un testament;

2° Celui ou ceux à qui elle aura été légalement cédée;

3° Celui qui aura été légalement subrogé dans le bénéfice du privilége ou de l'hypothèque de ladite créance, ou auquel aura conféré le rang d'antériorité que la loi ou l'inscription lui assurait.

1° Subrogation ou cession des priviléges et des hypothèques.

Art. 40. (Art. 1250, 1278, 1689, C. N. L. 25 mars 1855.) — Nul ne peut subroger un tiers au bénéfice d'une créance privilégiée ou hypothécaire, ni lui céder le rang d'antériorité que la loi ou son inscription lui assure,

1° Que si ce tiers est déjà créancier du débiteur de ladite créance (1),

2° Et si la subrogation ou cession est faite conformément aux art. 1250, 1251, 1278, du C. N. pour la subrogation, et à l'art. 1689 et suivants du même Code pour la cession.

Suite.

Art. 41. — Nul ne peut, à raison d'un privilége ou d'une

n° 123, dans les effets juridiques des conventions matrimoniales;

2° Et ensuite que les traités ou les lois politiques en vigueur auront, à leur égard, levé l'interdit de l'art. 2128 et restitué à ces conventions les effets juridiques que cet article leur refuse.

Dans ce dernier cas, les hypothèques, garantissant les dots étrangères, entreront en France avec les conventions matrimoniales des étrangers, elles y entreront, non seulement comme des hypothèques conventionnelles, mais surtout comme des hypothèques destinées à sauvegarder des dots de femmes mariées, à ce titre, qui prédomine, elles ne pourront produire en France que les effets attachés par la loi française à des hypothèques analogues et de même fin, — ce sera donc par les art. 2121, 2122 et 2135, etc., du C. Nap., que s'en réaliseront les bénéfices, parce que ce sont là les seuls articles qui déterminent l'étendue, le rang et les effets des hypothèques — garantie des dots. Les dispositions de ces articles ne leurs seront, toutefois, applicables que si les conditions d'inscription voulues par les lois françaises ont été remplies. — Même solution pour les hypothèques pupillaires.

C'est ainsi que bien que conventionnelles par leurs principes au regard de la loi française, les hypothèques, garanties des dots des femmes étrangères et des mineurs, produiront en France tous les effets des hypothèques légales — et peuvent leur être assimilées.

(1) Condition forcée de la subrogation.

hypothèque dont le bénéfice lui a été conféré ou le rang d'antériorité cédé, prétendre être payé par préférence,

Soit d'une créance autre que celle en vue de laquelle la subrogation ou cession a été constituée,

Soit d'une créance supérieure à celle dont le privilége ou l'hypothèque aurait, en définitive, assuré le paiement (1).

Suite.

ART. 42. — Nul ne doit réclamer, au préjudice de celui qu'il a subrogé dans le bénéfice de la créance privilégiée ou hypothécaire ou à qui il a cédé son rang d'antériorité, le bénéfice de préférence résultant de ladite créance alors privée de ses garanties.

Cession et subrogation des hypothèques légales des mineurs.

ART. 43. (Arg. Art. 2141, C. N.) — Les mineurs, même émancipés, ni les interdits ne peuvent renoncer à leur hypothèque légale au profit de leurs tuteurs (2).

Ils ne peuvent y renoncer au profit des tiers que par voie de subrogation de ces tiers dans le bénéfice de cette hypothèque, ou par la cession du rang d'antériorité que la loi ou son inscription lui assure.

Ils ne doivent pas, toutefois, réaliser lesdites cessions sans l'autorisation et l'assistance de leurs tuteurs ou curateurs en exercice, lesquels ne peuvent les autoriser, ni les assister, ni effectuer pour eux lesdits actes, sans y avoir été, eux-mêmes, autorisés par délibération du conseil de famille homologuée par le tribunal.

Cession et subrogation de l'hypothèque légale des femmes mariées.

ART. 44. (Arg. Art. 2140 C. N. L. 25 mars 1855.) — Les femmes ne peuvent, ni avant, ni pendant leur mariage, renoncer à leur hypothèque légale au profit de leurs maris (3).

Elles ne peuvent y renoncer au profit des tiers que par voie de subrogation de ces tiers dans le bénéfice de cette hypothèque ou par cession du rang d'antériorité que la loi ou son inscription lui assure, et sous les conditions ci-après, savoir :

1. *Mariées sous le régime dotal*, — Elles ne peuvent les actes ci-dessus que dans les cas suivants (4), savoir :

---

(1) Opinion consacrée par la jurisprudence. V. MM. Aubry et Rau sur Zachariæ, dernière édition, t. ii, p. 888 et suivantes ; — Paul Pont. Priviléges et hypothèques, no 481, p. 475.

(2) (3) En autorisant la restriction des hypothèques légales (art. 2140 et 2141), la loi en prohibe implicitement la renonciation, puisqu'elle exige que les immeubles, sur lesquels elles seront restreintes, soient suffisants pour la garantie des droits des mineurs et des femmes mariées.

(4) La loi du 25 mars 1855, porte : art. 7. « dans les cas où les femmes mariées peuvent céder leur hypothèque légale ou y renoncer. » — L'article reconnaît ainsi qu'il est des cas où les femmes peuvent céder leur hypothèque, et d'autres où cela leur est interdit, mais ni l'article, ni la loi où il a sa place, ni aucune autre disposition de notre législation, ne font connaître ces cas. — Le

1° Si elles se sont expressément réservées par leur contrat de mariage , la faculté de faire lesdits actes;

2° Dans le *cas contraire* , elles ne pourront renoncer à leur hypothèque légale que relativement aux biens ci-après , savoir :

   a). — A leurs *biens paraphernaux* ou à ceux de leurs biens déclarés , par leur contrat de mariage, aliénables sans emploi, ni remploi;

   b). — A ceux de leurs autres biens qu'elles auront expressément déclarés, par le contrat de mariage, susceptibles d'être hypothéqués;

   c). — Et à ceux de leurs biens même stipulés *inaliénables*, et non *susceptibles d'être hypothéqués*, mais seulement lors quelles auront été autorisées par le tribunal, à les hypothéquer ou aliéner dans les cas de l'art. 22 ci-dessus.

II. *Mariées sous tout autre régime que le régime dotal*, — elles peuvent les actes ci-dessus ; — sauf pour ce qui concerne l'hypothèque légale garantissant leurs droits de créance, ou reprises, à raison de ceux de leurs biens qui ont été expressément déclarés *inaliénables* par leur contrat de mariage, et qu'elles n'auraient pas été autorisées à aliéner ou hypothéquer ainsi qu'il est dit ci-dessus.

Néanmoins, dans tous les cas où elles peuvent faire lesdites cessions et subrogations, les femmes mariées (1) ne *doivent pas* les consentir et les réaliser sans avoir obtenu l'autorisation de leurs maris ou de justice ainsi qu'il est dit en l'art. 217 du Code Napoléon.

Effets et constatations des subrogations et cessions.

ART. 45. (Art. 9, L. du 25 mars 1855.) — Nul ne peut réclamer le bénéfice d'une hypothèque ou d'un privilége auquel il aura été renoncé à son profit, qu'à la charge, par lui, de justifier :

législateur, comme toujours, s'en est remis à la jurisprudence du soin de compléter son œuvre et de préciser la régle dont il s'est borné à supposer l'existence, ou du moins la possibilité de la dégager des précédents judiciaires ; — notre article, au risque d'encourir un autre reproche, est plus complet, il indique les cas entrevus par le législateur, d'après la jurisprudence. V. Cass., 4 juin et 2 juillet 1866 et un article de M. Gérardin, dans la *Revue de législation*, t. xxx, p. 97. — Jugé que la faculté d'aliéner les biens dotaux emporte pour la femme celle de subroger dans l'effet de son hypothèque légale ou d'en céder l'antériorité. Bordeaux, 16 août 1853. (S. V. 54.2.263.) — Cass., 1er juin 1853. (S. V. 53.1.780), *contra*. Cass., 16 décembre 1856. (S. V. 57.1 582.)

(1) Notre article est sanctionné à la fois par la nullité absolue et par la nullité relative ; — si une femme mariée cède son hypothèque légale garantissant un *bien dotal inaliénable*, sa cession sera nulle d'une *nullité absolue* : L'article dit : Les femmes *ne peuvent* ; — si l'hypothèque à laquelle elle renonce, concerne un *bien aliénable*, — l'acte est possible, il ne lui est pas interdit, seulement, si elle réalise la cession sans obtenir l'autorisation de son mari ou de justice, elle aura fait un acte qu'elle ne *devait pas faire*... alors *nullité relative*.

Quand à la question de savoir si la clause de dotalité peut se concilier avec le régime de la communauté et *vice versa*, ainsi que nous l'avons admis, voir Paul Pont, traité des hypothèques, t. i, n° 451.

1° Que la subrogation ou cession qui lui transfère ce bénéfice a été constatée par acte authentique, ou se trouve constatée par des mentions ou constatations d'un acte authentique,

2° Et qu'inscription a été régulièrement prise à son profit en temps utile sur le débiteur en vertu dudit acte, ou que mention desdites cessions ou subrogations a été faite en marge de l'inscription préexistante de l'hypothèque ou du privilége.

CHAPITRE IV. DE L'INSCRIPTION DES PRIVILÉGES DES HYPOTHÈQUES.

ART. 46. (Art. 2106, 2114, 2154, C. N.) — Nul ne peut prétendre avoir conservé le bénéfice de préférence résultant d'une créance privilégiée ou hypothécaire non dispensée d'inscription qu'à charge par lui de justifier (1) :

1o Qu'inscription en a été régulièrement faite dans les délais fixés par la loi ainsi qu'il est dit en l'art. 3,

2o Et, s'il y a lieu, que cette inscription a été ensuite renouvelée avant l'expiration de 10 années, et ainsi de suite avant l'expiration de toute période de 10 années à partir de la dernière inscription renouvelée.

ART. 47. (Art. 2146 et 2156 C. N.) — Nul ne peut légalement requérir inscription d'une créance privilégiée ou hypothécaire, ou sa radiation, qu'en se conformant aux conditions auxquelles la loi a subordonné ces inscriptions ou ces radiations, ainsi qu'aux dispositions réglementaires du Code des conservateurs des hypothèques (2) concernant les inscriptions ou radiations.

(1) Nous aurions aussi bien pu mettre : qu'à cette double condition, au lieu de : qu'à charge de ; à charge de justifier... m'a paru une rédaction plus pratique.

(2) Cette disposition implique un code des conservateurs des hypothèques — Dans ce code, dont l'exécution n'a, en lui-même, rien d'impossible, trouveraient leur place les nombreuses dispositions du Code Napoléon concernant les inscriptions hypothécaires et leurs radiations.—La rédaction de ces dispositions, dans notre système, se réaliserait par la formule : Les conservateurs des hypothèques devront.... avec indication des formalités exigées pour la tenue des registres, les conditions des inscriptions, le mode de ces inscriptions, etc., notre intention était bien de pousser jusque là l'expérimentation de nos formules; — mais la fatigue qu'entraîne la mise à fin de l'œuvre que nous avons entreprise, nous oblige d'abréger .... nous sommes à bout de force, et d'ailleurs ce surcroît de rédaction, qui n'ajouterait rien à notre démonstration, manquerait d'intérêt.

CHAPITRE V. DE LA RÉDUCTION DES HYPOTHÉQUES.

1. Réduction volontaire ou restriction volontaire

De l'hypothèque légale des mineurs.

ART. 48. (Art. 2140, 2145 C. N.) — Les mineurs, même émancipés, et les interdits ne peuvent, en aucun cas, consentir ni qu'il ne sera pris aucune inscription de leur hypothèque légale sur les biens de leurs tuteurs, ni qu'il n'en sera pris qu'une inscription restreinte.

Leurs parents, en conseil de famille, pourront seuls consentir et effectuer la réduction ou restriction de leur hypothèque légale en déclarant dans l'acte de nomination être d'avis,

Soit qu'il ne sera pris inscription sur certains immeubles desdits tuteurs,

Soit qu'il ne sera pas pris inscription que sur certains de leurs immeubles.

De l'hypothèque légale des femmes mariées.

ART. 49. (Art. 2140, 2145 C. N.) — Les femmes ne peuvent, ni avant, ni après leur mariage, consentir à ce qu'il ne soit pris aucune inscription de leur hypothèque légale sur les biens de leurs maris.

Elles ne peuvent en consentir et effectuer la réduction ou restriction que si elles sont *majeures* et sous les conditions ci-après, savoir (1) :

I. — *Avant le mariage,* — à la condition de déclarer, par une clause expresse de leur contrat de mariage, qu'elles consentent formellement,

Soit que l'inscription de leur hypothèque légale sera restreinte à tels ou tels immeubles déterminés et désignés ;

Soit qu'elle ne portera que sur tels ou tels autres immeubles déterminés et désignés ;

Et à la condition expresse, pour la validité de cette restriction, que les immeubles sur lesquels l'inscription aura été restreinte seront d'une valeur suffisante pour la garantie de la dot de la femme, de ses reprises et conventions matrimoniales ;

II. — *Pendant le mariage,* elles ne peuvent que donner leur consentement à la réduction de l'hypothèque légale pour la validité de la demande de leurs maris tendant à faire prononcer judiciairement cette réduction (V. l'article suivant § II, lett. *c.*) (2)

De l'hypothèque légale des personnes morales.

ART. 50. — L'Etat, les départements, les communes et les établissements publics, ou leurs administrateurs, ne peuvent consentir ni qu'il ne sera pris aucune inscription de leur hypothè-

(1) Mineures, elles ne peuvent pas consentir cette restriction.
(2) Question controversée. (V. Paul Pont. *Loco citato,*

que légale sur les biens de leurs receveurs comptables, ni qu'il n'en sera pris qu'une inscription restreinte.

II. Réduction ou restriction judiciaire.

Qui peut la demander.

ART. 51. (Art. 2140, 2145, 2161 et suiv. C. N.) — Nul ne peut demander en justice la réduction ou restriction des hypothèques générales, légales ou judiciaires, que les personnes ci-après, aux conditions sous indiquées, savoir :

I. — En ce qui concerne l'hypothèque légale *des mineurs et des interdits,*

Leurs tuteurs, peuvent seuls en demander la réduction ou la restriction, à charge par eux :

1° De former leur demande, contre le subrogé-tuteur, devant le tribunal compétent,

2o Et de justifier,

    a). — Que leur demande a été précédée de l'avis du conseil de famille par eux consulté sur l'opportunité d'une réduction de l'hypothèque légale de leurs pupilles ;

    b). — Que cette hypothèque n'a pas été déjà restreinte par l'acte de leur nomination ;

    c). — Quelle excède notoirement les sûretés suffisantes pour leur gestion (1);

    d). — Que les immeubles, sur lesquels ils demandent que l'inscription en soit restreinte, sont suffisantes pour la pleine garantie des droits des mineurs et des interdits (2).

II. — En ce qui concerne *l'hypothèque légale des femmes mariées,*

Leurs maris peuvent seuls en demander la réduction ou la restriction, à charge par eux :

1o De former leur demande contre le procureur impérial devant le tribunal compétent ;

2o Et de justifier :

    a). — Qu'ils ont préalablement pris l'avis des quatre plus proches parents de leurs femmes, réunis en conseil de famille, sur la réduction de leur hypothèque légale ;

    b). — Que cette hypothèque n'a pas été déjà restreinte par le contrat de mariage ;

    c). — Que leurs femmes, si elles sont majeures, consentent à la restriction demandée ;

    d). — Que la valeur de leurs immeubles excède notoirement les sûretés exigées pour la conservation entière des droits, dot et reprises de leurs femmes (3):

    e). — Que les immeubles, sur lesquels ils demandent que l'inscription hypothécaire soit restreinte, sont suffisants pour l'entière garantie de leurs intérêts (4).

(1) (2) (3) (4) Voir note sous le § IV. Lettres *c* et *d.*

III. — En ce qui concerne l'*hypothèque légale de l'Etat, du département, des communes, etc.*

Leurs receveurs comptables pourront seuls en demander la réduction ou la restriction, à charge par eux de former leur demande devant la cour des comptes, et de se conformer aux dispositions des lois spéciales.

IV. — En ce qui concerne les *hypothèques judiciaires,*

Les débiteurs sur lesquels inscription en a été prise pourront seuls en demander la réduction ou la restriction, à charge par eux,

1º De former leur demande contre les bénéficiaires desdites hypothèques, devant le tribunal compétent,

2º Et de justifier :

a). — Que l'hypothèque n'a pas été déjà conventionnellement ou judiciairement restreinte ;

b). — Qu'elle résulte d'un jugement portant condamnation de payer une redevance annuelle, et qu'elle n'est destinée qu'à en assurer le paiement (1) ;

c). — Que l'inscription de ladite hypothèque porte sur plus de domaines qu'il n'est nécessaire à la sûreté du paiement de la redevance, et que la valeur d'un seul ou de quelques-uns excède de plus d'un tiers, en fonds libres, le montant du capital de la créance d'annuité (2) ;

d). — Que la valeur des immeubles, sur lesquels ils demandent que l'inscription soit restreinte, est plus que suffisante pour assurer le paiement de la redevance (3).

Les hypothèques spéciales ne sont point réductibles.

ART. 52. (Art. 2161 § 2. — 2143, C. N.) — Nul ne peut demander la réduction ou restriction d'une hypothèque conventionnelle ou spéciale, ni la réduction des priviléges spéciaux.

Juridictions compétentes.

ART. 53. (Art. 2161 *in fine,* 2159, C. N.) -- Nul ne peut demander la réduction ou restriction judiciaire des hypothèques générales que devant les juridictions ci-après, savoir :

I. — En ce qui concerne les *hypothèques légales de l'Etat, des départements, des communes et des établissements publics,* devant la cour des comptes ; (Art. 15. L. du 16 sept. 1807.)

II. — En ce qui concerne les autres *hypothèques légales et les hypothèques judiciaires,* devant le tribunal de première instance dans le ressort duquel l'inscription a été faite, si ce

(1) Plusieurs auteurs professent que les hypothèques judiciaires ne peuvent être restreintes que lorsqu'elles s'appliquent à la garantie des redevances annuelles.

(2) (3) Ces conditions de la demande en réduction, impliquent un article pour faire connaître aux juges d'après quelles règles ils doivent évaluer la valeur des immeubles, cet article, dont la place serait dans le Code des Juges, se déduirait des articles 2164 et 2165 du Code Napoléon.

n'est lorsque cette inscription a eu lieu pour sûreté d'une condamnation éventuelle ou indéterminée, sur l'exécution ou liquidation de laquelle le débiteur et le créancier prétendu sont en instance ou doivent être jugés dans un autre tribunal, auquel cas la demande doit y être portée.

Ou encore devant le tribunal élu, s'il y a eu élection de juridiction par le créancier et le débiteur en cas ou en prévision de de contestations.

CHAPITRE VI. -- DE LA REVENDICATION DES MEUBLES D'UN DÉBITEUR PAR SES CRÉANCIERS PRIMÉS PAR UN PRIVILÉGE PRÉFÉRABLE.

ART. 54. (Art. 2102 n° 1, C. N.) — Les créanciers d'un locataire d'une maison ou d'une ferme ne peuvent demander la résiliation de son bail, ni revendiquer, contre le propriétaire ou locateur, le droit d'en faire profit pendant le restant de sa durée, que dans les cas et sous les conditions de l'art. 4 du Code. des juges ci-dessus.

ART. 55. (Art. 2102, n° 1, § 5. C. N.) — Nul ne peut revendiquer la possession des objets mobiliers ayant garni les lieux loués, et déplacés sans le consentement du propriétaire ou locataire principal, que ce propriétaire ou locateur et dans les cas et sous les conditions de l'art. 5 du C. des juges, ci-dessus.

ART. 56. (Art. 2102, n° 4, C. N.) — Nul ne peut revendiquer la possession d'objets vendus et non payés, ou s'opposer à leur revente par les créanciers de qui les a achetés, que le vendeur non payé et dans les cas et sous les conditions de l'art. 6 du Code des juges, ci-dessus.

II. LOIS DE PROCÉDURE

JUDICIAIRE

OU

DISPOSITIONS RÉGLEMENTAIRES DU POUVOIR DES JUGES

A classer au Code des Juges

TITRE I· DU BÉNÉFICE DE PRÉFÉRENCE DES CRÉANCES HYPOTHÉCAIRES ET PRIVILÉGIÉES.

CHAPITRE I -- ÉNUMÉRATION DES CRÉANCES PRIVILÉGIÉES SUR LES MEUBLES.

ART. 1. (Art. 2101, 2102, C. N.) — Les présidents et juges devront,

Lorsqu'en vue de distribuer, entre plusieurs créanciers, le prix des *biens meubles* d'un débiteur, il s'agira de déterminer le classement des créances produites dont ce prix est le gage,

Privilèges généraux sur les meubles. — 1re Classe.

I. (Art. 2101 C. N.) — Admettre, dans la classe et sous le titre des créances *privilégiées sur la généralité* des biens meubles :

1º Les frais de justice (1) ;

2º Les frais funéraires;

3º Les frais quelconques de la dernière maladie concurremment entre ceux à qui ils sont dus;

4º Les salaires des gens de service, pour l'année échue et ce qui est dû sur l'année, concurremment avec les suivants, savoir :

   a). — Les salaires acquis aux ouvriers employés directement par le failli pendant le mois qui aura précédé la déclaration de faillite, (Art. 549, C. de Com.)

   b). — Et les salaires dus aux commis du failli pour les six mois qui auront précédé la déclaration de faillite ; (Art. 549, C. de com.)

5º Les fournitures des subsistances faites au débiteur et à sa famille, — pendant les six derniers mois, — par les marchands en détail : bouchers, boulangers et autres, — et, pendant la dernière année, par les maîtres de pension et par les marchands en gros.

2e Classe.

II. — (L. du 5 sept. 1807). — Admettre, sous le titre et dans la classe des *frais particuliers de justice privilégiés sur la généralité* des biens meubles :

1º Les sommes dues pour la défense personnelle des condamnés, d'après le réglement qui en sera fait, en cas de contestation de la part de l'administration des domaines, par le tribunal qui a prononcé la condamnation ; (Art. 2.)

---

(1) L'art. 774. du C. de Proc. civ., en disant que l'acquéreur sera colloqué par préférence pour les déboursés qu'il indique, semble lui reconnaître un droit de priorité sur les autres frais de justice : c'est là, toutefois, moins l'effet du privilége que du droit de retention et de compensation entre le prix dû par l'acquéreur et les frais par lui payés.. La question d'ailleurs importe peu, quel que soit leur rang, tous ces frais sont toujours payés.

2° La créance du Trésor pour le remboursement des frais dont la condamnation a été prononcée à son profit en matière criminelle, correctionnelle et de police ; (Art. 1 et 2. L. du 5 sept. 1807.) — (Voir n°s 3 et 4 du § V ci-dessus.)

3e Classe.

III. (Art. 2098 C. N.) — Admettre, sous le titre et dans la classe des créances *privilégiées du Trésor sur la généralité* des biens meubles :

1° La créance du Trésor public, sur *tous* les meubles et autres effets mobiliers des redevables, en quelque lieu qu'ils se trouvent, pour le recouvrement *des contributions directes mobilières, des portes et fenêtres, des patentes et de toutes contributions directes personnelles,* autres que les contributions foncières, — et seulement pour ce qui est dû de l'année échue et sur l'année courante ; (Art. 1, L. du 12 nov. 1808.)

2° La créance du Trésor pour le recouvrement *des droits de timbres et des amendes* de contraventions y relatives; (Art 76, L. du 28 avril 1816.)

3° La créance *de la régie des contributions indirectes,* sur les biens meubles des redevables, pour le payement *des droits;* (Art. 47, décret 1 germ. an XIII.)

4° La créance *de la régie des douanes,* sur les biens meubles des redevables et sur ceux de leurs cautions, pour le payement *des droits;* (Art. 22, déc. 6-22 août 1791;)

5° La créance du Trésor (*de la régie des contributions indirectes*), (Art. 47 décret du 1 germ. an XIII) et de *la régie des douanes* (Art. 22 déc. 22 août 1791) à raison de la gestion (et du débet) de ses comptables; — sur *tous* leurs biens meubles, même à l'égard de leurs *femmes séparées de* biens pour les meubles trouvés dans les maisons d'habitation du mari comptable; à moins qu'elles ne justifient légalement que ces immeubles leur sont échus de leur chef ou que les deniers employés à leur acquisition leur appartenaient; (Art. 2 l. du 5 sept. 1807.) — (2)

Priviléges spéciaux. — 1re Classe.

IV. (Art. 2102, C. N.) — Admettre sous le titre, et dans la

---

(1) Quand à la créance du Trésor pour droit de mutation, il ne résulte pas assez clairement des art. 15 et 32 de la loi du 22 frim., an VII, qu'elle soit privilégiée pour la comprendre dans notre énumération; — l'art. 33 accorde bien une action avec droit de suite, mais non un droit de préférence. *Sic.* Paul Pont, traité des priviléges.

(2) Il me semble que la généralité des termes de l'art. 2 de la loi du 5 septembre 1807, que nous reproduisons, comprend et absorbe suffisamment les priviléges conférés aux régies des contributions indirectes et des douanes sur les biens meubles de leurs comptables pour leur débet, pour voir dans les lois spéciales qui l'ont conféré, un privilége distinct qui rende nécessaire la reproduction des termes de ces lois; la loi de 1808 les reproduit et les complète.

classe des créances privilégiées sur *certains meubles*, les créances suivantes, sur le prix des biens mobiliers ci-après affectés à leur paiement, savoir :

1° Sur le *prix des récoltes*, fruits, loyers et revenus des biens immeubles soumis à la contribution foncière : — La *créance du Trésor*, pour le recouvrement du montant de la *contribution foncière* desdits immeubles pour l'année échue et pour l'année courante; (Art. 1. L. du 12 nov. 1808.)

2° Sur le *prix des fruits* de la *récolte de l'année*, — les frais et créances ci-après, savoir : (Art. 2102 C. N.)

a). — Les frais faits pour les couper, recueillir et engranger;

b). — Les créances pour le prix non payé de leurs semences et des engrais;

c). — La créance du propriétaire ou locateur des biens qui les ont produits, ainsi qu'elle sera fixée sous le n° 6, ci-dessous (1) ;

3° Sur les récoltes ou *revenus des terrains drainés*, — les créances ci-après, savoir : (L. 16 juillet 1866.)

a). — La créance du Trésor pour le montant de l'annuité échue et de l'année courante des intérêts des prêts faits par l'Etat pour leur drainage; (Art. 3).

b). — La créance des syndicats pour le recouvrement de l'annuité échue et de l'annuité courante de la taxe d'entretien : (Art. 4.)

A la condition, pour l'Etat et les syndicats, d'avoir fait préalablement constater, par un procès-verbal, l'état des terrains à drainer relativement aux travaux de drainage à exécuter; — d'en déterminer le périmètre et d'en estimer la valeur actuelle d'après les produits, conformément à la loi du 16 juillet 1856, (Art. 6).

4° Sur *le prix des ustensiles* servant à l'exploitation de *la ferme* — les créances ci-après, savoir : (Art. 2102).

a). — La créance du vendeur desdits ustensiles à raison de leur prix encore dû;

b). — La créance du propriétaire ou locateur de la ferme fixée sous le n° 6 ;

5° Sur le *prix des choses pour la conservation* desquelles il a été fait des frais ou des travaux : — la créance pour le paiement de ces frais ou de ces travaux (Art. 2102.)

6° Sur le prix de *tout ce qui garnit la ferme* ou la maison louée, — les créances ci-après, savoir : (Art. 2102.) ;

a). — Dans le cas où il y a *bail avec date certaine* : La créance du propriétaire ou locateur pour le montant de tous les termes échus ou à échoir ;

(1) Le privilége du propriétaire ne porte que sur les récoltes coupées et engrangées, (V. n° 5) lesquelles peuvent alors être considérées comme garnissant la ferme, car c'est parce qu'ils sont alors objets mobiliers garnissant la ferme, la que le privilége des propriétaires atteint les fruits et récoltes qui s'y trouvent.

b). — Dans les cas où *il n'y a pas bail à date certaine*, — la créance dudit propriétaire ou locateur pour le montant seulement des termes dus sur l'année courante et ceux d'une année à échoir desdits loyers et fermages ;

c). -- La créance dudit propriétaire ou locateur à raison des réparations locatives et pour tout ce qui concerne l'exécution du bail ;

7º Sur le *prix de la chose remise en gage* à un créancier qui est encore nanti : — La créance dont elle est le gage ;

8º Sur le *prix de la chose vendue et non payée*, lorsqu'elle se trouve encore en la possession de l'acquéreur dans l'état où elle lui a été livrée : — La créance du vendeur non payé et non rentré par voie de revendication en possession de sa chose vendue ;

9º Sur le *prix des effets des voyageurs* transportés dans l'auberge : — La créance de l'aubergiste pour ses fournitures à ces voyageurs ;

10º Sur le *prix de la chose voiturée* : — La créance du voiturier pour ses frais de voiture et les dépenses accessoires ;

11º Sur les *fonds des cautionnements* des fonctionnaires, des comptables publics et des officiers ministériels et sur les intérêts dus de ces cautionnements : (L. du 25 nov., an XII).

a). — Les créances résultant des faits de charges : abus et prévarications ; (Art. 2102.)

b). — Les créances du Trésor spécifiées sous le nº 2 du § III précédent (1) ;

c). — Les créances de ceux qui ont prêté les fonds du cautionnement pour le remboursement de ce qui leur est encore dû : (L. 25 niv., an XIII, art. 1.)

d). — La créance de l'Etat, des communes, des départements et des établissements publics, à raison de la comptabilité et du débet de leurs comptables (2) ; (Art. 31. 5 sept. 1808.)

12º Sur les *biens meubles d'une succession* : — Les créances et legs de ceux qui, créanciers ou légataires du défunt débiteur, ont demandé la séparation de son patrimoine, conformément à l'art. 876 du C. N. d'avec celui de l'héritier ou légataire auquel ils sont échus ; (V. au nº 2 du § I de l'article suivant et la note.)

2ᵉ Classe.

V. (Art. 714 et 774 C. de proc. civ.) — Admettre, sous le titre

(1) La créance du Trésor, pour le recouvrement des droits de timbre et des amendes, étant privilégiée sur *tous les biens* de ceux qui en sont débiteurs, porte, par voie de conséquence, sur les cautionnements qu'ils ont pu fournir, lesquels font partie de leurs biens.

(2) Cette créance ayant pour gage la totalité des biens des comptables, voir le nº 5 du § III qui précède, leur cautionnement, qui fait partie de leurs biens, est par conséquent affecté par le privilége de l'État, des communes, etc.

et dans la classe des *frais extraordinaires* de procédure *privilégiées* sur *certaines* sommes déterminées, les créances de frais suivantes — sur les sommes ci-après spécifiées, affectées à leur paiement, savoir :

1° Sur le *prix des immeubles* (1) *aliénés* ou *donnés* ou *légués* à *titre particulier* par le débiteur, lorsqu'il n'y aura pas eu surenchère du dixième (2) : — La créance de l'acquéreur ou du donataire ou du légataire pour le remboursement du coût de l'extrait des inscriptions et dénonciation de son titre aux créanciers inscrits et de ceux de production pour le recouvrement de ces frais ; (Art. 2183 C. N., 774 du C. de proc. civ.)

2° Sur le *prix des immeubles* du débiteur *vendus par expropriation forcée* (3) : — La créance de l'adjudicataire pour le remboursement des frais extraordinaires de poursuites, lorsque le jugement aura décidé qu'ils seraient payés par privilége et préférence à tous autres ; (Art. 714 C. de proc. civ.)

3° *Sur la partie du cautionnement versé ou soumissionné* pour la mise en liberté provisoire des inculpés et destiné à garantir leur représentation à tous les actes de la procédure et pour l'exécution des jugements : — Les droits de l'Etat au cas où les inculpés ne se seront pas représentés, ainsi qu'il est dit aux art. 114-120 et 122 du C. d'inst. crim. (3) ;

4° *Sur la partie de ces mêmes cautionnements* affectée au payement des frais, avances et amendes, ainsi qu'il est dit en l'art. 114 du C. d'inst. crim ; — les créances suivantes, savoir :

a). — La créance de l'Etat pour le remboursement des frais de la partie publique ;

b). — La créance de la partie civile pour ses frais et restitutions ;

c). — Et la créance de l'Etat pour le paiement des amendes;

---

(1) Ces priviléges ont cela de particulier, qu'ils affectent des prix de vente d'immeubles, considérés comme somme d'argent mobilière, et qu'ils ne peuvent sortir à effet et venir qu'en préférence des créances sur les immeubles vendus.

(2) S'il y a surenchère, le surenchérisseur paye ces frais.

(3) Avant les modifications du titre sur la mise en liberté provisoire, la loi accordait à l'Etat un privilége sur les immeubles des cautions de l'inculpé ; il n'en est plus ainsi aujourd'hui ; — l'Etat a bien un droit de préférence sur la somme soumissionnée, mais il ne lui est accordé aucun privilége sur les biens du soumissionnaire ; — ce dernier, aux termes de l'art. 122 du Code d'Instruction criminelle, sera exécuté par la voie de contrainte.

Observation.

L'article précédent, si long qu'il soit, ne donne cependant pas l'énumération de toutes créances que notre législation déclare être privilégiées ; — sans parler de celles qui, au nombre de onze, énumérées en l'art. 191 du Code de Commerce, sont privilégiées, soit sur le navire, soit sur le fret, soit sur le chargement, — nous aurions à ajouter pour être complets :

1° Les créances privilégiées des ouvriers employés par les entrepreneurs des travaux de l'État, sur les sommes dues par l'État à ces entrepreneurs. (*Décret, 28 pluviose, an* II;)

2° Les créances des sous-traitants sur les sommes dues par l'État aux traitants pour fournitures militaires. (*Décret, 12 déc. 1806 ;*)

3° Certaines créances privilégiées en matière commerciale. (*Art. 93.271.280.307 C. Com. ;*)

4° Et certains priviléges de la ville de Paris, sur les bouchers et les boulangers ; (V. art. 31, décret du 9 février 1811, — et art. 4. Loi du 15 mai 1813, — et le privilége des facteurs de la halle aux farines de Paris, V. le décret du 27 février 1811 ;

5° Les créances de l'État ou des particuliers, pour les dépens, dommages-intérêts et amendes auxquels auraient été condamnés les gérants des journaux politiques, lesquels sont privilégiées sur leurs cautionnements. (*Art. 3. L. du 9 juin 1819 et art. 13 L du 18 juillet 1828.*)

Mais cela n'aurait rien ajouté à notre démonstration.

CHAPITRE II. -- ÉNUMÉRATION DES CRÉANCES PRIVILÉGIÉES SUR LES IMMEUBLES, ET DES CRÉANCES HYPOTHÉCAIRES

ART. 2. (Art. 2101-2103 C. N.) — Les présidents et juges devront :

Lorsqu'en vue de distribuer, entre plusieurs créanciers, le prix des biens immeubles de leur débiteurs et de leurs fruits immobilisés, il s'agira de déterminer le classement des créances produites dont ce prix est le gage,

Priviléges généraux sur les immeubles.

J. (Art. 205 C. N.) — Admettre dans la classe et sous le titre des *créances privilégiées sur la généralité des biens immeubles*, les créances suivantes :

1º *Les créances énumérées sous le § I de l'article précédent* que le prix des biens meubles du débiteur n'aura pas suffi à payer (1) ;

2º *La créance désignée sous le nº 1 du § II de l'article précédent*, si le prix des biens meubles du débiteur n'a pas suffi à la payer (1);

    A la condition, toutefois, que ces diverses créances, dispensées d'inscription, auront été *présentées ou produites* avant la clôture de l'ordre ouvert pour la distribution du prix desdits immeubles; (Art. 717 C. de proc. civ. § 70.) V. *infra*, § VIII.

3º La *créance spécifiée sous le nº 2 du § II de l'article précédent*; à la condition d'avoir été régulièrement inscrite dans les délais ci-après fixés.

Priviléges spéciaux.

II. (Art. 2103, C. N.) — Admettre, sous le titre et dans la classe des *créances privilégiées sur le prix de certains immeubles*, les créances suivantes pour être payées sur le prix de ces immeubles ci-après affectés à leur paiement, savoir :

1º Sur le prix des immeubles désignés sous les nºs 1 et 2 du § V de l'article précédent : — Les *créances de frais qui y sont spécifiées*; à condition que ces créances, dispensées d'inscription auront produites dans l'ordre en temps utile ; (Art. 717 C. proc. civ.)

2º (Art. 2111 C. N.) — Sur les immeubles d'une succession échue au débiteur : — Les *créances et legs de ceux qui,*

---

(1) L'art. 2105 du C. Nap. porte que ces créances ne seront colloquées, en priviléges, sur le prix des meubles, que si le prix des meubles du débiteur sont insuffisants pour les acquitter. — Si elles n'ont pas été produites lors de la distribution du prix du mobilier, elles ne seront admises sur le prix des immeubles, qu'après les créances hypothécaires. Elles ne sont privilégiées sur les immeubles, avant toutes autres, « qu'à défaut de mobilier, » *infine* Art. 7, § IX, nº 2.

créanciers ou légataires du défunt, auront, pour conserver le droit d'être payés sur ces immeubles avant les créanciers du débiteur, son héritier ou représentant, *demandé la séparation du patrimoine* dudit défunt, conformément à l'art. 878 du C. N. (1), *et requis inscription, sur chacun des immeubles* de la succession dans les délais fixés au n° 6 du § III ci-après (2) ; (Art. 2111, C. N.)

3° Sur le prix des immeubles achetés et non payés : — La créance des vendeurs pour leur prix non payé ;

4° Sur le même prix, au lieu et place desdits vendeurs : — *la créance de ceux qui ont prêté les deniers* pour l'acquisition desdits immeubles ou le remboursement des vendeurs, pourvu qu'il soit authentiquement constaté :

a). Par l'acte d'emprunt, que la somme empruntée était destinée à cet emploi et.

b). Par la quittance du vendeur, que le prix de l'immeuble lui a été payé avec les deniers sous condition expresse de subrogation ; (Art. 1250 C. N.)

5° Sur le *prix des biens indivis partagés ou licités : — Les créances des co-héritiers* ou co-partageants, ainsi distinguées, savoir :

A. — Sur les immeubles attribués en partage aux co-partageants : — Leurs créances pour les causes ci-après s,avoir :

a). — Pour le paiement de leurs soultes et retour de leurs lots,

b). — Et pour la garantie du partage ;

B. — Et sur les immeubles licités dont les co-partageants sont restés adjudicataires : — Les créances des autres cohéritiers ou co-partageants pour le paiement du prix des immeubles licités ;

6° Sur la plus-value existante à l'époque des aliénations des immeubles, et résultant des travaux d'édification, de reconstruction, de réparation de bâtiments, canaux et autres ouvrages quelconques : — *Les créances des architectes entrepreneurs, maçons et autres ouvriers* employés à faire ces travaux, pourvu que ces travaux aient été constatés comme il suit, savoir :

a). — Par un procès-verbal dressé, avant les travaux, par un

---

(1) On a contesté et non sans bonnes raisons, la qualité de privilégiées à ces créances ; on pourrait en contester le classement dans la catégorie des priviléges particuliers. — Au point de vue du débiteur défunt, le privilége serait peut-être général, mais il est particulier pour le débiteur héritier dans le patrimoine duquel l'universalité des biens du défunt n'est qu'une partie.

(2) L'inscription, pour être efficace, doit être spéciale et indiquer l'espèce et la situation des biens sur lequel frappe le privilége. Lyon, 24 déc. 1862. (S. V. 63.2.159) *Sic*, MM. Aubry et Rau sur Zachariæ, t. v, p. 219, § 619, texte et note 33, *contra*. Jugement de Toulon, du 3 mai 1867. — L'inscription n'est point nécessaire au cas d'acceptation bénéficiaire de la succession. La séparation existant alors de plein droit.

expert nommé d'office par le Tribunal dans le ressort duquel sont situés lesdits immeubles, à l'effet de constater l'état des lieux relativement aux ouvrages que le propriétaire aura déclaré avoir dessein de faire faire ;

b). — Et par un autre procès-verbal dressé, après les travaux, par un expert également nommé d'office pour les recevoir, lequel dressera procès-verbal de leur réception, si les ouvrages sont par lui reçus dans les six mois de leur perfection (1).

Lesdites créances ne devront, toutefois, être admises comme privilégiées, que jusqu'à concurrence des valeurs constatées par ce dernier procès-verbal (2) ;

7° Sur la même plus-value, au lieu et place des ouvriers ci-dessus : — *La créance de ceux qui ont prêté les deniers employés* à les rembourser ou à les payer, pourvu que cet emploi ait été authentiquement constaté, ainsi qu'il est dit au n° 4 ci-dessus par l'acte d'emprunt et la quittance des ouvriers;

8° (Art. 4, L. du 5 sept. 1807). Sur le prix des immeubles acquis à titre onéreux par un comptable du Trésor après sa nomination, et sur le prix de ceux que sa femme, même séparée de biens, a acquis, au même titre, depuis cette époque, et pour lesquels elle ne justifie pas qu'ils ont été payés avec des deniers lui appartenant légitimement : — *La créance du Trésor public* à raison de la gestion dudit comptable (Comp. art. 22, 1. des 6-22 août 1791.)

9° (Art. 23, L. du 16 sept. 1807.) Sur la plus-value des propriétés immobilières résultant de desséchement de marais: *Les créances des concessionnaires et de l'Etat* à raison des indemnités qui leur seraient dues pour les travaux de desséchement exécutés par l'Etat et les concessionnaires ;

10° (Art. 20, L. du 21 avril 1810.) Sur le prix d'une mine concédée : — *La créance de ceux qui justifieront*, par acte public et sans fraude, *avoir fourni des fonds* pour la recherche de la mine ou pour les travaux de construction ou de confection de machines nécessaires à son exploitation, à charge par eux de s'être conformés aux dispositions des n°s 4 et 6 pour les constatations de l'emprunt et de l'emploi des deniers, de l'état des lieux et des travaux faits ;

11° (Art. 3, 1. 27 juillet 1856.) Sur la plus-value des terrains drainés :

(1) Si les travaux ne sont pas jugés recevables par l'expert, il devra le déclarer, et le procès-verbal de réception ne sera pas dressé ; — le privilége alors ne prendra pas naissance.

(2) Nonobstant les termes de l'art. 2103, je crois que ces procès-verbaux sont plutôt destinés à constater le fait de l'existence des travaux, leur importance et les éléments propres à déterminer la plus value, qu'à l'évaluer ; car c'est au tribunal, en cas de contestation, à prononcer à ce sujet et à déterminer le montant de cette plus-value.

22

a). — La *créance des entrepreneurs* pour le montant de leurs travaux, ou en leur lieu et place, celle des prêteurs des deniers employés à les rembourser, à charge par eux de s'être conformés aux dispositions de la loi du 17 juillet pour les constatations (Art. 6) ;

b). — La *créance du Trésor* pour le recouvrement des prêts faits par le Trésor pour le drainage desdits terrains : Sous la condition de s'être conformés aux dispositions de l'art. 6 de la même loi ;

c). — La *créance des syndicats* pour le recouvrement des prêts et avances qu'ils ont pu faire et de la taxe d'entretien, sous la condition des mêmes formalités dudit article 6.

Délais pour l'inscription des priviléges.

III. — Chacune de ces diverses créances assujéties à l'inscription ne devra, toutefois, être admise dans la classe qui lui est assignée qu'à la condition *d'avoir été conservée, comme privilégiée sur les immeubles en distribution, par des inscriptions* faites sur les registres du conservateur de l'arrondissement où ces immeubles sont situés, et ce dans les délais suivants :

A. — Pour *les créances privilégiées par la séparation des patrimoines* (n° 2 du § précédent), — dans les six mois à partir de l'ouverture de la succession du débiteur ou testateur (1). (Art. 2111 C. N.)

Sauf, après ce délai, le bénéfice de l'inscription hypothécaire, si, toutefois, il a été pris inscription dans les délais fixés sous le § VIII, ainsi qu'il est dit au n° 1 du § V.

B. — Pour *les autres créances privilégiées* : — Dans les délais ci-après, en cas de faillite ou d'acceptation bénéficiaire de la succession du débiteur. savoir :

1° *En cas de faillite* : — Avant les dix jours précédant le jour fixé par le tribunal comme étant l'époque de la cessation des payements du débiteur failli, à moins que, pour les créances inscrites après ce délai, il ne soit établi : (Art. 448, C. Com.)

a). — Qu'il ne s'est pas écoulé quinze jours entre la date de l'acte constitutif du privilége et son inscription, avec augmentation de un jour par cinq myriamètres de distance entre le lieu où le privilége a été acquis et celui où il a été inscrit ;

b). — Ou que son inscription faite après ces délais n'a pas été

---

(1) Lorsque l'inscription est faite dans les 6 mois à partir de l'ouverture de la succession, le privilége des cohéritiers rétroagit au jour de son ouverture ; — c'est à cette date qu'il doit être colloqué ; — prise après les 6 mois, l'inscription n'a plus d'effet rétroactif. — les créanciers du défunt et les légataires n' primeront que ceux des créanciers de l'héritier et de ses légataires qui se seront inscrits après eux. V. ci-dessus note 2, sous le n° 2 du § II.

ainsi retardée pour favoriser la dissimulation d'une partie
du passif ou des charges du débiteur (1);

c). — Et que, dans l'un et l'autre cas, l'inscription a été prise
avant le jour où a été rendu le jugement déclaratif de la
faillite du débiteur; (Art. 2146 C. N.),

2° *En cas d'acceptation bénéficiaire* de la succession du
débiteur (2) : — Avant l'ouverture de sa succession; (Art.
2146, C. N.)

C. — En dehors de ces deux circonstances de faillite et de
succession bénéficiaire (3) qui arrêtent le cours des inscriptions, les créances privilégiées dont il s'agit ne devront être
admises, ainsi qu'il a été dit ci-dessus, que si elles ont été inscrites dans les délais spéciaux ci-après, savoir :

1° En ce qui concerne *le privilége du Trésor pour les frais
de justice* spécifiés sous le n° 2 du § II de l'art. 1 ci-
dessus : - dans les deux mois à partir du jugement de
condamnation; (Art. 3, L. 5 sept. 1807.)

Sauf, après ce délai, *le bénéfice de l'inscription*, comme
créance hypothécaire, dans les délais fixés sous le § VIII
pour les inscriptions hypothécaires;

2° Pour le privilége *du vendeur* ou, en son lieu et place,
celui du bailleur des fonds qui ont servi à le payer : —

a). — *Avant la transcription* de l'acte qui a fait sortir l'immeuble par lui vendu du patrimoine de son acquéreur;
(Art. 6. L. 23 mars 1855.)

b). — *Ou avant l'ouverture de la succession* de cet acquéreur,
lorsque, par l'effet d'un legs pur et simple par lui fait
dudit immeuble, il est à ce moment sorti du patrimoine
dudit acquéreur décédé débiteur du prix; (Art. 1014 C. N.)

---

(1) Preuve négative à faire, mais non impossible, par exemple, en cas de
retard occasionné par une force majeure. V. notes sous l'art. 27 de nos lois
civiles ci-dessus.

(2) Ou si elle est vacante. — La jurisprudence est unanime pour cette
addition, par *a fortiori.*

(3) Une grave controverse s'est élevée sur la question de savoir si ces deux
circonstances arrêtaient le cours des inscriptions : POUR LA NÉGATIVE. V. M. Paul
Pont, des priviléges et des hypothèques, n°s 899 et suivants. — Voici quel est
son système : L'art. 2146 ne s'applique pas aux priviléges pour l'inscription
desquels la loi accorde un délai spécial ; ils peuvent être inscrits après le
jugement déclaratif de faillite, si le délai spécial n'est pas alors expiré : — cet
article, d'ailleurs, ne concernant que les inscriptions, ne s'applique pas au
privilége du vendeur qui, après la faillite, peut être conservé par la transcription ; dans tous les cas, son action résolutoire ne serait pas éteinte et le
protégerait suffisamment. POUR L'AFFIRMATIVE : — V. MM. Rivière, questions sur
la transcription, n°s 370 et 376. — Troplong, transcription, n° 282, — Mourlon,
traité de la transcription, n° 645. — MM. Aubry et Rau sur Zachariæ, t. ii, p. 801.
Ces derniers concéderaient cependant que le vendeur, en cas de faillite avant
l'expiration des 45 jours, après la vente faite au failli, conserverait, pour
inscrire utilement son privilége, tout ce qui lui resterait du délai des 45 jours
non écoulé, comme en cas de revente. Dans tous les cas, l'action résolutoire
resterait au vendeur et le garantirait, t. ii, p. 802 et note. V. plus loin, note 3,
sous le § viii, n° 2.

c). — *Ou avant l'expiration des quinze jours* qui ont suivi la transcription du jugement qui a prononcé l'expropriation pour cause d'utilité publique dudit immeuble (Art. 16 et 17 l. 3 mai 1841) ou du traité amiable de vente qui lui est assimilé (1) : (Art. 19 même loi.)

A moins qu'aux époques ci-dessus fixées *il ne se fût pas encore écoulé 45 jours* à partir de l'acte de vente de l'immeuble, auquel cas le délai, pour inscrire utilement le privilége ci-dessus du vendeur ou du bailleur des deniers, sera prolongé jusqu'à l'expiration *de ce 45ᵉ jour* (2); (Art. 7, L. 23 mars 1855.)

3º Pour le *privilége des co-héritiers ou co-partageants*: — *Avant l'expiration des* 60 *jours* qui ont suivi l'acte de partage ou d'adjudication sur licitation desdits immeubles, à moins qu'ils ne soient dans la *quinzaine transférés à des tiers,* auquel cas les créances spécifiées sous le nº 5 du § 11 qui précede ne devront être admises comme privilégiées que si elles ont été inscrites *dans les 45 jours à partir de la transcription* du nouvel acte translatif de propriété desdits immeubles; (Art. 7, L. 25 mars 1855).

Et sauf, en dehors de ce dernier cas, le bénéfice de l'inscription, comme créance hypothécaire , s'il a été pris inscription dans *les délais fixés sous le* § VIII ci-après (Art. 2113 C. N.)

4º Pour le *privilége du Trésor* sur les biens immeubles des comptables publics : — avant l'expiration des deux mois qui auront suivi l'enregistrement de l'acte translatif de la propriété des immeubles par eux acquis (3); (Art. 5, L. 5 sept. 1807.)

(1) Cette loi du 3 mai 1841, est-elle abrogée dans ses art. 16, 17 et 19, par la loi de 1855 sur les transcriptions ?
POUR L'ABROGATION : V. Mourlon, traité de la transcription, I, nº 88.
POUR LE MAINTIEN : — V. MM. Troplong, transcription, nº 103. Bressoles, nº 34 et 37. Rivière et Huguet, nº 563. Gauthier, nº 117 et 158, dans leurs traités sur la transcription; — Cabantous, Revue critique, 1855, p. 92.
(2) Il serait mieux de rédiger comme suit, les 3 dernières lignes de ce §: — « auquel cas, la créance du vendeur ou du bailleur devra encore être admise « comme privilégiée, si elle a été inscrite avant l'expiration de ces 45 jours; —» après ces 45 jours, il ne reste même pas le bénéfice de l'inscription hypothécaire, que l'art. 2113 du C. Nap. accorde, comme dernière ressource, aux priviléges non inscrits dans les délais fixés pour leur conservation, attendu que les délais, fixés pour l'inscription hypothécaire, se confondent alors avec ceux qui sont fixés pour l'inscription du privilége, et qu'après leur expiration on ne peut inscrire utilement ni les créances hypothécaires, ni les créances privilégiées ; mais la créance privilégiée du vendeur non inscrite passant dans la catégorie des créances hypothécaires, il resterait à son bénéficiaire la ressource de se faire encore colloquer dans l'ordre avant les créanciers chirographaires, en produisant avant les délais fixés dans les § VIII, lettres *a* et *b* des divisions A et B. (Art. 717, final, C. de Proc. civ.
« (3) A l'exception, pourrait-on ajouter, du privilége de la régie des douanes, « sur certains immeubles lequel ne devra être admis qu'à la date de son ins-« cription, lorsqu'il aurait été inscrit avant les délais fixés pour l'inscription des « hypothèques. » — La loi des 6.22 août 1791, qui a établi le privilége du Trésor porté sous le nº 8 ci-dessus, n'ayant point déterminé de délais pour son inscription, on doit, pour ce privilége, se guider d'après la règle commune de l'art. 2106 du C. Nap.

Sauf encore, après ce délai, le bénéfice de l'inscription, comme créance hypothécaire, s'il est pris inscription dans les délais ci-après fixés sous le § VIII ;

5° Pour le privilége des *architectes, entrepreneurs, maçons, ouvriers* et des *prêteurs* des deniers spécifié sous le n° 6 du § II précédent, — par l'inscription faite,

   a).— Avant le commencement des travaux, du procès-verbal constatant l'état des lieux, ainsi qu'il est dit sous le même n° 6, avec évaluation approximative des travaux projetés et, par une seconde inscription faite,

   b). —*Dans les délais ci-après fixés* sous le § VIII, du procès-verbal de la réception des travaux dressé, ainsi qu'il est dit sous le même n° 6 du § II précédent *dans les six mois* après leur confection ;

6° Pour le *privilége des concessionnaires de l'Etat* qui ont fait exécuter les travaux de dessèchement de marais : — *par la transcription, dans les délais ci-après fixés* sous le § VIII pour les créances hypothécaires (1), de l'acte de concession ou du décret qui aura ordonné le dessèchement au compte de l'Etat; (Art. 23, L. 16 sept. 1807.)

7° Pour le privilége des *bailleurs de fonds* employés à la découverte, ou à l'exploitation des mines, spécifié sous le n° 10 du § II précédent (2), — *dans les délais ci-après fixés* sous le § VIII pour les créances hypothécaires ;

8° Pour les priviléges sur *la plus-value des terrains drainés*, spécifiés sous le n° 11 du § II précédent : —*Avant l'expiration de deux mois*, (Art. 7, L. du 17 juillet 1856.)

   a). — A *partir du procès-verbal* dressé pour constater l'état des terrains à drainer, relativement aux travaux de drainage projetés et pour en estimer la valeur actuelle d'après les produits : Pour le privilége des entrepreneurs et des prêteurs des deniers employés à les payer (3);

   b). — A *partir de l'acte de prêt* : — Pour le privilége du Trésor prêteur (2) ;

   c). — A *partir de l'arrêté* constitutif des syndicats : Pour leur privilége spécifié sous le n° 11, lettre *c* du § II précédent (4) ;

(1) (2) La loi du 16 sept. 1807 qui établit ce privilége n'ayant point fixé de délais spéciaux pour son inscription, il reste sous l'empire du droit commun ; — les deux priviléges des n° 6 et 7 ci-dessus, peuvent être utilement inscrits sur l'immeuble, tant qu'il ne change pas de mains.

(3) (4) La loi du 17 juillet 1856 a subordonné l'acquisition de ces priviléges à des conditions particulières de constatation et de délais, qui sont : d'avoir fait dresser un procès-verbal de constat déterminant le périmètre et estimant la valeur actuelle des terrains : — s'il s'agit d'un prêt, ce procès-verbal est dressé par un ingénieur ou un homme de l'art, commis par le préfet, assisté d'un expert commis par le juge de paix ; dans les autres cas, le procès-verbal est dressé par un expert désigné par le juge de paix ; les entrepreneurs, lorsqu'il n'y a pas de syndicat, doivent faire vérifier les travaux, dans les 2 mois de leur exécution, par un expert nommé par le juge de paix ; — mention de cette vérification doit être faite en marge de l'inscription du 1er procès-verbal de constat, et ce dans les 2 mois.

Sauf encore, après ces délais, le bénéfice de l'inscription comme créance hypothécaire, si elle est prise dans les délais fixés sous le § VIII ci-après :

Créances avec hypothèque légale générale.

IV. (Art. 2113, 2121, 2122, C. N.) — Admettre, sous le titre et dans la classe des *créances à une hypothèque légale* sur *la généralité des biens immeubles* tant présents qu'à venir du débiteur :

1° La *créance du Trésor* spécifiée au n° 2 du § II de l'art. 1 ci-dessus, dans les cas où n'ayant pas été inscrite dans les délais du n° 8 du § III précédent, elle aura néanmoins été inscrite dans les délais du § VIII ci-après (1) ;

2° Les *créances des mineurs et interdits* sur leurs tuteurs à raison de leur tutelle ;

3° Les *créances des femmes mariées* contre leurs maris pour les causes spécifiées sous le n° 2 de l'art. 15 des lois civiles ci-dessus ;

4° Les *créances de l'État, des départements, des communes et des établissements publics* contre leurs receveurs comptables à raison de leur gestion ou comptabilité :

Créances avec hypothèque légale spéciale.

V. (Art. 2113, 1017, C. N. et 563, 490, C. Com.) —Admettre, sous le titre et dans la classe des *créances hypothèques légales spéciales*, les créances suivantes sur le prix des immeubles ci-après indiqués comme affectés à leur paiement spécial, savoir :

1° Sur chacun des immeubles désignés dans le § II qui précède : — *les créances privilégiées sur chacun de ces immeubles*, lorsque n'ayant pas été inscrites dans les délais impartis à chacune d'elles sous § III, elles *auront, néanmoins, été inscrites dans les délais ci-après fixés sous le* § VIII ; (Art. 2113 C. N.)

2° Sur les immeubles auxquels aura été légalement réduite ou restreinte l'hypothèque légale des mineurs, des interdits et des femmes mariées :

a). — *La créance ci-dessus spécifiée sous le n° 2 § IV de ces mineurs et interdits* :

b). — *La créance ci-dessus spécifiée sous le n° 3 § IV des femmes mariées* ;

3° Sur les seuls immeubles appartenant aux maris au moment du mariage, et sur ceux qui leur seraient advenus depuis par succession ou donation : — *Les créances*

(1) Ce paragraphe n° 1, comprend l'hypothèque légale accordée à la régie des douanes par l'art 23 du titre xiii de la loi du 22 août 1791. — Nous croyons que la disposition qui accordait une hypothèque légale à la régie, sur les biens des redevables, se trouve abrogée par ce fait seul, que le Code Napoléon l'a passé sous silence et ne l'a point maintenue parmi les hypothèques légales qu'il énumère. V. d'ailleurs, note sous le n° 5 du § iii de l'art. 1.

spécifiées sous le nᵒ 2 de l'art. 16 des lois civiles, ci-dessus, *des femmes* dont les maris commerçants, à l'époque de la célébration du mariage, ou qui le sont devenus dans l'année qui a suivi, auront été déclarés en état de faillite; (Art. 563, C. Com.)

4ᵒ Sur les immeubles d'une succession échue au débiteur à titre d'héritier ou de légataire grevé d'un legs : — *Les droits du légataire* de ce legs ou de ses ayant-droits, pour sa délivrance; (Art. 1017, C. N.)

5ᵒ Sur ceux des immeubles du commerçant failli qui seront connus, et sur lesquels les syndics de la faillite auront pris inscription au nom de la masse des créanciers : — les créances *des créanciers admis au passif de la faillite*; (Art. 490, C. de Com.)

Créances avec hypothèque judiciaire.

VI. (Art. 2123. C. N.) — Admettre, sous le titre et dans la classe des *créances garanties par une hypothèque judiciaire* affectant :

A. — La *généralité des immeubles* tant présents qu'à venir,

1ᵒ Les *créances résultant de jugements* soit contradictoires soit par défaut mais non périmés, définitifs ou provisoires, prononcés par une juridiction française;

2ᵒ Les *créances résultant de reconnaissances* ou vérifications faites en jugement de signatures apposées à un acte obligatoire sous seing privé pour lesquelles il aura été pris inscription dans les délais ci-après du § VIII, et seulement après l'échéance ou l'exigibilité de l'obligation lorsqu'il n'y a pas eu, à cet égard, stipulations contraires; (Art. 1, L. 3 sept. 1803.)

3ᵒ Les *créances résultant de décisions arbitrales* revêtues de l'ordonnance judiciaire d'exécution;

4ᵒ Les *créances résultant de jugements émanés d'une juridiction étrangère*, lorsqu'ils auront été déclarés exécutoires par un tribunal français ou qu'ils seront de plein droit exécutoires en vertu des traités ou des lois françaises;

Néanmoins, si ces jugements ou décisions n'ont été rendus, soit en France, soit à l'étranger, que depuis le jour fixé par les tribunaux, comme étant l'époque de la cessation des payements du débiteur commerçant failli, ou dans les 10 jours qui ont précédé, et pour créances et obligations même antérieures, — les créances qu'ils constatent ou constituent ne devront pas être admises dans la classe ci-dessus, au préjudice de la masse des créanciers (1). (Art. 446 *in fine* C. de Com.)

B. — Spécialement *certains immeubles déterminés* : — les

(1) Elles ne sauraient préjudicier à la masse; — mais elles peuvent être colloquées après les dits créanciers de la masse. V. art. 26 de nos lois civiles ci-dessus.

*créances résultant des actes et jugements ci-dessus, dont
l'hypothèque judiciaire aurait été légalement réduite ou
restreinte.*

Créances avec hypothèques conventionnelles.

VII. (Art. 2117, 2127 C. N.) — Admettre, sous le titre et
dans la classe des *créances garanties par une hypothèque
conventionnelle*,

A. — Sur *tous les immeubles* présents et à venir du débiteur (1):
1° *La créance* au paiement de laquelle le débiteur, ou un
autre pour lui, *aura légalement affecté le prix* de tous
ses biens immeubles *présents et libres* et, en cas d'insuffisance, de tous ceux qu'il pourra acquérir par la suite, ainsi
qu'il est dit en l'art. 35 des lois civiles ci-dessus. (Art. 2130)
2° *La créance* au paiement de laquelle le débiteur, ou un
autre pour lui, aura, par acte authentique passé à l'étranger, *légalement affecté le prix de tous* les biens immeubles dont il est propriétaire en France, et de tous ceux
qu'il pourra y acquérir, lorsque, toutefois, en vertu des
lois politiques ou des traités, la prohibition de l'art. 38 ci-
dessus (Art. 2128, C. N.), ne s'opposera pas aux effets de
l'acte passé à l'étranger;

B. — Sur *certains immeubles* spécialement déterminés : — Les
créances au paiement desquelles le débiteur, ou un autre
pour lui, *aura légalement affecté le prix de ses immeubles*
présents et spécialement déterminés dans l'acte.

Délais pour les inscriptions des hypothèques.

VIII. (Art. 2106, 2146, C. N. et L. 23 mars 1855). — Les
créances énumérées dans les §§ IV, V, VI et VII ci-dessus ne
devront, toutefois, être admises dans la classe qui leur est
assignée, qu'à la condition d'avoir été conservées, comme *hypothécaires*, sur les immeubles qui leur sont affectés, par une
inscription faite sur les registres du conservateur des hypothèques de l'arrondissement où sont ces immeubles et ce,
dans les délais ci-après déterminés, et sous les conditions suivantes, savoir :

A. — En ce qui concerne les *créances à hypothèque légale
des mineurs, des interdits et des femmes mariées, pendant
la durée de la tutelle et du mariage et pendant l'année
qui a suivi la cessation de l'une ou la dissolution de
l'autre*; (L. 25 mars 1855, art. 7.)

Ces créances devront être admises *indépendamment de*

_____

(1) Nous pouvons, sans méconnaître trop la théorie légale sur ce point,
placer dans la classe des hypothèques générales, les hypothèques conventionnelles sur tous les biens présents et sur tous les biens à venir, dans les cas où
ces derniers biens peuvent être hypothéqués; quelle différence y a-t-il alors
entre ces hypothèques et les hypothèques de la loi? qu'elles ne sont pas suscep
tibles de réduction, cette différence serait plus favorable que contraire à l'idée
de généralité.

toute incsription pendant cette double période, à l'exception cependant des cas suivants, savoir :

1º En cas d'*aliénation volontaire* (1) suivie des formalités de la purge des hypothèques légales faites dans les *dix premiers mois de l'année* ci-dessus : — Lesdites créances ne devront être admises que si elles ont été inscrites avant l'expiration de *deux mois* à partir de la signification faite, conformément à l'article 2194 du C. Nap., par l'acquéreur de l'immeuble, de l'acte de dépôt au greffe de son titre d'acquisition ;

S'il s'est écoulé plus de dix mois depuis la fin de la tutelle ou du mariage, le délai, pour inscrire, ne sera plus que du temps qui reste à courir pour compléter le laps d'une année à partir de l'un ou de l'autre de ces deux termes (2).

Néanmoins, lesdites créances, *bien que non inscrites dans ces délais*, devront encore être admises comme hypothécaires (3) mais après les créances inscrites, *si, dans les trois mois après le délai des deux mois ci-dessus*, un ordre a été ouvert sur le prix encore dû par l'acquéreur au débiteur et si, dans cet ordre, ces créances sont produites (4) dans les délais ci-après, savoir : (Art. 717 C. de pr. civ.)

a). — *Dans les quarante jours* à partir de la dernière sommation aux créanciers inscrits, si l'ordre se règle judiciairement ; (Art. 753, 754, 755 C. de pr. civ.)

b). — Ou, en cas d'ordre amiable, *avant sa clôture* ;

2º *En cas d'aliénation forcée sur saisie immobilière* :

Lesdites créances ne devront être admises que si elles ont été inscrites *avant la transcription du jugement d'adjudication* (5).

Néanmoins, bien que non inscrites avant cette transcription, elles devront être admises, lorsqu'elles auront été produites, ainsi qu'il est dit sous les §§ *a* et *b* du nº ci-dessus ;

3º *En cas d'expropriation pour cause d'utilité publique* : (L. 3 mai 1841) Lesdites créances ne devront être admises que si elles ont été inscrites *avant l'expiration de la quinzaine à partir de la transcription* du jugement d'expropriation ; (Art. 16.)

(1) Cette expression comprend tous les actes translatifs de la propriété, — par opposition à l'aliénation forcée qui forme le second membre de la division.

(2) La purge, ayant pour but de hâter l'affranchissement de l'immeuble, ne saurait avoir pour effet de prolonger le délai de l'année de grâce : — La sanction de ce délai se trouve dans la perte de la rétroactivité de l'hypothèque, au jour du mariage et de la tutelle. — V. note sous § B ci-après.

(3) On perd, dans ce cas, le bénéfice de l'inscription qui reporte la date de l'hypothèque au jour du mariage et de la tutelle ; les créances ne sont alors colloquées qu'avant les chirographaires.

(4) Extension favorable de l'art. 717 qui est fait pour les aliénations forcées.

(5) « Décret forcé purge toutes hypothèques. »

Néanmoins, bien que non inscrites dans ce délai, ces créances devront être admises comme hypothécaires, si elles sont produites ou présentées *avant la clôture de l'ordre* ouvert pour la distribution de l'indemnité (1) : (Art. 17.)

B. — En ce qui concerne ces *mêmes créances à hypothèques légales lorsqu'il s'est écoulé une année après la fin de la tutelle ou du mariage,*

Et en ce qui concerne les *autres créances à hypothèques légales* :

Elles ne devront être admises qu'à la condition d'avoir été inscrites dans les *délais ci-après fixés* pour l'inscription des créances à hypothèques judiciaires et conventionnelles ;

Néanmoins, bien que non inscrites dans ces délais, lesdites créances à hypothèques légales devront encore être admises comme hypothécaires, mais après toutes les autres créances inscrites (4), si elles se sont produites dans l'ordre ainsi qu'il est dit sous les §§ A et B n° 1 lettre *a* ci-dessus ;

C. — En ce qui concerne *les créances à hypothèques judiciaires ou conventionnelles* : Ces créances ne devront être admises que si elles ont été inscrites :

1° *Avant les dix jours* qui ont précédé l'époque fixée par le tribunal comme étant celle de la *cessation des payements* du débiteur commerçant failli , à moins que, pour les inscriptions prises pendant ces dix jours ou après, il ne soit établi : (Art. 448 C. de Com.)

a). — Qu'il ne s'est pas écoulé plus de quinze jours entre la date de l'acte constitutif de l'hypothèque ou du privilége (3) et celle de l'inscription :

Ce délai sera augmenté d'un jour par chaque cinq myriamètres de distance entre le lieu où aura été

---

(1) Sur le point de savoir si la loi du 3 mai 1841, dont ces dispositions sont tirées, est ou non encore en vigueur, voir note sous la lettre c du n° 3 du § III précédent.

(2) La sanction de l'obligation de prendre inscription dans l'année de grâce se trouve dans la perte du bénéfice qui fait rétroagir l'hypothèque au jour de l'événement qui lui a donné naissance : — En conséquence, elles restent hypothécaires, mais avec effet seulement à dater de leur inscription, lorsqu'elles sont inscrites après l'année de grâce : l'art. 8 de la loi du 23 mars 1855, le déclare *in terminis;* — non inscrites et produites dans l'ordre, elles doivent y être colloquées après les créances inscrites ; — leur production dans l'ordre équivaut alors à leur inscription prise après les créances inscrites. Voyez art. 717 et 753 à 575 du C. de Proc. civ.,

(3) Ne faudrait-il pas ajouter : ou du jour qui, après l'année de grâce à partir de la fin de la tutelle ou du mariage, a rendu les hypothèques légales des mineurs, des interdits et des femmes mariées sujettes à l'inscription? — ce jour qui les constitue inscriptibles au regard des tiers qui les fait sortir de l'occultation et les soumet à la publicité, ne peut-il être assimilé au jour qui donne naissance aux hypothèques et aux priviléges sujets à inscription? — Leur non inscription pouvant alors, comme toute autre, favoriser la dissimulation des charges et du passif du débiteur, doit, ce me semble, entraîner la même sanction.

acquis le privilége ou l'hypothèque et le lieu où l'inscription aura été prise ; (Art. 448 C. Com.)

b). — Ou que l'inscription, faite après ces délais, n'a pas été alors retardée pour favoriser la dissimulation d'une partie du passif ou des charges du débiteur (1);

Dans l'un et l'autre cas, l'extrême délai pour l'inscription utile est prolongé jusqu'à la veille du jour où aura été rendu le jugement déclaratif de la faillite du débiteur ; (Art. 2146 C. N. art. 448 C. Com.)

A l'exception toutefois de l'inscription à prendre au nom et dans l'intérêt de la masse des créanciers, par les syndics, laquelle ne peut être, par eux prise, qu'après ce jugement; (Art. 590 C. de Com.)

2o *Avant l'ouverture de la succession* dont l'immeuble fait partie, si la succession a été *acceptée sous bénéfice d'inventaire* ou *laissée vacante* : A l'exception toutefois de la créance des légataires, pour leurs legs, qui ne peut être inscrite qu'après l'ouverture de la succession (2); (Art. 2146 et 1017 du C. N.)

D. — En dehors de ces deux circonstances *de la faillite* et de *l'acceptation bénéficiaire* de succession qui arrêtent le cours des inscriptions (3), les créances hypothécaires dont il s'agit ne devront être admises que si elles ont été régulièrement inscrites avant l'expiration des délais spéciaux suivants, savoir :

1o *Avant la transcription de l'acte* par l'effet duquel (4) l'immeuble est sorti du patrimoine du débiteur ; (Art. 6, L. du 23 mars 1855.)

2o *Avant l'ouverture de la succession* dont cet immeuble faisait partie, lorsque, par l'effet d'un legs pur et simple,

---

(1) Voir l'exposé des motifs au sujet de l'art. 448 C. de Com. et notre lettre *a* no 1, § III.

(2) Bien que les successions bénéficiaires ou vacantes, laissent peu d'espoir aux légataires, d'être payés de leurs legs, car il faut que la succession soit libérée pour être libérale, encore peut-il arriver que, toutes dettes payées, des legs puissent être acquittés : en vue de cette éventualité, les légataires feront bien, en cas de doute, de prendre inscription éventuelle sur l'héritier ou légataire universel débiteur de leur legs.

(3) V. note 3, sous le no 2 du § III précédent. — Ces circonstances ne sauraient paralyser les effets des hypothèques légales des mineurs, des interdits, pendant l'année de grâce et même après, sans aboutir à cette anomalie, d'obliger à l'inscription et de l'interdire. — Comment en effet prendra-t-on inscription sur les biens d'un tuteur qui décède laissant des enfants mineurs, puisque sa succession est alors forcément acceptée sous bénéfice d'inventaire et que ce fait de l'acceptation sous bénéfice d'inventaire empêche de prendre inscription utile depuis son décès? — M. Mourlon, dans son traité sur la transcription, propose comme précaution à prendre pour n'être pas surpris par l'arrivée toujours soudaine de ces deux accidents, le moyen suivant, en cas de vente à terme, le seul qui présente quelque péril ; — il propose de stipuler : la faculté, pour le vendeur de rester en possession de l'immeuble, tant qu'il n'aura pas pris inscription ou que, transcription de la vente n'aura pas été faite. t. II, no 693— les art. 1603 et 1613 du C Nap protégeraient alors le vendeur.

(4) Ces expressions comprennent les aliénations volontaires, les donations, les legs, les ventes et les aliénations forcées.

il est à ce moment sorti du patrimoine du débiteur acquéreur décédé (1) ; (Art. 1017 C. N.)

3° *Avant l'expiration des quinze jours qui ont suivi la
transcription* du jugement prononçant, pour cause
d'utilité publique, l'expropriation de l'immeuble ainsi
vendu (2); (Art. 16 et 17, L. du 3 mars 1841.)

Créances chirographaires.

IX. — Admettre, dans la classe des *créances chirographaires:*

1° Les créances privilégiées ou hypothécaires qui *n'auront pas
été régulièrement inscrites dans les délais* qui leur ont
été ci-dessus impartis et qui n'ont pas *été produites dans
les ordres* ouverts dans les cas prévus aux §§ A, B et
C du § précédent : (Art. 717. C. proc. civ.)

2° Les créances qui ne rentrent dans aucune des classes
spécifiées sous les §§ I, II, III, IV, V, VI et VII du présent article.

---

(1) Le legs, dans ce cas, réalise, comme une vente, la translation de la propriété
au jour du décès du testateur.

(2) V. note 1, n° 3. Lettre A du § VIII — Le maintien de la loi du 3 mars
1841, sur l'expropriation pour cause d'utilité publique, devrait-il faire maintenir l'art. 19 relatif aux traités amiables que cette loi autorise comme équi-
valant aux jugements si largement publiés d'expropriation ? L'art. 1 de la loi
du 23 mars 1855 rapproché de l'art. 6 comprenant tous actes translatifs de
propriétés, les hypothèques légales n'auraient-elles pour s'inscrire que jusqu'à la transcription de ces traités occultes translatifs de propriété ? — cela est
difficile à admettre.

CHAPITRE II. DU RANG DES CRÉANCES PRIVILIGIÉES ET HYPOTHÉCAIRES SUR LES MEUBLES

ART. 3. (Art. 2104 et suivants, C. N.) — Les présidents et juges devront,

Lorsqu'il s'agira de distribuer, entre divers créanciers saisissants ou opposants, le prix des biens mobiliers ou les sommes appartenant à leur débiteur, et de fixer, à cet effet, l'ordre suivant lequel devront être payées les créances dont ce prix ou ces sommes sont le gage,

Règles générales.

I. — Colloquer, *par préférence* aux créances qu'elles concernent, les frais particuliers de justice utilement faits pour elles ou qui leur ont exclusivement profité ;

II. — Colloquer, *par concurrence*, les créances privilégiées de même nature, à l'exception toutefois des créances et des cas suivants :

1º Entre deux ou plusieurs créances à raison de frais ou de travaux faits pour la conservation de la chose : — les plus récentes devront être colloquées avant celles qui le sont le moins ;

2º Entre créances de vendeurs successifs et non payés du même objet, la créance du 1er vendeur devra être colloquée avant celle du 2e, celle du 2e avant celle du 3e et ainsi de suite.

III. — Colloquer, *au lieu et place des cédants*, les cessionnaires, soit de créances privilégiées, soit du bénéfice de leur privilège, soit de leur rang d'antériorité et dans les limites du taux de la créance garantie par ce privilège (1).

IV. — Colloquer *avec les créances* qu'elles concernent et comme accessoires de ces créances, leurs intérêts non prescrits, lorsqu'elles sont productives d'intérêts.

Règles particulières pour la distribution des prix.

1º Des ustensiles de ferme.

V. — Colloquer, dans l'ordre suivant, sur le *prix des ustensiles* servant à l'exploitation d'une ferme louée :

1º Les frais de poursuites de distribution et autres du nº 1 du § I de l'art. 1 ci-dessus ;

2º Les frais faits pour la conservation desdits ustensiles ;

3º La créance du vendeur des ustensiles pour son prix non payé ;

4º Les créances du Trésor { pour les contributions directes du nº 1 du § III de l'art. 1 ci-dessus, pour droits et amendes en matière du timbre du nº 2.

(1) Voir, au sujet de la pluralité des cessions, et pour le rang entre eux des cessionnaires, note sous le § IV de l'article 7 ci-après.

5° La créance du propriétaire pour 6 mois de loyers où fermages (1);

6° La créance de la régie des contributions indirectes du n° 3 § III art. 1 (2).

7° Le surplus de la créance du [propriétaire du n° 6 § IV art. 1 (3).

8° Les autres créances des §§ I, II et III de l'art. 1 dans l'ordre de cet article ;

9° Et enfin, au marc le franc, les créances chirographaires.

2° Des fruits et récoltes de l'année.

VI. — Colloquer, dans l'ordre suivant, sur le *prix des fruits et récoltes de l'année* produits par la ferme louée :

1° Les frais de justice;

2° Les frais faits pour la conservation desdits fruits et récoltes ;

3° Les frais faits pour les couper, recueillir et engranger;

4° La créance du vendeur de la semence et des engrais, pour son prix non payé ;

5° La créance du Trésor pour le montant encore dû de la contribution foncière de l'année échue et de l'année courante, en l'acquit du propriétaire sur le prix du fermage ; (Art. 147, L. 3 frimaire an 7 et art. 1 et 2. L. 18 novembre 1808.)

7° La créance du propriétaire pour 6 mois de loyers ou fermages ;

8° La créance de la régie des contributions indirectes pour droits dus ;

9° Les créances pour les annuités dues à l'Etat à raison de ses prêts (n° 3 *a* § IV, art. 1) et aux syndicats pour la taxe d'entretien pour le drainage ;

10° Le surplus de la créance du propriétaire du n° 6 § IV, art. 1.

11° Les autres créance des §§ I, II, III, de l'art. 1 dans l'ordre de cet article.

12° Les créances chirographaires au marc le franc.

3° Des autres meubles du locataire.

VII. — Colloquer, dans l'ordre suivant, *sur les prix de tous autres meubles* garnissant la maison ou la ferme en location,

A. — *S'il n'est rien dû pour leur conservation, pour frais funéraires , ni au Trésor,*

(1) (2) Le montant de ces créances du propriétaire représentant le montant des revenus de la ferme, le Trésor, pour la contribution foncière, pourrait être colloqué en sous ordre sur lui.

(3) Le décret du 1er Germinal, an XIII, ne donne priorité au propriétaire sur la régie des contributions indirectes que pour 6 mois de loyers : il en est de même à l'égard de la régie des douanes.

1° La créance du propriétaire du n° 6, IV, art. 1 (Art. 662, C. pr. civ.)

2° Les frais de justice;

3° Les autres créances de l'art. 1, §§ I et II et dans l'ordre de cet article.

4° Les créances chirographaires, au marc le franc.

B. — *Dans le cas contraire* :

1° Les frais de justice;

2° Les frais faits pour la conservation desdits meubles,

3° Les frais funéraires (1).

5° La créance du propriétaire ou locateur pour 6 mois de loyers (2);

6° La créance de la régie des contributions indirectes ;

7° Le surplus de la créance du propriétaire n° 6 § IV, art. 1.

8° Les autres créances de l'art. 1 sur les meubles, dans l'ordre de cet article.

9° Les créances chirographaires, au marc le franc.

C. — Dans le cas où le propriétaire *a su*, avant l'introduction desdits objets mobiliers dans les lieux loués, *que le locataire n'en était pas propriétaire* ou n'en avait pas payé le prix,

1° Les frais de justice ;

2° Les frais faits pour la conservation desdits meubles ;

3° La créance du vendeur non payé ou du propriétaire des meubles confiés au locataire, l'un pour le prix de vente encore dû, l'autre pour le prix de location encore dû;

4° Les frais funéraires ;

5° 6°, 7°, 8° 9°. — *Comme sous le § B pour le classement des autres créances*;

10° Les créances chirographaires, au marc, le franc.

D. — *Dans le cas inverse, et lorsqu'en outre il n'est rien dû pour la conservation de la chose, pour frais funéraires ni au Trésor,*

1° La créance du propriétaire ou locateur (Art. 662 C. de proc. civ.)

2° Les frais de justice ;

3° La créance du vendeur non payé ou du propriétaire des meubles ;

4° Les autres créances de l'art. 1 dans l'ordre de cet article :

5° Les créances chirographaires au marc le franc.

4° Des meubles donnés en gage.

VIII. — Colloquer, dans l'ordre suivant, sur le *prix des objets mobiliers donnés en gage* à un créancier qui en est resté nanti.

---

(1) L'État ne saurait réclamer contre la priorité des frais funéraires, ils sont d'intérêt public, le propriétaire non plus, car ils lui profitent en ce sens qu'il est intéressé à ne pas laisser séjourner longtemps chez lui les personnes décédées.

(2) Voir note 1 et 3 de la page précédente.

A. — *S'il n'est rien dû pour frais conservatoires, frais funéraires, ni au Trésor,*

1° La créance du créancier gagiste (Analogie de l'art. 662 du C. de proc. civ.)

2° Les frais de justice,

3° Les autres créances de l'art. 1 §§ I, II et III ;

4° Les créances chirographaires, au marc le franc.

B. — *Dans le cas où le créancier a reçu lesdits objets, sachant bien qu'ils étaient grevés de frais faits pour leur conservation :*

1° Les frais de justice ;

2° Les frais de conservation de la chose faits après sa remise en nantissement, s'il en est dû ;

3° Les créances du Trésor { pour les contributions directes, pour droits et amende de timbre, pour contributions indirectes.

4° Les frais de conservation de la chose faits avant sa remise en gage ;

5° La créance du créancier gagiste ;

6° Les autres créances de l'art. 1 dans l'ordre de cet article ;

7° Les créances chirographaires, au marc le franc.

C. — *Dans le cas inverse, lorsqu'en outre il n'est rien dû au Trésor, ni pour la conservation de la chose depuis le nantissement :*

1° La créance du créancier gagiste (Anal. art. 662, C. pr. civ.)

2° Les frais de justice ;

3° Les frais pour la conservation de la chose faits avant sa remise en gage ;

4° Les autres créances de l'art. 1, dans l'ordre de cet article ;

5° Les créances chirographaires au marc le franc.

D. — *Dans le même cas inverse, avec cette différence qu'il a été fait des frais pour la conservation de la chose* **après** *sa remise en gage :*

1° Les frais de justice ;

2° Les frais de conservation de la chose faits *après* sa mise en gage ;

3° La créance du créancier gagiste ;

4° Les frais de conservation faits avant sa mise en gage ;

5° Les créances du Trésor comme sous la division B.

6° Les autres créances de l'art. 1 et dans l'ordre de cet article ;

7° Les créances chirographaires au marc le franc.

E. — *Et dans le cas où le créancier a reçu lesdits objets en gage, sachant bien que son débiteur n'en était pas propriétaire, ou qu'il en devait le prix,*

1° Les frais de justice ;

2° Les frais faits pour la conservation de la chose ;

3° La créance du vendeur non payé ou du propriétaire des objets prêtés ;

4° La créance du créancier gagiste ;

5° Les créances du Trésor comme sous la division B ;

6° Les autres créances de l'art. 1 et dans l'ordre de cet article ;

7° Les créances chirographaires au marc le franc.

F. — *Dans le cas inverse et lorsqu'il n'est rien dû pour frais conservatoires, ni rien au Trésor :*

1° La créance du créancier gagiste ;

2° Les frais de justice ;

3° La créance du vendeur non payé ou du propriétaire desdits objets prêtés ;

4° et 5° etc. comme aux n°ˢ 6 et 7 ci-dessus.

5° Des meubles autres que ceux des numéros précédents.

IX. — Colloquer, dans l'ordre suivant, sur le *prix d'objets mobiliers autres que ceux spécifiés* sous les §§ précédents :

1° Les frais de justice ;

2° Les frais faits pour la conservation de la chose ;

3° La créance du vendeur non payé ;

4° Les créances du Trésor comme sous la division B ;

5° Les autres créances de l'art. 1 et dans l'ordre de cet article ;

6° Les créances chirographaires au marc le franc.

6° Des revenus des immeubles soumis à la contribution foncière.

X. — Colloquer, dans l'ordre suivant, sur *le montant des loyers et revenus non immobilisés* des immeubles soumis à la contribution foncière :

1° Les frais de justice ;

2° Les frais faits pour la conservation desdits loyers ou revenus ;

3° La créance du Trésor pour le montant de l'année échue et de l'année courante, encore dû, des contributions foncières ;

4° Les autres créances du Trésor ;

5° Les autres créances des §§ I, II et III de l'art. 1 dans l'ordre de leur énumération ;

6° Les créances chirographaires au marc le franc.

7° Des effets mobiliers des voyageurs.

XI. — Colloquer, dans l'ordre suivant, sur *le prix des effets des voyageurs* qui sont dans l'auberge :

1° La créance de l'aubergiste pour ses fournitures (Art. 662, Code de proc. civ. par analogie) ;

2° Les frais de justice ;

3° La créance du vendeur desdits effets du voyageur non payés (1) :

4° Les autres créances de l'art. 1, dans l'ordre de cet article ;

5° Les créances chirographaires au marc le franc.

---

(1) Si le voyageur était décédé dans l'auberge, les frais funéraires devraient, ce me semble, primer la créance de l'aubergiste, par suite de l'intérêt qu'il aurait à ce que la levée du corps fût faite le plustôt possible pour débarrasser son auberge : dans ce cas, on devrait colloquer : 1° les frais de justice ; 2° les

23

8° Sur le prix de la chose voiturée.

XII. — Colloquer, dans l'ordre suivant, *sur le prix des objets voiturés* :

1° Les frais de justice ;

2° Les frais faits pour la conservation de la chose ;

3° La créance du voiturier à raison de ses frais et dépenses de transport ;

4° Les créances du Trésor ;

5° Les autres créances de l'art. 1, dans l'ordre de cet article ;

6° Les créances chirographaires au marc le franc.

9° Sur les cautionnements des fonctionnaires, comptables, etc.

XIII. — Colloquer, dans l'ordre suivant, sur *le capital et les intérêts échus* des cautionnements des comptables publics, des officiers ministériels et de tous autres fonctionnaires soumis au versement d'un cautionnement :

1° Les créances pour faits de charge, abus ou prévarications ;

2° Les créances du Trésor pour condamnation en matière de timbre ;

3° La créance du bailleur des fonds du cautionnement, pour ce qui lui est encore dû, à charge d'avoir conservé son privilége conformément à la loi (1) ;

4° Les frais de justice ;

5° Les créances du Trésor pour droit de timbre et contributions ;

6° Les autres créances de l'art. 1, dans l'ordre de cet article ;

7° Les créances chirographaires au marc le franc.

10° Sur les meubles d'une succession, en cas de séparation de patrimoine.

XIV. — Colloquer, dans l'ordre suivant, sur le *prix des biens mobiliers d'une succession échue au débiteur*, lorsque les créanciers ou légataires du défunt ont obtenu *la séparation des patrimoines*, conformément à l'art. 878 du Code Napoléon et suivants (2),

1° La créance des créanciers du défunt, dans l'ordre qui a été ci-dessus déterminé, suivant la nature des objets mobiliers (4) ;

2° Les légataires particuliers, pour leurs legs ;

3° Les créances des créanciers de l'héritier ou du légataire débiteur, dans l'ordre ci-dessus déterminé, suivant la nature des objets mobiliers (4).

---

frais funéraires de l'aubergiste : ce ne serait plus le cas dégagé de l'art. 662 du C. de proc. civ. — Les frais de justice faits pour régler la situation et l'ordre de préférence, devront alors tout primer.

(1) La conservation de leur privilége est soumise à des précautions et des formalités nombreuses qu'il importe d'observer, elles sont indiquées par les art. 2, 5 et 6 de la loi du 25 nivose, an IX.

(2) Ce droit se prescrit par 3 ans.

(3) (4) Ce sont alors deux distributions par contribution à faire, l'une entre les créanciers du défunt, l'autre entre ceux du débiteur héritier ou légataire.

Observation.

Nous avons, dans le classement qui précède, appliqué et suivi les solutions et les règles du système qui donne la *priorité aux priviléges spéciaux sur les priviléges généraux :* — D'après le système contraire, on devrait faire le classement comme il suit, savoir :

1º Les frais de justice, de poursuites et contributions au premier rang ;

2º Les créances du Trésor pour le recouvrement des contributions directes, droits et condamnations en matière de timbre (nos 1 et 2 du § III de l'art. 1 ci-dessus) ;

3º La créance du propriétaire pour 6 mois de loyer, après les créances qui précèdent dans les cas des §§ V, VI et VII ci-dessus ;

4º La créance de la régie des contributions indirectes ;

5º Les autres créances des §§ I et III de l'art. I, et dans l'ordre de leur énumération dans cet article (art. 2101 C. Nap.) ;

6º Puis, dans l'ordre qui leur est ci-dessus respectivement assigné vis-à-vis les unes des autres, — les créances avec priviléges spéciaux :

7º Enfin les créances privilégiées du § II de l'art. I ;

8º Après quoi viendront les chirographaires au marc le franc.

Quant aux motifs qui m'ont déterminé à donner, dans les classements de l'art. 3, la priorité aux priviléges spéciaux, les voici :

1º Les priviléges généraux ont un double gage : *Les meubles et, à défaut, les immeubles,* tandis que les priviléges spéciaux n'en ont qu'un : *Les meubles qui leur sont affectés ;*

2º Les priviléges *généraux sur les immeubles* priment les *priviléges spéciaux sur les immeubles, parce que l'art.* 2104 du C. Nap. l'a ainsi décidé, mais aucun article de loi ne donne la priorité aux priviléges *généraux* sur les priviléges *spéciaux mobiliers ;*

3º Si l'art. 2104 du C. Napoléon a donné, sur les immeubles, la *priorité aux priviléges généraux,* c'est sans doute qu'alors le prix des immeubles est *leur dernier gage,* puisque ce n'est qu'à défaut du gage mobilier que les priviléges généraux affectent les immeubles. — Or, comme *les meubles sont toujours le dernier gage des priviléges spéciaux,* ils doivent, sur eux, primer les priviléges *généraux* lorsque ces derniers ont encore la ressource d'un autre gage, savoir les autres immeubles du débiteur ;

4° Lorsque d'ailleurs le législateur a eu à se prononcer sur cette question de priorité, il a donné la préférence aux priviléges spéciaux. L'art. 662 et l'art. 774 du C. de Proc. civ. en sont la preuve. — L'art. 191 du C. de Com., lui-même, semble donner la préférence aux créances qui ont un caractère plus restreint sur celles dont la spécialité serait, si l'on peut ainsi dire, *plus générale* et garantie par d'autres valeurs.

CHAPITRE III. DU DROIT DES CRÉANCIERS D'UN LOCATAIRE OU FERMIER DE DONNER CONGÉ ET DE SOUS-LOUER.

Résiliation ou revendication du bail.

ART. 4. (Art. 2204, n° 1, *in fine* du C. N.) — Les présidents et juges devront,

Lorsque les créanciers d'un locataire ou fermier demanderont, contre son locateur ou propriétaire, la résiliation du bail, ou le droit d'en faire profit pour le restant de sa durée,

I. — Déclarer leur demande recevable et y faire droit, s'ils prouvent :

1° Que les meubles du locataire ou fermier leur débiteur ont été vendus et ont servi à payer les termes échus du loyer ou fermage ou ses autres créanciers ;

2° Que le propriétaire ou locateur a été payé de tout ce qui lui est dû sur les termes échus, et de ceux à échoir, ainsi que de ce qui lui est dû pour l'exécution du bail, ou qu'offre lui a été faite de le payer ;

3° Que le bail, s'il s'agit de sa résiliation, a été fait sans terme fixé ;

4° Que le bail, s'il s'agit d'en profiter, a été fait avec un terme déterminé et sans interdiction de céder ou de sous louer ; — ou, dans le cas contraire, que le propriétaire ou locateur ne demande pas à reprendre la jouissance des lieux loués en abandonnant ce qui lui serait dû pour les termes à échoir.

II. — Faute d'avoir fait ces justifications, déclarer leur demande non recevable, la rejeter et condamner les demandeurs aux dépens.

Revendication des meubles déplacés.

ART. 5. (Art. 2102, n° 1, C. N.) — Les présidents et juges devront,

Lorsque le locateur d'une maison ou ferme revendiquera la possession d'objets mobiliers ayant garni les lieux loués et déplacés sans son consentement,

I. — Déclarer la demande recevable et y faire droit s'il est par lui prouvé :

1° Qu'il est créancier de son locataire à raison du bail :

2° Que les objets revendiqués garnissaient les lieux loués;

3° Qu'ils en ont été sortis et déplacés sans son consente-ment;

4° Qu'il ne s'est pas écoulé 40 jours depuis ce déplacement, s'il s'agit de meubles garnissant une ferme, et 15 jours pour les meubles ayant garni une maison de ville;

5° Qu'il les a fait saisir pour conserver, sur eux, son droit de gage;

II. — Déclarer en outre, dans ce cas, que le prix desdits objets sera distribué, s'il y a lieu, entre les créanciers comme s'ils n'avaient pas été déplacés;

III. — Et dans le cas où les justifications ci-dessus ne seraient pas faites, déclarer la demande non recevable, la rejeter et con-damner les demandeurs aux dépens.

Revendication d'objets vendus et non payés.

ART. 6. (Art. 2102 n° 4, C. N.) — Les présidents et juges devront,

Lorsque le vendeur de meubles non payés en revendiquera la possession ou s'opposera à leur revente,

I. — Déclarer la demande recevable et y faire droit, s'il est établi :

1° Que le demandeur a vendu lesdits objets mobiliers par lui revendiqués sans accorder aucun terme pour le paie-ment du prix;

2° Que l'acheteur n'a pas payé et n'est pas en état de faillite (Art. 550 C. de Com.);

3° Qu'il a fait légalement opérer la saisie desdits objets;

4° Qu'ils ont été trouvés en la possession du débiteur dans l'état où ils lui ont été livrés;

5° Et qu'il ne s'est pas écoulé 8 jours depuis cette livraison jusqu'au moment où la demande en revendication a été formée.

II. — Déclarer sa demande non recevable, la rejeter et con-damner le demandeur aux dépens, dans les cas suivants, savoir :

1° Si les justifications ci-dessus ne sont pas faites;

2° Ou si le propriétaire locateur des lieux que ces meubles garnissaient, s'oppose à leur revendication ou demande leur revente.

NOTA BENE. — Le décret des 6 et 22 août 1791, accorde aussi aux propriétaires des marchandises en nature et sous corde, saisies en douanes, le droit de les revendiquer. — Voir art. 47, décret de germinal, an XIII.

CHAPITRE IV. DU RANG ENTRE ELLES DES CRÉANCES PRIVILÉGIÉES SUR LES IMMEUBLES ET DES CRÉANCES HYPOTHÉQUÉES.

ART. 7. (Art. 2093, C. N.,7. 50 C. pr. civ.) — Les présidents et juges devront,

Lorsqu'il s'agira de distribuer, entre plusieurs créanciers, le prix des biens immeubles de leur débiteur ou des produits et fruits immobilisés de ces immeubles, et de fixer, à cet effet, l'ordre suivant lequel devront être payées les créances dont ce prix est le gage,

Règles générales.

I. — Colloquer, *par préférence* aux créances qu'elles concernent, les *frais particuliers de justice* faits *pour elles* ou qui leur ont exclusivement profité;

II. — Colloquer, aussi *par préférence* aux créanciers même privilégiés du débiteur et dans l'ordre ci-après fixé, les créances privilégiées et hypothécaires des précédents propriétaires de l'immeuble, lorsqu'elles auront été régulièrement inscrites en temps utile sur ces précédents propriétaires;

III. — Colloquer, *par concurrence*, les créances privilégiées de même nature (Art. 2097, C. N.), à l'exception des créances suivantes :

1° Entre *créances privilégiées et inscrites de vendeurs* non payés du même immeuble, — la créance du 1ᵉʳ vendeur devra être colloquée avant celle du 2ᵉ, celle du 2ᵉ avant celle du 3ᵉ et ainsi de suite (Art. 2103 § 2.);

2° En cas de partages successifs de ces mêmes immeubles, — les *copartageants* du 1ᵉʳ partage devront être, pour leurs créances privilégiées, et inscrites, résultant du partage, colloqués avant ceux du second et ainsi de suite;

IV. — Colloquer, *au lieu et place des cédants, les cessionnaires*, soit des créances privilégiées ou hypothécaires, soit du bénéfice de leur privilége ou de leur hypothèque, soit de leur rang d'antériorité et dans les limites seulement du montant de la créance dont ce privilége ou cette hypothèque aurait en définitive assuré le paiement (Art. 2112, C. N.) (1) ;

V. — Colloquer, *au lieu et place et en déduction* des créances à hypothèque légale des femmes mariées, les créances qu'elles auront légalement investies du bénéfice de cette hypothèque par

---

(1) La cession faite avec promesse de garantie, ou faire valoir, d'une portion de créance, donne priorité au cessionnaire sur le cédant pour la portion qui lui reste ; il y a cession d'antériorité. — Si la cession est faite sans garantie, le cédant et le cessionnaire devront être alors colloqués par concurrence : — Paul Pont, hypothèques, n° 239. — *contra*. Troplong, hypothèques, n° 367. — En cas de pluralité de cessions, tous les cessionnaires concourrent entre eux malgré la date des cessions, à moins de stipulations contraires. *Sic* entre les créanciers subrogés ; cependant le créancier, qui est préférable à ses subrogés pour ce qui lui reste dû (art. 1252 C. Nap.), peut transmettre, par voie de cession, son droit de préférence et d'antériorité. Troplong, n° 370.

l'effet d'une cession ou d'une renonciation; — à la condition toutefois que le créancier, ainsi subrogé, aura pris régulièrement inscription en temps utile, ou que mention de cette subrogation aura été faite en marge de l'inscription préexistante de ladite hypothèque légale (1) (L. 23 mars 1856, art. 5.).

Lesdites créances ainsi subrogées devront, entre elles, être colloquées au rang de cette hypothèque légale, dans l'ordre de la date de leurs inscriptions ou mentions respectives (même loi);

VI. — Colloquer, *avec les créances* privilégiées et hypothécaires qu'elles concernent, et comme *accessoires de ces créances:*

1° Les frais faits pour leurs inscriptions, à moins qu'il en ait été autrement convenu avec les parties (Art. 2155, C. N.);

2° Les intérêts échus et non prescrits des créances privilégiées et de leurs frais accessoires ;

3° Les intérêts échus et non prescrits des créances hypothécaires dispensées d'inscription ;

4° Les intérêts échus de *deux années* seulement et ceux *de l'année courante* de *toutes autres créances hypothécaires,* pourvu qu'il soit dit dans l'inscription de ces créances, que leur capital est productif d'intérêts (Art. 2155, C. N.). Quant au surplus des intérêts échus de ces créances, — ils devront être colloqués à la date de leurs inscriptions, lorsqu'il en aura été pris régulièrement inscription en temps utile.

Règles particulières de collocation.
1° des privilèges.

VII. — Colloquer, dans l'ordre suivant, pour être payées *avant toutes autres* sur le prix des biens immeubles respectivement affectés à leur payement:

1° La *créance de l'acheteur, du donataire ou du légataire à titre particulier* de l'immeuble du débiteur, pour le recouvrement, lorsqu'il n'y a pas eu de surenchère du 10ᵐ°, du coût de l'extrait des inscriptions et dénonciation de son titre aux créanciers inscrits et ceux de production (Art. 774 C. de pr. civ.) ;

2° Les créances pour les *frais généraux d'ordre* et de *distribution* (2) ;

3° Les créances pour les *frais extraordinaires* de poursuites, lorsqu'il en aura été ainsi ordonné par jugement (Art. 714, C. de pr. civ.) (3) ;

(1) Sur la question de savoir si, outre la mention, il faut une inscription avec mention en marge, et par conséquent toujours une inscription. Voir M. Paul Pont, hypothèques, *op. cit*, n° 789, pour la négative. — La Cour de Cassation, par arrêt du 4 février 1856. (D. P. 56.1.61) — exige l'inscription avec mention.

(2) (3) Aux termes de l'art. 2105 du C. Nap., les frais de justice ne doivent être colloqués par préférence sur le prix des immeubles, qu'après avoir été produits lors de la distribution du prix des biens-meubles; — mais pour les frais d'ordre, de distribution et de poursuite accessoires des créances, la force des choses oblige à ne pas tenir compte de cette condition; ils doivent, en conséquence, comme accessoires des créances, être colloqués avant elles dans l'ordre.

4° Les créances *privilégiées* du § I de l'art. 1 (Art. 2101), dans l'ordre de cet article, si le prix des biens meubles n'a pas suffi à les payer (Art. 2105, C. N.);

5° Les créances régulièrement inscrites en temps utile *des architectes*, *des entrepreneurs, maçons et ouvriers* pour leurs travaux spécifiés sous le n₀ 4 du § II de l'art. 1;
— ou, aux lieu et place de celles des ouvriers, celles des prêteurs des fonds qui ont servi à les payer, ainsi qu'il est dit au n₀ 5 du même § II;

Ces créances ne devront être colloquées que sur le montant de la plus value des biens immeubles résultant desdits travaux, ainsi qu'il est dit au n° 4 du même § II, et jusqu'à concurrence seulement de leur valeur constatée au moyen du procès-verbal de la réception des travaux (1);

6° Les créances régulièrement inscrites en temps utile de *l'état et des concessionnaires de travaux de dessèchement* de marais, pour leur indemnité à raison de ces travaux, — sur le montant de la plus value des terrains conquis par ces travaux ;

7° Sur la plus value résultant du drainage des terrains :

a), — La créance inscrite en temps utile des *entrepreneurs de drainage* et des *prêteurs des deniers* employés à les payer (n° 11 du § II de l'art. 2), jusqu'à concurrence seulement de la valeur des travaux constatée par le procès-verbal de la vérification des travaux (1);

b). — Les créances inscrites en temps utile de l'*Etat ou des syndicats*, après accomplissement des formalités de la loi du 16 mai 1856 (2);

8° Sur le prix de l'immeuble vendu et non payé : — *la créance inscrite en temps utile du vendeur*, ou, en son lieu et place, celle du *prêteur des deniers* qui ont servi à le payer.

Ces créances ne devront, toutefois, être colloquées avant la créance privilégiée des *cohéritiers ou copartageants* que dans le cas où la vente a précédé leur partage ou la licitation qui a mis fin à leur indivision ;

9° Sur le prix des immeubles indivis partagés ou licités : — les *créances des cohéritiers ou copartageants* spécifiés au n° 3 du § II de l'art. 2;

Ces créances devront être colloquées avant celle du vendeur ou du prêteur du n° 8 ci-dessus, lorsque le partage, ou la licitation qui a mis fin à l'indivision, aura précédé la vente qui a donné lieu au privilége du vendeur.

10° Sur le prix des immeubles spécifiés sous le n° 7 du § II de l'art. 2, — les créances *du Trésor* à raison de la gestion

_____

(1) Nous mettons au moyen, et non, par le procès-verbal, comme dit l'art. 2103, pour les motifs indiqués en la note 2 sous le n° 5 du § II de l'art. 2.

(2) V. l'indication de ces formalités à la note sous le n° II du § III de l'art. 2.

ou de la comptabilité de ses comptables (L. du 7 septembre 1807, art. 4 et 5).

11° Sur le prix des mines concédées et de leurs accessoires réputés immeubles par l'art. 8 de la loi du 21 avril 1810 ; — les créances des *prêteurs des deniers* employés à la recherche et à l'exploitation de la mine, ainsi qu'il est dit sous le n° 9 du § II de l'art. 2.

12° Sur tous les biens immeubles du débiteur condamné, lorsque le prix de ses biens meubles n'aura pas suffi à les payer :

a). — La créance à raison des *frais faits pour sa défense personnelle*;

b). — La créance *du Trésor pour le remboursement des frais* dont la condamnation a été prononcée à son profit en matière criminelle, correctionnelle ou de simple police. (Art. 4, L. 5 sept. 1807.)

Cette dernière créance du Trésor ne devra pas être colloquée seulement après les créances dont l'énumération précède, mais encore après les créances hypothécaires suivantes, savoir :

A. — Après les créances hypothécaires inscrites avant elle, en vertu d'actes antérieurs au mandat d'arrêt ou, s'il n'a pas été décerné, au jugement de condamnation,

B. — Et après les créances à hypothèques légales des mineurs, des interdits et des femmes mariées dont les effets remonteraient à une date antérieure à celle desdits mandats d'arrêt ou jugements de condamnation ; (Art. 4 n° 3, L. du 5 sept. 1807.)

2o des hypothèques.

VIII. — Colloquer, après les créances privilégiées ci-dessus énumérées :

1° Les créances privilégiées *qui n'auront pas été inscrites dans les délais* qui leur sont fixés, en l'art. 2 ;

2° Les créances garanties par des hypothèques légales (1);

3° Les créances garanties par des hypothèques judiciaires (2);

4° Les créances garanties par des hypothèques conventionnelles (3);

A la condition, toutefois , *d'avoir été conservées par des inscriptions* régulièrement prises sur lesdits immeubles et *dans les délais fixés* sous le § VIII de l'art. 2. (Art. 2134 C. N.)

Chacune de ces diverses créances devra être colloquée dans l'ordre de son inscription, à l'exception cependant des créances suivantes, savoir :

A. — Les créances *des mineurs et des interdits contre leurs tuteurs* à raison de leur gestion. — Elles devront être col-

(1) (2) (3) Le concours des hypothèques spéciales avec une hypothèqu

loquées *à la date de leur nomination* à la tutelle, dans les deux cas suivants, savoir :

 a). — Que l'hypothèque légale soit ou ne soit pas inscrite, si la tutelle dure encore; (Art. 9, L. 23 mars 1855)

 b). — Et lorsqu'elle a pris fin, si cette hypothèque est *inscrite dans l'année* qui a suivi la majorité, la main levée de l'interdiction, ou le décès des interdits;

B. — Les créances spécifiées en l'art. 15 et 16 de nos lois civiles *des femmes mariées contre leurs maris* : Elles devront être colloquées aux dates ci-après, dans les deux cas suivants, savoir :

 a). — Que leur hypothèque légale soit ou ne soit pas inscrite, si le mariage dure encore; (Art. 9l. 23 mars 1855.)

 b). — Dans le cas contraire, si cette hypothèque est *inscrite dans l'année* qui a suivi la dissolution du mariage (1); (même article.)

Dans ces deux cas, ces créances devront être colloquées aux dates ci-après, suivant leur origine, savoir : (Art. 2135 C. N.)

 1° Les créances à raison de la dot et des conventions matrimoniales : — A la *date de la célébration du mariage*;

 2° Les créances à raison des sommes dotales provenant de successions échues à la femme pendant le mariage : — *A la date de l'ouverture de ces successions*;

 3° Les créances à raison des sommes dotales provenant de donations faites à la femme pendant le mariage : — *A la date du jour où ces donations ont eu leur effet*;

 4° Les créances à raison des indemnités dues à la femme pour dettes contractées avec son mari : — *A la date des obligations*;

 5° Les créances à raison des remplois de ses propres aliénés pendant le mariage : — *A la date des aliénations*;

 6° Les créances à raison des indemnités qu'elle peut prétendre ensuite d'actes à elles préjudiciables faits ou commis par le mari en sa dite qualité — *A la date de l'acte ou du fait* qui aura constitué le mari débiteur;

générale qui les prime, a donné lieu à de graves difficultés relativement à l'exercice de l'hypothèque générale; — aucune disposition légale ne règle cette situation — La jurisprudence et la doctrine se sont efforcé d'y pourvoir par des solutions trop nombreuses et trop diverses pour que nous puissions les rapporter ici. — V. MM. Aubry et Rau sur Zachariæ, t. ii, p. 849, lettre. c, d, e, f et notes. — Paul Pont, commentaire des hypothèques, no 336 à 345s Lyon, 24 mai 1850. (S. V 50.2 501. Bourges, 30 avril 1853.—18 janvier 1854. (S. V. 54.2.97) et Code Napoléon annoté de Sirey par Gilbert sous l'art. 2134.

(1) « A moins que le mari ne soit alors tuteur de ses enfants; auquel cas le « délai pour inscrire l'hypothèque légale de leur mère décédée, sera prolongé « jusqu'à l'expiration du délai fixé sous les lettres b du § a précédent, pour l'ins- « cription de leur propre hypothèque légale. » Amendement favorable recommandé par la jurisprudence...

C. — La *créance de la régie des douanes* sur les biens de ses comptables : — Elle devra être colloquée à la date de leur prestation de serment (1);

D. — Les *créances à hypothèques légales non inscrites dans les délais* ci-dessus, et qui se seront néanmoins produites dans l'ordre en temps utile, conformément au § VIII de l'art. 2. — Elles devront être colloquées, *par concurrence, après toutes créances hypothécaires inscrites* (2).

Quant aux *créances inscrites à la même date*, ou remontant *à la même date* par leurs effets, elles devront être colloquées *au même rang, par concurrence.* (Art. 2147, C. N.)

3º Créances privilégiées sur les meubles non produites lors de la distribution du prix de ces meubles.

4º Créances hypothécaires non inscrites en temps utile et créances chirographaires.

IX. — Colloquer ensuite, sur le restant des prix desdits immeubles, conformément aux règles de la distribution par contribution, (3) dans l'ordre suivant, les créances ci-après qui se seront produites en temps utile, et pour lesquelles il aura été formé, en temps utile, opposition à la distribution des deniers, savoir :

1º Les créances du Trésor.
{
Pour le recouvrement des contributions directes de l'année échue et de l'année courante, (nº 5 du § III de l'art. 1.)

Pour le recouvrement des droits de timbre et amendes y relatives;

Pour le recouvrement des contributions indirectes; (nº 2 § III de l'art. 1.)
}

2º Les créances privilégiées énumérées sous les §§ I et II de l'art. 1 qu'on aura *omis ou négligé* de produire lors de la distribution du prix des biens mobiliers du débiteur (4). (Arg. art. 2105 C. N.)

3º Enfin au marc le franc;

a.) — Les créances privilégiées ou hypothécaires, soumises à la formalité de l'inscription, *qui n'auront pas été*

---

(1) L'art. 23, titre 13, l. 22 août 1791, a été absorbé par l'art. 2121 du C. Nap., § 3 et par la loi du 5 septembre 1807, quant à la création du privilége, mais il n'a pas été abrogé en ce qui concerne le rang.

(2) V. note du § B du nº VIII de l'art. 2. — *sic* jugement du tribunal de Valence du 1er mars 1866.

(3) Après une distribution entre créanciers inscrits, le juge aux ordres est compétent pour distribuer l'excédant aux créanciers chirographaires :—mais un juge commis pour faire une distribution par contribution, serait incompétent pour faire un ordre.

L'excédant du prix saisi-arrêté, doit, après la distribution par voie d'ordre entre les créanciers inscrits, être distribué comme chose mobilière ; — la créance du Trésor prime alors les créances à priviléges généraux.

inscrites en temps utile, à l'exception des créances mentionnées sous la division D ci-dessus ;

b.) — Les créances chirographaires.

Collocations en sous-ordre.

X. — Colloquer, *en sous-ordre* et au *marc le franc* (1), sur les sommes attribuées aux créanciers colloqués dans l'ordre , — les créanciers privilégiés hypothécaires ou chirographaires de ces créanciers colloqués et ce , dans les cas et aux conditions ci-après, savoir :

1º Lorsque ces créanciers, ayant pris une inscription , pour la conservation des droits de leurs débiteurs, sur les immeubles de son débiteur, auront produit dans l'ordre au nom de leur dit débiteur-créancier, et demandé à être colloqués, sur lui en sous-ordre, pour le montant de leurs propres créances ; (Art. 775 C. de pr. civ.)

2º Ou lorsque , au cours de la procédure d'ordre, ces créanciers seront intervenus en demandant, soit à être colloqués en sous-ordre sur leur créancier produisant, soit à prendre part à une distribution en sous-ordre déjà demandée ;

En cas de séparation de patrimoine art. 2111).

XI. — Colloquer, sur le prix des biens immobiliers d'une succession échue au débiteur sur lesquels il a été pris inscription pour la séparation des patrimoines , les créances de ceux qui, créanciers ou légataires du défunt, ont obtenu la *séparation des deux patrimoines* conformément à l'art. 878 C. N, et les colloquer dans l'ordre suivant, savoir :

1º Les créances privilégiées hypothécaires ou chirographaires des créanciers du défunt, dans l'ordre et le rang qui ont été déterminés sous les §§ précédents ;

2º La créance des légataires particuliers dudit défunt pour leurs legs ;

3º Les créances enfin des créanciers de l'héritier ou du légataire universel ou à titre universel débiteur, dans l'ordre et le rang ci-dessus déterminés, d'après la nature et la qualité des créances.

Délivrance des bordereaux et radiation des inscriptions.

XII. — Dans le cas où les sommes à distribuer seraient absorbées par les collocations faites, (Art. 759 C. de pr. civ.)

1º Déclarer le règlement définitif d'ordre clos, et renvoyer les créanciers non colloqués, ou non intégralement payés de leurs créances, à faire valoir leurs droits sur les autres biens du débiteur ;

2º Ordonner qu'il sera délivré, par le greffier, aux créanciers

---

(1) V. note 1 du no 1 du § 1 de l'art. 2 de nos lois de Procédure civile, Code des Juges ci-dessus.

(2) Le montant d'une collocation est alors une somme mobilière pour les créanciers du créancier colloqué.

colloqués, des bordereaux de collocation exécutoires contre le détenteur, ou le dépositaire du prix, ou contre le Directeur de la Caisse des Dépôts et Consignations, si ce prix a été consigné entre ses mains, et que, sur le vu desquels bordereaux, ils auront à compter le montant des sommes attribuées aux porteurs desdits bordereaux, à la condition toutefois, par ces derniers, de donner valablement main-levée et de consentir radiation définitive des inscriptions des priviléges ou hypothèques, prises à leur profit sur l'im-meuble dont le prix aura ainsi servi à les payer; (Art. 751 § 2 et 3 759-771, C. de pr. civ.)

3° Ordonner la radiation des inscriptions prises par les créanciers qui n'ont pas été produits dans l'ordre et par les créanciers non colloqués, en tant qu'elles frappent sur l'immeuble ou les immeubles dont les prix ont été distri-bués, ainsi que de toute transcription de saisie et de toute mention qui s'y rapporterait, pour être effectuée par le conservateur des hypothèques, sur le vu d'un extrait du règlement d'ordre. (Art. 771 C. de pr. civ.)

Sommes non distribuées.

XIII. — Et, dans le cas où les sommes à distribuer ne seraient pas absorbées par les collocations faites, en ordonner la remise au débiteur propriétaire des immeubles vendus et procéder, ainsi qu'il est dit au § précédent, pour la clôture de l'ordre, la déli-vrance des bordereaux et la radiation des inscriptions.

TABLE DES MATIÈRES

Deuxième partie. — Application expérimentale.

Troisième partie. — Autre essai.